D1725131

"No leer lo que Bolivia produce
es ignorar lo que Bolivia es"

Colección
Obras Completas

- Surumi
- Wiñaypaj. Para Siempre
- Inkallajta – Inkaraqay
- El Tawantinsuyu

Jesús Lara

DICCIONARIO

QHESHWA – CASTELLANO
CASTELLANO – QHESHWA

QUINTA EDICIÓN

Editorial "LOS AMIGOS DEL LIBRO"
La Paz- Cochabamba
BOLIVIA
2004

2001   Jesús Lara
        Registro de la Propiedad Intelectual
        Depósito Legal 2-1-333-90

2001   Editorial "Los Amigos del Libro"
        Todos los Derechos Reservados
        La Paz, casilla 4241
        Cochabamba, casilla 450

        Colección: Obras Completas, NA 1505

        ISBN: 84-8370-176-6

Impreso en Bolivia – Printed in Bolivia

Editor: Editorial "Los Amigos del Libro"
Transcripción, diseño gráfico e impresión: "Latinas Editores"

A tiempo de que nos cupo el honor y la satisfacción de presentar a nuestro público lector La cultura de los Inkas, destacábamos la versación del escritor Jesús Lara en la lengua vernácula y su profundo conocimiento de las instituciones que permitieron colocar al extraordinario pueblo inkaico en el ápice de la civilización de su época. Producto de esa valiosa información son: La poesía quechua (1947), Tragedia del fin de Atawallpa (1957), La literatura de los quechuas (1961), La cultura de los incas (1966, T. I-1967, T.II) y su última traducción del drama Ullanta (1971).

Solamente un avezado quichuista como Jesús Lara pudo haber acometido la elaboración del monumental Diccionario que hoy ponemos en manos del lector. Esta obra de consulta imprescindible para todos los habitantes del territorio nacional de cultura quechua, para los investigadores y para los estudiantes de la lengua materna, tiene, al margen de su virtud intrínseca, la de ofrecer un extenso vocabulario que permite el ingreso al conocimiento del quechua por el idioma culto (el español), caso que no se daba en otros diccionarios.

El aporte de Lara, cada vez más importante y valioso, supera toda ponderación, y nuestra Casa Editorial tiene el justificado orgullo de ofrecerlo al público, porque: 1° coopera decididamente a la difusión de los altos valores de la lingüística nativa; 2° desbroza el camino no digamos sólo del aprendizaje del idioma, sino del reencuentro del habitante del área urbana con esa estupenda cultura ancestral. Si admitimos la dicotomía sicológica en nuestra información mental, se impone, necesariamente, la captación precisa y la expresión correcta y, en lo posible, diáfana, de nuestras solicitaciones telúricas; 3° facilita las recomendaciones de los pedagogos en la tarea de ampliar el horizonte de la enseñanza, ofreciendo un instrumento consecuente con la conocida seriedad del autor.

Las consideraciones precedentes nos estimularon fuertemente a acoger con el mayor agrado el patrocinio de este Diccionario, seguros de que con su publicación prestaremos un servicio evidente a la comunidad.

Nació en 1898, en un pequeño pueblo del valle de Cochabamba. Trabajó desde muy joven en el periodismo, siendo promovido, posteriormente, a las funciones de profesor y de Secretario General de la Universidad de Cochabamba y de Director de la Biblioteca Municipal.

Se inició en la vida literaria escribiendo poesía, concurrió a la campaña del Chaco en calidad de combatiente de primera línea, producto de cuyas experiencias es **Repete**, "diario de campaña de valor documental". En 1943 publicó **Surumi**, novela traducida al portugués. **Yanakuna**, novela aparecida en 1952, fue vertida al polaco, checo, ruso, húngaro y alemán. Ha realizado serias investigaciones acerca del pasado del pueblo quechua, materializadas en **La Poesía quechua, Poesía popular quechua, Tragedia del fin de Atawallpa, La literatura de los quechuas, La cultura de los inkas** y su traducción del drama **Ullanta**. En 1959 salió a luz su novela **Yawarninchij**, cuyo tema es la reforma agraria iniciada en 1953, y forma parte de la trilogía que continuó con **Sinchikay** (1962) y se completó con **Llalliypacha** (1965).

Es, sin duda, uno de los escritores más fecundos y más conocidos de Bolivia en el exterior, cuyas obras se reciben siempre con impaciencia.

El presente **Diccionario** abona, por sus características, esa tradición de escritor cabal en la acepción de la palabra.

Cochabamba, 1971

HECTOR COSSIO SALINAS

PROEMIO

Erigir el palacio de un diccionario, instrumento mayor de acumulación y ordenamiento gráfico de los elementos constitutivos de una lengua —ese maravilloso medio humano articulado de expresión y enlace fonético de comunicación con el prójimo y aun para hacerse oír, comprender y obedecer con algunas especies de la escala zoológica—, que imponga el señorío de su particular y excepcional fisonomía, la prestancia y pureza de su estilo, el equilibrio y distinción de su estructura y de lo que le es propiamente intrínseco, la amplitud de sus miras y horizontes, su exuberancia, en fin, la solidez de su conjunto, que lo mantengan incólume, digno y paradigmático a los embates del tiempo y de quienes pretendan menoscabar su reciedumbre, presupone, lógica e indudablemente, el conocimiento a fondo y especial dominio de la gama y multiplicidad de aquello que lo conforma y define: los vocablos y lo que en sí representan y significan para asignar auténtico lustre a lo que es y ha sido en su fidedigna dimensión un idioma; labor nada fácil, por cierto, que el autor de semejante hazaña —hazaña al fin y al cabo— deberá superar cuantos vericuetos y escollos salgan a su encuentro y cumplir, de tal modo, su cometido.

Tratándose de un cuerpo de dicha índole y magnitud, relativo a la lengua oficial del Tawantinsuyu respecto a su equivalente castellana y viceversa, tórnase más arduo y complicado el trabajo en razón de una serie de factores explicables a partir de su inicial colisión con el léxico del conquistador hispano, que dio origen a la inevitable inoculación de voces foráneas en su acervo y a la deformación de las propias como consecuencia de la natural dificultad que opuso a su aprendizaje e íntegra posesión; fenómeno que más adelante, por efecto de la interacción operada entre ambas, dio lugar, en el decurso de las centurias, al consiguiente mestizaje idiomático cuyo fruto se conoce con el apelativo de "quechuañol"; ejs.: cóndor (kúntur, "ave de la familia de los sarcorámfiros"); lacayote (llakawiti, calabaza); quena (qёna, flauta);

opa (idiota); yapa (yápay, añadir, aumentar). Pasaspa, pásay (pasando, pasa); anchu (ancho); léey (lee); wíndiy (vende); tocarqamushqan (está tocando, está llamando).

Pese a este proceso y considerando en su cabal sentido las adversas y dramáticas condiciones de vida del autóctono de las latitudes andinas no es de extrañar que se haya dado una especie de recurso defensivo suyo –quizás no premeditado– para neutralizar el acoso, la presión del español al haber optado –aparte de otras actitudes similares, ya previstas, en resguardo de los valores éticos, religiosos, culturales, tesoros artísticos, el de tentación mayúscula: el áureo metal, etc., en lugares y tiempos distintos– por replegar el runasimi hacia las reconditeces, los recovecos del cauteloso retraimiento colectivo a fin de preservarlo en su casticismo original, si no plenamente, en cantidad no desestimable, sobre todo en las zonas rurales lejanas de los poblados urbanos; proceso que se ha mantenido, en sectores así delimitados y con la consiguiente desemejanza de los sistemas políticos y sociales imperantes, tanto en nuestro país cuanto en el Perú y posiblemente en el Ecuador.

A lo anotado se suma la valiosa contribución de los primitivos cronistas ibéricos que, si bien, con planes de adoctrinamiento de la fe católica y de más acentuada sujeción de la raza sometida, se dieron a la tarea de recogerlo y transcribirlo en sus vocabularios y lexicones y del no menos importante aporte posterior de los estudiosos y filólogos que han enriquecido con términos fidedignos el idioma ancestral.

El Diccionario Qhëshwa-Castellano. Castellano-Qhëshwa, de Jesús Lara, que cuenta ya con dos ediciones[1], se distingue de modo peculiar precisamente por ser poseedor de las cualidades a que he aludido. Y no podía ser de otra manera dados sus antecedentes de larga data en las labores de investigación del lenguaje de los Inkas y de la cultura que con tanto esplendor y grandeza desarrollaron éstos.

---

[1] Los Amigos del Libro, La Paz, 1971. Cochabamba, 1978.

En lo concerniente al mencionado volumen filológico, en más de una oportunidad declaró, sin embargo y con marcada modestia, Jesús Lara: "nunca pensé en hacer un diccionario, no me hallaba capaz, pensaba que mis conocimientos del idioma, que mis posibilidades no daban para eso..."; "...que al final resolví emprender el trabajo, que me costó muelas, mucho esfuerzo, mucha concentración"[2] Y, respecto al runasimi, no dejó de precisar en otra ocasión: "yo hablaba solamente quechua"[3], remontándose a los años de su infancia, en Muela (ahora Villa Rivero), su pueblo natal, circunstancia reiterada en Paqarin[4]: "como sólo hablaba quechua, yo no entendía nada de lo que el canto expresaba..." "Recién a los diez años aprendió a expresarse en castellano, y ha enarbolado en alto su origen qhëshwa a lo largo de su vida", escribe Alfonso Gumucio Dagron en las notas previas a la entrevista a que lo sometió en sus Provocaciones[5] y que son resultado, en buena medida, de los datos que de él obtuvo sobre el particular; ya que advino a la existencia con el flujo del runasimi en las venas. Sus primeras palabras fueron el eco de las locuciones paternales. El natural contacto con el léxico del que hallábase tan impregnado había de llevarlo a recorrer –en indisoluble conjunción– un extenso derrotero en su compañía, como si fuera de su brazo; pues, con excepcional devoción se adentró en las reconditeces y excelencias del idioma, familiarizándose, identificándose íntimamente con lo suyo, captándolo, comprendiéndolo en su maleable arcilla, en la sustanciosa dulzura de su conformación, de sus connotaciones, de su expresividad, de sus expansiones verbales, de su tan específica flexibilidad y ductilidad, de su riqueza y distinción, restaurándolo, restituyéndolo en sus auténticas

[2] Jesús Lara - Luis H. Antezana, **Breve historia personal de la obra de Jesús Lara**. En **Tapuy Jayñiy** (Entrevistas). Los Amigos del Libro, Cochabamba, 1980, pp. 64-65.

[3] Jesús Lara - Luis H. Antezana, **Tapuy Jayñiy**, ob. dt., p. 124.

[4] Jesús Lara, **Paqarin** (La Mañana), relato íntimo. Los Amigos del Libro, Cochabamba, 1974, p. 26.

[5] Alfonso Gumucio Dagron, **Provocaciones**. Ediciones Los Amigos del Libro, La Paz, 1977, p. 140. En la "provocación" consta que "recién a sus siete años aprendió a expresarse..." Se ha tomado de Tapuy Jayñiy, ob. cit, p. 144, que incluye la "provocación", dicha frase. Por haber revisado la obra última Jesús Lara, la edad correcta resulta, entonces, la de 10 años.

acepciones, tornándolas inteligibles en múltiples casos; en otros términos, lo poseyó, lo dominó, enriqueciendo a lo largo de los años su bagaje a precio de perseverante dedicación, acuciosas y pacientes indagaciones del grandioso pasado tawantinsuyano, basamento primordial para conocerlo mejor en las diversas manifestaciones de su insospechado universo; de aproximación y aprehensión de las fuentes filológicas coloniales y republicanas más valiosas y fehacientes ("he acumulado ese material en mi vida entera. Lo he sacado de mis entrañas en gran parte porque soy indio; tengo mucho de indio. También he estudiado, he revuelto bibliotecas, he hecho viajes con el único objeto de acumular material y sólo así he podido escribir los libros que se han publicado")[6]; y, por último, de verificación y buceo en pláticas con indígenas de ciertas poblaciones de Cochabamba y aun con los del Perú (Písaj: Cuzco), donde se ha conservado casi puro, menos contaminado por el castellano ("yo no escribo así por así. Para escribir la vida del campesino, por ejemplo, he vivido con el indio. Además, he nacido en un pequeño pueblo del valle perdido entre núcleos campesinos, Muela. He vivido en contacto estrecho con el niño indio, con el joven indio y con el viejo indio")[7]

En un período en que la lengua qhëshwa era todavía subestimada e ignorada o supuestamente ignorada por quienes la menospreciaban y denostaban (las castas oligárquicas gobernantes y, paradójicamente, algunos sectores de las clases gobernadas que no pudieron sustraerse de los meros prejuicios y complejos de inferioridad racial), la hizo aflorar, la iluminó, la reivindicó como reivindicó, en el terreno del ensayo, los valores plenos y totales del pueblo que la hubo creado, empezando por la constatación de una alta poesía, de singulares alcances, en parte entremezclada con el folklore y de amplia circulación popular, si bien no desconocida por escasos y selectos intelectuales y

---

[6] José Nogales Nogales, Jesús Lara habla para "Radio Centro". **Tapuy Jayñiy**, ob. cit. p. 248.

[7] Carlos Camacho Gómez, No puedo decir, todavía, si terminé mi obra literaria. En **Tapuy Jayñiy**, ob. cit., p. 248.

personas en nada ajenas a las más caras expresiones de la rica sensibilidad y del estro nativos, la recopiló, recurrió a esos intelectuales que, afortunadamente, comprendieron sus inquietudes juveniles y le permitieron el acceso a sus tesoros, admitiendo, inclusive, que transcribiera el material que pusieron en sus manos; la descubrió en textos sólo empleados en los predios de la especialización; la clasificó, la deslindó y tradujo con la calidad que solamente puede obtener un poeta de sus quilates y, en su caso, un poeta ligado sobremanera a la civilización de la que procedían y empezó por divulgarla en la prensa (Los Tiempos, Cochabamba), por entregas cotidianas alrededor de dos meses, entre 1945 y 1946 y en un libro primicial: La Poesía Quechua[8], precedido de un meritorio y esclarecedor ensayo de valoración del imperio inkásico ("mis pesquisas en el campo de la cultura qhëshwa primitiva han dado algún fruto. Desde hace algunos años, los programas de estudio de los colegios contienen un capítulo sobre la literatura inkaica. En algunas facultades hay cursos de qheshwa")[9].

La obra toda –con una que otra salvedad– de Jesús Lara es un homenaje a la raza de que procedemos ("mi vida se halla de tal modo impregnada de la vida y los problemas del indio, que no sé si alguna vez podría proponerme escribir algo ajeno al indio")[10]. Debido a ese antecedente, su poesía –matizada de vocablos del noble y expresivo idioma, que le confieren una sugestiva prestancia y colorido– se distingue por un sutil, dulce, delicado y exquisito sentimiento indígena y en algunos de sus versos rezuma el dolor ancestral, efecto del yugo de cuatro centurias de expoliación que sufrió el descendiente del Inkario. Su novelística, en lo esencial, se nutre y enriquece de personajes autóctonos tratados como son en su medio social y regional –imponente paisaje de valle y de montañas circundantes–, principalmente, o tam-

---

[8] Jesús Lara, **La Poesía Quechua**. La Plata, Argentina, 1947. Fondo de Cultura Económica. México, 1947.
[9] Alfonso Gumucio Dagron. El compromiso inquebrantable. Jesús Lara. En **Provocaciones** y **Tapuy Jayñiy**, obs. cits., pp. 153 y 157.
[10] Ernesto More, "Jesús Lara". En **Tapuy Jayñiy**, ob. cit. p. 97.

bién en distintos escenarios, con sus costumbres, sus creencias, sus tradiciones, sus formas de vida, su pobreza, que reflejan el drama de la explotación y tropelías de diverso género de que fue víctima por parte de los terratenientes, los políticos y sus aliados. Y su contexto y finalidad centrales son de combate, enfocan los sufrimientos, las injusticias, las inquietudes, las ambiciones y la rebeldía del hombre andino.

Tal tendencia se torna constante, adquiere los principios, los fundamentos de una razón de ser y de obrar, asume la total entrega a un propósito, inquebrantable propósito de demostración de lo que constituyó una portentosa cultura aborigen. A eso propenden sus trabajos de revalorización del Tawantinsuyu, de esclarecimiento de su organización política, social, económica, educativa, su gran literatura, en fin, de todo a cuanto pudo arribar una sociedad de enormes alcances.

Y el caso del Diccionario de que me ocupo es parte de la culminación a que llegó su autor con El Tawantinsuyu[11], la Cultura de los Inkas[12] y La Literatura de los Quechuas[13]. Y en aquella obra –admítase lo iterativo– de rigurosa selectividad, de expurgación de lo foráneo, de restauración, de restitución idiomática, de cabal ensamble de significados, se patentiza la aportación de toda una vida ("La cultura quechua fue mi preocupación desde mis años de estudiante")[14], la fértil actitud, la certera visión de un gran talento asimilador de lo más valioso y perdurable de las más altas manifestaciones del intelecto de un imperio, que se salvó por suerte de la voracidad destructiva del conquistador peninsular. ("El Diccionario tiene también su historia,

---

[11] Jesús Lara, **La Cultura de los Inkas,** 2 tomos. Los Amigos del Libro. La Paz. 1966 y 1967. La 2ª edición, el primer tomo con el título de El Tawantisuyu. Los Amigos del Libro. Cochabamba, 1974.

[12] Jesús Lara, **La Cultura de los Inkas,** 2ª Ed., Editorial Los Amigos del Libro, Cochabamba. 1976.

[13] Jesús Lara, **La Literatura de los Quechuas.** Ensayo y Antología. Cochabamba 1961.

[14] Jesús Lara–Luis H. Antezana, Breve Historia personal de la obra de Jesús Lara. En **Tapuy Jayñiy.** ob. cit., p. 22.

mucho más importante que la de la Cultura (...) Yo había conocido diccionarios incompletos, deficientes; quise hacer una cosa más amplia, de ningún modo completa porque no poseo completamente el quechua y mi vocabulario es reducido. Tuve que ayudarme, como hace todo el mundo, con González Holguín, con Honorio Mossi, que tiene un buen diccionario, hasta con el pequeño diccionario de Guardia Mayorga. Reuní más de siete mil palabras, pero yo no me limité a reunir las palabras del vocabulario corriente, como los otros autores, sino traté de hacer algo así como una enciclopedia del idioma. En este Diccionario hay algo de la geografía nuestra, algo de nuestra historia, principalmente del Imperio de los Inkas, hay bastante botánica, algo de mineralogía...")[15]

Tales atributos confieren a Jesús Lara una autoridad excepcional, tal vez única en nuestro país, por no decir en la América de habla quechua, en lo que se refiere a su vasto conocimiento y dominio no sólo del runasimi, sino de lo que constituyó el singular y muy preciado acervo cultural del Tawantinsuyu. En 1941, el gran vate y escritor argentino Arturo Capdevila, al comentar la égloga quechua Khatira y Ariwaki de aquél, expresó: "Este mismo Jesús Lara tenía que ser el poeta que se propusiera llegar a fiel intérprete de las tristezas y desmayos de la doliente raza de aquellas tierras y valles. Lo quiso. Lo hizo, y salió victorioso"[16]. Me arrimo, pues, a tan elocuente y categórica apreciación para manifestar otro tanto, y, en lo relativo, del volumen que motiva estas líneas.

"Solamente un avezado quichuista como Jesús Lara pudo haber acometido la elaboración del monumental Diccionario...", juzgó el poeta Héctor Cossío Salinas, en 1971, a la sazón asesor literario de la

---

[15] Jesús Lara–Luis H. Antezana, Breve Historia personal de la obra de Jesús Lara. En **Tapúy Jayñiy**, ob. cit., p. 65.

[16] El poema de Khatira y Ariwaki y su poeta. "La prensa", Buenos Aires, 16 de marzo de 1941. Incorporado en **Khatira y Ariwaki**, de Jesús Lara. Librería Editorial "Juventud". La Paz, 1977, p. 10.

Editorial Los Amigos del Libro de Cochabamba, a tiempo de ocuparse de su presentación en las notas de solapa (si bien no figura su nombre al pie de ella) de la primera edición, reproducidas en la de la segunda; concepto con el que coincidió más tarde Alfonso Gumucio Dagron: "...sigue el Diccionario Qhëshwa-Castellano y Castellano-Qhëshwa, obra monumental en su género, que sitúa a Lara a la altura de los más importantes quechuistas peruanos, y por supuesto a la cabeza de los bolivianos"[17].

El mexicano Dr. Miguel León-Portilla, Premio Nacional de Ciencias Sociales de 1961, de su país, eminente estudioso de las culturas indígenas precolombinas centroamericanas y del Tawantinsuyu, y autor de varios libros al respecto, rindió un sentido homenaje, en realidad dedicatoria, al escritor cochabambino, en su tomo "Literaturas del Anáhuac y del Inkario. La expresión de dos pueblos del Sol", en estos términos: "A la memoria de don Jesús Lara (1898-1980), eximio investigador de la literatura del Incario"[18].

A GUISA DE ADDENDA

El Diccionario Qhëshwa-Castellano. Castellano-Qhëshwa de Jesús Lara, zumo y corolario de la decantada y fructífera labor de una vital existencia, deberá mantenerse tal como fue elaborado originalmente, sin injerencias foráneas de ninguna índole, trátese de quien se trate, de modo particular en el alfabeto empleado, porque de producirse ellas, en un presunto caso, deteriorarán su jerarquía de conjunto y las bases mismas de su vigoroso apuntalamiento. Razones y motivos de enorme gravitación tuvo su autor —no en vano bajo el señorío de su saber, en alongados y hondos territorios, los caros atributos del runasimi y su incursión en el

---

[17] Alfonso Gumucio Dagron, **Provocaciones** y Tapuy Jayñiy, obs. cits., pp. 145 y 148.
[18] Publicado con el patrocinio del Servicio de Educación Pública y de la Universidad Nacional Autónoma de México. México, 1982.

universo de su pretérito y de lo que constituyó a lo largo de su vida para asignarle la fisonomía formal que lo caracteriza.

En cuanto a puntos y aspectos de carácter neta y específicamente gramaticales, estructurales o semánticos, aparte de lo relacionado con las fuentes, origen del idioma qhëshwa y de éste como tal, Jesús Lara los ha expuesto, analizado y deslindado en una amplia gama de pormenores y detalles insoslayables en las Notas Preliminares del Diccionario.

El Alfabeto Único Oficial para los Idiomas Aymara y Quechua, que actualmente rige en la república, fue aprobado por el Decreto Ley 4-2-888-83 y el Decreto Supremo N° 2027 de 5 de mayo de 1984. INEL (Instituto Nacional de Estudios Lingüísticos) y SENALEP (Servicio Nacional de Alfabetización y Educación Popular) publicaron un folleto (sin dato de año y parco en detalles orientadores) en el que dan cuenta de la frondosa y profusa participación en reuniones llevadas a cabo en Cochabamba y La Paz, en agosto y septiembre de 1983, respectivamente, entre otros, de representantes (cuyos nombres no constan) de entidades públicas y privadas de educación y cultura popular: Ministerio de Educación y Cultura, Instituto Boliviano de Cultura (IBC), Instituto Nacional de Antropología (INA), Instituto Nacional de Estudios Lingüísticos (INEL), universidades estatales de los anotados centros citadinos, Central Obrera Boliviana (COB), Confederación Sindical Única de Trabajadores Campesinos de Bolivia, Sociedad Bíblica, Instituto de Idioma Maryknoll, Alfalit Boliviana, que, "en la reunión de Cochabamba", contaron con el asesoramiento del "proyecto Educativo Bilingüe de Puno, Perú (Ministerio de Educación-Misión Alemana) INIDE y de la Universidad Católica del Ecuador, CIEL", siendo el Alfabeto Único el "resultado de reuniones (...) para unificar criterios lingüísticos, educativos, históricos y sociales de orden práctico".

Esos resultados, por la exposición de algunos ejemplos que registra el susodicho folleto[19], no dejan de ser sui generis y, por lo mismo, desemejantes en tópicos sustanciales con lo que obtuvo y sostiene Jesús Lara. El alfabeto último cuenta con sólo 31 letras. El de 1954, con 33. En lo que concierne a éste, el autor de La Cultura de los Inkas, explica: "...y nosotros lo hemos adoptado desde cuando tuvimos conocimiento de él, con pocas y ligeras modificaciones". Y en lo que atañe a la posición que más tarde asumió sobre el particular, aclara: "...empeñados en un trabajo de indudable responsabilidad con el propio idioma y para con nuestro pueblo, hemos realizado estudios y experiencias que nos han llevado a conclusiones que en algunos puntos importantes no se hallan de acuerdo con el Alfabeto Oficial".

Jesús Lara aplicó 30 letras en su Diccionario y admitió tres vocales principales, excluyendo la e y la o con el fundamento de que "no existieron en el runasimi", y dos vocales intermedias entre la e y la i: la ë (con diéresis y con el fonema y pronunciación consiguientes). Y entre la o y la u: la ö (Idem). El alfabeto de 1954 reconoce las cinco vocales castellanas. El de 1984, igualmente las cinco, asignando a la e y la o la calidad de "semiabiertas": (e) y (o); diferenciándose entonces del empleado por Jesús Lara por la aceptación de estas dos vocales y

---

[19] Ante la imposibilidad de obtenerlo en Cochabamba (y, aunque parezca un contrasentido, me ocurrió otro tanto con las disposiciones legales que aprobaron el Alfabeto Único...), recurrí al profesor cochabambino Luis Morató Peña, catedrático de quechua en la Universidad de Illinois y Urbana-Champaign de los Estados Unidos de Norte América, autor del libro Quechua Boliviano, Curso Elemental, tomo I, Cochabamba, 1985. Me remitió, gentilmente, una fotocopia de 8 páginas (que da la impresión de ser incompleta). Su texto y lo que podría ser su continuación tuvieron cabida en el predicho volumen. Pude advertir en la última parte marcadas diferencias con lo propugnado por Jesús Lara en el empleo del acento en determinadas palabras graves y agudas del quechua; lo que, en general, me condujo a considerar que el Alfabeto Único para los Idiomas Aymara y Quechua fue elaborado para el "qhëshwa mestizo de hoy", como habría precisado éste. Y si lo reproducido corresponde realmente al fascículo, ¿no será el momento de citar otros conceptos suyos aplicables al asunto?: "De modo que la rr, que con tanta ligereza nos endilgan los cuzqueños..." (se refiere a su participación en el Alfabeto de 1954). Y sobre lo mismo, pero extensivo a otros desaciertos que se examinan más adelante: "...y que algunos quechuistas admiten con inexplicable falta de sentido".

de las consonantes Chh y l. Con referencia a la primera de tales consonantes, opina él, aludiendo a su inclusión en el Alfabeto Oficial de 1954, que "no responde con exactitud al carácter esencial de dicho fonema"; habiéndola reemplazado 'con la Sh', que es más apropiada y colocándola en otro sitio. Por lo demás, afirma que "el runasimi no conoció la l" y que "el mayor testimonio de esta evidencia (...) lo proporcionan también los vocabulistas primitivos".

En las "recomendaciones" que sugiere el opúsculo se comprueba una innegable propensión no precisamente a entremezclar el qhëshwa con el castellano, pero sí a relacionarlo, a tornarlo recurrente de él tratándose de "préstamos necesarios" (¿serán referentes a los signos gráficos, letras, voces, etc.,?); a enriquecerlo con "neologismos" (¿propenderá a la recuperación, al descubrimiento de términos castizos y propios del léxico vernáculo, no incorporados aún en diccionarios y vocabularios o, acaso, a los que resulten de los aportes proporcionales o no de ambos idiomas, cuyo producto recaería inevitablemente en la heredad del quechuañol?).

Por otra parte, los modelos de que se vale el folleto disienten, en algunos casos, ortográficamente e, inclusive, en la significación de los vocablos utilizados y vertidos por Jesús Lara; v.gr.: sustitución de la j (de "valor fonético que posee en el castellano", J.L.), en mitad de una dicción, por la q (en lo fonético "velar sorda", J.L.): llaqta en vez de llajta (pueblo); soqta, suqta, por sujta (seis); uqllay, por újllay (abrazar, incubar). La primera forma, la de la innovación, parecería forzada, casi gutural, dura; pues, amengua la espontaneidad, la naturalidad que se advierte en la segunda, que se manifiesta más abierta, más llana, más expresiva, más nuestra. Ese proceso deformativo es similar en otras palabras de la misma línea. En consecuencia, pienso que es una especie de innecesaria novedad que a nada conduce ni se justifica.

Otra innovación: la w (en el orden fonético con el valor que el castellano le asigna, en función de semiconsonante). Ej.: awki (según el fascículo: padre, anciano). Jesús Lara escribe auki (con u la segunda letra) y en su equivalente español es para él: príncipe, infante. Wawqe, la w en medio de la expresión. Wauqë (hermano). La w, en wawqe, responde a una modalidad extraña, no se la siente, parece muda, provoca esfuerzo en la pronunciación. En cambio en wauqë es más afirmativa, más consistente, más concisa, más cabal si se quiere.

A propósito del Congreso Indigenista Interamericano de 1954, que aprobó el repetido Alfabeto Quechua, cábeme advertir que curiosa y sugestivamente se prescindió de Jesús Lara. Y en lo que fue previo con referencia al de 1984, los "expertos", nacionales y extranjeros, en el bellísimo idioma de los Inkas, ausente, y gran ausente ya entre los vivos el autor del Diccionario Qhëshwa-Castellano. Castellano-Qhëshwa, también curiosa y sugestivamente se sustrajeron de sus trabajos y de sus personales conclusiones en tan delicada cuestión, tal vez unos por ignorarlos y otros tal vez por disensiones que no les interesó exponerlas y fundamentarlas; al menos así se infiere de lo analizado en los párrafos respectivos de este preámbulo.

No me es posible dar término a mi labor sin antes hacer particular hincapié en un aspecto de carácter meramente personal: me constriñe el imperativo de dejar expresa constancia de que no soy especialista en el léxico de mis antepasados. Conozco, y no del todo, el que corrientemente se habla en los valles cochabambinos. La frecuentación, desde luego asidua y por más de siete lustros a mi tío Jesús Lara, me ha permitido familiarizarme con su recia, polifacética y valiosísima personalidad literaria, humana y ética y colmar con fervor, perseverancia y lealtad mis inquietudes, mis anhelos y mis afines perspectivas con su vasta obra, compenetrándome de todo lo que de magno, trascendente, representativo, de contenido social y de perdurable tiene; habiendo adquirido, por lo tanto, entre la diversidad de géneros de su dominio, primordiales nociones en lo que a la cultura quechua y a su lengua incumben. Desde mi temprana adolescencia fui aprendiendo a escribir correctamente el runasimi; es decir, como lo escribía mi deudo. Y pocos años después (enero y febrero de 1949) recurrí a esas posibilidades a fin de transcribir en Carcaje, provincia Jordán del departamento de Cochabamba, mi tierra natal, en noches de múk'uy (muqueo) en dos o tres casas de campesinos a donde acudían mozas y mozos del lugar, cerca de mil coplas carnavalescas y composiciones sobre Santa Veracruz y Todos Santos en qhëshwa, que algunas de aquéllas (persuadidas merced a mis pertinaces y habilidosas instancias) decidieron hacérmelas saber. Las más típicas y logradas las tradujo e incluyó Jesús Lara en su Poesía Popular Quechua[20] (la segunda edición con el título de Qhëshwataki)[21].

Mi participación en el presente proemio obedece a la generosa actitud del editor Don Werner Guttentag, el cual centró en mí su elección para que me ocupe del tema. De entrada comprendí que no era yo quien debía hacerlo. Y esto por un elemental escrúpulo. Veíame ante un compromiso muy serio. Resolví, por último, no sin un residuo de vacilaciones, afrontar la situación y me puse a la tarea de acumular los elementos imprescindibles en respaldo de mi temeridad. Ojalá no lo defraude lo obtenido, llevado a cabo no sin tropiezos ni desconcierto por instantes; empero, con la satisfacción de responder, de alguna manera, a los planteamientos y puntos de vista de Jesús Lara en la materia.

MARIO LARA LÓPEZ

---

[20] **Antología.** Editorial Canata. La Paz, 1956.
[21] Los Amigos del Libro.Cochabamba, 1975.

El Alfabeto actual del qhëshwa, de 31 letras, a diferencia del empleado por Jesús Lara, de 30 letras, introduce las vocales semiabiertas (e) y (o) y 'as consonantes CHH y L.

En cambio, éste ha adoptado la ë y la ö, vocales intermedias entre la e y la o, que no las admitió por no haber existido en el idioma, y la Sh', en sustitución de la Chh, y eliminado la L, en razón de similar circunstancia.

NOTAS PRELIMINARES

LAS FUENTES

La disciplina filológica nunca ejerció sobre nosotros una atracción particular. Si nos hemos interesado siempre en el estudio de nuestra lengua materna ha sido para realizar investigaciones en el campo concreto de la cultura que alcanzaron nuestros antepasados. De ahí que la elaboración de un diccionario no pudo en ninguna época ser incluida entre nuestros planes de trabajo y era más bien considerada como una empresa superior a nuestras posibilidades. Empero las instancias de nuestro editor, tan persistentes como amables, acabaron por hacernos renunciar a nuestros escrúpulos y no cesaron sino cuando vieron la tarea entre nuestras manos.

Hemos empezado por comprender que un diccionario qhëshwa-castellano no puede ser fruto de simples conocimientos personales ni menos una obra de gabinete basada en la abundante bibliografía que se conoce. Si prescindimos de las fuentes vivas que siguen siendo nuestros núcleos indígenas correremos el riesgo de incurrir en inexactitudes y deformaciones que abundan en las obras impresas. Esto, siempre que nuestros propósitos tiendan a devolverle sus valores castizos al idioma, harto manoseado y desfigurado bajo la presión secular del castellano. De lo contrario, sería penoso tener que contentarse con el lenguaje híbrido que se emplea en los medios mestizos o con el que se halla en los vocabularios existentes, en los cuales no escasean los injertos y los equívocos y aun los contrabandos idiomáticos.

No faltan hoy día estudiosos que propugnan la adopción definitiva, la refrendación del qhëshwa mestizo actual, infestado de formas indígenas castellanizadas y de otras castellanas quechuizadas. El principal entre estos es el peruano José María Arguedas. Pese a su enorme talento y al rico caudal de sus conocimientos, este escritor considera que ya no es necesario preocuparse de la restauración del runasimi primitivo, puesto que el que se habla posee hermosas cualidades de sonoridad y expresividad. Otros hay –César Guardia Mayorga, José Mario Benigno Farfán, Andrés Alencastre, Teodoro Meneses, todos peruanos– que piensan de distinta manera. Ellos estiman que no es posible renunciar al esplendor singular del habla clásica de nuestros antepasados ni resignarse a cultivar esa abigarrada jerigonza de hoy, que no es ni qhëshwa ni castellano. Y Guardia Mayorga y Alencastre componen la más bella poesía en el runasimi más puro.

En nuestro trabajo, hemos tenido que revisar previamente la bibliografía colonial y nos hemos visto, en primer término, frente a Domingo de Santo Tomás, el más antiguo de los quechuistas españoles. Este autor, tras largos años de estudio, publicó en 1560 una obra intitulada "Lexicón, o Vocabulario de la lengua general del Perú" y el mismo año "Grammatica, o Arte de la lengua general de los indios de los Reynos del Perú". Ellas revelan una relativa penetración en el idioma y al mismo tiempo presentan deficiencias e inexactitudes considerables. Es muy notorio que Santo Tomás no se proponía elaborar una obra de erudición, sino simplemente un artefacto que al dogma le permitiera proyectarse hasta las raíces de la conciencia indígena. "... Quiero advertir principalmente aquí a los sacerdotes... para quien esta obrecilla principal, y particularmente se hace", declaraba él mismo en el Prólogo del "Lexicón". Con todo, la obra constituye una fuente útil, pues hace llegar hasta nosotros numerosos vocablos genuinos que por alguna razón no fueron recogidos por los sucesores.

Diego González Holguín, autor de una gramática y del "Vocabulario de la lengua general de todo el Perú llamada lengua Qquichua, o del Inca", no se aparta mucho del derrotero trazado por Santo Tomás. Aunque nos presenta un léxico mucho más rico y menos desordenado y revela un conocimiento más amplio del idioma, no escasean en su obra las deficiencias e imperfecciones.

Es importante anotar que Santo Tomás apenas incidentalmente ingiere en su "Lexicón" uno que otro vocablo castellano, en tanto que González Holguín se complace en donar al qhëshwa palabras como alma, alfombra, misa, hora, etc. y otras híbridas como casaracuni (casarse), Diospa gracian (la gracia de Dios), etc.

Aparte de estos dos autores hubo otros muchos que publicaron gramáticas y vocabularios: Juan Martínez de Ormachea, Diego Torres Rubio, Alonso de Huerta, etc. Pero es González Holguín el que fue y sigue siendo considerado como la autoridad máxima en la materia y se admite que su "Vocabulario" contiene "el mayor repertorio de palabras quechuas publicado desde el descubrimiento de esta lengua hasta 1608 y continuó siéndolo durante todo el siglo XVII y acaso mantenga hasta ahora esta primacía de cauda", conforme escribía Raúl Porras Barrenecechea en 1952. A nuestro juicio la afirmación de este investigador es válida hasta mediados del siglo XIX, época en que aparecieron el "Diccionario Quichua-Castellano" y el "Castellano-Quichua" de Honorio Mossi. Este autor, que copia literalmente a González Holguín, contribuye con un discreto caudal de palabras nuevas, aparte de eliminar las repeticiones que superabundan en el modelo. Pero hay otro diccionario realmente exuberante con relación a todos los anteriores y es el del cuzqueño Jorge A. Lira, publicado en 1944. Esta obra contiene una asombrosa miríada de vocablos en un volumen que consta nada menos que de 1199 páginas. Bien es cierto que el peruano se excede a veces en la adopción de palabras castellanas quechuizadas y sobrepasa a todos en la catalogación de derivados y formas de expresión.

En los últimos tiempos han circulado dos diccionarios, uno en Bolivia (1955) y otro en el Perú (1959). El boliviano, compuesto por los jesuitas Jorge Urioste y Joaquín Herrero, es un cúmulo de voces mestizas sin valor de ninguna especie, pero adecuado para fines semejantes a los que movieron a Santo Tomás. Si éste labró un instrumento para facilitar la consolidación de la esclavitud de los indios, aquellos han entregado un arma a los agentes clericales de la penetración imperialista en nuestro país. El diccionario peruano, de César Guardia Mayorga, se resiente de brevedad, pero es un ejemplo de legitimidad y pureza, y revela un conocimiento profundo del idioma.

Con tales antecedentes a la vista hemos realizado nuestro trabajo. De conformidad con nuestro propio criterio hemos utilizado ante todo nuestras experiencias en los medios indígenas que hablan el qhëshwa menos contaminado. Campesinos de Ayopaya, Colomi y Vacas, que conservan en gran parte las tradiciones castizas del idioma, han sido nuestros más eficientes colaboradores. Hemos aprovechado asimismo conversaciones que años atrás mantuvimos con los quechuistas del Cuzco y con los campesinos del valle cuzqueño de Písaj, que aun practican lo más noble de sus antiguas costumbres. No son de escasa consideración los aportes con que nos han favorecido Santo Tomás, González Holguín, Fidel Domingo Pinelo y Jorge A. Lira. En menor proporción nos han servido Honorio Mossi y César Guardia Mayorga. Fuentes invalorables hemos hallado en el manuscrito qhëshwa de Francisco de Ávila, en el drama "Apu Ollántay", en "Atau Wállpaj p'uchukakuyninpa wankan" y aun en "Uska Páuqar" y "El pobre más rico". En cuestiones botánicas, nos hemos servido de diversas publicaciones de Martín Cárdenas, de la "Flora cruceña" de Rafael Peña y de los conocimientos del botánico Raúl Lara. Las plantas cuya identificación no hemos podido obtener figuran con las características anotadas en sus fuentes de origen. En todos los casos van al pie, entre paréntesis, las iniciales de los autores. En cuestiones ornitológicas, hemos utilizado el "Catálogo de aves bolivianas" de Luis Terrazas F.

ORIGEN DEL IDIOMA

De modo general los versados en cuestiones inkaicas sobreentienden que el runasimi llegó con los fundadores del Imperio al Cuzco. Es así como los más de ellos no aluden siquiera a este punto porque consideran que no hay necesidad de hacerlo. Entre los que por alguna razón se refieren a él, Guardia Mayorga anota en su "Diccionario" que los primeros monarcas del Tawantinsuyu descendieron probablemente de alguno de los ayllus que en una antigüedad remota poblaron los valles de Abancay y Andahuaylas, al occidente del Cuzco. Afirma que tales ayllus hablaban el qhëshwa, idioma que sus ilustres descendientes habrían difundido en el Imperio. La hipótesis de Guardia Mayorga es admisible, a nuestro juicio, en cuanto revela que aquella lengua fue hablada en Abancay y Andahuaylas antes de la aparición de los Inkas. En cambio la ascendencia qhëshwa de Manku Qhápaj es inaceptable, sabido como es que los soberanos hablaron, aparte del runasimi, un idioma extraño que sólo ellos sabían y que debió ser el que originalmente perteneció a los fundadores. De lo contrario, no habría existido ese lenguaje exclusivo de la familia imperial.

Es hecho probado que el qhëshwa fue hablado desde tiempos muy remotos por un conjunto de ayllus afines que llegaron a conformar varios pequeños señoríos a ambas orillas del río Awánqay (Abancay). Esos señoríos, frecuentemente invadidos y expoliados por el belicoso pueblo Chanka, fueron incorporados sin resistencia al Imperio bajo el gobierno de Qhápaj Yupanki Inka. Allí, junto al río Awánqay fue donde los Inkas se encontraron con el qhëshwa, adoptándolo luego, oficializándolo y difundiéndolo bajo el nombre de runasimi (lenguaje humano). A la llegada de los españoles circulaba todavía en el Cuzco la tradición de este origen. Pedro de Cieza de León, uno de los cronistas más veraces, oyó de labios de los nobles cuzqueños, en 1550, *"que la lengua general que se usó por todas las provincias, fue la que usaban y hablaban estos Quichoas, los cuales fueron tenidos por sus comarcanos por muy valientes".*

Bajo el Imperio, el idioma general fue conocido siempre con el nombre de runasimi y así lo encontraron los españoles. Éstos no tardaron en recoger la tradición de su origen y ya mucho antes de que Cieza de León llegara al Cuzco, le confirieron la denominación de quichua. En la *"Bibliographie de langues aymará et kichua"* de Paul Rivet encontramos que un códice cuya fecha se sitúa en 1540, lleva el siguiente título: *"Arte, vocabulario, sermones, etc... en quichua"*, siendo su autor el dominico Pedro Aparicio. En la *"Relación del Concilio limense"* publicada hacia 1551, aparece asimismo el nombre de *"Quichua o general del Perú"*. Por consiguiente, no pudo haber sido Domingo de Santo Tomás *"el que bautizó con el nombre de quechua al runasimi"* como erróneamente sostiene Raúl Porras Barrenechea en el Prólogo del *"Lexicón, o Vocabulario"*.

Algunos quechuistas se ocupan también de la procedencia etimológica de la palabra *"Quichua"*. Honorio Mossi propone dos hipótesis en su *"Gramática de la Lengua General del Perú llamada comúnmente Quichua"*. La primera arranca del verbo *"QQuehuini, que significa retorcer"* y del sustantivo *"Ichu"*, que es paja brava. Realiza un curioso metaplasmo de los dos vocablos puestos en dicción para extraer *"QQueshua, o QQueschua, o QQuechua, o QQuichua, que todo significa, paja torcida, o cordel de paja"*. La segunda toma la palabra *"QQuechhua que significa tierra templada"* y luego de breves consideraciones concluye *"que QQuechua quiere significar idioma del indio que habita una tierra templada"*.

La primera hipótesis sólo podría ser concebida por un quechuista que no conoce bien su especialidad. *"QQuehuini"*, que nosotros escribimos Q'ëwiy, no significa el *"retorcer"* de Mossi, sino encorvar, convertir una línea recta en curva o volverla angulosa. Retorcer un cordel o una cuerda es q'ëshway o k'uyuy. Luego con impresionante convicción nos dice nuestro autor que *"QQueshua, QQueschua, QQuechua y QQuichua"* son la misma cosa. Parece no darse cuenta de que el cambio de grafía tiene que producir fonación distinta y que por tanto el significado tiene que ser también diferente. La *"paja torcida o cordel de paja"* de Mossi posee una sola grafía y es q'ë'shwa. Pero q'ëshwa no tiene nada que ver con el nombre del idioma, que es qhëshwa, con otra grafía, otra fonación y otro significado.

25

La segunda hipótesis, en cambio, resulta muy digna de atención. Qhëshwa, sustantivo muy distinto de Q'ëshwa, significa valle, tierra de clima templado. Qhëshwachajra es sementera de valle; qhëshwaruna, valluno, habitante de valle. Qhëshwasimi se interpreta como lenguaje de gente valluna. Dado que los ayllus habitantes de los valles del río Awánqay fueron conocidos en su conjunto como el pueblo Qhëshwa, es presumible que por esta razón los españoles hubiesen conferido al idioma el nombre de sus creadores.

EL IDIOMA

El qhëshwa es un idioma aglutinante como el alemán, finlandés, húngaro y otros de Europa. A diferencia de los de flexión, conglutina, forma de dos, tres y más palabras una sola, v.gr.: Janpunkipuni *(Te vendrás de todos modos);* Sunqöyujkuna *(Los que tienen corazón).* Mikhunallaña *(Comamos de una vez).*

No podemos saber a ciencia cierta el grado exacto de evolución en que se hallaba el runasimi a principios del siglo XVI. El estado actual del idioma no puede orientarnos sino a medias. Los vocabulistas coloniales no eran lingüistas ni filólogos ni investigadores. Eran agentes ejecutivos del dogma y de los intereses de España. Sus obras fueron simples instrumentos de penetración en el mundo espiritual del aborigen para llenarlo con el pregusto del paraíso celestial y con los horrores del infierno. Recogieron sólo aquello que podía ser utilizado para sus fines. En sus vocabularios rebosa todo cuanto ellos consideraban pecado. La mujer liviana se halla propiamente lapidada de epítetos: aricha, wáchuj, añasu, panparuna, wasánchaj... Por otro lado recogieron vocablos capaces de sublimar la pretendida virginidad de María: Ilúnp'aj (inmaculada), qöllana *(augusta),* pachak'ánchay *(luz del universo).* Displicentes con las manifestaciones artísticas, recogieron apenas aquello en que podían incrustar las cosas de su fe: "Haraui... agora se ha recibido por cantares devotos y espirituales", dice González Holguín. Mencionaron los instrumentos musicales nada más que para localizarlos y destruirlos. De entre los términos abstractos sólo tomaron algunos. En suma, sus obras son deficientes e incompletas.

Empero el Tawantinsuyu había llegado a un período de esplendor a principios del siglo XVI, bajo el gobierno de Wayna Qhápaj Inka, con una expansión territorial que abarcaba desde Pasto (Colombia) hasta el chileno río Maulli (Maule). Sus instituciones políticas y sociales habían adquirido un grado asombroso de desarrollo, al par que con una sagaz distribución de la riqueza pública se había conseguido suprimir el hambre y la miseria.

El bienestar económico suele determinar en los pueblos un rápido progreso cultural, siendo el idioma el principal beneficiario. Bajo la opulencia del imperio romano el latín cobró una luminosa plenitud. Con la conquista del Perú, el castellano evolucionó con impresionante celeridad. Compárese el lenguaje de Francisco de Jerez y Cieza de León con el de Garcilazo y de cualquier otro escritor de principios del siglo XVII.

Presumimos que algo parecido sucedió con el runasimi. En tiempos de Wayna Qhápaj Inka llegó probablemente a un alto nivel de perfección y de riqueza con los indudables aportes de los pueblos conquistados. Claros indicios encontramos tanto en los vocabularios coloniales como en el lenguaje que usan hoy nuestros indígenas.

No obstante el hibridismo de que adolece, el qhëshwa actual presenta propiedades muy poco comunes. Una de ellas se refiere a su extraordinaria capacidad expresiva. De ella nos hemos ocupado ya en varias obras, pero creemos que aquí debemos explanarla una vez más. Como en ningún idioma conocido, en el qhëshwa se puede expresar mediante un verbo toda una gradación de estados de ánimo, sin emplear ningún recurso perifrástico, con la sola adición de breves partículas. De este modo es posible precisar tanto una instancia natural y seca como la cordialidad, el cariño y la ternura. *Mikhuy* quiere decir come, en su forma natural; *mikhúriy* ya tiene un carácter insinuativo; *mikhurillay* muestra súplica y cariño; *mikhurikúllay* expresa ternura suplicatoria. Los sentimientos contrarios pueden ser vertidos también con toda fidelidad. *Rípuy* se traduce ándate, vete; *ripúllay* equivale a te pido que te vayas; *riripuy* tiene ya el carácter de una intimación.

Otra cualidad del idioma es su riqueza sinonímica. Abundan los vocablos que poseen dos, tres y más sinónimos. Ejemplos: Acabarse: jiwíqay, p'uchukákuy, tukúkuy. Estómago: jiq'ë, uspun, wijsa. Insípido: amlla, raq'a, q'ayma, mak'a, qama. Palpar: llánkhay, llámiy, llújchiy, pánkuy, shánkay.

Puede también considerarse como una peculiaridad la abundancia de sus voces onomatopéyicas. El castellano también las tiene, pero en número sumamente reducido. En el qhëshwa podríamos hacer todo un catálogo: Ch'allaj (ruido que produce la bofetada), ch'ulltún (caída de un guijarro en el agua), qhöllchún (caída de un cuerpo pesado en el agua), lláq'aj (calda de bruces), lliujlliuj (relampagueo), q'aj (chasquido), ñách'aj (golpe de puño), chillin (ruido de un objeto metálico), shallallaj (destrozo de un vaso o vasija), siujq'ataj (silbido y golpe del látigo), qhönqhön (ruido del trueno), etc.

Como un testimonio concluyente de la riqueza del idioma tenemos el "Ritual-Formulario, e institución para curas", de Juan Pérez Bocanegra, publicado en 1631. Este autor penetró más profundamente que los vocabulistas en el qhëshwa, al menos lo utilizó con mucha mayor amplitud y fidelidad. Su obra es una admirable guía de confesores. En el qhëshwa más elocuente y con la más escrupulosa minuciosidad, sin emplear una sola palabra castellana, escarba en las más hondas reconditeces de la conciencia pecadora y le insta a declarar los pecados cometidos contra los diez mandamientos, deteniéndose con particular diligencia en el sexto. No le bastan las culpas consumadas, emprende con las que se frustraron y aun con las que fueron incubadas en el mero deseo. No deja de lado los placeres solitarios, ni siquiera las poluciones involuntarias. Todo se halla descrito y puntualizado con asombroso acierto y el léxico más exuberante. Lástima que no dispongamos aquí de ese libro para transcribir unos fragmentos.

MORFOLOGÍA

Domingo de Santo Tomás encontró la lengua qhëshwa "polida y abundante, regulada y encerrada debajo de las reglas y preceptos de la latina", conforme declara en el prólogo de su "Grammatica, o Arte de la lengua general".

Vio que ella poseía las mismas partes oracionales que el latín y que exactamente como en éste se podía declinar, conjugar y formar frases y oraciones. Y compuso una gramática qhëshwa vaciada en el molde latino. González Holguín y los demás sucesores siguieron en lo fundamental las normas establecidas por Santo Tomás. Entre los modernos, Mossi copia a Santo Tomás y a González Holguín y José David Berrios elabora un compendio muy accesible y didáctico.

GÉNERO

No es propiamente un accidente gramatical, pues las palabras no sufren ninguna alteración. Es la simple distinción del sexo en los seres animados. Tra-

tándose del hombre, hay un vocablo para el masculino y otro diferente para el femenino. Qhari, *varón;* warmi, *mujer;* wayna, *varón joven;* sipas, *mujer joven;* machu, *varón viejo;* paya, *mujer vieja;* wauqë, *hermano del hermano;* ñaña, *hermana de la hermana;* tura, *hermano de la hermana;* pana, *hermana del hermano;* ch'upullu, *tataranieto;* anpullu, *tataranieta, etc. Respecto de los seres irracionales, el nombre común se refiere de manera implícita al macho:* llama, puma, kúntur, urpi, siwar, *y sólo cuando hay que acentuar el sexo se dice* urqöllama, urqösiwar, *etc. Respecto de los animales hembras en todos los casos hay que decir* chinallama, chinapuma, *etc. Las cosas inanimadas no llevan género.*

NÚMERO

Existe como accidente gramatical porque el sustantivo, pronombre, etc. sufren modificaciones. El singular, como en todas las lenguas, es uno solo e invariable: allqö, yuthu, amaru *(perro, perdiz, serpiente). El plural admite diversas maneras en su formación. La principal se forma agregando al singular la partícula* kuna *y afecta principalmente a los seres humanos y sólo en determinados casos a los irracionales y a las cosas inanimadas.* Warmikuna, *las mujeres;* sawakujkuna, *los que se casan;* ijmakuna, *los viudos;* p'isqökuna, *los pájaros;* qöyllurkuna, *las estrellas. Se forma también con la partícula* chay: juch'újchay, *pequeños;* sumáchaj, *hermosos;* sh'ikáchaj, *considerables en tamaño. Con la partícula* pura: qharipura, *nada más que hombres;* chinapura, *solo hembras;* auqapura, *entre enemigos. Antecediendo el adjetivo* púraj, *ambos:* purajuya, *dos caras;* purajmaki, *ambas manos;* purajñawi, *ambos ojos. Algunas veces el plural se forma también duplicando el singular:* rumirumi, *piedras, pedregal;* unuunu, *aguas, aguazales;* sach'asach'a, *árboles, arboleda.*

CASO

Contrariamente a lo que sucede en el castellano, en el qhëshwa existe con toda propiedad el caso. La declinación que en el primero efectúan los gramáticos no es sino aparente, puesto que no se produce ninguna alteración estructural y hay que apelar imprescindiblemente al concurso de otros elementos oracionales. En el qhëshwa, las partes declinables sufren variaciones que constituyen evidentes accidentes gramaticales y son el sustantivo y el pronombre. También admiten declinación el adjetivo y el participio, pero únicamente cuando se hallan sustantivados.

Los casos son los seis conocidos en el latín y otros idiomas.

Ejemplos

<u>Mama</u>, madre

Nominativo	Mama	La madre
Genitivo	Mámaj, mamajta, mamajpa, mamajpata	De la madre
Dativo	Mamaman, mamápaj	A la madre, para la madre
Acusativo	Mamata	A la madre
Vocativo	Aa, mama	Oh, madre
Ablativo	Mamawan, mamamanta, mamapi, mamarayku, manamamawan, mamajqhëpan	Con, de, en, por, sin, tras la madre.

<u>Anqas</u>, azul

Nominativo	Anqas	El azul
Genitivo	Anqaspa, anqaspata	Del azul
Dativo	Anqasman, anqáspaj	Al, para el azul
Acusativo	Anqasta	El azul
Vocativo	Aa, anqas	Oh azul
Ablativo	Anqaswan, anqasmanta, anqaspi, anqasrayku, mana-anqaswan, anqaspaqhëpan	Con, de, en, por, sin, tras el Azul.

Sawasqa, el casado

Nominativo	Sawasqa	El casado
Genitivo	Sawásqaj, sawasqajta, sawasqajpa, sawasqajpata	Del casado
Dativo	Sawasqaman, sawasqápaj	Al, para el casado
Acusativo	Sawasqata	El casado
Vocativo	Aa, Sawasqa	Oh, casado
Ablativo	Sawasqawan, sawasqa manta, sawasqapi, sawasqarayku, manasawasqawan, sawasqaqhëpan	Con, de, en, por, sin, tras el casado.

Hemos consignado ejemplos de un sustantivo, así como de un adjetivo y un participio sustantivados. A fin de no dejar incompleto el cuadro ofrecemos también ejemplos de un pronombre personal y de otro relativo.

Pay, él

Nominativo	Pay	Él
Genitivo	Paypa, paypata	De él
Dativo	Payman, páypaj	A, para él
Acusativo	Payta	A él
Vocativo	Aa, pay	Oh, él
Ablativo	Payman, paymanta, paypi, payrayku, manapaywan, paypaqhëpan	Con, de, en, por, sin, tras él.

Pi, quien

Nominativo	Pi	Quien
Genitivo	Pijta, pijpa, pijpata	De quien
Dativo	Piman, pípaj	A, para quien
Acusativo	Pita	A quien
Vocativo	Aa, pi	Oh, quien
Ablativo	Piwan, pimanta, pipi, pirayku, manapiwan, pijqhëpan	Con, de, en, por, sin, tras quien.

OTRAS VARIACIONES

El qhëshwa admite también el aumentativo y el diminutivo, que actúan principalmente sobre el sustantivo y el adjetivo.

El aumentativo se forma unas veces anteponiendo al sustantivo el sustantivo adjetivado sh'ikan, *tamaño; v.gr.:* sh'ikanwarmi, *mujerona;* sh'ikansimi, *bocaza;* sh'ikanrumi, *pedrón.* Otras veces, anteponiendo a sh'ika la partícula may: maych'ika, *muchísimo;* maysh'ikan, *grandísimo.* También se forma agregando al nombre la partícula sapa: umasapa, *cabezón;* juchasapa, *pecadorísimo;* chupasapa, *cotudísimo.*

El diminutivo se forma con la partícula cha; *v.gr.:* sipascha, *jovencita;* pukacha, *rojito;* sullullcha, *verdadcita.* A veces también con lla: juch'uylla, *pequeñito,* k'achalla, *buenito;* munasqaykilla, *tu queridito.*

PARTES DE LA ORACIÓN

El qhëshwa cuenta con todas las partes conocidas en la oración castellana excepto el artículo. José David Berrios considera que el vocablo uj es un *artículo indeterminado. Evidentemente, si bien es asimismo adjetivo numeral, uj corresponde con exactitud a un, una, unos, unas del castellano. Uj machu jamusqa, un viejo había venido. Uj sipaskuna takispa yallinku, unas mozas pasan cantando.*

SUSTANTIVO

Como en todos los idiomas, el nombre o sustantivo da a conocer la sustancia y la esencia de los seres animados e inanimados. Existen, en el qhëshwa, el propio y el común, el primitivo y el derivado, el individual y el colectivo, el concreto y el abstracto. Ejemplos:

Propios de personas: Sinchi Ruka, Anawarki, Titu Kusi Yupanki, Túpaj Amaru. De ciudades y pueblos: Q'asamarka (Cajamarca), Kitu (Quito), Wamanqa (Guamanga), Kupayapu (Copiapó).

Comunes: wik'uña (vicuña), kúntur (cóndor), urpi (paloma), pillpintu (mariposa), sik'imira (hormiga).

Primitivos: pukara (fortaleza), waylla (prado), sikuwa (paja brava).

Derivados: pukarani (lugar con muchas fortalezas), wayllani (pradería), sikuwani (pajonal).

Individuales: yaya (padre), allpaqa (alpaca), p'isqö (pájaro).

Colectivos: ayllu (parentela), tama (rebaño), tanta (bandada).

Concretos: jallp'a (tierra), rumi (piedra), k'ánchay (luz), wayra (viento).

Abstractos: nuna (alma), allikay (bondad), súllull (verdad), tinka (presentimiento).

ADJETIVO

El adjetivo expresa las cualidades y propiedades del sustantivo, así como sus atributos y accidentes. No conoce el género, mas sí el número, aunque sólo en determinados casos: sh'ikáchaj, enormes; sumáchaj (bellos). En todos los casos se antepone al sustantivo. Súmaj ñust'a, *bella princesa;* puka q'aytu, *hilo rojo;* ñauch'i tumi, *cuchillo agudo;* phiña uya, *rostro airado.*

El qhëshwa *posee una copiosa riqueza adjetival. Son abundantes sus adjetivos calificativos:* sani, *morado;* sajra, *mezquino;* sut'i, *claro. Determinativos:* llapa, *todos;* ashka, *muchos;* wakin, *restantes. Comparativos:* aswan, *mejor,* kúraj, *mayor;* sullk'a, *menor. Numerales:* uj, *uno;* iskay, *dos;* kimsa, *tres. Ordinales:* iskayñiqën, *segundo;* kimsañiqën, *tercero;* tawañiqën, *cuarto. Gentilicios:* Chílliruna, *chileno;* yunkaruna, *yungueño;* chiriwanaj, *chiriguano. Primitivos y derivados:* anqas, *azul;* anqashi, *azulino;* súmaj, *bello;* sumájchaj, *encomiástico;* múnay, *agraciado;* munaykama, *amable.*

PRONOMBRE

Como en todas las lenguas, en el qhëshwa *el pronombre sustituye al nombre. El género no le es conocido, pero sí el número. Hay pronombres personales, demostrativos, posesivos, relativos, indeterminados.*

Los pronombres personales son: ñuqa, *yo;* qan, *tú;* pay, *él;* ñuqánchij ñuqayku, *nosotros;* qankuna, *vosotros;* paykuna, *ellos.* Ñuqánchij *se emplea cuando el que habla incluye a sus interlocutores;* ñuqayku *cuando los excluye; v.gr.:* Ñuqánchij tususúnchij. *Nosotros (inclusive tú) bailaremos.* Ñuqayku ripusqayku. *Nosotros (menos tú) nos iremos.*

Demostrativos: kay, *este;* chay, *ese,* jáqay, *aquel.* Kay ñan, *este camino.* Chay kúntur, *ese cóndor.* Jáqay urqö, *aquel cerro.*

Posesivos: ñaqaypa, ñuqaypata, *mío;* qanpa, qanpata, *tuyo;* paypa, paypata, *suyo.* Ñuqanchijpata *(inclusivo),* ñuqaykujpata *(exclusivo), nuestro;* qankunajpata, *vuestro;* paykunajpata, *suyo, de ellos.*

Los posesivos concretos se construyen así: Warmíchay, *mi mujercita;* warmichay, *mujercita mía;* warmichayki, *tu mujercita;* warmichan, *su mujercita.* Panánchij *(inclusivo),* panayku *(exclusivo), nuestra hermana;* panaykíchij, *vuestra hermana;* pananku, *hermana de ellos.*

Relativos; Pi, quien; pijmi, pijpa, pijpata, *cuyo;* mayqën, *cual;* ima, *qué.* Pikuna, *quienes;* pikunajpata, *cuyos;* mayqënkuna, *cuáles;* imakuna, *qué cosas.*

Indeterminados: Nipi, manapipas, *nadie;* wakin, *algunos;* pichari, *alguien.*

VERBO

El verbo expresa la existencia, la acción o el estado del sujeto. Es la parte más variable de la oración y denota el tiempo, la persona y el número.

Si en el castellano los verbos tienen sólo tres terminaciones, ar, er, ir, en el qhëshwa llevan cinco: ay, ëy, iy, öy, uy. Ejemplos: ápay, *llevar;* ayqëy, *huir;* llújsiy, *salir;* púqöy, *producir;* súchuy, *resbalar. Al mismo tiempo el qhëshwa no conoce verbos agudos; todos ellos, sin excepción, son graves. Por otra parte, no existe un solo verbo irregular; todos son regulares.*

El qhëshwa reconoce las siguientes clases de verbos:

Activos o transitivos: Múnay, *querer;* sáqëy, *dejar;* t'újsiy, *punzar;* úrqöy, *sacar;* kúchuy, *cortar.*

Intransitivos: Ujyay, *beber;* árqhëy, *dar estertores;* yúriy, *nacer;* wáñuy, *morir.*

Determinantes: Atiy, *poder;* múnay, *querer;* mánchay, *temer;* ñákay, *maldecir.*

Frecuentativos: Tákay, *golpear;* puriykáchay, *pasear;* qhawaykáchay, *dar ojeadas.*

Impersonales: Wáyray, *ventear;* rít'iy, *nevar;* tutáyay, *anochecer.*

Incoativos: Sísay, *florecer;* ijiy, *nacer renuevos;* jútuy, *brotar de la tierra el agua.*

Reflexivos: Ñakákuy, *maldecirse;* phiñákuy, *enojarse;* phutíkuy, *acongojarse.*

Recíprocos: Munanákuy, *quererse entre dos o más personas;* ujllanákuy, *abrazarse;* maqanákuy, *pelearse;* rijsinákuy, *conocerse.*

Auxiliares. En el qhëshwa existe solamente un verbo auxiliar, que es kay, *ser, el cual desempeña también a veces el mismo papel que el haber castellano.*

CONJUGACIÓN

Para la conjugación el qhëshwa dispone de los mismos modos que el castellano: infinitivo, indicativo, subjuntivo e imperativo, y dentro de cada uno de éstos los tiempos y las personas son también los mismos.

Tratándose del infinitivo, fuerza es anotar que Santo Tomás incurrió en un error de notoria gravedad. En el "Lexicon" tomó como formas infinitivas la primera y segunda personas del presente de indicativo: "Aguani, gui, o aguacuni, gui,- texer, o entretexer". Así, en toda la obra. Sin embargo en la "Grammatica, o Arte" devolvió al presente de infinitivo su forma peculiarmente propia: "Infinitivo modo - Tiempo presente - coyay - amar".

González Holguín y demás sucesores hasta Honorio Mossi inclusive tomaron como presente de infinitivo la primera persona del presente de indicativo. El primero en corregir este error en Bolivia, según nuestra documentación, fue Fidel Domingo Pínelo (1898): "Achuray, dar, repartir. Anchhiy, gemir", etc. No es difícil demostrar la propiedad de esta estructura: Ancha puñuy mana allinchu (no es bueno dormir mucho). Tusuyta munani (quiero bailar). Mana puriyta atinichu (no puedo caminar). En estos ejemplos resalta con toda claridad el carácter infinitivo de púñuy, túsuy y púriy.

Puesto que todos los verbos son regulares y a fin de no alargarnos sin objeto, sólo vamos a presentar como ejemplo la conjugación del verbo rimay, *hablar.*

Modo infinitivo

Presente	Rímay	Hablar
Pretérito	Rimásqay	Haber hablado
Futuro	Rimánay	Haber de hablar
Gerundio	Rimaspa	Hablando
Participio activo	Rímaj	Parlante
Participio pasivo	Rimasqa	Hablado

Modo indicativo
Presente

Ñuqa rimani	Yo hablo
Qan rimanki	Tú hablas
Pay riman	Él habla
Ñuqanchij rimanchij. Ñuqayku rimayku	Nosotros hablamos
Qankuna rimankichij	Vosotros habláis
Paykuna rimanku	Ellos hablan

Pretérito imperfecto

Ñuqa rimajkani	Yo hablaba
Qan rimajkanki	Tú hablabas
Pay rímaj	Él hablaba
Ñuqánchij rimajkanchij. Ñuqayku rimajkayku	Nosotros hablábamos
Qankuna rimajkanichij	Vosotros hablabais
Paykuna rimajkanku	Ellos hablaban

Pretérito perfecto

Ñuqa rimarqani	Yo hablé, he hablado, hube hablado
Qan rimarqanki	Tú hablaste, has hablado, hubiste hablado
Pay rimarqa	El habló, ha hablado, hubo hablado
Ñuqánchij rimarqánchij. Ñuqayku rimarqayku.	Nosotros hablamos, hemos hablado, hubimos hablado
Qankuna rimarqankichij	Vosotros hablasteis, habéis hablado, hubisteis hablado
Paykuna rimarqanku	Ellos hablaron, han hablado, hubieron hablado

Pretérito pluscuamperfecto

Ñuqa rimasqani	Yo había hablado
Qan rimasqanki	Tú habías hablado
Pay rimasqa	El había hablado
Ñuqanchij rimasqánchij. Ñuqayku rimasqayku.	Nosotros hablamos hablado
Qankuna rimasqankichij	Vosotros habíais hablado
Paykuna rimasqanku	Ellos habían hablado

Futuro imperfecto

Ñuqa rimásaj — Yo hablaré

Qan rimanki — Tú hablarás

Pay rimanqa — Él hablará

Ñuqánchij rimasúnchij.
Ñuqayku rimasqayku — Nosotros hablaremos

Qankuna rimankíchij — Vosotros hablaréis

Paykuna rimanqanku — Ellos hablarán

Futuro perfecto

Ñuqa rimasajkasqa — Yo habré hablado

Qan rimankikasqa — Tú habrás hablado

Pay rimanqakasqa — Él habrá hablado

Ñupánchij rimasunchijkasqa.
Ñuqayku rimasqaykukasqa — Nosotros habremos hablado

Qankuna rimankichijkasqa — Vosotros habréis hablado

Paykuna rimanqankukasqa — Ellos habrán hablado

Modo subjuntivo
Presente

Ñuqa rimánay — Yo hable

Qan rimanayki — Tú hables

Pay rimarían — Él hable

Ñuqánchij rimanánchij. Ñuqayku rimanayku — Nosotros hablemos

Qankuna rimanaykíchij	Vosotros habléis
Paykuna rimananku	Ellos hablen

Pretérito imperfecto

Ñuqa rimayman	Yo hablara, hablaría, hablase
Qan rimankiman, rimáwaj	Tú hablaras, hablarías, hablases
Pay rimanman	Él hablara, hablaría, hablase
Ñuqánchij rimasunman. Ñuqayku rimaykuman	Nosotros habláramos, hablaríamos, hablásemos
Qankuna rimawájchij	Vosotros hablarais, hablaríais, hablaseis
Paykuna rimankuman	Ellos hablaran, hablarían hablasen

Pretérito perfecto

Ñuqa rimajtiyña	Como yo haya hablado
Qan rimajtiykiña	Como tú hayas hablado
Pay rimajtinña	Como él haya hablado
Ñuqánchij rimajtinchijña. Ñuqayku rimajtiykuña	Como nosotros hayamos hablado
Qankuna rimajtiykichijña	Como vosotros hayáis hablado
Paykuna rimajtinkuña	Como ellos hayan hablado

Pretérito pluscuamperfecto

Ñuqa rimaymankarqa

Yo hubiera, habría, hubiese hablado

Qan rimankimankarqa

Tú hubieras, habrías, hubieses hablado

Pay rimanmankarqa

El hubiera, habría, hubiese hablado

Ñuqánchij rimasunmankarqa. Ñuqayku rimaykumankarqa

Nosotros hubiéramos, habríamos, hubiésemos hablado

Qankuna rimankichijmankarqa

Vosotros hubierais, habríais, hubieseis hablado

Paykuna rimankumankarqa

Ellos hubieran, habrían, hubiesen hablado

Futuro imperfecto

Ñuqa rimájtiy

Yo hablare

Qan rimajtiyki

Tú hablares

Pay rimajtin

Él hablare

Ñuqánchij rimajtínchij. Ñuqayku rimajtiyku

Nosotros habláremos

Qankuna rimajtiykíchij

Vosotros hablareis

Paykuna rimajtinku

Ellos hablaren

Futuro perfecto

Ñuqa rimajtiyña

Como yo hubiere hablado

Qan rimajtiykiña

Como tú hubieres hablado

Pay rimajtinña

Como él hubiere hablado

Ñuqánchij rimajtinchijña.

Ñuqayku rimajtiykuña   Como nosotros hubiéremos hablado

Qankuna rimajtiykichijña Como vosotros hubiereis hablado

Paykuna rimajtinkuña   Como ellos hubieren hablado

Modo imperativo
Presente

Rímay   Habla tú

Rimachun   Hable él

Rimana   Hablemos nosotros

Rimáychij   Hablad vosotros

Rimachunku   Hablen ellos

Condicional

Rimáyraj   Habla tú antes

Rimachúnraj   Hable él antes

Rimanáraj   Hablemos nosotros antes

Rimaychijraj   Hablad vosotros antes

Rimachunkúraj   Hablen ellos antes

PARTICIPIO

El participio es una derivación del verbo y al actuar como éste desempeña también la función del adjetivo. A veces ejerce asimismo función de sustantivo; v.gr.: Munakujkuna, *los enamorados;* machasqa, *el borracho;* kámaj, *autoridad.*

El participio puede ser activo y pasivo. El activo termina en aj, ej, ij, öj, uj: chapatiyaj, vigilante; púrij, caminante; úsuj, sufriente; illárij, fulgurante. El pasivo termina en sqa: Llik'isqa, roto; pantasqa, equivocado; wañusqa, muerto.

No existen participios irregulares en el runasimi.

ADVERBIO

El adverbio modifica el significado del verbo y de otras partes oracionales que poseen una función calificativa o atributiva. El qhëshwa reconoce los siguientes adverbios:

De lugar: Kaypi, aquí; jaqaypi, allá; qaylla, cerca; karu, lejos, etc.

De tiempo: Kunan, ahora; q'aya, mañana; jáyk'aj, cuándo; qayna, ayer, etc.

De modo: Allin, bien; alliymanta, despacio; sullullmanta, verdaderamente; jina, así.

De cantidad; Ashka, mucho; pisi, poco; chay, bastante; sujsa, muy.
De afirmación: Ari, sí.
De negación: Mana, no.
De duda: Ichas, ichapas, quizás.

PREPOSICIÓN

La preposición, en el qhëshwa, es más bien una posposición como escribe José David Berríos. En efecto, los equivalentes de las preposiciones castellanas se emplean en todos los casos como afijos. Por consiguiente, en el runasimi sólo hay preposiciones inseparables y las principales son las siguientes:

Man, a, por: Wauqëykiman qöy, dale a tu hermano. Yakuman riy, anda por agua. Uj chiruman wijch'urpáriy, arrójalo a un lado.

Ta, *a, por:* Wasiyta rísaj, *iré a mi casa.* Yayaykita yanápay, *ayuda a tu padre.* Jaku kayninta, *vamos por aquí.*

Paj, *para:* Chay rujmaqa miknunápaj, *esa lúcuma es para comer.*

Rimasqaykiqa asikunápaj, *lo que hablas es para reírse.*

Wan, *con:* Aychataqa tumiwan kuchunku, *con cuchillo cortan la carne.* Sujnaywan allinyakapuni, *me he reconciliado con mi amigo.*

Manta, *de:* Wasiymanta jamushqani, *estoy viniendo dé mi casa.* Paraqa phuyumanta urmamun, *la lluvia cae de las nubes.*

Pi, *en:* Inkillpi ashka t'ika tiyan, *en el jardín hay muchas flores.* Punkupi sayákuy, *párate en la puerta.*

Wasa, *tras:* Wasiwasa, *tras la casa.* Urqöwasa, *tras el cerro.* Pirqawasa, *tras la pared.*

CONJUNCIÓN

Establece relación entre vocablos o frases. Igual que la preposición actúa siempre como afijo y acompaña en muchos casos a las dos partes relacionadas. Las principales clases de conjunción son las siguientes:

Copulativas: wan, *y:* Rumiwan k'urpawan, *la piedra y el terrón.* Ankawan urpiwan, *el águila y la paloma.* Qanwan ñuqawan, *tú y yo.* Pas: uqapas inchijpas jallp'a urapi puqön, *la oca y el maní maduran bajo tierra.* Qhapajpas wajchapas wañujmin kanku, *el poderoso y el humilde son mortales.* Ri: Pusayta munawan, ñuqari mana nini, *me quiere llevar y yo le digo que no.* Qantari yarqësunkichu, *¿y a ti te da hambre?* Taj: Rinkítaj jamunkítaj, *vas y vienes.* P'isqöqa phawántaj takíntaj, *el pájaro vuela y canta.*

Comparativas: jina, *como.* Runajina, *como gente.* Puriykachëjjina, *como quien pasea.*

Continuativas: ari, *pues:* yarqësunkichu, mikhuyari, *tienes hambre, pues come.* Niykiari qhëpakunaykita, *te digo, pues, que te quedes.*

Disyuntivas: chus, *o;* Paychus manachus mana yachanichu, *no sé si es él o no.* Q'ëlluchus pukachus mana rikukunchu, *no se ve si es amarillo o rojo.*

Condicionales: qa, *si:* Munaspaqa puñukápuy, *acuéstate si quieres.* Ripuspaqa ama kutimunkichu, *si te vas no has de regresar.*

Finales: paj, *a fin de que:* Tutap'únchay llank'ani mikhunayki tiyanánpaj, *trabajo de día y de noche a fin de que tengas qué comer.* Ninamanpas yaykúsaj, mana atiytapas rurásaj munanawaykípaj, *entraré el fuego, haré lo imposible a fin de que tú me quieras.*

INTERJECCIÓN

Como en todos los idiomas, es una oración elíptica con que se expresa una impresión súbita, sea de asombro, sorpresa, dolor, extrañeza, etc. El runasimi utiliza las siguientes interjecciones principales:

¡Aa!	¡Oh!
¡Ajayllas!	¡Qué risa!
¡Allallau!	¡Qué frío!
¡Ashu!	¡Qué dolor!
¡Ash'allay!	¡Qué lindo!
¡Atatay!	¡Qué dolor! ¡Qué calor!
¡Athay!	¡Qué abominable!
¡Ayau!	¡Ea! ¡Hola!
¡Pajtátaj!	¡Cuidado!
¡Phuj!	¡Qué hedor!
¡Sh'ushta!	¡Silencio!
¡Wa!	¡Qué sorpresa!
¡Way!	¡Qué susto! ¡Ay de mí!
¡Yau!	¡Qué tal!

ORTOGRAFÍA

Con la ortografía aprendemos a emplear correctamente las letras y los signos auxiliares de la escritura.

Hay autores que sostienen que el qhëshwa no conoció la ortografía en la época prehispánica porque no se sabía escribir a la manera del Viejo Mundo y sólo se empleaba el khipu, sistema gráfico consistente en una serie de cordeles de diversos colores y anudados de múltiples maneras. A nuestro modo de ver, este criterio carece de fundamento. Dentro del sistema, cada manera de nudo acompañado de determinado color representaba parte de una palabra, o una palabra, o una frase, o un concepto. El sistema era uno solo para todos, de suerte que cada cual podía leer o interpretar el khipu confeccionado por los otros. El aprendiz debía entonces estudiar la manera correcta no sólo de leer, sino de hacer los nudos y emplear los colores. Ahora bien, si escritura es un "conjunto de signos convencionales de cualquier especie, de que se vale el hombre para comunicar a sus semejantes, en el tiempo y en el espacio, ideas y acontecimientos", conforme definen los especialistas, la forma correcta de confeccionar el khipu puede muy bien llamarse también ortografía.

EL ALFABETO

Desde la consolidación de la Conquista los españoles se entregaron a alterar, a desfigurar el idioma del pueblo sometido. En parte, porque la fonética les resultaba exótica y difícil, y en parte porque la lengua de los vencidos no les merecía miramiento alguno. En los cronistas más antiguos, Francisco de Jerez, Pedro Sancho, López de Gómara, leemos Atabaliba en lugar de Atau Wállpaj, Chiliacuchima en vez de Challkuchima, Jauja, Vilaoma, bamba, anda en lugar de Sausa, Willaj Umu, panpa, anta.

Domingo de Santo Tomás, llegado al Perú en 1540, estudió con ahínco el runasimi durante casi veinte años; pero lejos de rectificar a sus compatriotas siguió las huellas impresas por ellos. Encerró el runasimi en la fonología castellana como en un gran molde de hierro. Hizo de manera que los vocablos indígenas habían de pronunciarse simplemente como los de su lengua materna. Para los fonemas que nosotros representamos mediante una variedad de signos: ka, k'a, kha, qa, p'a, pha, él no dispuso sino de la sílaba ca. Kanka, asado; k'allanpa, hongo; khallu, jirón; qallu, lengua; q'aya, mañana; qhápaj, poderoso, en su "Lexicon" quedan así: canca, callampa, callo, caya, capac. Esporádicamente duplica la p y recurre a la th. Introduce la b, g, z y otras letras desconocidas en la lengua aborigen atribuyéndoles valores fonéticos impropios. Se permite sustituir la i con la e y la u con la o, escribiendo checnini, odiar; chectani, partir; checoc, cantero, en lugar de chijniy, ch'ijtay, ch'iqöy, y oya, cara; oma, cabeza; otorongo, tigre, en vez de uya, uma, uthurunku.

Décadas más tarde aparece Diego González Holguín, jesuita, llegado al Perú en 1581. Al cabo de 25 años de estudio publica, como Santo Tomás, una gramática y el "Vocabulario de la Lengua General". Su obra es más madura y frondosa que la de su antecesor. Sistematiza mejor el ordenamiento del léxico y adopta un alfabeto más o menos definido, aunque los recursos que emplea resultan deficientes para representar la rica diversidad fonética del idioma. Para la escala de la k y la q que Santo Tomás representaba mediante la sílaba ca, González Holguín tiene la k, cc y qq, elementos insuficientes con los cuales el lector se precipita a menudo en una confusión irremediable. Luego introduce la pp y la tt, que no bastan para los tres fonemas que se forman con cada una de estas consonantes. Para la escala ch, ch', sh, sh' no cuenta sino con la ch y chh. Sustituye con el diptongo hua el gua de Santo Tomás; pero no se exime del uso de la o.

La grafía de González Holguín fue utilizada por todos los quechuistas coloniales y aun por los del siglo XIX. El primero en emanciparse de ella fue Fidel Domingo Pinelo en Bolivia. Este autor, en su "Devocionario Híbridolírico" publicado en 1898, adoptó un alfabeto propio. Mediante combinación de consonantes y la c volcada tendía a evitar la confusión de la grafía tradicional. José David Berríos utilizó también un alfabeto propio en su obra "Elementos de Gramática de la Lengua Keshua" publicada en 1904. Valiéndose del apóstrofo y del guión diacrítico, obtuvo representación adecuada para todos los fonemas. Pero estos dos alfabetos pasaron desapercibidos y no tuvieron seguidores. Entretanto, olvidado ya González Holguín, quechuistas, investigadores, escritores se lanzaban por el camino de la anarquía. Cada cual empleaba un sistema personal muy difícil y a veces imposible de ser comprendido.

Por los años 30-31 se produjo en el Perú un movimiento saludable que tendía a dotar de un sistema de escritura adecuado a las lenguas aborígenes. La dirección de educación indígena del ministerio del ramo organizó una comisión encargada de elaborar un alfabeto. La comisión, formada por expertos como M.D. Mejía Xespe, Saturnino Vara Cadillo y otros, presentó un proyecto de alfabeto que contenía 32 letras. El proyecto fue aprobado, pero no tuvo aceptación entre los quechuistas. En 1936 se organizó una nueva comisión en la que actuaron José Mario Benigno Farfán y Félix Silva. El sistema recomendado por ésta corrió la misma suerte que el de la anterior. Luego hubo otras comisiones y nuevos proyectos, pero ninguno pudo abrirse camino.

En 1954, el Tercer Congreso Indigenista Interamericano reunido en La Paz aprobó un proyecto de alfabeto presentado por la delegación del Cuzco. El alfabeto, compuesto de 33 letras, fue adoptado oficialmente el mismo año por el gobierno de Bolivia. Dicho alfabeto es el siguiente:

A - Ch - Chh - Ch' - E - I - J - Jj - K - Kh - K' - L - Ll - M - N - Ñ - O - P - Ph - P' - Q - Qh - Q' - R - Rr - S - Sh - T - Th - T' - U - W - Y.

Este sistema de escritura dista mucho de ser perfecto; pero de todos modos ya es una columna que puede servirnos de apoyo y nosotros lo hemos adoptado desde cuando tuvimos conocimiento de él, con pocas y ligeras modificaciones. Al presente, empeñados en un trabajo de indudable responsabilidad para con el propio idioma y para con nuestro pueblo, hemos realizado estudios y experiencias que nos han llevado a conclusiones que en algunos puntos importantes no se hallan de acuerdo con el alfabeto oficial.

Como primera cuestión se nos presenta la de las vocales. El alfabeto oficial reconoce en el qhëshwa la existencia de cinco vocales con los mismos valores fonéticos que sus equivalentes castellanas. Hemos realizado indagaciones y cuidadosas diligencias y encuestas entre nuestros núcleos indígenas y nos hallamos en condiciones de afirmar que las vocales e y o no existieron en el runasimi. El indígena no hace amistad con estas vocales y no se aviene a su empleo. *Pena, teja, cena* para él son *pina, tija, sina*. En vez de *cosa, pozo, tocar, mojar*, él pronuncia *cusa, pusu, tucar, mujar*. Pero el permanente asedio del castellano le sume a veces en curiosa confusión, pues en lugar de *mesa, pesar, pelar*, él dice *misa, pisar, pilar*; y cuando se ve frente a *misa, pisar, pilar*, dice indefectiblemente *mesa, pesar, pelar*. Problema igual se le presenta con la o y la u.

Nuestra tesis se halla en parte confirmada, respecto de la e, por los propios vocabulistas primitivos y aun por algunos contemporáneos. Ni Santo Tornás, ni González Holguín, ni Guardia Mayorga reconocen la existencia de la e al principio de dicción. El "Lexicón" del primero salta de la C con cedilla a la G; el "Vocabulario" del segundo, de la Chh a la K, y el "diccionario" del último, de la Ch a la F. Los tres emplean esta vocal únicamente dentro de las palabras. Si ella hubiese existido en el idioma, no hay razón posible para admitir que no hubiese sido empleada también como letra inicial. La presencia interior de esta vocal en los autores coloniales se explica sencillamente por las dificultades fonéticas con que tropezaron y por la falta de miramiento para con la lengua indígena. Si los quechuistas contemporáneos la utilizan todavía es sólo porque no han logrado liberarse del rancio lastre colonial que sigue pesando sobre sus hombros.

En cuanto a la vocal o, ya hemos visto cómo los cronistas más antiguos fueron los primeros en emplear la o en vez de la u indígena: Vilaoma, Topa Inga, Mango Capa, etc. Santo Tomás toma con entera naturalidad gran parte del capítulo de la U para organizar el de la O. Escribe Ocza (piojo), Onancha (insignia), Orito (loro), Osno (altar) en lugar de Usa, Unancha, Uritu, Usnu. Algo parecido, aunque en menor proporción, hace González Holguín. Los contemporáneos Lira y otros siguen a los autores coloniales por la razón que hemos anotado líneas arriba y ante todo porque la encuentran enraizada en el qhëshwa híbrido de hoy. Empero el indígena le opone la misma resistencia que a la e. Él no pronuncia ójllay (incubar), oqa (oxalis tuberosa), opa (idiota), oqháriy (levantar) como los mestizos, sino újllay, uqa, upa, uqháriy.

Descartadas la e y la o, quedan la a, i, u, que corresponden exactamente a las que posee el castellano. Pero el qhëshwa no cuenta solamente con estas tres vocales. Hay una cuarta que resulta intermedia entre la e y la i que nosotros representaremos mediante una ë a falta de un elemento mejor entre los que pueden proporcionarnos los medios gráficos disponibles. Ejemplos: qëmllay (guiñada), q'ellu (amarillo), qhëlla (perezoso). Y hay una quinta vocal que es intermedia entre la o y la u, que no es enteramente o ni enteramente u y que será representada mediante una ö. Ejemplos: qösa (marido), q'öyu (cardenal), qhöcha (lago).

Es incuestionable la existencia de estas dos vocales intermedias en el runasimi. Probado que él no conoció la e ni la o, resulta que las consonantes q, q', ph no admiten la compañía de la i ni de la u. La capacidad orgánica del individuo no alcanza a reproducir los fonemas que formarían estas letras con aquellas. De modo que las predichas consonantes sólo aceptan la presencia de la e y la o, y también, por supuesto, de la a. Finalmente hay que anotar que las vocales intermedias no pueden anteponerse a sus consonantes.

Como segunda cuestión tenemos la de las consonantes.

A primera vista se descubre que los cuzqueños elaboraron un alfabeto mestizo para el qhëshwa híbrido de hoy y para sus dialectos, pues, aparte de la e y de la o, echan mano de la l y de la rr inicial, ambas totalmente ajenas al idioma.

El runasimi no conoció la l y el mayor testimonio de esta evidencia nos lo proporcionan también los vocabulistas primitivos. Ellos, que en todo momento se empeñan en inyectar voces y formas castellanas a la lengua indígena, no dan cabida en sus obras a esta consonante. En el "Lexicón", Santo Tomás pasa directamente de la I a la LI y en la "Grammatica", en cinco páginas que abarca con una "Plática para todos los indios", no emplea ni una sola voz la l. González Holguín salta de la H a la LI en su "Vocabulario". Anota en el capítulo de esta última letra un solo vocablo con l; lacca, y esto apenas como sinónimo de llaqë, hoja verde del maíz. En este hecho, antes que ver una prueba de la existencia de la letra, sólo se puede descubrir un intento de penetración del castellano. Un intento, porque a la larga la l castellana sustituyó en multitud de casos a la ll y a la r indígenas, conforme anota Guardia Mayorga con relación a la primera. Llakawiti, llát'ay, llayqa (calabaza, andar de cuatro pies, brujo), se pronuncian ahora lacayote, lát'ay, layqa. Del mismo modo, ráuray, raqha, rujma (arder, oscuro. Lúcuma bífera) son ahora láuray, laqha, lúcuma.

En cuanto a la rr, no existe en el idioma ningún fonema de los que en castellano genera esta consonante. No existe ni al principio ni dentro de la dicción nada que pudiera exigir la presencia de ella. Garcilaso es muy explícito y cuidadoso cuando nos explica que en el qhëshwa no se conoce la rr, que donde la r estuviere, al principio o dentro del vocablo, debe pronunciarse como la r sencilla castellana. De modo que la rr, que con tanta ligereza nos endilgan los cuzqueños como "típica del Quechua" (sic) y nada menos que al principio de dicción, es un torpe contrabando como tantos otros que observamos en el qhëshwa mestizo de hoy y que algunos quechuistas admiten con inexplicable falta de sentido.

La consonante Chh que en el alfabeto oficial representa un fonema prepalatino semiexplosivo aspirado, no responde con exactitud al carácter esencial de dicho fonema, razón por la cual la hemos sustituido con la Sh', que es más apropiada, y la hemos colocado en otro lugar.

Con las demás consonantes del alfabeto oficial, excepto la jj, que no tiene razón de ser, nos hallamos de acuerdo. Por consiguiente, en esta obra empleamos el siguiente alfabeto:

Mayúsculas: A Ch Ch' Ë I J K K' Kh Ll M N Ñ Ö P P' Ph Q Q'Qh R S Sh Sh' T' Th U W Y

Minúsculas: a ch ch' ë i j k k' kh ll m n ñ ö p p' ph q q' qh r s sh sh' t t' th u w y

Las letras a ch i j k l i m n ñ p r s t u w y ingresan con el valor fonético que poseen en el castellano. Los valores fonéticos de las demás letras son las siguientes:

Ch'. Prepalatina explosiva; v.gr.: ch'aka (ronco), ch'irway (exprimir), ch'úsaj (vacío).

K'. Palatina explosiva; v.gr.: k'aspi (palo), k'ita (cimarrón), k'usu (arrugado).

Kh. *Palatina aspirada; v.gr.:* khállay *(hender),* khipi *(dentera),* khúyay *(amar, compadecer).*

P'. *Bilabial explosiva; v.gr.:* p'ákiy *(quebrar),* p'itita *(alcoba),* p'ujru *(hoyo).*

Q. *Velar sorda; v.gr.:* qasa *(helada),* qëna *(flauta),* qöri *(oro).*

Q'. *Velar explosiva; v.gr.:* q'ara *(desnudo),* q'ewa *(cobarde),* q'öncha *(fogón).*

Qh. *Velar aspirada; v.gr.:* qhana *(embustero),* qhëpa *(atrás),* qhöra *(hierba).*

Sh. *Prepalatina sorda; v.gr.:* ríshaj *(iré),* mikhushqan *(está comiendo),* rurashpa *(haciendo). Los fonemas que genera esta consonante son más usuales en el qhë'shwa ecuatoriano y en el del Chinchaysuyu; v.gr.:* shina *(como),* shúyay *(esperar),* shunqö *(corazón).*

Sh'. *Prepalatina semiexplosiva aspirada; v.gr.:* sh'alluna *(frágil),* sh'íchiy *(musitar),* sh'ulla *(rocío).*

T'. *Dental explosiva; v.gr.:* t'ákay *(derramar),* t'inpuy *(hervir),* t'uru *(barro).*

Th. *Dental aspirada; v.gr.:* thálliy *(vaciar),* thinti *(risilla),* thúqay *(saliva).*

Utilizamos como signos auxiliares el apóstrofo (') y la diéresis ("). El primero para los fonemas glotalizados o explosivos y la segunda para representar las vocales intermedias ë *y* ö.

EL ACENTO

En el qhëshwa las palabras son graves en su gran mayoría; agudas, las formas vocativas del pronombre posesivo de primera persona en ambos géneros y números; v.gr.: Munasqay, *querido mío;* mamay, *madre mía;* wauqëykunay, *hermanos míos. También son agudos los sustantivos derivados de adjetivos:* allikay, *bondad;* sinchikay, *fortaleza;* sajrakay, *mezquindad.*

Asimismo algunas interjecciones como ch'ulltún, qhollchún, etc. No existen vocablos esdrújulos ni sobreesdrújulos.

Para la acentuación ortográfica nos atenemos a las reglas castellanas a fin de no provocar confusión en el lector. En tal sentido, las palabras agudas no llevan la virgulilla acentual porque no existen terminaciones en n o s: Urpiy, *paloma mía;* chunkuy, *cariño mío;* sumajkay, *hermosura;* k'uchikay, *diligencia, prontitud.*

Las palabras graves terminadas en vocal no llevan acento ortográfico: T'ika, *flor;* pakakuna, *escondite;* arawa, *horca.* Las terminadas en n o s no llevan acento: qantus *(kantu buxifolia);* qöqan, *pechuga;* qanwan, *contigo.*

Llevan acento ortográfico todos los vocablos graves terminados en consonante que no sea n o s: Kúntur, *cóndor;* kúchuch, *codo;* jamúsaj, *vendré;* ch'úsaj, *vacío;* wayánay, *golondrina.* Asimismo los terminados en dos vocales: Chúa, *plato;* ch'ia, *liendre;* t'iu, *arena,* tíay, *siéntate.*

Este sistema de acentuación nos parece importante y lo observamos escrupulosamente, no por el afán de ceñirnos a una regla, sino porque a menudo vemos que las personas que no conocen el qhëshwa tienden a convertir en agudas todas las palabras graves terminadas en consonante. Dicen Pachakutéj *en vez de Pachakútij,* Ollantáy, *en vez de Ulántay,* purisáj *en vez de purísaj;* wayanáy *en vez de wayánay.*

ABREVIATURAS EMPLEADAS EN ESTA OBRA

adj.	Adjetivo.
adv.	adverbio.
af.	afijo.
ant.	anticuado.
conj.	conjunción.
exclam.	exclamación, exclamativo.
fam.	familiar.
fig.	figurado.
G.H.	González Holguín.
interj.	interjección.
J.A.L.	Jorge A. Lira.
Loc.	Locución.
Loc. adv.	locución adverbial.
m. adv.	modo adverbial.
M.C.	Martín Cárdenas.
m. conj.	modo conjuntivo.
neol.	neológico.
Neol.	Neologismo.
p.	participio.
pl.	plural.
prep.	preposición.
pron.	pronombre.
r.	verbo reflexivo.
R.L.	Raúl Lara.
R.P.	Rafael Peña.
s.	sustantivo.
Sinón.	Sinónimo.
v.	verbo.
v. intr.	verbo intransitivo.
Voc.	Vocablo.
V. onom	Voz onomatopéyica.
v. tr.	verbo transitivo.
Vulg.	Vulgar.

QHËSHWA - CASTELLANO

A

A. Primera letra del alfabeto qhëshwa. Posee el mismo valor fonético que la A castellana.

A. corj. (Apócope de **Ari**). Pues. **Jap'íchiy a ninata, chirimusqan:** Enciende, pues, el fuego, que va haciendo frío.

¡Aa! interj. ¡Oh!

ACHAKANA. s. (Neowerdermania vorwerchii) Planta de la familia de las cactáceas, de raíz comestible. (M.C.)

ACHALLQÖ. s. Cabello de maíz. Sinón. **Phuñi.**

ACHANQARA. s. (Begonia sp.). Planta ornamental de la familia de las begoniáceas. (R.L.)

ACHAQALLA. s. Divinidad regional de Antisuyu.

ACHIJ. s. Cierto tipo de adivino que descubre cosas perdidas.

ACHIJYAY. v. Amanecer. Sinón. **Paqáriy, sut'íyay.**

ACHIKU. adj. Desnudo, sin traje alguno.

ACHIKUJ. s. Hechicero que agoraba haciendo un juego con granos de maíz y estiércol de llama.

ACHIKUY. v. Agorar con granos de maíz y estiércol de llama.

ACHINAY. v. Adivinar.

ACHIRA. s. (Canna edulis). Planta ornamental de la familia de las cannáceas. Su raíz se utilizaba en la alimentación. (R.L.)

ACHIRANA. s. Regalo. Legado.

ACHIWA. s. Quitasol.

ACHIWAY. v. Fabricar quitasoles.

ACHIWITI. s. (Bica orellana). Árbol de la familia de las bixáceas. Su semilla posee propiedades tintóreas. (R.L.)

ACHNIY. v. Asentir con reserva.

ACHU, ACHUCH. s. Reprensión.

ACHUCHIKUY. v. Dejarse llevar en vilo.

ACHUJCHA. s. (Cyclanthera pedata). Planta de la familia de las cucurbitáceas, de fruto alimenticio. (R.L.)

ACHUPALLA. s. (Ananás comosus). Planta de la familia de las bromeliáceas. Vulg. Ananás, piña. (R.L.)

ACHUQALLA. s. Especie de zariguëya, de cuerpo alargado y pelambre rojiza.

ACHURA. s. Pitanza, provisión diaria.

ACHURANA. s. Bien susceptible de repartición.

ACHURAY. v. Distribuir, repartir.

ACHUY. v. Llevar en vilo a una persona. Neol. Llevar los gatos a sus crías suspendidas de la boca.

¡Aij! interj. ¡Qué fastidio!

¡AJAILLAS! interj. exclam. Que denota indiferencia y falta de temor.

AJCHI. s. Ave rapaz semejante el gavilán.

AJLLA. s. Selección escrupulosa. Sinón. Chijllu.

AJLLA. Virgen escogida que vivía en clausura, consagrada al culto religioso.

AJLLA. adj. Escogido, selecto.

AJLLAPAY. v. Seleccionar, escoger escrupulosamente.

AJLLAPAYAY. v. Escoger repetidamente. Sinón. Chijllupáyay.

AJLLAPU. adj. Antojadizo, ávido.

AJLLASQA. p. Escogido, selecto. Sinón. Chijllusqa.

AJLLAWASI. s. Convento de vírgenes escogidas en el Tawantinsuyu.

AJLLAY. v. Escoger, seleccionar. Sinón. Chijllay.

AJLLU. adj. Tartamudo.

AJLLUY. v. Tartamudear.

AJNA, AIJNA. adj. Así. Ajnachari: Así será.

AJNU. adj. Lindo, bien parecido.

AJNUPU. s. Prenda de vestir muy lujosa y engalanada.

AJNUPULLIKUY. c. v. Emperejilarse, acicalarse.

AJNUPULLIY. v. tr. Emperejilar, acicalar.

AJSU. s. Saya, prenda de vestir de la mujer.

AJTA. s. Garrapata.

AJTUCHIY. v. Obligar a devolver.

AJTUY. v. Devolver, arrojar lo que se introdujo en la boca.

AJWA. s. neol. Aguja.

AJYA. adj. Laborioso.

AJYAY. v. Animar, estimular en el trabajo.

AKA. s. Pasta fecal. Estiércol. Escoria.

AKAKIPA. s. Óxido.

AKAKIPASQA. adj. Oxidado.

AKAKIPAY. v. Oxidar.

AKAPANA. s. Arrebol matutino, en el oriente.

AKARQANA. s. Peritoneo.

AKARWAY. s. Mariposa de tamaño considerable.

AKATANQA. s. Escarabajo.

¡Akau! ¡Akakau! interj. ¡Ay!

AKAWARA. s. Pañal.

AKAWASI. s. Letrina.

AKAY. v. Defecar.

AKILLA. s. Vaso de oro o de plata para las libaciones rituales.

AKULLI. s. Porción de coca que se mastica. Sinón. Pijchu.

AKULLIY. v. Masticar coca.

AKUPALLA. s. Mezcla de varias clases de harina para preparar los alimentos.

AKUY. adj. Malvado, bellaco.

AKUY. v. Introducir una porción de alimento en la boca.

AKUYLLA. adj. Bellaco.

AKHANA. s. Hierba de propiedades medicinales. (J.A.L.)

ALLAJ. s. Cavador.

¡Allallau! interj. exclam. Del que siente frío.

ALLANA. adj. y s. Sitio que puede ser cavado.

ALLAUÑIY. v. Quejarse de frío.

ALLAY. v. Cavar.

ALLI. adj. Bueno, sano.

ALLICHAJ. adj. Conciliador, componedor.

ALLICHAY. v. Agradecer. Conciliar. Aderezar, aliñar. Regalar.

ALLIKAJ. s. Virtud, bondad. Vida tranquila. Nobleza, distinción.

ALLIKAY. s. Virtud, bondad. Vida tranquila. Nobleza, distinción

ALLILLAKAY. s. Salud.

ALLIN. adj. Excelente.

ALLIN. adv. Bien.

ALLINNAJ. adj. Desdichado, desventurado.

ALLINNIYUJ. adj. Auspicioso, venturoso, sin contratiempos.

ALLINYAY. v. Reconciliarse, restablecer una amistad destruida.

ALLIÑIQÉN. adj. Lo perfecto, lo mejor.

ALLISUNQÖ. adj. Bondadoso.

ALLIY. adv. Despacio, lentamente. **Alliymanta purinki**: caminarás despacio.

ALLIYAY. v. Mejorar, restablecerse.

ALLIYMANTA, ALLIYLLAWAN. adv. Despacio.

ALLKA. adj. Blanquinegro.

ALLPAQA. s. Auquénido que da lana de fibra muy larga y suave. Sinón. **Paqö**.

ALLPARIY. v. Bregar, trabajar con ahínco.

ALLPI. s. Sedimento cremoso de algunos líquidos.

ALLP'A. s. Tierra. Suelo. Sinón. **Jalip'a**.

ALLQA. s. Falla. Interrupción de la actividad, reposo.

ALLQA. adj. Objeto bicolor. Sinón. **Tijlla**.

ALLQACHIY. v. tr. Interrumpir, truncar.

ALLQAY. r. Interrumpirse.

ALLQAMARI. s. Pájaro talcónido de plumaje blanco y negro que vive en regiones montañosas.

ALQAWISA. s. Una de las tribus que vivían en la región del Cuzco antes del advenimiento de los Inkas.

ALLQÖ. s. Perro.

ALLQÖCHAY. v. Injuriar, escarnecer.

ALLWI. Trama.

ALLWINA. s. Telar.

ALLWIY. v. Formar la trama de un tejido, tramar.

AMA. adv. No.

AMACHU. s. Planta de la familia de las aráceas. (J.A.L.)

AMALLUQA. s. Infarto ganglionar.

AMANI. s. neol. Nodriza.

AMAÑISQAKAY. s. Prohibición.

AMAÑIY. v. Prohibir.

AMARAJ. adv. Todavía.

AMARU. s. Serpiente.

AMARUKANCHA. s. Recinto de las serpientes. Nombre del palacio real de Wayna Qhápaj Inka en el Cuzco.

AMARUMAYU. s. Nombre que en tiempos del Inkario llevaba el actual río Madre de Dios.

AMASISA. s. (Aritrina sp.). Planta de la familia de las papilionáceas. Tiene propiedades medicinales. (R.L.)

AMATAJ. s. Prohibición.

AMATAY. v. Prohibir.

AMAUTA, JAMAUT'A. s. Filósofo, sabio.

AMAUTA, JAMAUT'A. adj. Juicioso, prudente.

AMAYCHURA. s. Caquexia.

AMI. s. Empalagamiento, hastío, aburrimiento. Sinón. **Maji**.

AMICHIKUY. v. r. Empalagarse, hastiarse.

AMISQA. p. Empalagado.
AMIY. v. Empalagar, hastiar.
AMLLA. adj. Insípido, desabrido.
AMU. adj. Mudo.
AMUAMU. adj. Callado, reservado.
AMUJLLI. s. Amígdala.
AMUJLLU. s. Carraspera. Sinón. **Thuqaypanta.**
AMUKAY. s. Mudez.
AMULLAY. v. Rumiar.
AMUQA. s. Camarón seco.
AMUTUKUJ. adj. Disimulado, solapado.
AMUYAY. v. Enmudecer, perder el habla.
ANA. s. Lunar.
ANAJ. adj. Recio, consistente.
ANAJKAY. s. Dureza, consistencia.
¡ANANAU! interj. ¡Ay! Queja de dolor.
ANASU. s. Concubina.
ANAWARKI. s. Qöya esposa de Pachakútij Inka y madre de Kusi Qöyllur.
ANCHA. adj. Superabundante.
ANCHA. adv. Mucho.
ANCHAYAY. v. Encarecer.
ANCHAYKUJ. adj. Arrogante, soberbioso.
ANCHAYKUJKAY. s. Arrogancia, vanagloria.
ANCHAYUPA. adj. Importante.
ANCHIKARA. s. Dios del Waruchiri preinkaico, cuidador de una fuente de
agua. En amores con la diosa Wayllama, ambos se convirtieron en rocas en
medio de la fuente.
ANCHIKUJ. adj. Regalón.
ANCHIKUY. v. Regalarse.
ANKA. s. Águila real andina.
ANKALLI. adj. Insurgente, rebelde.
ANKAMALLKU. s. Aguilucho.
ANKU. adj. Tendinoso, elástico, consistente.
ANKU. s. Nervio. Tendón.
ANKUYAY. v. Adelgazar, enflaquecer.
ANPI. s. Algodón. Sinón. **Utkhu.**
ANPULLU. s. Biznieta. Tataranieta.
ANPUY. v. Ayudarse recíprocamente entre dos o más personas.
ANQALLU. s. Túnica muy fina que se daba a las doncellas durante las cere-
monias del **warachiku.**
ANQALLUAJSU. s. Traje que estrenaba la mujer en el **k'ikuchiku.**
ANQARA. s. Recipiente de calabaza de gran tamaño.

ANQAS. adj. Azul.

ANQASLLINPI. s. Cardenillo.

ANQAYLLI. s. Eco. Sinón. **Urqöjsimin, yachapayajqaqa.**

ANQÖSA. s. Brindis.

ANQÖSAY. v. Brindar.

ANRISWAYLLA. s. (Sestrum parqui). Planta de la familia de las solanáceas. Vulg. Hediondilla. (R.L)

ANSAQËY. v. Jadear, acezar.

ANSH'I. s. Glotón, tragaldabas.

ANSH'IKUY. v. Vivir en medio de diversiones y francachelas.

ANSH'IY. v. Suspirar, gemir, quejarse.

ANSH'UCHIY. v. tr. Obligar a apartarse.

ANSH'UY. v. Apartarse.

ANTA. s. (Tapirus americanus) Mamífero paquidermo de la selva amazónica.

ANTACHAJRA. s. Mina de cobre.

ANTAQÖLLQË. s. Plata muy mezclada con cobre.

ANTARA. s. Zampoña.

ANTAWARA. s. Celaje de la tarde.

ANTAWICH'I. s. Vasija de cobre.

ANTAYKIRU. adj. El niño que no ha llegado aún al periodo de la dentición.

ANTAYQÖNCHUY. s. Viento arremolinado. Polvareda.

ANTAYRAPHI. s. Hoja otoñal, rojiza y seca.

ANTAYRUPHAY. s. Arrebol o celaje vespertino. Sinón. **Antawara.**

•ANTI. Oriente.

ANTI. s. La tierra oriental andina.

ANTIRUNA. adj. Hombre andino.

ANTISUYU. s. Uno de los cuatro grandes territorios en que se hallaba dividido el Imperio de los Inkas. Ocupaba toda la región oriental.

ANTIUNQÖY. s. Enfermedad tropical.

ANYAY. s. Reprensión.

ANYAY. v. Reñir, reprender.

AÑAKA. s. Golosina.

AÑAKU. adj. Inútil, incapaz para el trabajo.

AÑAS. s. Zorrino. Sinón. **Añathuya.**

AÑASQÉRU. s. Planta medicinal de la familia de las monimiáceas. (J.A.L.)

AÑASU. adj. neol. Mujer amancebada con hombre casado.

AÑAWAYA. s. Planta forrajera, espinosa, de flores amarillas. Es una papilionácea.

AÑAY. s. Admiración, entusiasmo.

AÑAYKACHAY. v. Presumir, jactarse, alardear.

AÑAYLLU. s. Hormiga macho, con alas. Sinón. **Sh'aka**

AÑAYÑIY.v. Loar, alabar.

AÑAYÑUJÑU. adj. Exquisito, delicado.

AÑAYPANKU. s. Cacto enano de flores rojas. (J.A.L.)

AÑU. s. (Tropaeolum tuberosum). Tubérculo alimenticio de la familia de las tropaeoláceas. Sinón. **Mashwa, isañu.** (R.L.)

AÑUJCHI. adj. Raquítico, enteco, desmedrado.

APA. s. Frazada doble, gruesa.

APA. s. Lo que puede llevarse en brazos o entre los brazos.

APA. adv. Contigüidad de nacimiento entre un hermano o hermana mayor y otro menor.

APACHIKU. s. Encomienda, encargo que se envía a una persona.

APACHIKUY. v. Enviar encomienda.

APACHIMUY. v. Mandar traer.

APACHITA. s. Ara de piedra en los caminos altos de las montanas.

APACHIY. v. Enviar, remitir.

APAJAJ. adj. Estafador.

APAJAY. v. Estafar.

APAKI. s. Cobertizo de ramas.

APAMUY. v. Traer.

APANQÖRA. s. Cangrejo.

APAPURA. adj. Dos hermanos nacidos en sucesión contigua.

APAQA. s. Represa, entibación de las aguas de riego para llevarlas en otra dirección.

APAQAY. v. Represar, entibar el agua para cambiarla de dirección.

APARKI. s. Frazada vieja y remendada.

APASANKA. s. Arácnido de gran tamaño que vive en los cerros o en los gramales.

APATARA. s. Cucaracha.

APAY. v. Llevar.

API. s. Mazamorra.

APICHU. s. (Ipomea batatas). Planta de la familia de las convolvuláceas. Sinón. **Kumara;** Vulg. Camote, batata. (R.L.)

APINQÖYA. s. (Passiflora ligularis). Planta de la familia de las pasifloráceas, de fruto alimenticio. Vulg. Granadilla. (M.C.)

APIRI. s. Arriero.

APITARA. s. Planta de la familia de las pandáneas, de cuyas hojas cortadas en tiras se fabrica el sombrero de jipijapa. (J.A.L.)

APU. s. Señor. Alto dignatario.

APU. s. General, jefe de ejército.

APUCHA. s. Abuelo.

APUCHAY. v. Honrar, venerar.

APUKAY. s. Señorío, dignidad de señor.

APURIMAJ. s. y adj. Señor elocuente. Divinidad del primitivo pueblo Chanka.

APURIMAJ. s. Río caudaloso tributario del Ukayali en el Perú.

APURUKU. s. Semental entre los auquénidos.

APUSIMI. s. Mandato, precepto, ley en el antiguo Tawantinsuyu.

APUSKACHAJ. adj. Consentido, mimoso.

APUSKI. s. Antepasado.

APUTINYA. s. Dios regional de Antisuyu.

APUT'UJTU. s. Planta liliácea de flores rojas muy hermosas. (G.H.)

APU ULLANTAY. (Apu Ollántay) Drama qhëshwa que trata de los amores del waminqa Ullanta, gobernador de Antisuyu, con la princesa Kusi Qöyllur, hija de Pachakútij Inka.

APUYUPA. s. Hombre de mucha autoridad.

AP'A. s. Colchón.

APHARUMA. (Solanum sp.). Patata silvestre. (R.L.)

AQAJLLU. s. Cierto pájaro andino.

AQALLI. s. Intestino. Sinón. **Ch'únchull.**

AQARAPI. s. Nevisca.

AQAWANA. s. Uno de los arquitectos constructores de la fortaleza de Sajsaywaman.

AQË. s. Cuñada del varón. Suegra del mismo.

AQÖ. s. Arena. Sinón. **T'íu.**

AQÖAQÖ. s. Arenal.

AQÖCHINCHAY. s. Cometa. Estrella fugaz.

AQÖJTAKUY. v. Embozarse.

AQÖY. adj. Innumerable, incontable como la arena.

AQÖY. v. Recoger arena.

AQÖYRAKI. s. Desventura, adversidad, infortunio.

AQHA. s. Chicha, bebida fermentada de maíz.

AQHALLANTHU. s. Neol. Especie de pendón que se cuelga en las chicherías.

AQHAMAMA. s. Nombre primitivo de la ciudad del Cuzco.

AQHAWASI. s. Neol. Chichería.

AQHAY. v. Elaborar chicha.

ARAKIWA. s. Espantapájaros.

ARANWA. s. Teatro, recinto donde se desarrollaban las representaciones teatrales.

ARANWAY. s. Pieza teatral sobre temas de la vida ordinaria entre los Inkas. Fábula.

ARAPA. s. Celosía.

ARARANKHA. s. Lagartija.

ARARIWA. s. Chacarero, guardián de sementeras.

ARAWA. s. Horca.

ARAWI, YARAWI, JARAWI. s. Canción, cantar, endecha.

ARAWIJ, YARAWIJ, JARAWIJ, ARAWIKUJ. s. Poeta.

ARAWIY, YARAWIY, JARAWIY. v. Hacer canciones, Componer versos.

ARI. adv. Sí.

ARI. conj. Pues, porque.

ARICHA. s. Ramera.

ARIMSAY. v. Sembrar. Sinón. **Tárpuy.**

ARINSA. s. neol. Alquiler, locación, arrendamiento.

ARINSANA. s. neol. Terreno para arrendar.

ARINSAY. v. Arrendar.

ARIÑIY. v. Aceptar, admitir.

ARIRUMA. s. (Clydanthus bolivianus). Planta de la familia de las amarilidáceas, de flores amarillas muy fragantes. (R.L.)

ARIWAKI KILLA. Quinto mes del año. Tomaba la última parte de abril y la mayor de mayo. Sinón. **Ayriwa.**

ARIY. v. Estrenar.

ARMA. s. Baño.

ARMAKANI. s. Balneario.

ARMAKUNA. s. Piscina, baño colectivo.

ARMAKUY. v. r. Bañarse.

ARMAY. v. tr. Bañar.

ARPA. s. Víctima destinada al sacrificio.

ARPANA. s. Instrumento usado en los sacrificios.

AYPAY. Sacrificar, inmolar.

ARPAYPACHA. s. Tiempo de los sacrificios.

ARPHA. s. Penumbra.

ARPHI. s. Enfaldo, regazo. Sinón. **T'inpi.**

ARQHAY. v. Copular. Sinón. **Jukúnay, júqöy, sápsay.**

ARQHËY. s. Estertor.

ARQHËY. v. Respirar anhelosamente.

ARWIY. v. Enredar, entrabar.

AS. pron. Algo. **Astawan:** algo más. **Aspisi:** algo escaso.

ASARUMA. s. Variedad de papa de gran tamaño.

ASI. s. Risa. Carcajada.

ASICHIKUJ. adj. Hazmerreír, bufón.

ASIJTULLU. adj. Persona muy risueña.

ASIKUY. v. r. reírse.

ASILLU. adj. Campechano, reilón.

ASIPA. s. (Pachyrhisus ahipa). Planta de la familia de las papilionáceas. Su raíz es alimenticia. (R.L.)

ASIPAYAY. v. Reírse del prójimo.

ASIY. v. Reír.

ASKAMA. adv. Hasta luego, hasta dentro de poco. **Askamalla:** Prontamente, con diligencia.

ASKANKUY. s. Erizo.

ASNA. adj. Hediondo, maloliente.

ASNAJ. adj. Hediondo.

ASNANNAY. v. Dejar de heder, perderse el mal olor.

ASNAY. s. Hedor.

ASNAY. v. heder, despedir mal olor

ASNIN. s. Pedazo.

ASPAKAY. s. Inmolación con fiesta.

ASPAS, ASLLAPAS. adv. Algo.

ASTANA. s. Cosas acarreables o trasladables.

ASTAWAN. adv. Más todavía, algo más

ASTAY. v. Acarrear.

ASUKA. s. Lobo marino. Sinón. **Qhöchapuma, unupuma.**

ASUY. s. Acercamiento, aproximación.

ASUY. v. Acercar, colocar cerca.

ASUYKUY. v. r. Acercarse, acudir, allegarse.

ASWAN. adv. Más. **Kay sipasqa t'ikamanta aswan súmaj:** Esta joven es más hermosa que la flor.

ASHKA. adj. Mucho. Abundante.

ASHKA. adv. Mucho.

ASHKAYACHIY. v. Acrecentar.

ASHKAYAY. s. Aumento, acrecentamiento.

ASHKAYAY. v. r. Aumentarse, acrecentarse.

ASHTUY WARAK'A. s. Jefe **chanka,** compañero de Janqöwallu y Túmay Warak'a con quienes se rebeló contra el Cuzco bajo el reinado de Yáwar Wáqaj Inka.

¡ASHU! interj. ¡Qué dolor!

ASH'ALLAKUY. v. Vestirse ostentosamente.

¡ASH'ALLAY! interj. ¡Qué hermoso!

ASH'IY. s. Estornudo.

ASH'IY. v. Estornudar.

¡ATATAY! interj. ¡Qué dolor!

ATAU. s. Suerte favorable en la guerra, en el juego o en empresas importantes.

ATAUCHAJ. s. y adj. Capaz de proporcionar suerte favorable.

ATAUCHI. adj. Ilustre, famoso, ínclito.

ATAUKUJU. s. Divinidad preinkaica de la región de Wamach'uku, al N. de Lima.

ATAUSAPA. adj. El siempre favorecido por la suerte.

ATAU WALLPAJ. s. Hijo de Wayna Qhápaj Inka, décimo tercer soberano del Imperio. Entró en guerra con Wáskar Inka y fue favorecido por la victoria final. Cayó en 1532 en una hábil emboscada de los españoles. Según Blas Valera, transcrito por Anello Oliva, no ordenó la victimación de Wáskar Inka. La inculpación lanzada por Pizarro no fue sino un recurso para justificar el asesinato del augusto prisionero.

ATI. s. Adversidad, suceso infeliz.

ATIATI. adj. Exuberante, frondoso, caudaloso.

ATICHAU. s. neol. Martes.

ATIJ. adj. El que es capaz de ejecutar, de conseguir una cosa.

ATIJLLA. s. Amonestación. Aviso.

ATIJLLAY. v. Citar.

ATIJUCHA. s. Crimen. Delito muy grave.

ATIJUCHAYUJ. adj. Criminal, delincuente.

ATIKAY. Obtener botín en la guerra.

ATIKUJ. adj. Factible, posible.

ATIKUY. v. Ser factible, susceptible de realización.

ATILLCHA. s. Amigo, camarada, compañero.

ATILLCHAKUY. v. Amistarse, amigarse.

ATIMULLP'U. s. Fantasma. Neol. Dragón.

ATIMUSQÖY. s. Pesadilla.

ATIPAJ. adj. Vencedor. Poderoso.

ATIPAKUJ. adj. Porfiado, obstinado.

ATIPANAKU. s. Competencia.

ATIPAY. v. Vencer.

ATISAMQ'A. s. Fatalidad, descalabro, infortunio grande.

ATITAPHIA. s. Augurio de sucesos funestos. Sueño abominable, aciago.

ATIY. s. Triunfo.

ATIYJAYCHA. s. Canción de victoria en la guerra. Sinón. **Atiyjaylli.**

ATIYJAYLLI. s. **Atiyjaycha.**

ATUJ. Zorra.

AT'AJRA. s. Callo. Sinón. **Chullpi.**

ATHAJ. s. Vergüenza. Sinón. **P'inqay.**

¡ATHAY! interj. ¡Qué abominable!

AUCH'A. adj. Maligno, nefando, malvado.

AUKI. s. Príncipe, infante.

AUKILLA. s. Bisabuela.

AUKI TITU. s. Capitán general, hermano de Qhápaj Yupanki Inka, que sometió al pueblo Qhëshwa.

AUQA. s. Enemigo, adversario. Sinón. **Jayu.**

AUQAJ. s. Hombre de armas, soldado.

AUQAKUJ. s. Planeta Marte, según el Jesuita Anónimo.

AUQANAKUY. s. Guerra.

AUQANCHANAY. v. Rebelarse.

AUQAPURIJ. s. Soldado.

AUQARUNA. s. (Gente guerrera). Población de la "Cuarta Edad" de Waman Puma.

AUQAY. v. Guerrear, combatir.

AUSANQATA. s. Divinidad regional de Qöllasuyu en tiempos del Inkario.

AWA. s. Urdimbre.

AWA. adj. Mujer o hembra melliza. Sinón. **Wispalla.**

AWAJ. adj. Tejedor.

AWAKIPAY. v. Zurcir.

AWAKU. s. Cierto pez marino.

AWANA. s. Telar.

AWANKANA. s. Águila andina, de color negro, de envergadura más pequeña que el anka.

AWANNAY. v. Destejer, deshacer lo tejido.

AWAQÖLLA. s. Planta de la familia de las cactáceas. (J.A.L.)

AWARA. s. Paquidermo de la selva amazónica. Sinón. **Anta.**

AWARANKU. s. **Achupalla.** Vulg. Ananás, piña.

AWARMANTU. s. (Rosa eglantería). Arbusto de la familia de las rosáceas. El fruto es vermífugo. (R.P.)

AWASQA. s. y adj. Tejido. Ropa corriente que usaba el **jatunruna.**

AWAY. v. Tejer.

AWISQAY. s. Fiesta de nacimiento en tiempos del Inkario.

AYA. s. Cadáver de un ser humano.

AYACHUKUCHIY. v. Embalsamar.

AYACHUKUSQA. s. Cadáver embalsamado.

AYAJRA. adj. Enjuto, demacrado.

AYAJRAY. v. Enflaquecer, demacrarse.

AYAMAROQ'AY KILLA. s. (Mes procesional de los muertos). Ultimo mes del año. Abarcaba un tercio de noviembre y dos de diciembre.

AYAPANPA. s. Cementerio.

AYAP'INTUNA. s. Mortaja.

AYAP'INTUY. v. Amortajar.

AYAR (HERMANOS). s. Cuatro personajes que según la leyenda salieron de **Tanput'uqö,** valle de **Paqarijtanpu,** y se dirigieron hacia el Cuzco para asentarse en ese lugar.

AYARA. s. (Chenopodium sp.). Quinua silvestre. (R.L.)

AYARACHI. s. Música fúnebre.

AYAR KACHI. s. Uno de los cuatro hermanos salidos de Tanput' uqö. Más fuerte y valeroso que los otros, fue tapiado por ellos en su vivienda.

AYAR SAUKA. s. Uno de los cuatro hermanos salidos de Tanput'uqö.

AYAR UCHU. s. Hermano de los anteriores.

AYASQA. adj. Canijo. Encanijado.

AYAY. s. Encanijamiento.

AYAY. v. Encanijar.

AYATAKI. s. Género de canción con que se honraba a los difuntos ilustres.

AYATAKI. adj. Persona o gente que cantaba a los difuntos.

¡AYAU! interj. ¡Hola! ¡Ea!

AYAUMA. s. Calavera. Sinón. **T'ujruru.**

AYAUYA. interj. Que denota imploración, congoja, lamento.

AYAWANTUNA. s. Camilla para transportar cadáveres.

AYAWASI. s. Tumba.

AYAWIRI. s. Pueblo belicoso derrotado por Lluq'ë Yupanki Inka e incorporado al Imperio.

AYAWIRI. s. Deidad regional de Qöllasuyu en tiempos del Inkario.

AYAYNIN. s. Cálculo biliar o renal.

AYAYUPA. adj. Desfallecido, amortecido.

AYAYUPAY. v. Desfallecer, amortecerse.

AYCHA. s. Carne.

AYCHANNAJ. s. Espíritu, ente que no es de carne.

AYCHAQHATU. s. Mercado de carne.

AYCHASAPA. adj. Carnudo, musculoso.

AYCHAWASI. s. Carnicería.

AYKA. s. fam. Especie de diarrea que padecen los niños en el período de la dentición.

AYKURA. s. Cobertura de paja y barro del techo.

AYKURAY. v. Cubrir de paja y barro el techo.

AYKHU. adj. Extravagante, descabellado, que habla disparates.

AYLLINKU. s. Forraje que sale del patatar segado antes de la cosecha. Sinón. **Ch'allpi.**

AYLLU. s. Linaje. Parentesco.

AYLLU. adj. Pariente.

AYLLUMASI. adj. Individuo de un mismo linaje con relación a otro.

AYLLUNAKUY. v. Emparentarse. Reconocer parentesco.

AYLLUPURA. adj. Individuos de la misma parentela.

AYMA. s. Procesión.

AYMARA. s. Pueblo constructor de Tiawanaku que estableció un vasto imperio en el territorio interandino.

AYMARA. s. Pueblo que vivía al S.O. del Cuzco, sometido por Qhápaj Yupanki Inka.

AYMARA. s. Pueblo que vive distribuido en el altiplano del Titicaca. Idioma que habla este pueblo.

AYMURAY. s. Cosecha.

AYMURAY. v. Recolectar y entrojar la mies.

AYMURAYMIT'A. s. Tiempo de la cosecha.

AYNA. s. Floración.

AYNAKAMA. adj. Cubierto de flores.
AYNASAPA, AYNAYUJ. adj. Florido.
AYNAY. v. Florecer. Sinón. **T'ikay, sísay.**
AYNI. s. Ayuda mutua que se prestan dos o más personas en el trabajo.
AYNIKUY, AYNINAKUY. v. Recurrir al sistema de la ayuda mutua.
AYNIQÓPUY. v. Retribuir la ayuda recibida.
AYÑANAKU. Riña.
AYÑANAKUY. v. Reñir.
AYÑAY. s. Ladrido.
AYÑAY. v. Ladrar. Sinón. **Wánway.**
AYÑIKUY. s. Resistencia, repulsa.
AYÑIY. v. Rezongar, ofrecer resistencia a un mandato.
AYPA. s. A la mano, fácilmente alcanzable.
AYPAY. v. Alcanzar fácilmente. Tomar un objeto extendiendo la mano.
AYPUKUY. v. Repartir equitativamente.
AYPURIY. v. Convidar, ofrecer, invitar. Sinón. **Anqösay.**
AYPHU, AYPHA. adj. Borroso, poco visible, opaco.
AYQËJ. adj. Fugitivo.
AYQËNA. s. Huidero.
AYQËY. v. Huir, escapar. Sinón. **Mitíkay.**
AYQÖRI. s. Especie de flauta, de acento lúgubre.
AYRANPU. s. (Opuntia sulfurea). Cacto cuya semilla se emplea para colorar algunos alimentos. (R.L.)
AYRI. s. Hacha.
AYRUN. s. Desconsuelo. Sólo se emplea en formas del verbo **wáqay** (llorar) **Ayrun ayrunta waqakun:** Llora con profundo desconsuelo.
AYRIWA KILLA. s. Luna abrileña.
AYSANA. s. Balanza de platillos.
AYSAWILLKA. s. Dios menor venerado en Chinchaysuyu.
AYSAY. v. Pesar en la balanza.
AYSAY. Tirar, jalar, arrastrar a la fuerza.
AYTIY. v. Enjuagar, relavar.
AYU. adj. Niño de pechos enfermizo y desmedrado.
AYUSQAY. s. Fiesta familiar que se celebraba a los cuatro días del nacimiento de una criatura.
AYWA. s. Adiós. Partida.
AYWI. s. Hervidero.
AYWIY. v. Pulular.

CH

CH. Segunda letra del alfabeto qhëshwa. Equivale a la CHE castellana.

CHA. Partícula que se agrega al nombre, adjetivo y pronombre para formar el diminutivo. **T'ikacha**: florecilla. **Warmicha**: mujercita.

CHACHAKUMA. (Escallonia resinosa). Árbol de la familia de las saxifragaceas. Posee propiedades medicinales. (M.C.)

CHACHAMA. s. Arbusto dodonáceo que vive en lugares áridos. (J.A.L.)

CHACHAPIYA. s. (Oxalis tuberosa). Variedad de oca. (R.L.)

CHACHAPUYA. s. Pueblo vecino de Wajrach'uku, sometido por Túpaj Yupanki Inda.

CHACHAQÖ. s. Cierta tierra blanca que en algunas regiones del Perú se usa como condimento para comer una variedad de papa amarga.

CHACHI. s. Rigor, severidad.

CHAJCHA. s. Brinco, retozadura.

CHAJCHAY. v. Caminar brincando, retozando.

CHAJLLI. adj. Consentido, gurrumino.

CHAJLLICHIY. v. Engreír, envanecer.

CHAJLLIKAYAJ. adj. El que se da importancia y se hace rogar.

CHAJLLIKAYAY. v. Apropiarse, tomar para sí lo que debe ser distribuido entre varios.

CHAJLLIKUY. v. Engreírse, envanecerse.

CHAJMA. s. Roturación de la tierra. Barbecho.

CHAJMA. s. Recolección de productos que quedan descuidados por los cosechadores.

CHAJMAY. v. Roturar la tierra, barbechar.

CHAJMAY. v. Recoger productos descuidados por los cosechadores.

CHAJMAYPACHA. s. Tiempo de roturar la tierra.

CHAJMIRI. s. Persona que coge las mazorcas abandonadas por los cosechadores de maíz.

CHAJNA. s. Soga o lazo para asegurar la carga en la acémila.

CHAJNAJ. adj. El que coloca y asegura la carga en la acémila. Arriero

CHAJNANA. s. Carga.

CHAJNASQA. Carga puesta y asegurada en la acémila.

CHAJNAY. v. Colocar y asegurar la carga en la acémila.

CHAJPAWAWA. s. Niño que ha nacido de pies.

CHAYPAY. v. Nacer de pies.

CHAJRA. s. Tierra de labor. Sementera.

CHAJRAKAMAYUJ. s. Labrador. Chacarero.

CHAJRAYAPUY KILLA. s. Noveno mes del año. Abarcaba una parte de agosto y otra menor de septiembre.

CHAJRU. s. Mezcla. Sinón. **T'ajwi.**

CHAJRUANTA. s. Bronce. Sinón. **Chayanta.**

CHAJRUNAKUY. v. Entremezclarse.

CHAJRUSQA. p. Mezclado.

CHAJRUY. v. Mezclar.

CHAJWA. s. Cascajo.

CHAKA. s. Puente. Cadera. Las amígdalas.

CHAKACHIKUY. v. Atragantarse, atorarse.

CHAKACHIY. v. Atorar, atragantar.

CHAKANA. s. Constelación de Libra.

CHAKANA. s. Escalera.

CHAKANTULLU. s. Hueso ilíaco.

CHAKAPA. s. Viga.

CHAKAPAY. v. Envigar.

CHAKASQA. p. Atravesado, atrancado de modo que queda impedido el paso.

CHAKATA. s. Listones de madera cruzados. Neol. Cruz. fig. Martirio, opresión.

CHAKATASQA. p. neol. Crucificado.

CHAKATAY. v. Poner cruzado. Neol. Crucificar.

CHAKAY. v. Apuntalar. Atrancar.

CHAKI. s. Pie.

CHAKILL. s. Barrio occidental del Cuzco antiguo, por donde salía el camino de Kuntisuyu.

CHAKINNAY. v. Amputar un pie.

CHAKIÑAN. s. Camino de pie.

CHAKIPANPA. s. Planta del pie.

CHAKIRA. s. Dije circular de coral.

CHAKISAPA. adj. Patudo.

CHAKISARUSQA. s. Huella del pie. Sinón. **Yupi.**

CHAKISINQA. s. Canilla. Parte anterior de la tibia.

CHAKITAJLLA. s. Arado de pie. Sinón. **Tajlla.**

CHAKU. s. Cacería en tiempos del Inkario.

CHAKU. adj. Desparejo, falto de continuidad.

CHAKUJ. s. Cierta hormiga destructora.

CHAKUÑA. s. Barbuquejo.

CHALLI. adj. Astuto, bellaco.

CHALLKUCHIMA. s. Capitán general de Atau Wállpaj Inka en la guerra contra Wáskar Inka.

CHALLWA. Pez. Pescado.

CHALLWAKAMAYUJ. s. Pescador.

CHALLWAN. s. Músculos del brazo y de las piernas.

CHALLWANA. s. Anzuelo.

CHALLWAQHATU. s. Pescadería.

CHALLWAY. v. Pescar.

CHAMA. s. Júbilo, alborozo.

CHAMAPAYAY. v. Alegrarse, gozar con el daño ajeno.

CHAMAUSIKUY. v. Alegrarse del bien ajeno.

CHAMAY, CHAMAKUY. v. Alborozarse.

CHAMIKU. s. (Datura stramonium). Planta de la familia de las solanáceas. Sus semillas son venenosas. (M.C.)

CHAMKALLPAYAY. v. Hacer una cosa a retazos, sin acabarla.

CHAMRARA. s. (Thebetia Neerifolia). Árbol de la familia de las apocináceas. Sus frutos suenan como cascabeles. (R.P.)

CHAMRARARA. s. Cascabel. Sinón. **Chanrara.**

CHANA. adj. Niño que ya no está en la edad de la lactancia. El menor, el último de los hijos.

CHANCHAY. v. Caminar a saltos.

CHANI. s. Valía, aprecio. Neol. Precio, valor comercial.

CHANINCHASQA. adj. De valía reconocida. Neol. Justipreciado.

CHANINCHAY. v. Reconocer, otorgar valor. Neol. Justipreciar.

CHANINNAJ. adj. Baladí, sin valor.

CHANIY. v. Valer.

CHANIYUJ. adj. Valioso. Justiciero, probo. Neol. De precio muy alto.

CHANKA. s. Muslo. Anca del animal.

CHANKA. s. Pueblo aguerrido y belicoso que ocupaba un amplio territorio al norte del Cuzco. Fue conquistado por Ruka Inka y, alzado en armas contra Yáwar Wáqaj Inka, fue finalmente derrotado y reducido por el príncipe Wiraqöcha.

CHANKALL. s. Vacilación, indecisión.

CHANKALLPA. adj. Vacilante, indeciso.

CHANKALLPAY. v. Vacilar, hesitar.

CHANKAYKACHAY. v. Caminar con paso vacilante, haciendo eses. **Machasqakuna chankaykachanku.** Los borrachos caminan haciendo eses.

CHANPI. s. Especie de partesana. Herramienta para destrozar terrones en los terrenos de labor. Aleación de bronce y oro. Vulg. Tumbaga.

CHANPI. adj. fam. Persona que rompe a menudo objetos de alfarería.

CHANPIY. v. Aporrear, herir con partesana. Destrozar.

CHANQASQA. p. Cosa empezada.

CHANQAY. Empezar, dar principio. Sinón. **Qalláriy.**

CHANRARA. s. Cascabel. Sinón. **Chamrarara.**

CHANRARA. adj. Charlatán.

CHANTA. adv. Después. **¿Chanta imanirqátaj?** ¿Después qué dijo?

CHANTAY. v. Corregir, enmendar.

CHAÑAYLLU. s. Nevasca acompañada de viento.

CHAÑAR. s. (Courliasa decorticons). Árbol de la familia de las papilionáceas. Es expectorante. (M.C.)

CHAPA. s. Apropiación, incautación. Espía.

CHAPAJ. s. Centinela.

CHAPAKUY. v. Escoger, elegir una persona la parte que le toca en un reparto.

CHAPANAKUY. v. Ponerse de acuerdo entre varios para el reparto.

CHAPAPA. s. Pequeña choza construida entre las ramas de un árbol o sobre postes clavados en el suelo.

CHAPAQAYAY. v. Ocupar tierras baldías, sin dueño.

CHAPAQË. adj. neol. Encomendero. El español que se apoderaba del indigena y lo esclavizaba.

CHAPARA. adj. Tubérculo o mazorca de gran tamaño, lo más grande entre todos los producidos, que se escoge para su guarda y exhibición.

CHAPASQA. p. Apropiado, poseído. Neol. Indígena capturado y esclavizado por el español del Coloniaje.

CHAPATIYAJ. s. Vigilante. Centinela. Atalaya. Espía. Sinón. **Qaumiwa.**

CHAPATIYAY. v. Acechar, vigilar, espiar.

CHAPANWAYLLU. s. Canción atribuida a Pachakútij Inka, que se entonaba en las fiestas del solsticio de verano.

CHAPI. s. Estaño. Sinón. **Chayanta.** Soldadura de estaño.

CHAPINNAJ. v. Desoldar.

CHAPIPAY. v. Volver a soldar.

CHAPISQA. p. Soldado.

CHAPIY. v. Soldar.

CHAPLLA. s. Herramienta venida a menos, inservible.

CHAPULLA. s. Una variedad de mariposa.

CHAPULLA. adj. Mujer que galantea al varón.

CHAPULLAYAY. v. Galantear la mujer al varón.

CHAQAJ. adj. Amargo.

CHAQAY. pron. Aquel. Sínón. **Jáqay.**

CHAQAYPI. adv. Allá, allí. En aquel lugar. Sinón. **Jaqaypi.**

CHAQAYTA. adv. Por allá.

CHAQÖ. s. Desbarajuste de cosas destrozadas y arrasadas. Forma de cacería que empleaban los Inkas mediante cercos a base de miles de hombres.

CHAQÖSQA. p. Talado, arrasado.

CHAQÖY. v. Talar, arrasar. Hacer cacería mediante cercos.

CHARI. adv. Tal vez, quizás, acaso. **Rinaychari kanqa**: Quizá tendré que ir.

CHARINA. s. Asa.

CHARKA. Territorio situado al E. de Potosí, sometido por Qhápaj Yupanki Inka. Vulg. Charcas.

CHARPA. adj. fam. Chambón, de escasa habilidad.

CHARPAYKACHAY. v. Chambonear.

CHARU. (Gadua sp.). Planta de la familia de las gramíneas. Es una variedad del **tuqöru**. (R.L.)

CHASKI. s. Recepción, acogida.

CHASKICHIJ. adj. Depositador.

CHASKICHIY. v. Depositar para su preservación.

CHASKIJ. adj. Recibidor, acogedor, depositario.

CHASKINA. adj. Admisible, aceptable.

CHASKIY. v. Recibir, aceptar. Prestar informe, dar cuenta.

CHAUCHA. s. Variedad de papa que se siembra en verano y madura en tres meses. Sinón. **Pakus.**

CHAUCHU. Origen, principio. **Qöri chauchu pacha**: Tiempo de los más antiguos antepasados. Sinón. **T'ijsi.**

CHAUPI. s. Centro, medio. Chay kánchaj kikin chaupinpi un jusk'u tiyan: En el centro mismo de ese recinto hay un agujero.

CHAUPICHAY. v. Dimidiar.

CHAUPICHURIN ILLAPA. Rayo hijo medianero. El dios del centro en la trinidad del Rayo, según Waman Puma.

CHAUPINCHAY. v. Colocar en medio.

CHAUPIÑAMKA. s. Diosa de la sensualidad en el Waruchiri preinkaico.

CHAUPIP'UNCHAY. s. Mediodía.

CHAUPIQHÖCHA. s. Alta mar.

CHAUPITUTA. s. Medianoche.

CHAUPIYUNKA. s. Tierra semicálida, cabecera de selva

CHAUQARUMI. s. (Argemone mexicana). Planta de la familia de las papaveráceas. Tiene propiedades medicinales. Vulg. Cardosanto. (R.L.)

CHAURAJ. adj. Hecho a medias.

CHAURAJSIPAS. s. Moza en la flor de la juventud.

CHAURAJWAYNA. s. Mozo en plena juventud.

CHAURASQA. v. Hablar a medias.

CHAWA. adj. Crudo, no cocido. Sinón. **Janku.**

CHAWAWARKI KILLA. Octavo mes del año. Comprendía la segunda mitad de julio y la primera de agosto. Sinón. **Chajraqönákuy killa.**

CHAWAY. s. Vasija de boca muy ancha.

CHAWI. s. Hierba rastrera medicinal. (J.A.L.)

CHAWIN. s. Pueblo primitivo que creó la cultura más antigua de Sud América en el territorio andocosteño, en la región septentrional del Perú.

CHAY. adj. Ese, esa, eso. **Chay qhari**: Ese hombre.

CHAY pron. Ese, ésa, éso. **¿Pitaj chay?** ¿Quién es ése?

CHAY. adv. Así sea. Bastante.

CHAYA. s. Llegada, término del viaje. Cocimiento.

¡CHAYACHAYA! interj. ¡Ea! ¡ea!

CHAYACHINAKUJ. adj. Participante con otros en alguna acción.

CHAYACHINAKUY. v. Tener participación.

CHAYAJSIPAS. s. y adj. Moza casadera.

CHAYAMUY. v. Llegar de regreso o de venida.

CHAYANTA. Estaño. Sinón. **Chapi**.

CHAYANTA. s. Región histórica y minera de Bolivia. Allí se produjo la insurrección de los hermanos Katari en 1780. Pueblo situado al norte de Potosí, conquistado por Qhápaj Yupanki Inka.

CHAYAQË. adj. Pariente lejano. Conveniente, adecuado.

CHAYAQËYUJ. adj. El que tiene derecho, opción.

CHAYACHIY. v. Hacer cocer el alimento. Guisar. Dar en blanco.

CHAYAY. v. Llegar. Alcanzar. Cocerse el alimento.

CHAYCHARI. loc. adv. Eso será.

CHAYKAMA. loc. adv. Hasta pronto, hasta luego.

CHAYLLA. adv. Eso solamente, nada más.

CHAYMANTA. adv. Después, desde entonces, después de esto.

CHAYNIJPI. adv. Por ahí.

CHAYNINTA. adv. Por ahí, por esa parte.

CHAYPACHA. adv. Entonces.

CHAYPAS. pron. Esto también.

CHAYPAS. adv. Pues.

CHAYPI. adv. Ahí.

CHAYQA. adv. He ahí. Ahí está.

CHAYRAJ. adv. Eso todavía. Ahora, recién. Sinón. **Kunan**.

CHAYRAJRUNA. adj. Chapetón español recién venido al país. Sinón. **Warnajámuj**.

CHAYRAYKU. pron. Por eso, por ese motivo.

CHAYTA, CHAYÑIJTA. adv. Por allí.

CHICHA. s. Pueblo situado al S. de Potosí y sometido por Wiraqöcha Inka. Vulg. Chichas.

CHICHI. s. Carne picada que se da a los niños.

CHICHILLA. s. Pasamano, trencilla con que se adorna el remate de las mantas indígenas.

CHICHILLAY. v. Colocar trencillas en el remate de las mantas.

CHICHU. adj. Hembra preñada. Sinón. **Wijsájuy**.

CHICHUKAY. s. Embarazo, preñez. Sinón. **Wijsayujkay.**

CHICHUYACHIY. v. Embarazar. poner encinta a una hembra.

CHICHUYAY. v. Embarazarse.

CHIJCHAY. v. neol. Gastar, invertir dinero.

CHIJCHI. s. Granizo menudo.

CHIJCHI. adj. De dentadura rala. Risueño, reilón.

CHIJCHIKU. s. Trampa en el juego.

CHIJCHIPA. s. (Tagetes sp.). Hierba olorosa que se usa como condimento en las comidas. Sinón. **Suyku, wakataya.** (R.L.)

CHIJCHIPARA. s. Granizada.

CHIJCHIPAYAY. v. Quillotrar.

CHIJCHIY. v. Caer granizo, menudo. Reír mostrando los dientes. Fig. Coquetear.

CHIJLLU. s. Selección cuidadosa. Sinón. **Ajlla.**

CHIJLLUPAYAY. v. Escoger reiteradas veces. Sinón. **Ajllapáyay.**

CHIJLLUSQA. p. Escogido, selecto. Sinón. **Ajllasqa.**

CHIJLLUY. v. Escoger, seleccionar. Sinón. **Ajllay.**

CHIJMU. s. (Trifolium sp.). Planta de la familia de las papilionáceas. (R.L.)

CHIJNIJ. adj. Odiador, rencoroso. Sinón. **Chijniskiri.**

CHIJNINA. adj. Aborrecible, odioso.

CHIJNISKIRI. adj. Odiador, rencoroso.

CHIJNISQA. p. Odiado, aborrecido.

CHIJNIY. s. Odio, aborrecimiento.

CHIJNIY. v. Aborrecer, odiar.

CHIKI. Cotorra muy pequeña. Sinón. **Kalla.**

CHILLI. s. Valle situado a 55 leguas al S. de Coquimbo, conquistado por el general Sinchiruka en tiempos de Pachakútij Inka. De este valle tomó más tarde su nombre el país entero: Chile.

CHILLIJCHI. s. (Eritrina falcata). Árbol de la familia de las papilionáceas. Es corpulento y frondoso, de hermosas flores rojas. (R.L.)

CHILLINA. s. Médula, tuétano.

CHILLIRUNA. s. y adj. Natural de Chilli (Chileno).

CHIMILLU. s. Una variedad de papa.

CHIMU. Vasto reino en el litoral del Pacífico, al N. de Rímaj, sometido bajo el reinado de Pachakútij Inka.

CHIMU. s. Rey del poderoso Estado de Chimu, vencido por el príncipe Yupanki, hijo de Pachakútij Inka.

CHINA. s. Hembra, animal del sexo femenino. Neol. Criada, sirvienta.

CHINAKUNKA. adj. Voz afeminada.

CHINAPAYA. s. Planta serrana de propiedades medicinales. (J.A.L.)

CHINCHA. s. Norte, septentrión.

CHINCHA. s. Pueblo que vivía al norte del Cuzco y que fue sometido durante el reinado del Pachakútij Inka.

CHINCHAYSUYU. s. Uno de los cuatro grandes territorios del Tawantinsuyu. Ocupaba toda la región septentrional del Imperio.

CHINCHIRA. s. Especie de verruga.

CHINCHIRKUMA. s. (Mutisia viciaefolia). Planta de la familia de las compuestas. Se usa para los males del corazón. (M.C.)

CHINCHIUCHU. s. Ají menudo y muy picante. (G.H.)

CHINITARKU. s. (Stryphodendron polyphyium). Árbol de la familia de las mimosoideas. (M.C.)

CHINKACHIY. v. Extraviar, perder.

CHINKANA. s. Escondite. Sinón. **Pakakuna.** Laberinto.

CHINPA. s. Orilla opuesta del río o quebrada o barranco. Jáqay chinpapi: En aquella otra orilla.

CHINPA. adv. Enfrente.

CHINPACHIY. v. Contagiar, contaminar.

CHINPAY. v. Vadear, pasar a la otra orilla. Acercarse, allegarse. Sinón. **Qáyllay.**

CHINPU. s. Medida. Sinón. **Puyllu.**

CHINPUSQA. p. Medido.

CHINPU UJLLU (ISABEL). Princesa sobrina de Wayna Qhápaj Inka y madre del Inka Garcilaso de la Vega.

CHINPUY. v. Medir.

CHINRU. adj. Inclinado, ladeado.

CHINRUY. v. Ladearse, inclinarse.

CHINU. s. Caricia entre las palomas.

CHINUNAKUY. v. Acariciarse entre las palomas.

CHINUY. v. Acariciar una paloma a otra.

CHIÑI. s. Murciélago. Sinón. **Masu.**

CHIPA. s. Armadijo, trampa. Travesaño. Remache.

CHIPANA. s. Grillete, esposas para maniatar a los reos. Pulsera, ajorca.

CHIPAY. v. Armar trampa. Engrillar, maniatar.

CHIQA. s. Verdad, evidencia. Sinón. **Súllull.**

CHIQACHAY. v. Enderezar, ordenar.

CHIQACHIQALLA. adj. Ordenado en fila.

CHIQALLANMI. adv. Realmente, ciertamente.

CHIQAMANTA. adv. Cumplidamente, perfectamente. Sinón. **Sullullmanta.**

CHIQAN. adj. Recto, derecho, directo.

CHIQANÑIY. v. Afirmar.

CHIQANSULLULLKAY. s. Certidumbre.

CHIRA. s. Semilla menuda de ciertas plantas. **Uchuchira:** semilla de ají.

CHIRAJRU. s. (Plantago lanceolata). Planta de la familia de las plantagíneas. Posee propiedades medicinales. (R.L.)

CHIRAPA. s. Lluvia con sol.

CHIRAPAY. v. Llover con sol.

CHIRAU. adj. Claro, luminoso.

CHIRAUPACHA. s. Primavera. Sinón. Chiraumit'a.

CHIRAUPARA. s. Llovizna. Sinón. Iphupara.

CHIRAYAY. v. Cuajarse, solidificarse. Sinón. Tikáyay, qórpáyay.

CHIRI. s. Frió.

CHIRI. adj. Frió, helado.

CHIRICHIY. v. Causar frió.

CHIRIMIT'A. s. Invierno.

CHIRIMULLI. s. (Fagara coco). Arbusto de la familia de las rutáceas. Sus hojas son diuréticas. (M.C.)

CHIRIMUYA. s. (Annona cherimolia). Árbol frutal de la familia de las anonáceas. (R.L.)

CHIRIRINKA. s. Mosca grande, azul.

CHIRISUNQÖ. adj. Impasible, indiferente.

CHIRIWANAJ. s. (El que se amedrenta con el frió). Tribu que, procedente del Paraguay invadió el SE. del Tawantinsuyu en tiempos de Wayna Qhápaj Inka, habiendo llegado hasta Charcas. La fortaleza inkaica de Kuskutuyu cayó en poder de los invasores, quienes fueron luego derrotados y expulsados por las huestes del Cuzco comandadas por el capitán Yashka. Los guaraníes invadieron Charcas nuevamente en los primeros tiempos del Coloniaje.

CHIRIY. v. Hacer frió.

CHIRIYACHIY. v. Hacer enfriar.

CHIRIYASQA. p. Enfriado.

CHIRIYAY. v. Enfriarse.

CHIRMA. s. Daño.

CHIRMAUPARA. s. Chubasco.

CHIRMAY. v. Causar daño, perjudicar.

CHIRU, CHIJRU. s. Lado, parte lateral. Sinón. Wajta.

CHITA. Cría pequeña de la llama. Neol. Cría de la oveja.

CHITAY. Recoser

CHIUCHI. s. neol. Polluelos de la gallina.

CHIUCHIU. s. Trinar de los pájaros. Neol. Piar de los polluelos de la gallina.

CHIWAKU. s. (Turdus fuscater). Pájaro de la familia de los túrdidos que habita en los valles de Cochabamba. Sinón. Chullupiya.

CHIWANWA. s. Planta silvestre de flores rojas y hojas amarillentas. (G.H.)

CHIWAY. v. Copular las aves.

CHIWAYWA. s. Clavelina aborigen de flores amarillas. (J.A.L.)

CHIWICHIWI. s. Antigua arma de guerra consistente en tres garfios pendientes de cuerdas unidas en sus extremos libres.

CHIWICHIWIY. v. Susurrar el viento entre los árboles.

CHU. adv. Más bien.

CHU. Partícula interrogativa y negativa. **Qanchu ñirqanki:** ¿Dijiste tú?: **Mana ñuqachu ñirqani:** No dije yo.

CHUCHAU. s. (Agave americana). Planta textil de la familia de las amarilidáceas. (R.L.)

CHUCHI. s. Tordo.

CHUCHU. s. Teta, glándula mamaria. Sinón. **Ñuñu.**

CHUCHULLUYAY. v. Cuajarse. Sinón. **T'ukúruy, tikáyay.**

CHUCHUPA. s. Testarudez, capricho.

CHUCHUQA. s. Maíz cocido en agua y secado al sol.

CHUCHUQAY. v. Cocer el maíz en agua y secarlo al sol.

CHUCHUSAPA. adj. fam. Hembra tetuda.

CHUCHUWASA. s. Planta medicinal de la sierra andina. (J.A.L.)

CHUCHUY. v. fam. Mamar.

CHUJCHA. s. Cabello.

CHUJCHAK'UTU. s. Libélula. Sinón. **Qharatijsi.**

CHUJCHASAPA. adj. Cabelludo, de cabello largo.

CHUJCHU. s. Malaria, terciana. Escalofrío.

CHUJCHUY. v. Temblar, sentir escalofríos.

CHUJCHUYUJ. adj. Enfermo de malaria.

CHUJLLU. Mazorca tierna de maíz en estado de comer. Vulg. Choclo.

CHUJLLUCHIJCHI. s. Maíz tierno asado en brasas.

CHUJLLUKHURU. s. Cierto gusano que se cría dentro de la mazorca de maíz. Sinón. **Jut'ukhuru.**

CHUJLLUWAYK'U. s. Mazorca de maíz cocida en agua.

CHUJLLUYAY. v. Echar grano la mazorca de maíz.

CHUJMI. s. Puño.

CHUJRU. adj. Seco y duro.

CHUKI. s. Lanza.

CHUKI. adj. Duro, consistente, recio.

CHUKIAPU. s. (Lanza principal). Territorio incorporado al Tawantinsuyu por Mayta Qhápaj Inka.

CHUKICHAY. v. Alancear.

CHUKICHINCHAY. s. Constelación de Leo.

CHUKIJÑAUCH'IN. s. Punta de lanza.

CHUKIKANLLA. s. (Margyricarpus cristatus). Planta de la familia de las rosáceas. Tiene propiedades medicinales. (R.L.)

CHUKILLANTHU. s. Qöya esposa de Wáskar Inka.

CHUKIMANKU. s. Señor de Runawánaj y otros valles de Kuntisuyu, conquistados durante el reinado de Pachakútij Inka.

CHUKIQAYARA. s. (Puya Raimondi). Planta de la familia de las bromeliáceas. (R.L.)

CHUKISUSU. Diosa amante de Pariaqaqa, convertida en roca al borde del acueducto de Kukuchalla.

CHUKUJ. adj. El que se acuclilla.

CHUKULLA. s. Relámpago.

CHUKUNAKUY. v. Apiñarse entre muchos en corrillo.

CHUKUPAYAY. v. Hacer visitas frecuentes y molestosas para pedir algún favor.

CHUKUY. v. Acuclillarse.

CHULLAYKUY. v. Zambullir.

CHULLCHU. adj. Descaecido, sin fuerzas.

CHULLCHUY. s. Descaecimiento, pérdida de fuerzas.

CHULLCHUY. v. descaecer, perder las fuerzas.

CHULLI. s. Catarro.

CHULLIKUY. v. Agavillar la mies segada o el ichu o la leña.

CHULLMI. s. Ladrón. Sinón. Súa.

CHULLMIY. v. Robar, hurtar. Sinón. Súay.

CHULLPA. s. Momia. Sarcófago.

CHULLPI. s. Callo.

CHULLUCHIY. v. Remojar. Derretir.

CHULLUSQA. p. Remojado. Derretido.

CHULLUY. v. Remojarse. Derretirse.

CHUMA. adj. Insípido, soso, sin gusto.

CHUNKA. adj. Diez.

CHUNKACHAY. v. Sumar el total de dieces contados.

CHUNKACHIY. v. Contar de diez en diez.

CHUNKACH'IJTAN. adj. Un décimo.

CHUNKAISKAYNIYUJ. adj. Doce.

CHUNKAJISQ'ÖNNIYUJ. adj. Diecinueve.

CHUNKAKINSAYUJ. adj. Trece.

CHUNKAKURAKA. s. Mandón de diez familias o personas en el Inkario.

CHUNKANAKUNA. s. Instrumentos u objetos que se emplean en un juego.

CHUNKAÑIQÉN. adj. Décimo.

CHUNKAPUSAJNIYUJ adj. Dieciocho.

CHUNKAPHISHQAYUJ. adj. Quince.

CHUNKAQANCHISNIYUJ. adj. Diecisiete.

CHUNKASUJTAYUJ. adj. Dieciséis.

CHUNKATAWAYUJ. adj. Catorce.

CHUNKAUJNIYUJ. adj. Once.

CHUNKU. s. Corrillo. Grupo de espectadores.

CHUNKU. s. Voz que expresa cariño y ternura.

CHUNKUMALLKI. s. Quebrada boscosa.

CHUNKUNAKUY. v. Hacerse corrillo numeroso, apiñado.

CHUNKUNAKUY. v. Hacerse arrumacos.

CHUNPA. s. Vasija de arcilla.

CHUNPI. s. Faja para ceñir la cintura. Faja para envolver a las criaturas.

CHUNPILLIKUY. v. Ceñirse la faja.

CHUNPIWILLKA. s. Pueblo que vivía a S. del Cuzo y que fue conquistado por Mayta Qhápaj Inka. Vulg. Chumbivilca.

CHUNTA. s. (Astrocaria chonta). Árbol de la familia de las palmáceas, de madera muy consistente y elástica que se empleaba en la fabricación de arcos de flecha. (R.L.)

CHUNTARURU. s. Fruto de la chunta, comestible.

CHUNTAY. v. Calentar la merienda. Recalentar un alimento al rescoldo.

CHUPA. Cola, rabo, rabadilla.

CHUPAN, SIKICHUPA. s. Coxis.

CHUPI. s. Sopa de patata, carne y otros elementos.

CHUPILLA. s. Vulg. Órgano genital de la mujer.

CHUQA. s. Pato de laguna, negro, de cuello corto y sin cola.

CHUQAJ. adj. Arrojador.

CHUQANA. adj. Arrojadizo.

CHUQASQA. p. Arrojado.

CHUQAY. v. Arrojar, tirar.

CHUQE. s. Oro puro, en pepita.

CHUQENTULLU. adj. fig. Fatuo, presumido.

CHURAMUY. v. Rezumar, filtrar.

CHURANA. s. Arcón. Alacena.

CHURANAKUY. v. Emular. Contradecir. Rivalizar. Porfiar.

CHURANAWASI. s. Despensa.

CHURARAYAY. v. Permanecer en un sitio sin moverse.

CHURARINA. s. Hornacina, nicho.

CHURATAY. v. Colocar.

CHURAY. v. Poner, situar, colocar.

CHURCHU. adj. Bizco.

CHURI, WARMICHURI. s. Hijo, hija respecto del padre. **Wayna Qhápaj Inkaqa. Túpaj Yupanki Inkajpa churin karqa:** El Inka Wayna Qhápaj fue hijo del Inka Túpaj Yupanki. **Kusi Qöyllur ñust'aqa Pachakútij Inkajpa warmichurin karqa:** La princesa Kusi Qöyllur fue hija del Inka Pachakútij.

CHURI. s. Sobrino, sobrina respecto del tío.

CHURICHAKUY. v. Adoptar por hijo.

CHURICHASQA. adj. Hijo adoptivo.

CHURINNAJ. adj. El que no tiene hijos.

CHURINTIN. s. Padre e hijos.

CHURIQÖTU. adj. Prolitico, que tiene muchos hijos.

CHURIYAY. v. Engendrar. Sinón. **Yúmay.**

CHURIYUJ. adj. El que tiene hijos.

CHURKUY. v. Levantar la carga y colocarla en la espalda del que debe llevarla.

CHURPUY. v. Colocar la olla sobre el fogón. Sinón. **Sh'áqëy.**

CHUS. Partícula terminal que denota duda y desconcierto. **Pichus kay yuruta p'akirqa:** Quién habrá roto este cántaro. Es también condicional. **Qanchus riyta munáwaj samita taríwaj:** Si tú quisieras ir, hallarías la ventura.

CHUS. conj. Que denota alternativa, separación o diferencia entre dos o más personas o cosas.

CHUSI. s. Tejido que se tiende sobre un mueble.

CHUSKA. Corvejón.

CHUSMI. adj. Maduro. Sinón. **Puqösqa.**

CHUTANQA. Planta que posee propiedades medicinales. (J.A.L.)

CHUA, CHUWA. s. Plato, escudilla. **K'ulluchúa:** Plato de madera.

CHUWI. s. (Phaseolus sp.). Planta de la familia de las papilionáceas. Vulg. Frijol. (R.L.)

CHUWILLAWA. adj. fam. Avaro, tacaño.

CHUYTA. s. Una variedad de papa.

CH'

CH'. Tercera letra del alfabeto qhëshwa. Es una Ch glotalizada.

CH'ACHA. s. Carestía, penuria, escasez de subsistencias.

CH'ACHA. s. neol. Orgía, bacanal.

CH'ACHAY. v. neol. Parrandear.

CH'ACHU. adj. neol. Bebedor incorregible, dipsomaíaco. Fullero, petardista.

CH'AJCHU. s. Rociadura, salpicadura.

CH'AJCHUNA. s. Recipiente que se utiliza para rociar.

CH'AJCHUSQA. p. Rociado.

CH'AJCHUY. v. Rociar, mojar a medias.

CH'AJLLA. s. Bofetada.

CH'AJLLAÑA. adj. Despejado, claro, transparente.

CH'AJLLAY. v. Abofetear.

CH'AJWA. s. Grita. Vocería. Sinón. **Rujya, warara.**

CH'AJWAY. v. Gritar, meter algazara. Sinón. **Rújyay, waráray.**

CH'AJWILLI. adj. Alborotador, bullicioso.

CH'AJYAY. v. Despejarse, hacerse claro, diáfano.

CH'AKA. adj. Ronco.

CH'AKAKAY. s. Ronquera.

CH'AKATIYA. s. (Tecona garrocha). Planta de la familia de las bignoniáceas. (R.L.)

CH'AKAYAY. Volverse ronco, enronquecer.

CH'AKI. adj. Seco.

CH'AKICHIKUY. v. Sentir sed.

CH'AKICHIY. v. Hacer dar sed. **Millu mikhuy ch'akichiwan:** La comida sala-da me hace dar sed.

CH'AKICHIY. v. Hacer secar.

CH'AKIMIT'A. Verano. Sinón. **Ch'akipacha.**

CH'AKIPA. s. Refrigerio, refresco.

CH'AKIPACHA. s. Estío. Sinón. **Ch'akimit'a.**

CH'AKISQA. adj. Sediento.

CH'AKIY. s. Sed.

CH'AKICHIY. v. Hacer dar sed. Millu mikhuy ch'akichiwan: La comida sala-da me hace dar sed.

CH'AKICHIY. v. Hacer secar.

CH'AKIMITA. Verano. Sinón. Ch'akipacha.

CH'AKIPA. s. Refrigerio, refresco.

CH'AKIPACHA. s. Estío. Sinón. Ch'akimit'a.

CH'AKISQA. adj. Sediento.

CH'AKIY. s. sed.

CH'APHRA, CH'AUJRA. s. Hierba leñosa enmarañada. Ramiza combustible.

CH'AQË. s. Pedrea, lapidación.

CH'AQË. s. Especie de sopa que se prepara con maíz o trigo molido, agua, carne y otros elementos.

CH'AQËSAYA. s. (Lippia citriodora). Arbusto de la familia de las verbenáceas. Vulg. Cedrón. (R.L.)

CH'AQËY. v. Apedrear, lapidar.

CH'ARAN. adj. Mojado, empapado.

CH'ARANCHAY. v. Mojar, empapar.

CH'ARANYAY. v. Humedecerse excesivamente.

CH'ARI. s. Sangre seca.

CH'ARIÑA. s. Saltamontes.

CH'ARKI. s. Carne secada al sol. Tasajo, cecina. fig. Flaco.

CH'ARKI. adj. Miserable, avaro.

CH'ARKIY. v. Hacer tasajo.

CH'ARKIYAY. v. fig. Enflaquecer.

CH'ARKIYAY. v. Hacerse avaro.

CH'ARPA. s. Oro nativo. Mineral en que aparecen el oro y la plata mezclados.

CH'ARWI. s. Maraña, enredo.

CH'ARWIY. v. Enmarañar, enredar.

CH'ASAY. v. Apropiarse de lo ajeno descuidando al dueño.

CH'ASKA. s. Planeta Venus.

CH'ASKA. s. Divinidad menor que contaba con un aposento en Qörikancha.

CH'ASKA. adj. Enmarañado, enredado.

CH'ASKACHAU. s. neol. Viernes.

CH'ASKAJWAWAN. (Hija del lucero) (Calurus antisianus). Ave de la más bella apariencia. Su plumaje es verde esmeralda dorado. Lleva también algunas plumas blancas y otras negras. Vive en las vegas subtropicales.

CH'ASKAKUTI. s. Cierta planta medicinal. (J.A.L.)

CH'ASKAÑAWI. adj. De ojos hermosos como el lucero del alba.

CH'ASKAYAY. adj. Embellecerse.

CH'ASPA. s. Robo, hurto.

CH'ASPAJ. adj. Salteador.

CH'ATAJ. p. Denunciante, acusador.

CH'ATAKUY. adj. Quejumbroso.

CH'ATAKUY. v. Acusarse, declararse culpable.

CH'ATAY. v. Denunciar, acusar.

CH'AUCHU. s. Brote que aparece en los tubérculos largo tiempo guardados o en los cereales humedecidos. Sinón. **Wiñara.**

CH'AUCHUY. v. Aparecer brotes en los tubérculos o en los cereales. Sinón. **Wiñáray.**

CH'AUJRA. s. Hierba leñosa combustible. Sinón. **Qhapu.**

CH'AUKA. s. Embuste, engaño.

CH'AUKA. adj. Embustero, engañador.

CH'AUKAYAY. v. Engañar, deludir.

CH'AWAJ, CH'ARWAJ. adj. El que exprime. Sinón. **Ch'irway.**

CH'AWANA. s. neol. Vaca que se puede ordeñar. Recipiente en que se ordeña.

CH'AWAR, CH'AJWARA. s. Cabuya.

CH'AWARWASKA. s. Soga de fibras de cabuya.

CH'AWAY, CH'ARWAY. v. Exprimir, estrujar. Neol. Ordeñar.

CH'AWAYKAMAYUJ. s. neol. Ordeñador.

CH'AYÑA. Jilguero.

CH'IA. s. Liendre.

CH'IASAPA. adj. Lleno de liendres, piojoso.

CH'ICHI. s. Renuevo, vástago que aparece en los árboles.

CH'ICHI. adj. Sucio.

CH'ICHICHAY. v. Ensuciar.

CH'ICHIQÖRI. s. Oro en polvo.

CH'IJCHIY. v. Brotar los vástagos o renuevos.

CH'IJCHI. adj. Gris.

CH'IJLLA. s. Rana que acaba su periodo de metamorfosis y deja de ser renacuajo.

CH'IJMIKUY. s. Insomnio.

CH'IJMIKUY. v. No poder conciliar el sueño.

CH'IJTA. s. Malecón fluvial. Raja de palo o leña. Parte de un todo. **Pusaj ch'ijta:** coho partes.

CH'IJTARUNA. adj. El que tiene labio leporino. Sinón. **Wak'aruna.**

CH'IJTASQA. p. y adj. Leña rajada.

CH'IJTAY. v. Partir madera, rajar leña.

CH'IKA. s. Picotazo.

CH'IKI. s. (Tricum repens). Planta de la familia de las gramíneas. Vulg. Grama. (R.L.)

CH'IKISARA. s. (Paspalum, L.). Planta forrajera de la familia de las gramíneas. (R.P.)

CH'ILLA. s. Ijada, ijar.

CH'ILLAMI. s. Barreño.

CH'ILLAN. s. Vena porta.

CH'ILLAWA. s. Arbusto que da frutos parecidos a los del capulí. (J.A.L.)

CH'ILLAY. v. Deshollejar.

CH'ILLCHI. s. Filtración, exudación.

CH'ILLCHIY. v. Filtrar, exudar.

CH'ILLI. adj. Diminuto.

CH'ILLILLILLIY. v. Escurrirse y gotear el sudor. Sinón. **Ch'itititiy.**

CH'ILLKA. s. (Bacharis vernicosa). Planta de la familia de las compuestas. Su tallo se emplea en cestería. (R.L.)

CH'ILLPI. s. Panca verde de maíz puesta a secar, de la cual se hacía harina en tiempos de escasez. Padrastro, cutícula de los dedos de la mano que se desprende y molesta. Fragmento muy pequeño desprendido de algún objeto. Trozo de oreja que se le corta al ganado al marcarlo.

CH'ILLPIY. v. Sacarle fragmentos muy pequeños a un objeto. Marcar el ganado cortando menudos trozos de oreja.

CH'ILLQÖY. v. Entrechocar dos objetos sólidos.

CH'ILLTA. adj. Suave, blando al tacto.

CH'ILLTU. s. (Licopersicum sculentum). Planta de la familia de las solanáceas. Vulg. Tomate.

CH'ILLU. s. Hollín Sinón. **Qhëchimichi, qhëchincha.**

CH'ILLUY. v. Tiznar con hollín.

CH'IMSIY. Guiñada. Sinón. **Qëmllay.**

CH'IMSIYKUJ. adj. El que guiña.

CH'IMSIYKUY. v. Guiñar. Sinón. **Qëmllaykuy.**

CH'IN. s. Silencio.

CH'IN. adj. Silencioso, soledoso.

CH'INKILL. adj. Diáfano, claro. Sinón. **Ch'uwa.**

CH'INKILLAYAY. v. Aclararse, ponerse cristalino un líquido.

CH'INQÖ. adj. Menudo y desordenado.

CH'IÑI. adj. Muy menudo, tamaño ínfimo.

CH'IÑICHALLWA. s. Pececillo muy pequeño. Sinón. **Qhësi.**

CH'IÑIQÖTU. adj. Enano. Sinón. **T'inri.**

CH'IPA. s. Red de mimbre o de correa para embalar fruta u otras mercancías para el transporte.

CH'IPANA. s. Señor de vasallos en la región norte de Potosí. En guerra permanente con Qhari, sometieron ambos sus diferencias al arbitraje de Qhápaj Yupanki Inka, quien incorporó los dos señoríos al Imperio.

CH'IPANA. s. Brazalete.

CH'IPASQA. p. Embalado para el transporte.

CH'IPAY. v. Embalar en ch'ipa.

CH'IPIJ. s. Parpadeo.

CH'IPIJ. s. Resplandor, fulgor. Sinón. **Lliphipiy.**

CH'IPIJÑIY. v. Resplandecer, fulgurar. Sinón. **Lliphipiy.**

CH'IPUQÖ. s. Sien. Sinón. **Wañuna.**

CH'IQË. adj. Disperso, desparramado.

CH'IQËCH'IQË. s. Especie de gorgojo de gran tamaño.

CH'IQËKUY. v. Desbandarse.

CH'IQËY. v. Desparramar, esparcir, deshacer, desbaratar.

CH'IQÖLLU. s. Ruiseñor aborigen.

CH'IQÖY. s. Labranza de la piedra.

CH'IQÖY. v. Labrar la piedra.

CH'IQÖYKAMAYUJ. s. Picapedrero.

CH'IRI. s. Cabello revuelto.

CH'IRMA. s. Travesura, turbulencia.

CH'IRMAJ. adj. Dañino, perjudicial.

CH'IRMAYKACHAY. v. Travesear, zaragatear.

CH'IRMI. s. Parpadeo.

CH'IRMICHIPILLU. adj. El que parpadea seguido o a menudo.

CH'IRMIY. v. Parpadear. Cerrar los ojos.

CH'IRWAJ. adj. Exprimidor, el que exprime.

CH'IRWAY. v. Exprimir. Sinón. **Cháway, ch'árway.**

CH'ISI. adv. Anoche.

CH'ISIKILLA. s. Primera fase de la luna.

CH'ISIYAY. v. Anochecer. Sinón. **Tutáyay.**

CH'ISÑA. s. Larva de la mosca.

CH'ISÑIY. v. Piar los polluelos de los pájaros en el nido.

CH'ITARAY. v. Desabrochar.

CH'ITAY. v. Abrochar.

CH'ITAY. v. Castrar.

CH'ITI. s. Buche.

CH'ITI. s. fam. Niño, rapazuelo.

CH'ITI. adj. Perspicaz, ligero.

CH'ITIKAY. s. Perspicacia, ligereza.

CH'ITITITIY. v. Escurrirse y caer el sudor por gotas. Sinón. **Ch'illillilliy.**

CH'IWILLU. s. Pájaro de plumaje negro.

CH'UANKIRA. s. Ave ibídida de plumaje negro que vive entre Cochabamba y el lago Titicaca.

CH'UCHALLI. adj. Débil, sin fuerzas.

CH'UCHUY. v. Beber seguido y sorbiendo con ruido.

CH'UJLLA. s. Choza, bohío.

CH'UJMI. s. Puño. Puñado. Tolondrón.

CH'UJMINCHAY. v. Propinar puñetazos.

CH'UJÑI. s. Legaña.

CH'UJÑI. adj. Legañoso.

CH'UJÑIYAY. v. Hacerse legañoso.

CH'UJPA. s. Cierto hongo en forma de gorro puntiagudo.

CH'UJRI. s. Herida, descalabradura. Sinón. **K'iri.** Fístula purulenta.

CH'UJRISAPA. adj. Malherido, cubierto de heridas.

CH'UJRISQA. p. Herido, descalabrado. Sinón. **K'irisqa.**

CH'UJRIY. v. Herir, descalabrar, lastimar.

CH'UJTA. adj. Contrahecho, deforme, feo.

CH'UJTACHAKI. adj. Patizambo, de piernas torcidas.

CH'UJTAUMA. adj. De cabeza deforme.

CH'UJU. s. Tos convulsiva, persistente.

CH'UJUY. v. Toser con esfuerzo y persistencia.

CH'UKIY. v. Acción de echar la semilla en el surco.

CH'UKU. s. Bonete de aun usan los indígenas a manera de sombrero. Sinón. **Ch'ullu.**

CH'UKUY. v. Corcusir. Hilvanar.

CH'ULLA. adj. Impar, sin pareja.

CH'ULLACH'ULLA. adj. Desparejo, desigual. Sinón. **Chakuchaku.**

CH'ULLAMAKI. adj. Manco.

CH'ULLAÑAWI. adj. Tuerto.

CH'ULLASUNQÖ. adj. De afección firme, invariable, constante.

CH'ULLAY. v. Descascarar, deshollejar.

CH'ULLAYKACHAJ. adj. El miedoso que anda agachado y a escondidas.

CH'ULLAYKACHAY. v. Andar agachado y a escondidas.

CH'ULLI. adj. Menor, el último de todos.

CH'ULLKU. s. Hierba de raíz alimenticia. (J.A.L.)

CH'ULLMIY, CH'ULLMIKUY. v. Escabullirse.

CH'ULLPI. s. Variedad de maíz muy dulce que se come tostado. Sinón. **Ch'uspillu.**

CH'ULLTUN. V. onom. Con que se expresa la caída de un cuerpo en un remanso.

CH'ULLU. s. Gorro puntiagudo con orejeras. Sinón. **Ch'uku.**

CH'ULLUKU. s. Hojas de la oca (oxalis tuberosa), comestibles.

CH'UMAY. v. Dejar escurrir el agua de los alimentos sólidos cocidos. Seleccionar la paja para cubrir el techo.

CH'UNCHU. s. Pueblo belicoso que habitaba las márgenes del río Amarumayu (Madre de Dios) y fue sometido por Túpaj Yupankı Inka.

CH'UNCHU. adj. fig. Incivilizado, salvaje.

CH'UNCHULLI, CH'UNCHULL. s. Intestino. **Rakhu ch'únchull**: Intestino grueso.

CH'UNCHULLPA. s. Infección intestinal en los niños.

CH'UNPI. adj. Castaño oscuro.

CH'UNQANA. adj. Que se puede chupar.

CH'UNQASQA. adj. Chupado, exhausto. Sinón. **Suqösqa.**

CH'UNQAY. v. Chupar. Sinón. **Súqöy.**

CH'UÑU. s. Papa helada y secada al sol.

CH'UÑUCHIY. v. Helar la papa y asolearla.

CH'UÑURPARIY. v. Traspasarse de frío.

CH'UÑUSARUY. v. Acción y efecto de deshollejar la papa helada.

CH'UPA. s. Pantorrilla. Sinón. **T'usu.**

CH'UPU. s. Abceso.

CH'UPULLU. s. Tataranieto.

CH'UPUYAY. v. Formarse absceso. Apostemarse.

CH'UQĚCHALLWA. s. Pequeño pez marino semejante a la anchoa, muy estimado en el palacio imperial del Cuzco.

CH'UQĚCHAPI. s. (Xantium spinosum). Planta de la familia de las compuestas. Se emplea en las enfermedades hepáticas. (R.L.)

CH'UQĚCHAY. v. Agasajar, regalar.

CH'UQĚCHINCHAY. s. Sirio, estrella de la constelación del Can Mayor.

CH'UQĚILLA. s. Relámpago.

CH'UQĚSAKA. Nombre de la ciudad de Chuquisaca, hoy Sucre.

CH'UQĚTULLU. adj. Trabajador animoso, de mucha resistencia.

CH'UQĚWITU. s. Provincia situada en las inmediaciones del Lago Titicaca. Vulg. Chucuytu.

CH'UQÖY. v. Beber a grandes tragos y con ruido.

CH'URAJ. adj. Pantanoso, cenagoso.

CH'URKIRAKUY. v. Forcejear. **Ch'urkirakuspa kacharichikun:** Forcejeando se ha hecho soltar.

CH'URU. s. Caracol. Molusco gasterópodo terrestre.

CH'USAJ. s. Nada, que no existe.

CH'USAJ. adj. Vacío.

CH'USAJ. s. Bazo.

CH'USAJYACHIY. v. Vaciar, desocupar.

CH'USCHAN. s. Extremidad posterior de los cuadrúpedos desde el corvejón.

CH'USIJ, CH'USIQA. s. Lechuza.

CH'USKIKUY. v. Desnudarse.

CH'USKISQA. adj. Despellejado, deshollejado. Sinón. **Lluch'usqa.**

CH'USKIY. v. Desollar, despellejar. Quitar la ropa, desnudar.

CH'USKU. adj. Ceñudo, airado.

CH'USLLU. s. Allpaqa, auquénido de lana larga y fina.

CH'USNIY. v. Zumbar y crepitar el fuego.

CH'USÑA. s. Cantarillo de boca estrecha coronada por una cabeza humana o de algún animal.

CH'USÑASINQA. adj. De nariz corta y delgada. Sinón. **P'asñasinqa.**

CH'USPA. s. Pequeña bolsa que se cuelga del cuello y sirve para llevar provisión de coca.

CH'USPI. s. Mosca, mosquito.

CH'USPILLU. s. Variedad de maíz muy dulce que se come tostado. Sinón. **Ch'ullipi.**

CH'USU. adj. Deshinchado, arrugado y vacío. **Ch'usuñawi:** de ojos muy pequeños.

CH'USUY, CH'USUYAY. v. Deshincharse, arrugarse.

CH'UTA. adj. neol. Indígena del Altiplano boliviano.

CH'UTACHIY. v. Desalojar, despedir mediante presión.

CH'UTAKASKI. s. Braza, brazada, antigua medida de longitud para medir las tierras.

CH'UTAKUY, CH'UTARIKUY. v. Desperezarse, desencogerse.

CH'UTASQA. p. Eliminado, despedido por presión. Coyuntura dislocada.

CH'UTAY. v. Estirar, apretar el lazo para asegurar la carga en la acémila.

CH'UTAY, CH'UTACHIY. v. Eliminar, despedir por presión. Dislocar una coyuntura.

CH'UTI. adj. Desvestido, desnudo. Porción de hilo contenido en la phushka.

CH'UTILLU. s. y adj. neol. Refinado, lechuguino, imitador de costumbres foráneas.

CH'UTIY. v. Desnudar. Despojar. Asaltar.

CH'UTKI. s. Ovillo.

CH'UTU. s. Bulto, hinchazón que se forma en alguna parte del cuerpo como consecuencia de un golpe.

CH'UTUJ. V. onom. Con que se expresa la sonoridad del beso.

CH'UWA. adj. Líquido, cristalino, transparente. Sinón. **Ch'uya**.

CH'UWANCHAY. v. Enjuagar ropa lavada.

CH'UWIY. v. Enrollar.

CH'UWIYKACHAKUY. v. Retorcerse.

CH'UYA. adj. Líquido, cristalino, transparente. Dinón. **Ch'uwa**.

CH'UYANCHAY. v. Enjuagar la ropa lavada. Sinón. **Ch'uwáncnay**.

CH'UYAQÖLLQË. s. Plata pura, refinada.

CH'UYASUNQÖ, CH'UWASUNQÖ. adj. El de conciencia limpia.

CH'UYAYACHIY. v. Hacer que se aclare y se ponga cristalino un líquido.

CH'UYAYAY. v. Aclararse ponerse cristalino un líquido.

CH'UYCHUJ. adj. Mojado hasta chorrear. Sinón. **Ch'aran**.

CH'UYCHUY. v. Mojarse hasta chorrear agua.

CH'UYKU. adj. Boquete estrecho y torcido.

CH'UYKUY. v. Reducir, estrechar un boquete.

CH'UYMIJWASI. s. Casa con piso o paredes que rezuman humedad.

CH'UYTU. adj. Ovalado, elíptico, ovoideo.

I

I. Quinta letra del alfabeto qhëshwa. Su valor fonético es semejante al de la I castellana. **ICHA, ICHAPAS, ICHAS.** adv. Quizás, tal vez, **Icha mana punkuta wisq'ankichu:** Quizás no has cerrado la puerta.

ICHAQA. conj. Pero. **Ichaqa kay sh'ikata mikhuwajchu.** ¿Pero comerías esta cantidad?

ICHARI. loc. adv. ¿No es cierto?

ICHI. s. Paso menudo.

ICHILLIY. v. Abrir. Sinón. **Kíchay.**

ICHIY. v. Andar con las piernas abiertas a causa de alguna enfermedad o a propósito. Caminar a paso menudo, corto.

ICHMA. s. Cierta sal de mercurio de un fino color carmesí que usaban las mujeres de la nobleza inkaica como afeite.

ICHMA. s. Árbol cuyo fruto posee propiedades colorantes. (G.H.)

IJ. Interj. Que expresa fastidio, molestia.

IJIJIY. interj. Con que se expresa hilaridad. ¡Qué chistoso!

IJIY. v. Nacer renuevos en las plantas.

IJMA. s. y adj. Viudo o viuda.

IJMAWAQACHI. s. (Sida rhombifolia). Planta de la familia de las malváceas. Es febrífuga. (M.C.)

IJMAYAY, IJMAYAKUY. v. Enviudar.

IKA. s. Valle costanero de Kuntisuyu conquistado bajo el gobierno de Pachakútij Inka. Vulg. Ica.

IKI, IKIN. adj. ¿Posible? ¿Pudiera ser?

IKUMI. adj. Mujer sin hijos. Hembra estéril.

IK'ISQA. s. Rebanada.

IKHAKUY. v. Mecerse, contonearse.

IKHAY. v. Mecer.

ILLA. s. Relámpago. Roca, árbol u otro objeto herido por el rayo y considerado como sagrado.

ILLA. s. Uno de los nombres del dios Wiraqöcha en el Inkario.

ILLA. adj. Varón gemelo. Sinón. **T'ira.**

ILLA. adj. Cosa muy antigua y valiosa que se conserva. **Illaphata**: neol. Moneda antigua.

ILLAPA. s. Rayo. Neol. Arma de fuego.

ILLAPACHAU. s. neol. Jueves.

ILLAPAY. v. Caer el rayo.

ILLAQÖLLQA. s. Troje real en que se depositaba la cosecha de las tierras del Inka.

ILLARIJ. adj. Resplandeciente, fulgurante.

ILLARIY. v. Resplandecer, fulgurar. Sinón. **Illay.**

ILLAWA. s. Peine de telar que se emplea para alternar los hilos al tejer.

ILLAWAY. v. Preparar y colocar el peine de telar para tejer. Manejar dicho peine.

ILLAWI. s. Culebra de dorso negro y abdomen blanquecino que llega a ser domesticada.

ILLAY. v. Fulgurar, resplandecer. Sinón. **Illáriy.**

ILLAYUJ. adj. Afortunado. Venturoso. Neol. Acaudalado.

ILLICHIWA. s. Pájaro pardusco de pico amarillo.

ILLPHAY. Enfaldo. Sinón. **T'inpi.**

ILLTHA. adj. y s. Perezoso. Sinón. **Qhëlla.**

IMA. s. Cosa. **Ñúqaj imay:** Es cosa mía.

IMA. pron. Qué. **Ima chairi:** ¿Qué es eso?

IMAMAN. pron. A qué.

IMANAY. v. Hacer alguna cosa. **Imanankitaj:** ¿Qué vas a hacer?

IMAPAJ. pron. Para qué.

IMARAYKU. m. conj. Por qué.

IMA SUMAJ. (Cuán hermosa). Personaje del drama qhëshwa Ullanta, hija del protagonista y de Kusi Qöyllur.

IMA SUMAJ. Hija del kuraka Awapanti, pretendida por los hermanos Utqha Páuqar y Utqha Mayta, finalmente esposa del último.

IMAYMANA. s. Multitud de cosas.

IMAYNA. adv. Cómo.

IMILLA. s. Mujer joven. Sinón. **Sipas.** Neol. Criada.

INCHIJ. s. (Arachis hypogea). Planta de la familia de las leguminosas. Vulg. Maní. (R.L.)

INKA. s. Rey, monarca, emperador. Atributo que se otorgaba a los hombres de la nobleza y también a los **mitmajkuna** (transplantados).

INKASAIRI. s. Culantrillo, planta polipodeácea de flores muy hermosas. (J.A.L.)

INKATI. s. (Rhus striata). Planta de la familia de las anacardiáceas. (R.L.)

INKILL. s. Jardín. **Añayinkill:** Jardín florido y hermoso. **Ñáuray inkill:** Jardín con diversidad de flores.

INKILLPILLU. s. Guirnalda de flores.

INKILLTUPA. s. Jardinero, floricultor.

INQA. s. Pequeña escultura en piedra de la edad neolítica, que se suele conservar por atribuírsele la virtud de favorecer la procreación del ganado.

INQHANA. s. Combustible.

INQHAY. v. Atizar, alimentar el fuego.

INQHË. s. Gesticulación en medio de gemidos.

INQHËY. v. Gesticular gimoteando.

INTAY. s. Ventaja que se adquiere en el juego.

INTI. Sol.

INTICHAU. s. neol. Domingo.

INTICHILLAY. s. Estrella de primera magnitud.

INTIJCHINPUN. s. Nimbo o aureola que aparece alrededor del sol.

INTIJMUCHUYNIN. s. Ocaso.

INTIJRAYMIN. s. Fiesta principal del año en el Tawantinsuyu. Se la celebraba con gran solemnidad y pompa en el solsticio de Invierno, en homenaje al dios Sol.

INTIJSAYANAN. s. Cenit.

INTIJSIQAMUNAN. s. Oriente. Sinón. **Anti.**

INTIJWACH'IN. s. Rayo solar.

INTIJYAYKUNAN. s. Occidente. Sinón. **Kunti.**

INTINPA. s. Planta de la familia de las podocarpáceas. (J.A.L.)

INTIWAÑUY. s. Eclipse de sol.

INTIWATA. s. Año solar. Sinón. **Wata.**

INTIWATANA. s. Observatorio donde se determinaba los solsticios y los equinoccios.

INTIYAYKUY. s. Puesta del sol.

INTUPAYAY. v. Poner cerco al enemigo.

INTUY. INTUYKUY. v. Rodear, cercar.

IÑAKA. s. Mantilla con que se cubría la mujer la cabeza.

IÑAKAAJSU. s. Traje de mujer muy elegantemente ornamentado.

IÑAKAÑUST'A. s. Mujer descendiente de un monarca.

IÑI. s. Creencia, fe.

IÑICHIY. v. Hacer creer.

IÑINA. adj. Digno de crédito.

IÑIRIY. v. Comenzar a creer.

IÑISQA. adj. Creído, admitido como evidencia.

IÑIY. v. Creer, tener fe.

IÑIYPA. adj. Fidedigno.

IÑU. s. Nigua. Sinón. **Such'upiki.**

IPA. s. Tía, hermana del padre, respecto del hijo varón. **Ñaupaj Mama Rawa, Paqarijtanpumanta jamujqa, Sinchi Ruka Inkajpa ipan karqa:** La antigua Mama Rawa, la que vino de Paqarijtanpu, era tía del Inka Sinchi Ruka.

IPHALLA. s. Arco portátil de flores y joyas. Bajo centenares de éstos se dirigía el príncipe heredero con su novia al nuevo hogar el día de su matrimonio.

IPHI. s. Grano de maíz no llegado a la madurez.

IPHIÑA. Sitio donde pernocta el ganado.

IPHU, IPHUPARA. s. Garúa, llovizna. Sinón. **Chiraupara.**

IPHUY. v. Lloviznar, garuar.

IQËLLA. adj. Descolocado, fuera de sitio.

IQÖ. s. y adj. Criatura concebida cuando la madre amamantaba aún al hermano. Niño escuálido, enclenque, enfermizo.

IQHA. s. Desolladura, lesión de la piel.

IQHACHAKUY. v. Desollarse, hacerse daño en la piel.

IQHAY. v. Desollar, lastimar la piel.

IRIRI. s. Vaso.

IRPA. s. Pichón.

IRQË. s. fam. Párvulo, niño. Sinón. **Wamra.**

IRQËCHAKUY. v. Adoptar, reconocer por hijo a un niño.

IRQËCHAY. v. Acariciar, halagar al niño.

IRQËWACHAJ. adj. Madre primeriza, puérpera.

IRQÖ. adj. Llama macho, carguero. Sinón. **Rukhullama.**

IRU. s. (Festuca orthophila). Planta de la familia de las gramíneas. Vulg. Paja brava. (R.L.)

ISANKA. s. Colador.

ISAÑU. s. (Tropaeolum tuberosum). Tubérculo de la familia de las tropaeoláceas. Es alimenticio. Sinón. **Añu, mashwa.** (R.L.)

ISILLA, ISILLU. s. Humor acuoso que suele fluir de una herida.

ISILLAYAY. v. Fluir el humor acuoso.

ISKAY. adj. Dos.

ISKAYCHAKUY. v. Vacilar, titubear, fluctuar.

ISKAYCHAY. v. Doblar, duplicar. Separar de dos en dos.

ISKAYCHUNKA. adj. Veinte.

ISKAYÑIQËN. adj. Segundo.

ISKAYSUQÖ. adj. Vacilante, indeciso.

ISKAYWACHASQA. adj. Gemelos.

ISKU. s. Cal. Argamasa.

ISKUY. v. Encalar.

ISKURUMI. s. Piedra caliza.

ISMA. s. Excremento. Sinón. **Aka, wanu.**

ISMUCHIY. v. Favorecer la putrefacción.

ISMUSQA. p. Podrido.

ISMUY. s. Podredumbre.

ISMUY. v. Podrirse, corromperse.

ISPINKU. s. (Trifolium sp.). Hierba aromática con que se sahumaba los aposentos reales. (R.L.)

ISQALLU, ISQAYLLU. adj. Chismoso, murmurador, falsario.

ISQÖNYA. s. Planta euforbiácea venenosa. (J.A.L.)

ISQÖUNQÖY. s. Cáncer.

ISTALLA. s. Bolsilla para llevar provisión de coca.

ISU. s. Acaro. Sinón. **Sisu.**

ISH'U. s. (Stipa ichu). Gramínea de la sierra andina que tiene diversas aplicaciones. Vulg. Icho. (R.L.)

ISH'ULLA. adj. Liviano. Sinón. **Sh'allalla.**

ISH'UNA. s. Herramienta para segar.

ISH'URI. s. neol. Confesor.

ISH'URIY v. neol. Confesar.

ISH'UY. v. Segar. Sinón. **Rúthuy.**

ISH'UYAY. v. Enflaquecer, adelgazar en demasía. Sinón. **Tullúllay.**

ITANA. s. (Urtica urens). Planta de la familia de las urticáceas. Sinón. **Itapallu.**

ITAPALLU. s. (Urtica urens). Ortiga. Sinón. **Itana.**

ITU, ITUWA. s. Invocación al Sol y a otras divinidades para evitar las enfermedades o las desgracias.

ITUMIRAY. v. Sugestionar, fascinar.

ITUWAY. v. Dirigir invocaciones a los dioses para prevenir las enfermedades o las desgracias.

ITUY. v. Llevar con ambas manos un objeto pesado a la altura del pecho. Sinón. **Marq'ay.**

ITHA. s. Piojo menudo y rojizo de las aves. Sinón. **Qhapa.**

ITHICHIY. v. Retirar, postergar.

ITHITHAPI. s. Fiesta que ofrecen los recién casados al tercer día del matrimonio, en honor de los padrinos, amigos y parientes.

ITHIRIY, ITHIY. v. Retirarse, postergarse.

ITHURAY. v. Retirar la olla del fogón.

IWANA. s. Lagarto. Vulg. Iguana.

IWI, IWIN. s. Los primeros pelos blancos que aparecen en el cabello.

IYANA. s. Mano de mortero. Sinón. **Qölluta.**

IYAY. v. Moler en mortero.

IYAU. s. Lástima, conmiseración.

J

J. Sexta letra del alfabeto qhëshwa. Su valor fonético no difiere del de la J castellana.

JA. pron. ¿Qué?

JACH'AKALLA. s. (Agaricus sp.). Hongo de la familia de las agaricáceas. Crece en el estiércol del ganado. (R.L.)

JACH'AWANQ'Ö. s. Joven de la nobleza que desempeñaba altas funciones en la corte.

JACH'IY. v. Levantar, echar polvo.

JACH'U. s. Residuo de la coca mascada o de la caña chupada.

JACH'UNA. s. Anzuelo. Sinón. **Yaurina, sinp'i.**

JACH'USIMI. adj. El que mastica coca continuamente.

JACH'UY. v. Masticar sustancias que dejan residuo en la boca como la coca.

JAJRA. adj. Cegato, miope.

JAJRAYAY. v. Hacerse miope, cegato.

JAK'A. adj. Mazorca madura de maíz o de otro fruto.

JAK'AJLLU. s. Especie de perdiz. Sinón. **Aqajkllu.**

JAK'U. s. Harina.

JAK'U. adj. Suave, harinoso.

JAK'UCHAY. v. Enharinar.

JAK'UCHIY. v. neol. Moler cereales en molino.

JAK'UY. v. Moler cereales el molino.

JAK'UYAY. v. Volverse harinoso, suave.

JALLAKA. adj. Implume. Sin plumaje, que lo ha perdido.

JALLCH'AY. v. Asegurar, guardar, preservar. Sinón. **Músiy, waqánchay.**

JALLCH'U. adj. Mojado, empapado por la lluvia.

JALLCH'UKUY. v. Empaparse con la lluvia.

JALLKA. s. Querencia. Sitio agreste apartado.

JALLK'A. adj. Cobarde. Sinón. **Q'ëwa.**

JALLK'AKUY. v. Acobardarse.

JALLMAY. v. Acollar, aporcar. Sinón. **Járay, jáptay.**

JALLMU. adj. De filo embotado, que ya no corta. Sinón. **Muthu.**

JALLMUKIRU. adj. Desdentado, que perdió la dentadura.

JALLMUYAY. v. Embotarse, perder el filo.

JALLPA. s. Pequeño insecto de dorso rojo, azul y negro que lleva en las extremidades cierto veneno que irrita la piel humana. Vive en las tierras de cultivo.

JALLP'A. s. Tierra. Terreno de labor. Sinón. **Alipa.**

JALLP'AKAMASQA. s. Ser humano.

JALLP'AQÖNCHUY. s. Vendaval que arrastra mucho polvo.

JALLP'AQ'ÓSHÑI. s. Polvareda.

JALP'AT'IU. adj. Copioso, innumerable, infinito.

JALLP'IJ. adj. Rascador. Sinón. **Jásp'ij.**

JALLP'IY. v. Rascar. Escarbar, arañar con los dedos. Sinón. **Jáspiy.**

JAMACH'AQË. adj. Apaciguador, reconciliador.

JAMACH'AY. v. Mediar para calmar los ánimos en una reyerta. Impedir que sigan peleando. Defender, proteger. Sinón. **Khuskáchay.**

JAMAK'U. Garrapata. Ladilla.

JAMANQ'AY. s. (Himenocallys narcisiflorum). Planta ornamental de la familia de las amarilidáceas. (R.L.)

JAMAUT'A. s. Sabio, filósofo. Sinón. **Amauta.**

JAMILLU. s. (Psitachanthus sp.). Planta de la familia de las lorantáceas. Es parásita. Sinón. **Pupa.** (R.L.)

JAMRA. adj. Ingenuo, inocente, incauto.

JAMRAYAY. v. Hacerse el ingenuo.

JAMU. s. Modo, manera. **Mana allin jamuchu kayqa:** Esta no es muy buena manera.

JAMU. s. Especie. Llamajamu. Especie de los auquénidos.

JAMUPAYAY. v. Venir repetidas veces, menudear las visitas.

JAMURPAYAY. s. Consideración.

JAMURPAYAY. v. Considerar.

JAMUT'AJ. adj. Previsor, prudente, reflexivo.

JAMUT'ARU. adj. El que piensa o medita.

JAMUT'AY. s. Entendimiento.

JAMUT'AY. s. Reflexión, meditación.

JAMUTAY. v. Considerar, reflexionar. Dictaminar, determinar.

JAMUT'IRA. s. Espía. Sinón. **Chapatíya.**

JAMUT'IRAY. v. Espiar.

JAMUY. v. Venir.

JAMYA. adj. Insípido, sin gusto.

JAMYAYAY. v. Volverse insípido.

JANAJCHAY. v. Enaltecer.

JANAJPACHA. s. Mundo de arriba, el cielo.

JANA, JANAJ. adj. Elevado, alto, superior.

JANANCHAY. v. Elevar, colocar en altura.

JANANPATA. s. La parte alta de la cuesta.

JANANTA. s. Pañal.

JANAY. v. Cubrir con pañales.

JANCH'AY. v. Tarascar.

JANCH'I. s. Deshecho, residuo de la harina de maíz que queda en la fabricación de la chicha y que se da como alimento al ganado.

JANCH'UY. v. Marcar, exprimir en la boca tallos jugosos que dejan residuo como la caña del maíz.

JANKU. adj. Crudo, no cocido. Sinón. **Chawa.**

JANKUCHAY. s. Omisión, incumplimiento.

JANKUCHAY. v. Omitir, faltar al deber, incumplir.

JANKURURU. v. Fruta verde, no madura.

JANK'A. s. Maíz tostado. Sinón. **Kancha.**

JANK'AKIPAY. v. Tostar ligeramente.

JANK'AK'ANALLA. s. Olla especial para tostar maíz.

JANK'AY. v. Tostar maíz u otro cereal.

JANLLA. s. Abertura de la boca.

JANLLARAYAJ. adj. Boquiabierto.

JANLLARAYAY. v. Permanecer con la boca abierta.

JANLLARIY. s. Bostezo.

JANLLARIY. v. Bostezar. Sinón. **Janyálliy.**

JANLLAY. v. Abrir la boca.

JANLLU. adj. Desdentado, que perdió la dentadura.

JANLLUY. Balbucear.

JANLLUYAY. v. Perder la dentadura.

JANPI. s. Medicamento.

JANPICHIKUY. v. Hacerse curar.

JANPIKAMAYUJ. s. Médico, cirujano.

JANPIRI. s. Curandero.

JANPIY. v. Administrar medicamentos, curar.

JANPUY. v. Venir de regreso.

JANP'ARA. s. Mesa.

JANP'ATU. s. Sapo.

JANQA. adj. Cojo.

JANQAKAY. s. Cojera,

JANQAY. v. Cojear.

JANQAYAY. v. Volverse cojo. Derrengarse.

JANQÓCHAKI. adj. Patituerto, de piernas torcidas. Sinón. **Q'ëllwi.**

JANQÓCHAY. v. Faltar a una obligación o costumbre.

JANQÓWALLU. s. Jefe del pueblo Chanka que junto con Túmay Warak'a y Ashtuy Warak'a se rebeló contra el Cuzco bajo el reinado de Yáwar Wáqaj.

JANRA. Penumbra.

JANRAYAY. Ensombrecerse, entristecerse.

JUNT'AQ'ÖTAYAY. v. Embaucar.

JANT'ARQAY. v. Repantigarse, echarse de espaldas.

JANUK'A. s. Destete.

JANUK'ASQA. s. y adj. Niño destetado.

JANUK'AY. v. Destetar, hacer que el niño olvide los pechos.

JANYALLAYAY. v. Abrir de par en par. **Kay punkuqa tutap'unchau janyalla-yan:** Esta puerta está abierta de par en par de día y de noche.

JANYALLI. s. Bostezo. Sinón. **Janllari.**

JANYALLIY. v. Bostezar, Sinón. **Janllariy.**

JAÑA. s. Sonsacamiento.

JAÑAJ. adj. Sonsacador.

JAÑAY. v. Sonsacar.

JAPAPIYAY. v. Abuchear.

JAPLLA. adj. Iracundo, descortés, pendenciero.

JAPLLASIMI. s. Frase injuriosa, hiriente.

JAPLLASUNQÖ. s. Temperamento descortés, agresivo.

JAPTUY. v. Acollar, aporcar. Sinón. **Jállmay, järay.**

JAPT'A. s. Puñado.

JAPT'AY. v. Tomar por puñados.

JAPU. s. Tierra pulverulenta con que el viento hace polvareda.

JAPUY. v. Arder sin llama. Arder, resquemar la piel a causa de una quemadura o picazón.

JAP'AJ. adj. El que eructa. Sinón. **K'ájnaj.**

JAP'AY. s. Eructo.

JAP'AY. v. Eructar. Sinón. **K'ájnay.**

JAP'ICHIKUY. v. Confiar en resguardo, dar en custodia. Dejarse capturar.

JAP'ICHIY. Hacer capturar. Encender luz o fuego.

JAP'INAKUY. s. Emulación, rivalidad.

JAP'INAKUY. v. Emular, rivalizar.

JAP'IÑUÑU. s. Especie de trasgo, genio maligno y dañino.

JAP'IQAY. v. Retener en la memoria.

JAP'IRIY. v. Largarse, ausentarse.

JAP'ISQA. p. Asido, agarrado, capturado.

JAP'IY. v. Agarrar, asir, capturar.

JAPHRA. adj. Cegato, escaso de vista.

JAPHRAYAY. v. Ir perdiendo la vista.

JAQAY. pron. Aquel. Sinón. **Cháqay.**

JAQAY, JAQAYPI. adv. Allá, acullá.

JAQËSQA. adj. Abandonado. **Jaqësqa wawa:** Niño expósito.

JAQËY. v. Dejar, prescindir, abandonar. Sinón. **Sáqey.**

JAQ'ARWA. s. Lagartija. Sinón. **Ararankha**.

JAQ'ARWI. s. Langosta. Plaga de langostas.

JARA. s. Tropa, piara.

JARAJCH'AMA. s. (Aupatorium sp.). Hierba que según se cree utilizaban los primitivos peruanos para disolver la piedra. (R.L.)

JARAP'ASQA. adj. Enredado, difícil de ser desprendido.

JARAP'AY. Enredar, enzarzar.

JARATA. s. Hoyo. Sinón. **P'ujru**.

JARATAY. v. Abrir hoyo.

JARAY. v. Acollar, aporcar. Sinón. **Jállmay, jáptuy**.

JARCHI. adj. Enjuto, enteco, flaco. Sinón. **Llajchi**.

JARCHIYAY. v. Debilitarse.

JARILLA. s. Cierta planta medicinal. (J.A.L.)

JARKA. s. (Acacia visco). Árbol de la familia de las mimosáceas. (R.L.)

JARK'ANA. s. Atajadero, que sirve para retener.

JARK'AQË. s. Impedimento.

JARK'ASQA. p. Atajado, retenido.

JARK'AY. v. Atajar, retener, defender.

JARQALLA. s. Planta serrana de propiedades medicinales (J.A.L.)

JARWI. s. Harina retostada.

JARWIY. Retostar harina para preparar algunos alimentos.

JASA. adj. Poco consistente, mollar, suave.

JASP'IJ. adj. Rascador. Sinón. **Jállp'ij**.

JASP'IY. v. Rascar. Escarbar, arañar con los dedos. Sinón. **Jállp'iy**.

JATARICHIY. v. Hacer levantar, obligar a levantarse.

JATARIY. v. Levantarse, ponerse de pie.

JATUN. adj. Grande, superior, principal.

JATUNAPU. s. Jefe que comandaba diez mil o más hombres de guerra.

JATUNASIY. s. Carcajada.

JATUNJUCHAYUJ. adj. Malhechor.

JATUNKARAY. adj. Demasiado grande, de gran estatura.

JATUNKUSKI AYMURAY KILLA. Sexto mes del año. Abarcaba de mediados de mayo a mediados de junio. Era la época de la cosecha de maíz.

JATUNLLAJTA. Ciudad.

JATUNMUCHUY. s. Hambruna.

JATUNPUQÖY KILLA. Tercer mes del año. Comprendía los finales de febrero y la mayor parte de marzo.

JATUNQÖLLA. Reino extenso al occidente del lago Titicaca, conquistado por Lluq'ë Tupanki Inka.

JATUNRUNA. s. Vasallo común en el Tawantinsuyu.

JATUNNUNQÖY. Epidemia, peste.

JATUNYACHIY. Estirar, hacer crecer, acrecentar.

JATUNYAY. v. Crecer, agrandarse. Sinón. **Wiñay.**

JAT'ALLIY. v. Asir, tener en la mano. Retener en la memoria. Poseer, ejercer posesión.

JAT'AQÖ. s. (Amaranthus splendii). Planta de la familia de las amarantáceas. Es comestible. (R.L.)

JAT'AY. v. Despedir, rechazar, desairar.

JAT'UPA. s. Hongo parásito conocido como el **polvillo** de las sementeras. (J.A.L.)

JAU. interj. ¡Qué picante!

JAUCHA. adj. Déspota, cruel, inhumano.

JAUCHA. s. Planeta Saturno, según el Jesuita Anónimo.

JAUCHAKAY. s. Crueldad, despotismo.

JAUCH'A. adj. Marchito.

JAUCH'AY. v. Marchitar, ajar las flores, las plantas. Cocer y aderezar hierbas comestibles.

JAUCH'AYAY. v. Marchitarse las llores, las plantas.

JAUCH'AYUYU. s. Hierba alimenticia cocida y aderezada.

JAUKA. s. Descanso, holganza, diversión.

JAUKAY. v. Descansar, holgar, divertirse.

JAUKAYKUSKI KILLA. (Período de descanso). Séptimo mes del año. Comprendía desde mediados de junio hasta mediados de julio.

JAUKAYMITA. s. Otoño.

JAUKAYPACHA. s. Tiempo de descansar, de divertirse.

JAUKAYPATA. s. Plaza principal del Cuzco inkaico. Sitio especial que había para las diversiones y juegos públicos.

JAUKAYP'UNCHAU. s. Día de descanso

JAUMAJ. adj. El que ayuda. Sinón **Yanápaj.**

JAUMAY. s. Socorro, ayuda.

JAUMAY. v. Ayudar, socorrer. Sinón. **Yanápay.**

JAUT'A. s. Porción que se alza con los dedos de una mano.

JAWA. s. Superficie.

JAWA. s. Relato, cuento.

JAWA. adv. Fuera, parte exterior.

JAWA. prep. Sobre, tras, después.

JAWACHUNPI. Isla en el océano Pacífico visitada, según se cree, por Túpaj Yupanki Inka en una expedición marítima.

JAWAJAWA. adj. Superficial.

JAWALLA. s. Varón mellizo.

JAWANCHAJ. adj. El que quebranta la fidelidad conyugal.

JAWANCHAY. v. Quebrantar la fidelidad conyugal.

JAWAQÖLLA. Cacto gigantesco de flores grandes y blancas. (J.A.L.)

JAWAR. s. Felino de la selva amazónica. Vulg. Jaguar.

JAWARUNA. adj. Forastero.

JAWAY. v. Contar, narrar, relatar. **Apuskikuna yachanku ancha sumajta jawayta:** Los abuelos saben contar cosas muy bellas.

JAWAYSUMAJ. s. Bondad aparente.

JAWI. s. Pomada, grasa para untar.

JAWIKUY. v. Ponerse afeite a la cara las mujeres. Sinón. **Pariákuy, pasikuy.**

JAWIN. s. Cosmético.

JAWINA. s. Sustancia que sirve para untar.

JAWINNAY. v. Desgrasar.

JAWISQA. s. Quebrada semicálida productora de coca, sometida por el príncipe Yáwar Wáqaj bajo el reinado de Ruka Inka.

JAWISQA. p. Untado.

JAWIY. v. Untar, engrasar, ungir. Sinón. **Llúsiy.**

JAY. pron. ¿Qué?

JAYA, JAYAJ. adj. Picante. **Qëllu uchuqa ancha jaya:** El ají amarillo es muy picante.

JAYACHIKUY. v. Saborear viandas aderezadas con harto ají.

JAYACHUKU. s. Cómico disfrazado que representaba cierto género de farsas en tiempos del Inkario.

JAYAJPICHANA. s. (Schruvia pinnata). Planta de la familia de las compuestas. Sirve para ahuyentar a las pulgas. (M.C.)

JAYAJSIMI. adj. Mordaz, ofensivo, duro en sus expresiones. Sinón. **K'araj simi.**

JAYANNAJ. v. Eliminar el gusto picante del ají.

JAYAQË. s. Bilis.

JAYAQËN. Vesícula biliar.

JAYAQËY. v. Picar, amargar como la hiel.

JAYCHA. s. Cierta canción que se entonaba en las labores agrícolas o en la guerra. Sinón. **Jaylli.**

JAYCHAY. v. Entonar las canciones agrícolas o guerreras. Adamar, aplaudir. Sinón. **Jáylliy.**

JAYK'A. adj. Cuánto, qué cantidad. Sinón. **Mashka.**

JAYK'AJ. adv. Cuándo.

JAYK'AJPAJ. adv. Para cuándo.

JAYLLI. Canción religiosa heroica o agrícola. Victoria en la guerra.

JAYLLIY. v. Cantar el **jaylli.**

JAYMA. s. Ayuda, favor.

JAYMAY. v. Ayudar, favorecer.

JAYÑINQA. adj. Respetable, reputado.

JAYÑIPUY. v. Contestar en lugar de otro.

JAYÑIY. v. Contestar.

JAYÑUCHU, JAYÑACHU. s. Semental de los auquénidos.

JAYRA. adj. Pesado, lento, lerdo.

JAYRATA. s. Castigo, sanción que se inflige a un culpable.

JAYRATAY. v. Castigar, sancionar a un culpable.

JAYRAYAY. v. Voiverse lerdo, pesado, lento.

JAYRI. adv. Prestamente, brevemente.

JAYRUY. v. Vomitar.

JAYTARA. s. neol. Separación de los cónyuges. Divorcio.

JAYTARAKUY. v. Separarse los cónyuges. Divorciarse.

JAYTARAY. v. Separar a los cónyuges.

JAYT'A. s. Patada, coz.

JAYT'ANA. s. Lugar de la cama donde quedan los pies.

JAYT'ARAY, JAYT'ARAKUY. v. Estirar los pies recogidos, desperezarse.

JAYT'ASQA. p. Pateado, coceado.

JAYT'AY. v. Patear, cocear.

JAYU. s. Enemigo, adversario. Sinón. **Auqa.**

JAYUNAKUY. s. Enemistad, contienda.

JAYUNAKUY. v. Enemistarse, contender. Sinón. **Auqanákuy.**

JAYWAPAYAY. v. Manosear.

JAYWAY. Entregar, poner en manos de uno.

JICH'APUKUJ. adj. El que sirve la bebida. Copero.

JICH'AY. s. Fundición de metales.

JICH'AY. v. Fundir y vaciar metales.

JICH'AY. v. Verter, derramar, echar.

JICH'AYKAMAYUJ. s. Fundidor.

JIK'I, JIK'U. s. Hipo.

JIK'IY, JIK'UY. v. Hipar.

JILLI. s. Caldo, zumo, jugo.

JILLINNAJ. Sin jugo.

JILLIYUJ. adj. Jugoso.

JILLP'UNA. s. Embudo.

JILLP'USQA. adj. La chicha adobada puesta a fermentar. Sinón. **Jupt'asqa.**

JILLP'UY. v. Adobar la chicha para la fermentación. Sinón. **Jupt'ay.**

JILLU. adj. Goloso. Ávido.

JILLUKUY. v. Aficionarse a las golosinas, ansiarlas.

JILLUQÉLLPA. adj. Glotón, tragaldabas.

JINA. adv. Así. **Jinachari:** Así será. **Jinalla:** sólo así, así no más. **Jinamanta-ri:** Y de esta manera.

JINA. conj. Como.

JINANTIN. adj. Todo. Todos.

JINAY. v. Hacer así, de esta manera.

JINCHUY. s. Suspiro.

JINCHUY. v. Suspirar.

JINCH'A. s. Golpe de revés.

JINCH'AY. v. Dar de reveses.

JINK'IY. v. Andar de puntillas. Empinarse, erguirse sobre la punta de los pies.

JIPQ'AY. v. Descascarar.

JIPYA. s. Vaho. Vapor de agua. Sinón. Wapsi.

JIPYAY. v. Vahear, vaporizarse.

JIP'I, JIP'INA. s. Aprisco.

JIP'IY. v. Encerrar al ganado en el aprisco.

JIQ'Ë. s. Estómago, panza.

JIQ'ËQAY. v. Atorarse con un líquido.

JIRKU. adj. Polluelo implume.

JISP'ACHI. adj. Diurético.

JISP'ANA. s. Órgano por donde se orina. Urinario.

JISP'ANAYAY. v. Sentir ganas de orinar.

JISP'AY. v. Orinar.

JISP'AYPURU. s. Vejiga. Sinón. Phukuchu.

JISP'AYP'ITI. s. Mal de orina.

JISQ'ÖN. adj. Nueve.

JISQÖNCHUNKA. adj. Noventa.

JISQ'ÖNK'UCHU. s. Eneágono.

JISQ'ÖNÑIQËN. adj. Noveno.

JITU. adj. Pospositivo. Retinto, absoluto, tratándose del color negro. Yana jitu: Negro retinto.

JIWAYA. s. Piedra negra considerablemente pesada que se dejaba caer desde la altura del pecho sobre la espalda de ciertos delincuentes tendidos boca abajo en el suelo.

JIWAYA. s. Instrumento de piedra negra muy dura con que labraban la piedra.

JIWAYASUNQÖ. adj. Duro de corazón, insensible.

JIWI. s. Merma, disminución por secamiento o evaporación.

JIWIQAY. v. Mermar, disminuir, menoscabarse. Sojuzgar, someter. Gastarse, acabarse.

¡JU! Interj. ¡Bien! ¡Muy bien!

JUCHA. s. Culpa, delito.

JUCHACHAY. v. Inculpar.

JUCHALLIKUY. v. Cometer delito, caer en culpa.

JUCHANNAJ. adj. Inocente, sin culpa.

JUCHAPAKUY. v. Cargarse de culpas.

JUCHAPAYAY. v. Asediar, requerir porfiadamente a una mujer.

JUCHASAPA. adj. Pecadorísimo. Cargado de culpas.

JUCHAYUJ. adj. Culpable.

JUCH'UY. adj. Pequeño.

JUCH'UYCHAJ. adj. Los más pequeños.

JUCH'UYLLAKAY. s. Infancia, niñez.

JUCH'UYSUNQÖ. adj. Débil de carácter, pusilánime.

JUCH'UYYAY. v. Empequeñecerse, acortarse.

JUCH'UYYACHIY. v. Empequeñecer, acortar.

JUJYA. s. Demudación.

JUJ. adj. y pron. Uno, un. Sinón. Uj.

JUJCH'A. s. Hierba con que el primitivo hombre andino ablandaba, según se cree, la piedra. (J.A.L.)

JUJU. interj. Que expresa asombro, extrañeza.

JUJYAY. v. Demudarse.

JUKU. s. Búho. Sinón. Tuku.

JUKUMARI. s. Oso.

JUKUNAY. v. Copular.

JUKUYA. s. Pólipo, excrecencia en las fosas nasales.

JUK'I. s. Rincón. Sinón. K'uchu.

JUK'UCHA.s. Ratón.

JUK'UCHASIPI. s. Calambre.

JULLAQAY. v. Extraer parte de un árido.

JULLKI. s. Renacuajo de la rana.

JULLQÉ. Renacuajo del sapo. Sinón. Juq'öyllu.

JULLQ'É. s. Guiso de carne, zapallo y ají.

JULLU. s. (Phithoptora infestans). Hongo que infesta e inutiliza la papa.

JUMINT'A. s. Bollo de maíz tierno que envuelto en panca se cuece en agua.

JUMINT'AY. v. Hacer bollos de maíz tierno.

JUMIWA. Cántaro pequeño de cuello estrecho.

JUMIWAY. v. Trasegar. Sinón. Júmiy.

JUMIY. v. Trasegar.

JUNP'ALLIY. v. Llenarse de agua la boca.

JANP'I. s. Sudor, transpiración.

JUNP'ICHIY. v. Incitar con exceso, apremiar, fatigar, atosigar a uno en los quehaceres.

JUNP'ILLAJTA. s. Tierra cálida.

JUNP'IY. v. Sudar, transpirar.

JUNQAJUNAJ. s. Semana.

JUNQÖLLPI. s. Fuente, surtidor, manantial. Sinón. Juturi.

JUNTUMA. s. Baño caliente.

JUNT'A. adj. Lleno, colmado.

JUNT'ACHIY. v. Llenar, colmar.

JUNT'ARAYAY. v. Importunar, incomodar donde no se es necesario.

JUNT'ASQA. adj. Relleno.

JUNT'AY. v. Cumplir una obligación. Pagar una deuda.

JUNU. adj. Millón.

JUNUYJUNU. adj. Billón.

JUNYA. s. Oliscamiento, principio de putrefacción.
JUNYAY. v. Oliscar, empezar a oler mal.
JUÑI. s. Madeja.
JUÑI. s. Asentimiento, aprobación.
JUÑICHIJ. adj. El que persuade y obtiene el consentimiento.
JUÑICHIY. v. Persuadir, convencer, obtener el sí.
JUÑIKUJ. adj. El que concede.
JUÑIKUY. s. Obediencia.
JUÑINAKUY. v. Concertar, acordar.
JUÑIRUNA. adj. Estimado, respetado, apreciado, que fácilmente obtiene concesiones.
JUÑIY. v. Conceder, acceder, consentir.
JUÑU. s. Conjunto, agrupación concentración.
JUÑUCHAJ. adj. El que reúne, agrupa o concentra.
JUÑUNA. s. Lugar donde se reúne, agrupa o concentra. Cantidad, porción que se debe reunir.
JUÑUNTIN. adv. Todo.
JUÑUPA. s. Residuo, resto inservible.
JUÑUY. v. Reunir, agrupar, concentrar.
¡JUPA! Interj. ¡Ea! Voz con que el hombre estimula a la mujer.
JUPANIY. v. Suplicar el hombre a la mujer.
JUPT'ASQA. adj. La chicha adobada puesta a fermentar. Sinón. Jillp'usqa.
JUPT'AY. v. Adobar la chicha para la fermentación.
JUQARINALLA. adj. Fácil de alzar, liviano.
JUQARIY. v. Alzar, levantar. Edificar. Alzar el real. Fig. Nombrar. Echar en cara, mentar insidiosamente un favor que se ha prestado. Tomar en la boca, de mala manera, el nombre de alguno. Sinón. **Uqháriy.**
JUQË. s. Benjamín, el último de los hijos.
JUQ'ARA. adj. Sordo.
JUQ'ARAYAY. v. Ensordecer. Sinón. **Rujt'uyay.**
JUQ'Ö. adj. Húmedo, mojado.
JUQ'ÖCHASQA. adj. Remojado.
JOQ'ÖCHIY. v. Poner a remojar, humedecer.
JUQ'ÖRI. s. Ave de la familia de los colúmbidos, de plumaje plomizo. Sinón. **Qöqötuwa.**
JUQ'ÖYAY. v. Mojarse, humedecerse.
JUQ'ÖYLLU. s. Renacuajo del sapo. Sinón. **Jullqë.**
JURK'A. s. Prestación de trabajo al Estado en el régimen inkaico. Neol. Retribución en especie a los que ayudan en un trabajo. Cierta prestación del trabajo que los colonos realizaban para los terratenientes.
JURK'UTA. (Zenaida maculata). Paloma pequeña de plumaje pardo rojizo.
JURQÖY. v. Sacar, extraer, sustraer. Inventar.

JURUCH'I. s. Corteza de árbol.
JURUTMI. s. Tronco, raíz de tocón seco.
JUSK'A. s. Echamiento de la semilla en el surco.
JUSK'AY. v. Echar la semilla en el surco.
JUSK'U. s. Agujero.
JUSK'UNA. s. Lezna. Instrumento con que se agujerea.
JUSK'UÑAWI. adj. El que tiene los ojos sumidos.
JUSK'USAPA. adj. Lleno de agujeros.
JUSK'UY. v. Agujerear, perforar.
JUTURI. s. Manantial, ojo de agua.
JUTUY. v. Brotar del suelo el agua. Sinón. **Sínkiy,** prim. Acepción.
JUT'UKHURU. s. Cierta larva muy menuda que se cría dentro de la mazorca de maíz y se alimenta del grano tierno.
JUT'USQA. adj. Mazorca dañada por la larva.
JUT'UY. v. Comer la larva el grano tierno de la mazorca.
¡JUY! interj. ¡Oh!
¡JUYA! interj. ¡Ea! Voz con que la mujer estimula al hombre.
JUYANIY. v. Suplicar la mujer al hombre.
JUYAÑIY. v. Rogar, solicitar.
JUYPA, JUYPAYCHI. s. Plomada. Sinón. **Wipáchi.**
JUYPAY, JUYPAYCHIY. v. Utilizar la plomada. Sinón. **Wipáchiy.**
JUYPU. s. Piedra labrada, redonda, con agujero al centro, que encabada sirve para desmenuzar los terrones en los barbechos. Sinón. **Kunpa.**
JUYPUY. v. Acción de desmenuzar los terrones con **juypu.**

K

K. Séptima letra del alfabeto qhëshwa. Posee el mismo valor fonético que en el castellano.

¡KA! Interj. Que denota enojo, aspereza, enfado.

KACHA. s. Pueblo situado a 80 km. al S. del Cuzco. Allí mandó construir Wiraqöcha Inka un templo consagrado a Qhön Illa T'ijsi Wiraqöcha.

KACHA. s. Enviado, emisario, mensajero.

KACHACHACHA. s. Destello.

KACHACHACHAY. v. Destellar. Chispear. Hablar de prisa, atropelladamente.

KACHAÑA. s. Esguince. Quite que se hace con el cuerpo en la lucha y en el juego.

KACHAPU. s. Agasajo.

KACHAPURI. s. Mensajero, celestino, trotaconventos.

KACHARIKUY. v. Soltarse. Largarse.

KACHARIY. v. Soltar, dejar libre al que se hallaba retenido.

KACHARPA. s. Bártulos, equipaje pobre.

KACHARPARI, KACHARPAYA. s. Despedida.

KACHARPARIY, KACHARPAYAY. v. Despedir, despachar.

KACHAY. Enviar.

KACHAYKUKUY. v. Largarse inesperadamente.

KACHAYKUY. v. Lanzar a uno a pelear o competir.

KACHI. s. Sal.

KACHICHAJRA. s. Saladar, mina de sal.

KACHICHURANA. s. Salero.

KACHINA. s. Cierta tierra blanca que usaban los pintores en la preparación de los colores.

KACHINCHAY. v. Salar.

KACHINNAY. v. Quitar el exceso de sal en una vianda.

KACHIPAY. v. Volver a salar. Añadir sal.

KACHIQHÖQHA. s. Receptáculo especial donde cristaliza y se acumula la sal.

KACHISAPA. adj. Sobrecargado de sal. Sinón. **Millu.**

KACHIYAY. v. Cristalizar, cuajarse la sal.

KACHIYUYU. s. (Chenopodium murales). Planta de la familia de las quenopo-
diáceas. Se usa en el tratamiento de las enfermedades hepáticas. (R.L.)
KACHUN. s. (Cyclanthera pedata). Planta de la familia de las cucurbitáceas.
Sinón. **Achujcha**, Kaywa. (R.L.)
KAJ. s. y adj. Sujeto, ser. **Millay kajkuna kay pachapi junt'arayanku**: Innu-
merables seres atestan este mundo.
KAJKA. adj. Aturdido, tonto.
KAJKAKUY. v. Aturdirse, atontarse.
KAJKAYKACHAY. v. Andar aturdido, atontado.
KAKA. s. Tío, hermano de la madre.
KAKA. s. Frasco de arcilla, de boca estrecha
KALLA. s. Cotorra enana. Sinón. **Chiki.**
KALLACHA. s. Losa pequeña que se usa en la molienda de algunos comesti-
bles.
KALLANKARUMI. s. Piedra labrada para construcciones. Sillar.
KALLANKAWASI. s. Casa de piedra labrada.
KALLAPI. s. Especie de angarillas.
KALLAP'URKA. s. Alimento cocido sobre piedras caldeadas. Sinón. **Parirujru.**
KALLAWAYA. Provincia de Antisuyu. Los habitantes de dicha provincia eran y
siguen siendo hábiles herbolarios.
KALLCHA. s. Ceño. Modo airado de hablar.
KALLKIRUMI. s. Piedra para adoquinar o empedrar.
KALLKISQA. s. Suelo adoquinado o empedrado.
KALLKIY. v. Adoquinar, empedrar.
KALLKIYKAMAYUJ. s. Empedrador, adoquinador.
KALLKUCHIJ. adj. Amansador, domesticador.
KALLKUCHIY. v. Amansar, domesticar.
KALLKUSQA. adj. Manso, doméstico.
KALLPA. s. Fuerza, potencia, esfuerzo.
KALLPACHAY, KALLPANCHAY. v. Fortalecer, vigorizar.
KALLPAMANAY. s. Descaecimiento, falta de fuerzas.
KALLPAMANAY. v. Descaecer, desalentarse, perder el vigor.
KALLPANTIN. adj. Con todo su vigor, con toda su prestancia.
KALLPASAPA. adj. Vigoroso, fornido.
KALLPAWAÑUY. s. Pérdida de fuerzas.
KALLPAY. v. Esforzarse, forcejear, hacer fuerza.
KALLPAYUJ. adj. Fuerte, vigoroso. Sinón. **Sinchi.**
KALLUTA. s. Mano de almirez. Sinón. **Qölluta.**
KAMA. s. Verdad. **Kamaykichari karqa**: Sería tu verdad. Sinón. **Súllull, chi-
qan.**

KAMA. s. Potestad, facultad. Poder de mando. Obligación. **Kamayniykita ruray:** Haz tus obligaciones. Cuota parte de cada uno en un trabajo colectivo. Sinón. **Suyu.**

KAMA. adv. Individuos de una misma especie o sexo: **Qhari Kama rinqanku:** Irán los varones. Mientras. **Rinaykikama:** Mientras tú vayas.

KAMA. prep. Hasta. **Rísaj wasiykama:** Iré hasta mi casa.

KAMACHAKUY. v. Tomar sobre sí una responsabilidad, un cargo.

KAMACHIJ. s. El que ejerce mando, jefe, conductor.

KAMACHIKUY. v. Hacerse obedecer.

KAMACHISQA. s. Precepto, ley, ordenanza.

KAMAJ. s. Mandante, el que manda y ordena. El que gobierna.

KAMAMAJ. adj. Vegetal que se presenta muy lozano. Sinón. **Qhailállaj.**

KAMAMAY. v. Lozanear un vegetal.

KAMANA. adj. Susceptible de ser mandado, gobernado.

KAMANAKUY. v. Repartirse por igual el trabaje.

KAMANAY. v. Manejar la lanzadera al tejer.

KAMANCHAKA. s. Neblina.

KAMANI. s. neol. Mayordomo, caporal.

KAMANT'IRA. s. Pajarillo de espalda verde, cabeza y costados negros, alas azules y pecho rojo. (G.H.)

KAMAQE. adj. y s. Gobernante. fig. Criador.

KAMASQA. s. y adj. Facultado. Curandero que decía haber recibido del rayo o de algún dios la facultad de conocer y aplicar las propiedades curativas de las plantas.

KAMAY. v. Mandar, ordenar, gobernar.

KAMAY. v. Dar parte, informar. **Riy kamámuy yayaykiman:** Anda a dar parte a tu padre. Caber. **Mana kamayta atinchu:** no puede caber.

KAMAY KILLA. Segundo mes del año. Abarcaba los finales de enero y la mayor parte de febrero.

KAMAYKUY. v. Amenazar con el puño.

KAMAYUJ. s. y adj. El que tiene potestad, facultad, mando. **Pachajkamáyuj:** El que tenía mando sobre cien personas o familias.

KANA, KANAKU. s. Fogata.

KANA. conj. Sin embargo, finalmente, empero, por último.

KANAJ. adj. El que quema o hace fogata.

KANAN, KANQAN. adj. Futuro.

KANAY. v. Quemar, hacer fogata.

KANCHA. s. Maíz tostado. Sinón. **Jank'a.**

KANCHA. s. Recinto, patio. Espacio cercado.

KANCHALLAWA. s. (Schruvia pinnata). Planta medicinal de la familia de las compuestas. Sinón. **Jayajpichana.** (R.L.)

KANCHAY. v. Cercar un espacio, formar un recinto.

KANIPU. s. Adorno de plata que usaban en la frente los hombres de la nobleza cuzqueña.

KANKA. s. Asado. **Aychakanka:** Carne asada.

KANKACHU. s. Carne asada a medias.

KANKALLA. s. Piedra plana y poco gruesa.

KANKANA. s. Asador.

KANKAR. s. Garguero.

KANKAY. v. Asar.

KANLLI. s. Planta medicinal. (J.A.L.)

KANLLI. s. Hormiga roja.

KANPA. s. Cierta tribu del Oriente boliviano. Vulg. Camba.

KANPA. adj. Cobarde.

KANPACHU. s. (Ricardia scabra). Planta de la familia de las aráceas. Es venenosa.

KAÑARI. s. Provincia de Chinchaysuyu conquistada por Túpaj Yupanki Inka.

KAPI. s. (Hebea brasiliensis). Árbol de la familia de las euforbiáceas. (R.P.)

KAPÑU. adj. Chato, abollado, aplastado. Sinón. **T'añu.**

KAPÑUY. v. Achacar, abollar, aplastar.

KAPUJAY. Asaltar, arrebatar con agilidad y violencia.

KAPURI. s. Árbol de la familia de las rosáceas, de fruto comestible. Vulg. Capulí. (J.A.L.)

KAPUY. v. Haber, tener. **Mana sara kapuwanchu:** No tengo maíz.

KAPHIA. s. Desaliento, desánimo, apocamiento.

KAPHIAMA. s. Doncella de Waruchiri atraída por el dios Kullkiri. Requerida de amores por él, fue su esposa.

KAPHIARUNA. adj. Pusilánime, apocado, desalentado.

KAPHÑUSINQA. adj. Nariz chata.

KARANQĒ. s. Pueblo semibárbaro vecino de Utawallu, sometido por el príncipe Wayna Qhápaj.

KARKA, KARKANCHA. s. Alegoría de la muerte representada por un esqueleto.

KARMA. s. Conjunto de haces apiladas, hacinamiento.

KARMINQA. s. Barrio del Cuzco imperial contiguo al de Qőllqanpata.

KARP'A. s. Toldo, tienda de campaña.

KARP'AY. v. Armar toldo de campaña.

KARP'AWASI. s. Corredor.

KARQĒNPA. s. Cuña. Sinón. **Qőllpa.**

KARQĒNPAY. v. Colocar cuña. Vaciar metales.

KARU. adj. Lejos.

KARUKAY. s. Distancia, espacio.

KARUNCHAY. v. Alejar, alejarse.

KARURUNA. adj. Forastero.

KASKI. adj. Emperifollado, lujosamente vestido.

KASKIKUY. v. Emperifollarse.

KASQAKAY. s. Existencia. El ser.

KASUKACHAY. v. Hablar a voz en cuello. Hablar con gravedad y suficiencia.

KASHKARUNA. adj. Ladino, perspicaz.

KATA. s. Planta que posee propiedades antipalúdicas. (J.A.L.)

KATACHILLAY. s. Constelación de la Cruz del Sur.

KATARI. s. Víbora.

KATARI, DAMASO. Hermano de Tomás. A la muerte de éste, asumió la jefatura de la rebelión. Puso sitio a la ciudad de Charcas. Capturado por los indios de Pocoata inducidos por el cura Javier Troncoso, fue entregado a los españoles y ejecutado en abril de 1781.

KATARI, NICOLAS. Hermano de Tomás. Uno de los caudillos de la insurrección indígena de Chayanta. Entregado por el cura Troncoso, fue ejecutado en mayo de 1781.

KATARI, TOMAS. Caudillo indígena que en el último tercio del siglo XVIII organizó en Chayanta, de acuerdo con José Gabriel Tupaj Amaru, una seria insurrección contra el poder español. Fue apresado y asesinado por las autoridades reales a principios de 1781 cuando el levantamiento se hallaba ya en marcha.

KATAY. s. Yerno respecto de la suegra. Cuñado de la esposa.

KAUCHU. adj. Brujo, aojador.

KAUCHUJ. adj. Aojador.

KAUCHUSQA. p. Aojado.

KAUCHUY, KAUCHUKAY. v. Aojar, embrujar.

KAUNA. s. Soga torcida de tres ramales. Sinón. **Mullaypa.**

KAUNAY. v. Fabricar sogas de tres ramales.

KAUNUY. v. Marchitarse.

KAUPUY. v. Torcer hilo de dos o más ramales.

KAURI. s. Monstruo.

KAUSACHIY. v. Sustentar, mantener la vida, protegerla.

KAUSAJKUNA. s. pl. Seres vivientes.

KAUSAY. s. La vida.

KAUSAY. v. Vivir.

KAWA. s. Madeja de hilo.

KAWA (MAMA). Qöya esposa de Lluq'ë Yupanki Inka.

KAWILLAKA. s. Diosa del antiguo Waruchiri, que huyendo de los requerimientos amorosos de Kuniraya Wiraqöcha se arrojó al mar con su hijo y ambos quedaron convertidos en rocas.

KAWITU. s. Lecho de madera. Barbacoa.

KAY. s. Ser, persona, ente.

KAY. pron. Este, esta, esto.

KAY. v. Ser, estar. Tener.

KAYA. s. Oca secada al sol.

KAYCHUY. v. Barrer, limpiar. Sinón. Pichay.

KAYMAN. s. Saurio que vive en los ríos de la selva amazónica. Vulg. Caimán.

KAYMAN. adv. Acá, hasta aquí.

KAYMI. adv. He aquí.

KAYPI. Aquí.

KAYTA. pron. Esto.

KAYWA. s. (Cyclanthera pedata). Planta de la familia de las cucurbitáceas. Sinón. Achujcha, kachun. (R.L.)

KICHA. s. Abertura, hendidura.

KICHARIY. v. Abrir.

KICHASQA. adj. Abierto, descubierto.

KICHAY. v. Abrir. Descubrir, destapar.

KICHIKALLA. s. Dios regional de Chinchaysuyu en el Inkario.

KIKIN. adj. Mismo. Qan kikin: Tú mismo. Igual, semejante: Yayan kikin: Igual que su padre.

KIKINCHASQA. adj. Identificado, igualado.

KIKU. s. Hierba tintórea que se utiliza para teñir de amarillo. (J.A.L.)

KILLA. s. Luna.

KILLA. s. Mes.

KILLAJCHINPUN. s. Nimbo o aureola de la luna.

KILLAKA. s. neol. Lunes.

KILLAKA. adj. Lunar, forma de media luna.

KILLAKU. adj. fam. Mezquino, tacaño, miserable.

KILLAPACHA. s. Noche de luna.

KILLAPURA. s. Plenilunio.

KILLAP'UNCHAY. s. Luz de la luna.

KILLARIY. v. Despuntar la luna.

KILLAWAÑU. s. Novilunio, conjunción de la luna con el sol.

KILLAWAÑUYMITA. s. Período de la luna nueva.

KILLAY. s. (Albizzia distachia). Árbol de la familia de las leguminosas, cuya corteza tiene propiedades detersivas. (R.L.)

KILLAY. v. Alumbrar la luna. Haber noche de luna.

KILLAYURIY. s. Nacimiento de la luna.

KILLI. s. Listón. Remate, borde de un tejido.

KILLISKACHI. s. Funcionario que se encargaba de detener a los delincuentes de la nobleza.

KILLIY. v. Listonar. Enflecar, ribetear.

KILLKIÑA. s. (Porophilum ruderale). Planta de la familia de las compuestas. Es aromática y se emplea como condimento culinario. (R.L.)

KIMRAY, KINRAY. s. Anchura. Lugar, cercanía. Qhöchapánpaj kinrayninpi: en las cercanías de Cochabamba.

KIMRAYAY. v. Ladear, tomar por un costado, flanquear.

KIMRAYCHAY. v. Ensanchar.

KIMRAYSINQA. adj. Nariz ancha y chata. Sinón. **Qarpasinqa, thañusinqa.**

KIMSA, KINSA. adj. Tres.

KIMSACHAY. v. Triplicar.

KIMSACHUNKA. adj. Treinta.

KIMSACH'IJTAN. adj. Un tercio.

KIMSAK'UCHU. s. Triángulo.

KIMSAK'UCHU. s. (bacharis genistelloides). Planta de la familia de las compuestas. Es astringente. (M.C.)

KIMSAK'UCHUCHAY. v. Triangular.

KIMSALLUNA. adj. Trillón.

KIMSANCHAY. v. Dar o hacer por tercera vez.

KIMSAÑIQÉN. adj. Tercero.

KINA. s. (Cinchona Calisaya). Árbol de la familia de las rubiáceas. De su corteza se extrae la quinina. (M.C.)

KINCHA. s. Seto de ramiza o de tallos de quinua.

KINCHAMALLI. s. Célebre herbolario del tiempo de los Inkas.

KINCHAMALLI. s. Planta que posee notables propiedades medicinales. (J.A.L.)

KINCHAU. s. Especie de cancel de caña u otro material con que se divide una habitación.

KINCHAY. v. Hacer seto de ramiza o de tallos de quinua.

KINTU. s. Racimo.

KINTUKUY. v. Arracimarse.

KINTUY. v. Colgar de su rama el racimo

KINUKINU. s. Árbol maderable de resina olorosa. (G.H.)

KINUWA, KIWINA. s. (Chenopodium quinoa). Planta de la familia de las quenopodiáceas. Vulg. Quinua. (R.L.)

KIPKI. s. Especie de mochuelo.

KIRIKU. adj. Flojo, ocioso. Sinón. **Qhëlla.**

KIRKICHAKUY. v. Encapricharse.

KIRPANA. s. Tapa.

KIRPARAY. v. Destapar.

KIRPAY. v. Tapar. Sinón. **K'únpuy.**

KIRU. s. Diente.

KIRUAYCHA. s. Encía. Sinón. **Lluch'a.**

KIRUNNAY. v. Extraer los dientes.

KISMA. s. Suegra respecto del yerno. **Kismaymin warmiypa mamanqa;** La madre de mi mujer es mi suegra.

KISHWAR. s. (Budelya incana). Árbol de la familia de las loganiáceas. (R.L.)

KISHWARA. s. Arbusto espinoso cuyas flores poseen propiedades antipalúdicas. (J.A.L.)

KITI. s. Lugar. Comarca. Espacio, anchura. Hueco.

KITU. s. Reino situado muy cerca de la línea ecuatorial, conquistado por Túpaj Yupanki Inka. Vulg. Quito.

KITU. s. Pequeña paloma que vive en las tierras altas.

KITUN. s. (Capsicum sp.). Planta de la familia de las solanáceas. Es un ají muy pequeño. (R.L.)

KIWA. s. Pasto.

KIWACH. s. Suegro respecto de la nuera. **Qösaypa yayantaqa kiwach nini:** Al padre de mi marido le digo suegro.

KIWAPANPA. s. Pastizal.

KIWI. s. Especie de perdiz.

KIWICHA. s. (Chenopodium sp.) Planta de la familia de las quenopodiáceas, semejante a la quinua. Sinón. **Achita.** (R.L.)

KUCHU. s. Corte, cortadura.

KUCHUCH. s. Codo. Sinón. **Makimuqö.**

KUCHUCHU. s. Planta muy menuda que vive a flor de tierra, sin hojas. Tiene una raíz muy pequeña y alimenticia. (Inka Garcilaso).

KUCHUNA. s. Cuchillo y todo instrumento cortante. Sinón. **Tumi.**

KUCHUSQA. p. Cortado.

KUCHUY. v. Cortar.

KUISMANKU. s. Señor de Chánkay y otros valles de Kuntisuyu, sometido en tiempos de Pachakútij Inka.

KUKA. s. (Erotroxilum coca). Planta de la familia de las eritroxíleas, de cuyas hojas se extrae la cocaína. (R.L.)

KUKA (MAMA). Qöya esposa de Mayta Qhápaj inka.

KUKAYU. s. Ración, provisión de coca.

KUKI. s. Comején.

KUKINPU. s. Pueblo situado al sur de Copiapó y sometido por el general Sinchi Ruka bajo el gobierno de Túpaj Yupanki Inka. Vulg. Coquimbo.

KUKUCHU. s. Coyuntura entre el fémur y la tibia y también entre el húmero y el cubito. Codo del brazo.

KUKUMA. s. Mazorca de maíz tierno asado.

KUKUPA. s. Amoratamiento producido por el frío intenso.

KUKUPAY. v. Amoratar el frío intenso.

KUKUPIN. s. Hígado. Sinón. **K'iuchan.**

KUKHI. s. Caspa de la cabeza. Sinón. **Qarap'ati.**

KULLA. s. Cosquilleo. Sinón. **Khiskilli.**

KULLACHIY. v. Cosquillear.

KULLAJ. adj. Cosquilloso. fig. Sensitivo, sensible.

KULLAJTULLU. adj. Melindroso, delicado.

KULLANA. s. El sentido del tacto. Sinón. Llankhana.

KULLANCHA. s. Red para pescar. Sinón. Siru.

KULLAY. s. Sentido del tacto. Sinón. Kullana.

KULLAY. v. Palpar.

KULLAY. v. Sentir.

KULLACHA. s. Abono.

KULLACHAY. v. Abonar, beneficiar la tierra para el cultivo.

KULLI. adj. Morado oscuro.

KULLIRUNA. adj. Persona muy morena.

KULLISARA. s. Maíz rojo muy oscuro, casi negro.

KULLIYACHIY. v. Amoratar. Pintar de morado.

KULLIYAY. v. Ponerse morado.

KULLKIRI. Dios del antiguo Waruchiri. Enamorado de Kaphiama, hermosa doncella, la atrajo convirtiéndose en un pajarillo. Atrapado por ella y puesto en el enfaldo, comenzó a abultar y hacerse cada vez más pesado. Luego cayó convertido en un mozo gallardo. Finalmente los dos se casaron.

KULLKU. s. (Melopelia meloda). Paloma de plumaje plomizo claro y canto melodioso y melancólico. Vulg. Cuculí.

KULLUNA. s. Silo a troje bajo tierra. Jofaina de arcilla.

KULLUNAY. v. Guardar productos en troje subterránea.

KULLUNKAY. v. Augurar contratiempos.

KUMANA. s. Lanzadera. Sinón Kallwa.

KUMARA. s. (Ipomea batatas). Planta de la familia de las convolvuláceas. Sinón. Apichu. Vulg. Camote, batata. (R.L.)

KUNA. s. Partícula desinencial con que se forma el plural.

KUNA. s. Encargo, comisión, mandado.

KUNAN. adv. Ahora.

KUNANMANTA. adv. Desde ahora, en adelante.

KUNAWA. s. Consejero, guía.

KUNAY. s. Encargar, encomendar.

KUNCHA. s. Sobrino, hijo del hermano. Ñúqaj churiyqa wauqëypa kunchan: Mi hijo es sobrino de mi hermano.

KUNIRAYA WIRAQÖCHA. s. Dios preincaico de Warachiri. Andaba pobremente vestido. Pero era todopoderoso y hacía muchos beneficios a la humanidad. Fue adoptado por los Inkas con el nombre múltiple de Qhön Illa T'ijsi Wiraqöcha y honrado con numerosos atributos.

KUNKA. Cuello, pescuezo. Garganta. Voz.

KUNKACHA. s. Hendidura, grieta que se produce en alguna articulación del cuerpo.

KUNKACHAKUY. v. Henderse, agrietarse una articulación del cuerpo.

KUNKAKUCHUNA. s. Especie de alabarda que se usaba para cortar la cabeza a los sentenciados a muerte.

KUNKASAPA. adj. Cuellilargo.

KUNPA. s. Almádena de piedra labrada con que se destroza los terrones en los barbechos. Sinón. **Juypu.**

KUNPAY. v. Destrozar los terrones con **kunpa.**

KUNTI. s. Occidente, dirección de la puesta del sol.

KUNTISUYU. s. Territorio que ocupaba todo el occidente del Tawantinsuyu.

KUNTU. s. Perfume, aroma, fragancia.

KUNTUR. s. (Sarcohamphus gryphus). Ave de la familia de los sarcorámfidos, la mayor entre todas cuantas habitan la sierra andina. Vulg. Cóndor.

KUNTUY. v. Perfumar, aromatizar, oler bien.

KUNUÑUNU. s. Trueno.

KUNUÑUNUY. v. Tronar, haber truenos.

KUNUPA. s. Deidad familiar en el Inkario.

KUNYA. s. Golpe de llamarada, llamarada violenta.

KUPAYAPU. s. Pueblo que vivía en el norte actual de Chile, conquistado por el general Sinchi Ruka bajo el gobierno de Túpaj Yupanki Inka. Vulg. Copiapó.

KUPHA. adj. Celeste, azul claro. Sinón. **Yurajanqas.**

KURAJ. adj. Mayor. Excesivo.

KURAJCHURI. adj. Hijo mayor.

KURAKA. s. Gobernador principal de una provincia en el Tawantinsuyu. neol. Mandón indígena en las posesiones agrícolas.

KURAWA. s. Vallado.

KURKU. s. Viga. Sinón. **Kurau.**

KURKU. adj. Jorobado.

KURQA. Asaduras.

KURUKURU. s. Puñados de cosas menudas arrojadas en público para que sean recogidas por los presentes.

KURUPANA. Dios regional de Kuntisuyu.

KURUR. s. Ovillo.

KURURAY. v. Desenovillar, deshacer el ovillo.

KURURUY. Devanar, formar ovillos.

KUSA. adj. Alimento vegetal asado al rescoldo.

KUSA. adj. Bueno.

KUSA. adv. Bien.

¡KUSA! Interj. ¡Bien! ¡Magnífico!

KUSAY. v. Asar alimentos vegetales al rescoldo.

KUSI. s. Alegría, contento.

KUSICHIY. v. Alegrar.

KUSIKAUSAY. Vida apacible y venturosa.

KUSIKUSI. s. Araña común.

KUSIKUSILLA. adv. Alegremente.

KUSIKUY. v. Alegrarse, regocijarse.

KUSINNAJ. adj. Aciago.

KUSIPAYAY. v. Alegrarse del mal ajeno.

KUSIQËLLPU. s. Ventura, dicha perdurable.

KUSI QÖYLLUR. s. Ñust'a hija de Pachakútij Inka, personaje del drama qhëshwa Ullanta. Por sus amores con el guerrero Ullanta fue encerrada durante diez años en Ajllawasi. Finalmente fue otorgada en matrimonio a su prometido.

KUSIRUNA. adj. Hombre dichoso.

KUSI WARKI. s. Hija de Wáskar Inka y esposa de Sayri Túpaj Inka en tiempos de Pizarro.

KUSIYMANA. s. Melancolía, ausencia de toda alegría.

KUSIYMANAKUY. v. Dejarse ganar por la melancolía.

KUSKI. s. Barbecho.

KUSKIJALLP'A. s. Tierra de secano.

KUSKIJ RAYMI. Fiesta de la primavera. Se la celebraba cuando los campos sembrados comenzaban a cubrirse de verde.

KUSKIY. v. Preparar la tierra para la siembra, barbechar.

KUSKIYMIT'A. s. Tiempo de barbechar. Sinón. **Kuskiypacha.**

KUSKIYPACHA. s. Kuskiymit'a.

KUSMA. s. Camisa de mujer.

KUSURU. s. Falsa corteza del plátano que sirve para embalar coca, ají y fruta.

KUTAKIPAY. v. Moler ligeramente, sin triturar.

KUTAMA. Costal.

KUTANA. s. Piedra de moler. Sinón. **Maranuña, túnay.**

KUTASQA. p. Molido.

KUTAY. v. Moler.

KUTI. s. Revés. Vez **Uj kuti.** Una vez. **Tawa kutita rini:** He ido cuatro veces.

KUTICHIY, KUTIRICHIY. v. Obligar a retornar. Devolver una por otra. **Sajmata kutichini:** Le he devuelto el puñete. Restituir. **Mañawasqanta kutichipuni:** Le he restituido lo que me prestó.

KUTIPAKUJ. adj. Rumiante. fig. Hablar de una misma cosa sin descanso.

KUTIPAKUY. v. Rumiar. fig. Hablar de una misma cosa de seguido.

KUTIRPA. adj. neol. Regatón, revendedor.

KUTISARA. s. Mazorca de maíz que lleva los granos envueltos en especie de pancas.

KUTISQA. adj. Descolorido, desfigurado. **Kutisqa p'acha;** Traje descolorido. **Aya jina kutisqa:** Desfigurado como un cadáver.

KUTIY, KUTIRIY. v. Regresar, retornar. Dar media vuelta. Reponerse.

KUTKUY. v. Raer. Sinón. **Khaskay.**

KUTUTU. s. Cobayo macho.

KUTUTUTUY. v. Reclamar el cobayo macho a la hembra.
KUYUCHIY. v. tr. Mover.
KUYURIY. v. intr. Moverse ligeramente. Empezar a moverse.
KUYUSMANKU. s. Tribunal de justicia.
KUYUSMANKU WASI. s. Edificio especial donde se administraba justicia.
KUYUY. v. intr. Moverse.
KUYWI. s. Silbido. Trino de los pájaros.
KUYWINA. s. Silbato. Sinón. **Wichichichina**.
KUYWIY. v. Silbar. Trinar.

K'

K'. Octava letra del alfabeto qhëshwa. Es una K glotalizada.

K'ACHA. s. Bondad. Elegancia, donaire, desenvoltura.

K'ACHA. adj. Bueno.

K'ACHALLIKUY. v. Engalanarse, acicalarse, vestir con elegancia.

K'ACHANPA. s. Cierta danza indígena muy antigua. Se la ejecutaba meciendo el cuerpo de un lado a otro.

K'ACHANPA. adj. Inclinado a un costado.

K'ACHANPAY. v. Inclinar una cosa a un lado. Ejecutar la danza de la k'achanpa.

K'ACHATA. adj. Simpático, agraciado, apuesto.

K'AJ. V. onom. Que expresa el chasquido con que se raja o se hiende una tabla, un mueble, etc.

K'AJA. s. calor.

K'AJAY. v. Hacer calor.

K'AJAY. s. Calentura.

K'AJLLA. s. Pómulo, mejilla. Rama desgajada del tronco del árbol.

K'AJLLANCHA. s. Bofetada. Sinón. **T'ajlla.**

K'AJLLANCHAY. v. Abofetear. Sinón. **T'ajllay.**

K'AJLLASAPA. adj. Carrilludo, de mejilla abultada.

K'AJLLAY. v. Desgajar una rama, partir con la mano un cacharro. Desjarretar.

K'AJMAY. v. Atorar, asfixiar. Desgajar, arrancar ramas.

K'AJNA. Eructo. Sinón. **Jap'a.**

K'AJNAJ. adj. El que eructa.

K'AJNAY. v. Eructar.

K'AJRA. s. Pedazo de cacharro, tiesto. Sinón. **K'allana.**

K'AJTIY. v. Desprender a la fuerza un trozo de revoco o alguna otra materia fuertemente adherida a una pared, al suelo, etc.

K'AKA. s. Grieta que por la acción del frío se forma en la piel. Sinón. **P'aspa.**

K'AKARA. s. Cresta, carnosidad sobre la cabeza de algunas aves.

K'AKI. s. Quijada, mandíbula inferior.

K'ALLA. s. Una variedad de loro, de pequeño volumen.

K'ALLANA, K'ANALLA. s. Tiesto. Trasto de cocina.

K'ALLANPA. s. (Agaricus campestris). Hongo comestible. (R.L.)

K'ALLAPA, K'ALLAPI. s. Parihuela.

K'ALLAWA. s. Especie de aro de madera que se tercia de un hombro a la axila opuesta para vadear los ríos caudalosos.

K'ALLKA. s. Rincón estrecho, esconce.

K'ALLKU. adj. Agrio, sabor ácido de algunas frutas.

K'ALLMA. s. Rama, gajo de árbol.

K'ALLAMASAPA. adj. Frondoso.

K'ALLMAY. v. Echar gajos.

K'ALLPIY. v. Desportillar.

K'AMA. s. Muela, diente molar.

K'AMI. s. Amonestación. Ant. Denuesto, insulto.

K'AMIY. v. Amonestar, reprender. Ant. Injuriar.

K'ANA. s. Pequeño Estado al SE del Cuzco, sometido por Lluq'ë Yupanki. **Mitmajkuna** de este pueblo vinieron más tarde a poblar el valle de Qhöchapanpa.

K'ANA. s. y adj. Incandescencia.

K'ANANANAY. v. Hacer bochorno, calor canicular.

K'ANAQÉLLQA. adj. Charlatán, importuno, necio.

K'ANASA. s. Carbonato de plomo. Tierra blanca.

K'ANAYAY. v. Incandescerse.

K'ANCHAJ. adj. Luminoso.

K'ANCHALLIKUY. v. Vestir con mucha ostentación. Alardear de lujo y elegancia.

K'ANCHAY. s. Luz.

K'ANCHAY. v. Alumbrar, dar luz.

K'ANCHAYLLU. s. Tea, mechero.

K'ANCHILLA. s. y adj. Mujer inclinada al lujo y a la elegancia.

K'ANKA. s. neol. Gallo.

K'ANPAY. v. Desprender a la fuerza una costra o algún objeto fuertemente adherido.

K'ANTI. s. Especie de rueca para torcer hilo de dos o más ramales.

K'ANTISQA. adj. Hilo de dos o más ramales torcido en rueca.

K'ANTIY. v. Torcer en rueca hilo de dos o más ramales.

K'APA. s. Cartílago, ternilla. Sinón. **Khuskulli.**

K'APAJ. adj. Cabal, exacto.

K'APAJKAY. s. Exactitud, condición de cabal.

K'APHKA. adj. Maíz u otro producto que no está aun cocido.

K'ARACHIJ. adj. Lo que causa comezón.

K'ARAJ. adj. Ardiente, incisivo, hiriente.

K'ARAJSIMI. adj. Incisivo, ofensivo en sus palabras. Sinón. **Jayajsimi.**

K'ARASQA. adj. Parte del cuerpo donde hay o hubo comezón.

K'ARAY. s. Comezón.

K'ARAY. v. Producirse la comezón.

K'ARCHIS. s. Rechinamiento de los dientes.

K'ARCHISCHAY. v. Rechinar los dientes.

K'ARI. adj. Dentado.

K'ARKU. adj. Avinagrado, sabor desagradable del líquido que entra en fermentación. Sarro de la dentadura.

K'ARKUY. v. Avinagrarse los alimentos o la bebida. Ensarrarse los dientes.

K'ARPI. adj. Enjuto, cenceño, apergaminado.

K'ARPUYAY. v. Volverse enjuto, enflaquecer demasiado.

K'ARUN. V. onom. Que interpreta el ruido producido por la trituración de alimentos secos en la boca.

K'ARUY. v. Masticar triturando.

K'ASKACHIY. v. Pegar. **Punkuman k'askachiy chay raphita:** Pega esa hoja a la puerta. Colocar muy junto a una cosa. **Pirqaman k'askachiy chay tiyanata:** Pega ese asiento a la pared. fam. Atribuir, imputar.

K'ASKAJSIMI. adj. Charla ingeniosa, persuasiva.

K'ASKAKUJ. adj. El que se apega fácilmente.

K'ASKANNAY. v. Despegar, desprender. Sinón. **K'askaráchiy.**

K'ASKAPU, K'ASKAKU. adj. Persona que frecuenta a otra de modo indeseable.

K'ASKARACHIY. v. Desprender, despegar.

K'ASKARUNA. adj. Ladino, sagaz.

K'ASKAY. v. Alcanzar. **Ñanpi k'askamuwanki:** Me alcanzarás en el camino. Apegarse, no separarse de alguien o de algo.

K'ASKI. adj. Presuntuoso, jactancioso.

K'ASKIKAY. s. Jactancia, presuntuosidad.

K'ASPI s. Palo. Vara.

K'ASPICHAKI. adj. De piernas muy pargas y delgadas.

K'ASPIYAY. v. Adelgazar, enflaquecer. Sinón. **Tullúyay.**

K'ASPIYAY. v. Ponerse erecto.

K'ASHPA. s. Crespo, ensortijado. Sinón. **K'upa.**

K'ATA. s. Partícula, pizca, ápice.

K'ATA. adj. Único. **Uj k'ata munasqa urpi:** Paloma única querida.

K'ATACHAY. v. Desmenuzar, convertir en partículas.

K'ATATATAY. v. Rechinar, chascar.

K'ATKI. s. Resquicio, grieta.

K'ATU. adj. Semiduro, semiblando, cartilaginoso.

K'ATUY. v. Hincar los dientes en una materia cartilaginosa y arrancarle un pedazo.

K'AUCHI. s. Olla. Filo, punta aguda.

K'AUCHIY. v. Aguzar, afilar.

K'AUJKA. adj. Maíz semicocido.

K'AUNA. s. Cuerda de dos ramales, muy torcida.

K'AUNU. adj. Marchito, agostado por el calor.

K'AUÑI. s. Caña asoleada para chuparla.

K'AUSILLU. s. Materia elástica.

K'AWA. s. Estiércol aprensado por el trajín del ganado.

K'AYA. Oca helada y secada al sol.

K'AYRA. s. Rana.

K'AYRAPIN. s. Páncreas.

K'AYU. s. Semilla escogida, selecta.

K'AYUYUYU. s. Hojas verdes de papa que se comían guisadas.

K'AYWIY. v. Entorpecerse, envararse. Adormecerse, adormilarse.

K'ICHI. adj. Hombre pequeño y rechoncho.

K'IJLLU. Angosto, estrecho. Sinón. **K'ullku.**

K'IKA. adj. El animal fuertemente maniatado que no puede caminar.

K'IKAY. Manear a los animales con un lazo muy corto.

K'IKAYKACHAY. v. Manear fuertemente al animal de modo que no pueda caminar sino a saltos.

K'IKI. adj. Apretado. Sinón. **Mat'i.**

K'IKU. s. Aparición del primer menstruo en la mujer.

K'IKUCHIKU. s. Fiesta con que se celebraba la aparición del primer menstruo en la mujer.

K'IKUY. v. Menstruar.

K'ILLA. s. Camellón. Sinón. **Wachu.**

K'ILLAY. v. Hacer camellones. Sinón. **Wáchuy.**

K'ILLIMCHA. s. Cernícalo.

K'ILLIMSA. s. Carbón.

K'ILLIMSANINA. s. Brasas.

K'ILLIMSASQA. adj. Carbonizado.

K'ILLIMSAY. v. Hacer carbón.

K'ILLIWASI. s. Sucesión de habitaciones pegadas unas a otras mediante mojinetes medianeros.

K'ILLKA. s. Entrepierna, bragadura.

K'ILLMI. adj. Lóbrego, oscuro.

K'ILLPA. s. Marca, señal.

K'ILLPIY. v. Marcar, señalar el ganado.

K'IMCHU. s. Seno. Faja de mujer.

K'IMCHUKUY. v. Ceñirse con la faja la mujer.

K'IMCHULLIKUY. v. Llevar en el seno.

K'IMLLA. s. Parpadeo, guiñada.

K'IMLLAY. v. Parpadear, guiñar.

K'INKU. adj. Duro, compacto, **K'inku jallp'a:** Terreno duro, poco apto para el cultivo.

K'INPI. s. (Etusa Cinapio). Planta de la familia de las umbelíferas. Tiene propiedades cáusticas. (R.P.)

K'INTI. s. Par. Dos cosas apareadas.

K'INTIY. v. Aparear.

K'INTU. s. Hoja de coca escogida, menuda y madura.

K'IÑA. s. Fisura. Rajadura pequeña producida por un golpe.

K'IPA. adj. Cereal o tubérculo producido de semilla abandonada en la cosecha. Silvestre, no cultivado.

K'IRAJ. adj. Recostado, reclinado.

K'IRANA. s. Mueble u otro objeto para recostarse.

K'IRAU. s. Cuna.

K'IRAUCHAY. v. Construir una cuna.

K'IRAUKUY. v. Colocar al niño en la cuna.

K'IRAY. v. Recostarse, reclinarse.

K'IRI. s. Herida, descalabradura. Sinón. **Ch'ujri.**

K'IRIJANPI. s. Remedio para la herida.

K'IRINCHA. s. Retardo, atasco en el crecimiento.

K'IRINCHASQA. adj. Retardado, que deja de crecer.

K'IRINCHAY. v. Retardar el crecimiento o desarrollo.

K'IRISAPA. adj. Malherido, cubierto de heridas.

K'IRISQA. adj. Herido, descalabrado. Sinón. **Ch'ujrisqa.**

K'IRIY, KIRICHAY. v. Herir, descalabrar, lastimar. Sinón. **Ch'újriy.**

K'IRKU. adj. Inflexible, rígido, invariable.

K'IRKUKAY. s. Inflexibilidad, rigidez, invariabilidad.

K'IRKUPAKUY. v. fam. Encapricharse, obstinarse.

K'IRNIY. Rechinar.

K'IRU. s. Faja con que se envuelve al niño de pechos. Sinón. **Chunpi.**

K'IRUSQA. p. Envuelto con la faja.

K'IRUY. v. Fajar, envolver al niño con la faja.

K'ISA. s. Fruta pasada al sol.

K'ISAY. v. Poner a secar la fruta al sol.

K'ISKI. adj. Angosto, estrecho, que apenas deja paso.

K'ISKICHAY. v. Estrechar, enangostar.

K'ISKIKAY. s. Estrechez, angostura.

K'ISKIKUY. v. Apretujarse, encajarse en medio de muchos

K'ISKINAKUY. v. Apretujarse, apeñuscarse con otros.

K'ISKIY. v. Apretujar, apeñuscar.

K'ISKIYAY. v. Angostarse, estrecharse.

K'ISÑIY. v. Encajar, introducir por la fuerza Sinón. **Sát'iy.**

K'ISPA. adj. Castaño.

K'ISPIÑAY. v. Cerrar la mano para dar puñadas.

K'ISPIÑU. s. Pequeño bollo de quinua amoldado en el puño. La mano empuñada.

K'ISUY. v. Raer, Tomar pellizcando trocitos de alguna cosa.

K'ISWAN. s. Hígado. Sinón. **K'iuchan.**

K'ITA. adj. Cimarrón, montaraz, silvestre.

K'ITAKUY. v. Hacerse montaraz, cimarrón.

K'ITI. s. Región. Contorno. Ámbito.

K'IUCHAN. s. Hígado. Sinón. **K'iswan.**

K'IUJRAY. v. Quitar los brotes que aparecen en los tubérculos u otros productos guardados.

K'IWAYLLU. s. Planta que suministra una materia adhesiva. (J.A.L.)

K'UCHI. adj. Activo, diligente, ágil.

K'UCHIKUY. s. Náusea.

K'UCHIK'UCHILLA. adj. El que despliega suma diligencia en la ejecución de alguna cosa.

K'UCHIYKACHAY. v. Moverse diligentemente, ágilmente.

K'UCHU. s. Rincón. Esquina. Ángulo.

K'UCHUNCHAY. v. Arrinconar. Poner las cosas en orden.

K'UCHUPACHALLAN. adj. Esquinado, anguloso.

K'UCHUUNKU. s. Camiseta tejida con labores vistosas.

K'UJTIY. v. Abovedar, enarcar.

K'UKU. Fruta no madura.

K'ULLKU. s. Angostura.

K'ULLKU. adj. Estrecho, angosto. Sinón. **K'ijllu.**

K'ULLPI. s. Astilla.

K'ULLPIY. v. Astillar, sacar astillas a la madera.

K'ULLU. s. Tronco de árbol derribado. Madera.

K'ULLUCHAKI. adj. Pie de madera.

K'ULLUCHAY. v. Enmaderar.

K'ULLUNNAY. v. Desenmaderar.

K'ULLUSUNQÖ. Insensible, indiferente.

K'ULLUTUPU. s. Medida de capacidad para áridos, hecha de madera.

K'ULLUUYA. adj. Desvergonzado, cínico.

K'ULLUY. s. Hormiga de gran tamaño.

K'ULLUYAY. v. fig. Endurecerse, perder la delicadeza, descocarse.

K'ULLUYMANA. adj. Reacio para los quehaceres.

K'UMU. adj. Corcovado. Agachado, cabizbajo.

K'UMUK'UMU. adj. Solapado, taimado.

K'UMURAYAY. v. Permanecer agachado, silencioso.

K'UMUSINQA. adj. Nariz corva.

K'UMUTAUNA. s. Cayado. Bordón corvo en el extremo superior.

K'UMUY. v. Agacharse.

K'UMUYKACHAY. v. Andar achicado, apocado, deprimido.

K'UMUYKUCHIY. v. Doblegar, humillar.

K'UMUYKUY. v. Reverenciar, humillarse.

K'UNKU. s. Olor nauseabundo que despiden algunos animales como la zarigüeya y el zorrino.

K'UNKUJSIMI. adj. El que tiene la boca maloliente. Sinón. **Asnasimi.**

K'UNKUWAYLLAK'U. adj. El que padece sobaquina.

K'UNKUY. v. Apestar la zarigüeya, el zorrino, etc.

K'UNPUNA. s. Tapadera. Sinón. **Kirpana.**

K'UNPUY. v. Cubrir un recipiente con su tapa. Sinón. **Kirpay.** Poner un recipiente boca abajo.

K'UNU. s. Golpe dado con la mano en la espalda.

K'UNUY. v. Golpear en la espalda con la mano.

K'UPA. adj. Crespo, rizoso. Sinón. **K'ashpa, sh'urku.**

K'UPALLIMAYTA. Una de las tribus que habitaban la región del Cuzco en la época preinkaica.

K'UPASQA. adj. Raído, gastado.

K'UPAY. v. Estregar, frotar ropa u otros objetos.

K'UPAYAY. v. Encresparse.

K'URI. s. (Chusquea sp.). Planta de la familia de las gramíneas, de tallo macizo y nudoso. (R.L.)

K'URKI. adj. Tieso, duro, inflexible.

K'URKUR. s. (Adonis regia). Planta de la familia de las gramíneas. Sinón. **Suqös.** Vulg. Caña brava, cañahueca. (R.L.)

K'URPA. s. Terrón.

K'URPANNAY. v. Destruir o quitar los terrones en las tierras de labor.

K'URPAYAY. v. Aterronarse.

K'USI. s. Zapallo menudo.

K'USILLU. s. Mono, mico. Pauqark'usillu: Mono muy pequeño, de pelaje amarillento. Sinón. **Sisiru. Sach'a k'usillu:** Mono de tamaño mayor. **Marik'usillu:** Mono de pelaje negro y cuatro dedos en las manos. Vulg. Marimo-

K'USILLUKUY. v. Hacer monerías.

K'USKI. adj. Socaliñero, buscón.

K'USKIY. v. Escudriñar, rebuscar.

K'USU. adj. Arrugado, rugoso.

K'UTI. adj. Enfermedad crónica.

K'UTKULLI. s. Ternilla.

K'UTU. adj. Corrosivo, mordiente, cáustico.

K'UTUPA. s. Corte, recorte.

K'UTUY. Cortar, recortar. Sinón. **Rúthuy.**

K'UYCHI. s. Arco iris.

K'UICHICHAU. s. neol. Sábado.

K'UYKA. s. Lombriz. Sinón. **Siliwikhuru.**

K'UIKACHAU. s. Cierta variedad de ají, delgado y largo, muy picante. Sinón. **Waskauchu.** (G.H.)

K'UYKAUNQÖY. s. Enfermedad producida por la lombriz intestinal.

K'UYTU. Apocado, pusilánime.

K'UYTUKUY. v. Apocarse, encogerse, achicarse.

K'UYUJ. adj. Torcedor.

K'UYUNA. adj. Susceptible de ser torcido.

K'UYUSQA. adj. Hilo o cordel torcido.

K'UYUY. v. Torcer hilo o cuerda.

KH

KH. Novena letra del alfabeto qhëshwa. Es una K. aspirada.

KHACHA. adj. Mugre encostrada. Piel callosa y pringosa.

KHACHAYAY. v. Encostrarse la mugre. Formarse callos en los pies o las manos.

KHACHI. adj. Alimento mezclado con tierra.

KHACHU. s. Mordisco en una fruta o cosa parecida. Pedazo que se saca mordiendo.

KHACHUPAY. v. Ir mordiendo repetidamente y sacando sendos pedazos.

KHACHUY. v. Sacar pedazos de una cosa con los dientes.

KHACHUYKACHAY. v. Morder repetidamente sacando pedazos.

KHAKA. adj. Robusto, nervudo. Espeso, denso.

KHAKACHAY. v. Espesar, condensar.

KHAKAY. v. Encajar, incrustar.

KHAKAYAY. v. Espesarse, volverse denso.

KHAKU. adj. neol. Gago, tartamudo.

KHAKUY. v. Frotar una cosa reduciéndola a una porción de partículas. Frotar entre ambas palmas una cantidad de cereales u otras cosas para limpiarlos.

KHALLARINRI. adj. Persona que lleva horadada o rasgada la oreja.

KHALLASQA. p. Hendido, cortado, rajado.

KHALLAY. v. Hender, abrir brecha. Sinón. Llík'iy.

KHALLKA. s. Pedrusco. Esquirlas que se desprenden de la piedra cuando se la labra.

KHALLKAY. v. Convertir una piedra en cascotes.

KHALLKI. s. Adoquín.

KHALLKIY. v. Labrar adoquines.

KHALLPA. s. Desportilladura. Melladura.

KHALLPAY. v. Desportillar. Mellar.

KHALLPI. s. Partículas que se desprenden de una desportilladura.

KHALLU. s. Pierna de manta. Cada una de las mitades unidas que forman una cobija o una manta.

KHALLWA. s. Golondrina. Sinón. Wayánay.

KHALLWA. s. Lanzadera.
KHALLWI. adj. Tubérculo no acabado de cocer. Sinón. **Khatu.**
KHAMAY. v. Podrirse por completo la papa u otro tubérculo.
KHAMUNA. adj. Masticable.
KHAMUPAKUJ. adj. Rumiante, el que rumia. Sinón. **Kutipákuj.**
KHAMUPAKUY. v. Rumiar. Sinón. **Kutipákuy.**
KHAMUPAKUY. v. fam. Contener la cólera, rezongar, musitar.
KHAMUSQA. p. Masticado.
KHAMUY. s. Bocado. Masticación.
KHAMUY. v. Masticar.
KHANANANAY. v. Chillar, rechinar los dientes.
KHANASACH'A. s. (Bacharis Halimifolia). Arbusto de la familia de las compuestas. Tiene aplicaciones medicinales. (R.P.)
KHANIJ. adj. Mordedor, el que muerde.
KHANIY. v. Morder.
KHANKI. s. Borde desportillado de una vasija.
KHANKIY. v. Desportillar el borde de una vasija.
KHAPA. s. Entrepierna.
KHAPASUNK'A. s. Pendejo.
KHAPAY. v. Dar zancadas.
KHAPAYKACHAY. v. Caminar a zancadas.
KHAPAYKUY. v. Cabalgar, ponerse a horcajadas.
KHAPIY. v. Desgranarse, desprenderse los granos de una mazorca por sequedad.
KHAPU. adj. Perforado por desgaste. Frágil, inconsistente.
KHAPUY. v. Perforar desgastando.
KHARA. Estiércol barroso.
KHARI. s. Cuchillada a fondo.
KHARIKHARI. s. Zarzamora.
KHARIY. v. Acuchillar, hundir el cuchillo en la carne.
KHARKA. s. Suciedad, mugre del cuerpo.
KHARKA. s. Nerviosidad, temor.
KHARKACHIY. v. Infundir temor, miedo.
KHARKATIY. v. Temblar, tiritar. Sinón. **Khatátay.**
KHARKAY. v. Temer.
KHARMIN. s. Omóplato.
KHARMU. s. Avío, provisión que se lleva en un viaje. Sinón. **Qóqawi.**
KHARWA. s. Langosta. Sinón. **Jaq'arwitu.**
KHASA. adj. Fácil de rasgarse.
KHASAKUY. v. Rasgarse por el uso o por inconsistencia.
KHASAY. Rasgar.
KHASKAY, KHASHKAY. v. Roer.

KHASKIKAY. s. Ostentación, vanagloria.

KHASKIKHASKI. adj. Ostentoso, altanero.

KHASHTUY. v. Mascar permanentemente. Rumiar.

KHATA. adj. Helado, yerto.

KHATATAY. v. Temblar, tiritar. Sinón. **Kharkátiy.**

KHATU. adj. Alimento no cocido del todo.

KHAWA. s. Madeja.

KHAWAY. v. Enmadejar.

KHICHU. s. Hebra.

KHICHUY. v. Arrancar hilachas de un tejido. Cortar hebras de hilo.

KHIKI. s. Acaro. Sinón. **Sisu, isu.**

KHIKUY. v. Rascar el cuerpo cuando escuece.

KHIÑI. s. (Acacia macrantha). Algarrobo enano. (R.L.)

KHIÑI. adj. Pelo corto, espeso y crespo.

KHIPI. s. Dentera.

KHIPICHIKUY. v. Contraer dentera.

KHIPIY. v. Dar dentera.

KHIPU. s. Nudo.

KHIPU. s. Sistema de lenguaje gráfico de los Inkas a base de cordeles de diversos colores anudados de múltiples maneras.

KHIPUKAMAYUJ. s. Experto en el manejo del khipu.

KHIPUSQA. p. Anudado. Registrado en el khipu.

KHIPUY. v. Anudar. Fijar las palabras en el sistema del khipu.

KHIRKI. adj. Aspérrimo, basto. Granujiento.

KHIRKINCHU. s. Armadillo.

KHIRUSILLA. s. (Oxalis Acetocella). Planta de la familia de las oxalidáceas Tiene diversas aplicaciones. (R.P.)

KHISKILLI. s. Cosquilla. Sinón. **Kulla.**

KHISKILLICHIY. v. Causar cosquillas.

KHISKILLIY. v. Cosquillear.

KHISHKA. s. Espina.

KHISHKACHIKUY. v. Herirse con espina.

KHISHKARUMI. s. Pedernal.

KHISHKASAPA. adj. Espinoso, lleno de espinas.

KHISHKASQA. p. Espinado, herido de espinas.

KHISHKAY. v. Espinar.

KHISHKIS. s. Uno de los generales del ejército de Atau Wállpaj Inka en la guerra contra Wáskar Inka. Fue vencedor de la batalla final.

KHITUKUY. v. Frotarse, friccionarse.

KHITUY. v. Restregar, frotar.

KHIWIY. v. Devanar.

KHUCHI. s. neol. Cochino, cerdo.

KHUCHI. adj. neol. Sucio, asqueroso.

KHUCHICHAKUY. v. neol. Ensuciarse, emporcarse. fig. Cometer actos inmorales.

KHUCHICHAY. v. neol. Ensuciar, emporcar.

KUCHIWASI. s. neol. Pocilga.

KHUNAY. v. Amonestar.

KHUNUPA. Deidad familiar en el Tawantinsuyu.

KHURKU. adj..Importuno, intruso.

KHURKUKUY. v. Curiosear. Mosconear.

KHURU. s. Gusano.

KHURUPANPA. s. Rio que pasando por Ullantaytanpu y Machupijchu se interna en la selva amazónica. Vulg. Urubamba.

KHURUYKUY. v. Agusanarse.

KHUSKA. adj. Parejo, igual. pl. Juntos: **Khuska risunchis:** Iremos juntos.

KHUSKA. adv. Juntamente.

KHUSKACHAJ. adj. Igualador, allanador. fig. El que apacigua a quienes pelean.

KHUSKACHAY. v. Igualar, allanar. Sinón. **Panpáchay.** Apaciguar. **Maqanakujkunata khuskachani:** He apaciguado a los peleadores. Sinón. **Jamách'ay.**

KHUSKAN. s. Mitad. Sinón. **P'atma.**

KHUSKIKUY. v. Examinar los propios actos buenos o malos.

KHUSKIPAYAJ. adj. Escudriñador, diligente en la búsqueda.

KHUSKIPAYAY, KHUSKIKACHAY. v. Escudriñar, pesquisar.

KHUSKIY. v. Examinar, analizar.

KHUSKIY. v. Limpiar de piedras el suelo para edificar. Buscar cosas muy menudas y difíciles de encontrar.

KHUSKU. s. Tinte, matiz. Esmalte.

KHUSKUJ. s. Pintor. Decorador. Esmaltador. Sinón. **Llímp'ij.**

KHUSKULLI. s. Cartílago. Sinón. **K'apa.**

KHUSKUSARA. s. Maíz dañado por la polilla.

KHUSKUY. v. Pintar. Decorar. Esmaltar. Sinón. **Llímp'ij.**

KHUSKUY. v. Raer. Cortar con los dientes. Masticar alimentos muy duros.

KHUSKUY. v. fig. Razonar, discurrir.

KHUSMU. s. Rastrojo, la chala que queda después de la cosecha. Pequeño tambor de coca.

KHUSMU. adj. Octava parte de un entero.

KHUTU. adj. Condensado, espeso.

KHUTUCHAY. v. Espesar, condensar.

KHUTURU. s. Cuajaron.

KHUTUY. v. Corroer.

KHUTUYAY. v. Espesarse, condensarse.

KHUYA. s. Cierta piedra que posee virtudes mágicas.
KHUYANA. adj. Digno de amor ơ de compasión.
KHUYAY. s. Amor. Compasión.
KHUYAY. v. Amar. Compadecer.
KHUYAYNINNAJ. adj. Insensible, empedernido.
KHUYAYNIYUJ. adj. Compasivo, piadoso.
KHUYAYSAPA. adj. Proclive a la piedad.
KHUYUNA. s. Silbato.
KHUYUY. v. Silbar. Sinón. **Síwiy, qöywiy.**

LL

LL. Décima letra del alfabeto qhëshwa. Tiene el mismo valor fonético que la Ll. castellana.

LLA. adv. Expresa encarecimiento, ruego. **Amalla ripuwajchu:** No te fueras, te lo ruego. Corresponde a **únicamente, nada más que, sólo. Paylla munakuyta yachan:** Únicamente él sabe querer. También significa relativa aceptación. **K'achalla kay runaqa:** Ese hombre es relativamente bueno. A veces significa amenaza. **Amalla ruranaykita tukuriychu:** Cuidado con no acabar tus quehaceres. Interpuesto entre algunas formas verbales equivale a **simplemente, meramente.** Asirikullani: Me río simplemente.

LLA. Partícula con que a veces se forma el diminutivo: amorcito. **T'ikalla:** florecilla.

LLACHAPA. s. Harapo, andrajo.

LLACHAPASAPA. adj. Andrajoso, harapiento.

LLACHI. s. Ilusión.

LLACHIKUY. v. Ilusionarse.

LLACHIWANA. s. Cierta avispa melífera que labra panales esferoidales. La miel producida por dicha avispa.

LLACHIY. v. Alimentar ilusiones.

LLAJA. s. Cierta enfermedad de la patata en maduración.

LLAJCHI. adj. Enjuto, esmirriado, flaco. Sinón. **Jarchi.**

LLAJLLA. adj. Cobarde, miedolento. Farsante, charlatán.

LLAJLLAKAY. v. Embuste, charlatanería.

LLAJLLASQA. adj. Madera labrada.

LLAJLLAY. v. Acobardarse, cobrar miedo. Temer.

LLAJLLAY. v. Desbastar, igualar, labrar la madera.

LLAJLLAYKAMAYUJ. s. Carpintero.

LLAJMU. adj. Desdentado, que perdió los dientes.

LLAJSA. s. Bronce. Metal en fusión.

LLAJSA. adj. Aterrador, atemorizador.

LLAJSASQA. adj. Aterrado, amedrentado, temeroso.

LLAJSAY. v. Fundir metales. fig. Aterrar, amedrentar.

LLAJTA. s. Ciudad. Pueblo. País.

LLAJTACHASQA. adj. Avecindado en un pueblo o ciudad.

LLAJTACHAY. v. Fundar un pueblo o una ciudad.

LLAJTAKAMAYUJ. s. Inspector encargado de vigilar el orden interior de los hogares en el Tawantinsuyu.

LLAJTAMASI. adj. Conciudadano. Coterráneo.

LLAJTAYAKUY. v. Poblarse, crecer la población de un pueblo o ciudad.

LLAJTAYUJ. adj. Ciudadano. Natural de un pueblo o lugar.

LLAJT'U. s. Harina insalivada y modelada en la boca para la fabricación de la chicha. Sinón. **Muk'u.**

LLAJT'UY. v. Insalivar y moldear harina en la boca. Sinón. **Múk'uy.**

LLAJWA. s. Lamido. Pasta aguanosa de ají crudo.

LLAJWAJ. adj. Lamedor. Sinón. **Llunk'uj.**

LLAJWAY. v. Lamer. Sinón. **Llúnk'uy.**

LLAKACHUKI. s. Lanza emplumada de los guerreros del Inka.

LLAKAWITI. s. (Cucurbita ficifolia). Calabaza alimenticia. Vulg. Lacayote. (R.L.)

LLAKICHIY. v. Causar pena.

LLAKIKUY. v. Sentir pesar, apenarse.

LLAKIPA. s. Suspiro.

LLAKIPAKUY. v. Suspirar.

LLAKIPAYAY. v. Compadecer.

LLAKISQA. adj. Triste. **Llakisqa qhëpakuni:** Me he quedado triste.

LLAKIY. s. Pena, pesar.

LLAKIYSAPA. adj. Melancólico, atribulado.

LLAKUN. s. (Polymnia sonchifolia). Planta de la familia de las compuestas cuya raíz es alimenticia. Vulg Yacón. (R.L.)

LLALLAWA. S. Dios de las sementeras en la antigüedad inkaica.

LLALLAWI. s. Papa muy grande y de apariencia singular que antiguamente se escogía para ofrecerla a las divinidades.

LLALLI. s. Triunfo, victoria.

LLALLICHIKUY. v. Dejarse vencer.

LLALLINAKUY. s. Competición, contienda.

LLALLINAKUY. v. Contender, entrar en pugna.

LLALLISQA. p. Vencido.

LLALLIY. Vencer, superar.

LLAMA. s. (Lama glama). Mamífero rumiante de la sierra andina. El macho es de carga y la hembra sirve para la reproducción. Se aprovecha su lana y su carne.

LLAMALLAMA. s. Cierto género de comedias y los actores que las representaban. Estos últimos actuaban cabalgados en los cuellos de otros actores.

LLAMAMICHIJ. s. Pastor.

LLAMAYUJ. adj. Poseedor de llamas.
LLAMI. s. Palpación, tocamiento. Probadura.
LLAMICHIY. v. Dejar palpar. Hacer probar.
LLAMINA. adj. Palpable. Digno de ser probado.
LLAMIY. v. Palpar, tocar. Probar, gustar.
LLAMRAN. s. Árbol semejante al aliso. (J.A.L.)
LLAMSA. adj. Liviano.
LLAMSAYAY. v. Alivianarse.
LLANJLLA. adj. Pusilánime.
LLANKA. s. Arcilla. Sinón. **Llink'i.**
LLANK'AJ. adj. Trabajador.
LLANK'ANA. s. Obra que se ha de ejecutar. Herramienta para trabajar.
LLANK'AY. v. Trabajar.
LLANKHA. s. Tocamiento. Sinón. **Llami.**
LLANKHA. adj. Rosado.
LLANKHAY. v. Palpar, tocar con las yemas de los dedos.
LLANKHAY. v. Teñir de rosado.
LLANLLA. adj. Lozano. El que difunde noticias y chismes.
LLANLLAJALLP'A. s. Arcilla roja y pegadiza.
LLANLLAKU. adj. El que juega a dos ases. Sinón. **Purajuya.**
LLANLLAY. v. Ponerse lozano. Captar y propagar nuevas y chocarrerías.
LLANPA. s. Especie de pala para remover tierra y otros usos.
LLANPAY. v. Trabajar con la llanpa.
LLANP'U. adj. Blando, muelle, suave.
LLANP'UKAY. s. Mansedumbre.
LLANP'URUNA. adj. Hombre de genio, apacible, manso.
LLANP'UYACHIY. v. Amansar, ablandar.
LLANP'UYAY. v. Amansarse, ablandarse.
LLANPHAY. v. Lamer. Rebañar con la lengua.
LLANQ'Ë. s. Zapato, sandalia, mocasín.
LLANQ'ËKUY. v. Calzarse los pies.
LLANT'A, YAMT'A. s. Leña.
LLANT'AY. v. Hacer leña.
LLANT'AYAY. v. Ponerse escuálido, descarnado.
LLANTAYKAMAYUJ. s. Leñador.
LLANTHU. s. Sombra. Sinón. **Supa.**
LLANTHUCHA. s. Sombrajo.
LLANTHUNA. s. Quitasol, cualquier medio para obtener sombra.
LLANTHUY. v. Sombrear, hacer sombra.
LLANTHUYAY. v. Nublarse.
LLAÑU. adj. Delgado, fino. Sinón. **Ñañu.**
LLAÑUYACHIY. v. Volver delgado, fino. Afinar.

LLAÑUYAY. v. Adelgazar, afinarse.

LLAPA. adj. Todo, todos, total. Sinón. **Túkuy.**

LLAPAATIPAJ. adj. Todopoderoso.

LLAPAKA. adj. Débil, endeble.

LLAPANTIN. adj. Todos, sin excepción.

LLAPAYALLIJ. adj. El que sobrepuja, el que se impone a todos.

LLAPCHAY. v. Introducir los alimentos con la lengua en la boca, sin ayuda de la mano.

LLAPISQA. p. Estrujado, despachurado.

LLAPIY. v. Estrujar, despachurrar.

LLAPLLA, LLAPSA. s. Losa muy delgada y fina.

LLAPLLAWA. s. Amnios, membrana interna que envuelve al niño que va a nacer.

LLAPSAK'ULLU. s. Tabla.

LLAPT'AY. v. Engullir, comer a grandes bocados.

LLAP'A. adj. Fláccido, doblegado.

LLAP'I. s. Pesadilla.

LLAP'IY. v. Apretar, estrujar con la mano. Sinón. **Q'állpiy.**

LLAPHAPAY. v. Flamear, ondear una tela batida por el viento.

LLAPHARA. s. Bandera, estandarte.

LLAPHI. s. Temperatura ambiente.

LLAPHIN. s. Tejido muscular que cubre las costillas.

LLAPHIY. s. Calor propio de cada cuerpo.

LLAPHIYAY. v. Moderarse la temperatura ambiente.

LLAQA. s. Hoja del maíz. Sinón. **Llaqhë.**

LLAQA. adj. Magro, sin gordura.

LLAQARUNA. adj. Hombre delgado de carnes, enjuto. Sinón. **Llaqaymana, sijllamana.**

LLAQAYAY. v. Enflaquecer. Sinón. **Tullúyay.**

LLAQAYMANA. adj. Hombre cenceño, enjuto.

LLAQ'A. s. Espuma que se forma en la superficie de algunos líquidos en ebullición.

LLAQ'A. m. adv. Boca abajo, de bruces.

LLAQ'AJ. V. onom. Que expresa la caída de bruces.

LLAQ'AKUY. v. Caer de bruces.

LLAQ'APAKUY. v. Dar traspiés y caer repetidamente de bruces.

LLAQ'ARAYAY. v. Postrarse, quedarse rendido.

LLAQ'AY. v. Arrojar barro o estuco con fuerza en la pared al revocarla. Arrojar al suelo cualquier masa aguanosa.

LLAQ'Ö. s. Fiasco, zumba.

LLAQ'ÖCHIY. v. Chasquear, dar zumba.

LLAQHA. adj. Oscuro, sombrío.

LLAQHAYACHIY. v. Oscurecer, quitar la luz.

LLAQHAYAY. v. Oscurecerse.

LLAQHÉ. s. Hoja verde de maíz.

LLAQHÉY. v. Deshojar, quitar las hojas.

LLAQHÖ. s. Alga confervácea de apariencia filamentosa que vive en el agua detenida o de poca corriente. (J.A.L.)

LLARAY. s. Peso.

LLARAY. v. Pesar.

LLARI. s. Zorra. Sinón. **Atuj.**

LLARIKASA. s. Pueblo que vivía al E. del lago Titicaca, sometido por Mayta Qhápaj Inka. Vulg. Larecaja.

LLASA. s. Saqueo, toma de botín.

LLASA. adj. Pesado. Lento.

LLASAJKAYNIN. s. El peso.

LLASAMUJ. adj. Saqueador.

LLASAMUY. v. Saquear en estado de guerra.

LLASAY. v. Saquear. Pesar.

LLASLLA. s. Nevada sin viento.

LLASLLAY. v. Nevar sin viento.

LLAST'A. s. Lámina de metal.

LLAST'A. adj. Dícese de la plancha metálica muy fina.

LLASTAY. v. Laminar.

LLASUYWANA. s. Pequeño pájaro muy ágil. (G.H.)

LLAT'A. adj. Desnudo, en cueros.

LLAT'ANAKUY. v. Desnudarse, quitarse la ropa.

LLAT'ANAY. v. Desnudar, quitar la ropa.

LLAT'AY. v. Caminar de cuatro pies. **Wamraqa watanmanta pacha llat'aykachan:** El niño camina de cuatro pies desde su año de edad.

LLAUCH'I. adj. Flácido, laxo, sin fuerzas, débil.

LLAUCH'IKU. adj. El que a ocultas mete la mano en la olla o la comida.

LLAUCH'IY. v. Extraer alimentos de la olla con la mano.

LLAUQ'ÉY. v. Extraer con la mano.

LLAUQHE. adj. Flojo, holgado. Sinón. **Waya.**

LLAUSA. s. Baba, flema.

LLAUSASURU. adj. Baboso.

LLAUSAY. v. Babear.

LLAUT'I. adj. Carne flaca de mal aspecto.

LLAUT'U. s. Trenza con que el Inka y sus vasallos se ceñían la cabeza a manera de tocado.

LLAUT'ULLIKUY. v. Ceñirse con el llaut'u.

LLAWA. s. Especie de poleadas con carne, papa y otros elementos. Vulg. Lagua.

LLAWAR. s. Sangre. Sinón. **Yáwar.**

LLAWIY. v. Blandir.

LLAWIYKACHAY. v. Bambolear.

LLAYMAY. v. Descortezar.

LLAYQA. s. Hechicero, brujo.

LLAYQAY. v. Embrujar.

LLAYQÉSQA. p. Embrujado.

LLIJCH'A. s. Guiso de hojas tiernas de quinua.

LLIJCH'AY. v. Guisar hojas tiernas de quinua.

LLIJLLA. s. Manta tejida con esmero y decorada con muchos colores de que se sirven las jóvenes para cubrirse los hombros y la espalda.

LLIJLLAKUY. v. Cubrirse con la llijlla.

LLIJLLALLIKUY v. Adquirir una llijlla y usarla.

LLIJMACHIY. v. Hacer rebasar.

LLIJMAY. s. Colmo.

LLIJMAY. v. Rebasar, desbordarse.

LLIJTI. s. Llaga purulenta. Postilla.

LLIJWI. s. Masa muy aguanosa y escurridiza.

LLIKA. s. Red. **Chaliwa llikana:** Red de pescar.

LLIKA. adj. Tejido ralo.

LLIKAWIRA. s. Peritoneo.

LLIKAY. v. Preparar y armar redes de pescar.

LLIKUY. v. Vestir.

LLIK'ISQA. p. Roto, rasgado.

LLIK'IY. v. Romper, rasgar.

LLILLI. s. Enconamiento, inflamación que aparece en algunos miembros plegados del niño. Úlcera.

LLILLIY v. Enconarse, inflamarse los pliegues en los miembros del niño. Ulcerarse una herida.

LLINK'I. s. Arcilla. Sinón. **Llanka.**

LLINK'U. s. Curva.

LLINNINNAJ. adj. Aciago, funesto.

LLINP'A. adj. Lleno, rebosante de líquido.

LLINP'AY. v. Llenar un recipiente hasta que desborde el líquido.

LLINP'I. s. Color.

LLINP'I. s. Sal de mercurio, purpúrea, usada como afeite por las mujeres durante el Inkario.

LLINP'IJ. s. y adj. Pintor. Sinón. **Khúskuj.**

LLINP'IKUNA. s. pl. Colores utilizables en el arte de la pintura.

LLINP'INA. s. Pintura, materia que se emplea para pintar.

LLINP'IY. v. Pintar.

LLINPHU. adv. Totalmente, completamente.

LLINQÖY. v. Doblar, encorvar el borde o filo de un objeto metálico.

LLINT'A. adj. Borneado, enroscado hacia fuera.

LLINTAY. v. Bornear, enroscar hacia fuera.

LLIPI. s. Párpado.

LLIPI. adj. Todo, total.

LLIPI. s. Pueblo situado al S. de Potosí y sometido por Wiraqöcha Inka. Vulg. Lípez.

LLIPIJ. s. Parpadeo. Sinón. **Ch'ipij.**

LLIPIJYAY. v. Parpadear. Sinón. **Ch'ipijyay.**

LLIPT'A, LLUJT'A. s. Panecillo de ceniza de cacto o quinua que se emplea en la masticación de la coca.

LLIPT'AKUY, LLUJT'AKUY. v. Mezclar la Llipt'a con la coca al masticarlas.

LLIPHIPIY. s. Resplandor, fulgor.

LLIPHIPIY. v. Resplandecer, fulgurar, brillar.

LLIPHILLI. s. Resplandor fugaz, lampo.

LLIQHEY. v. Desollar, lastimar la piel.

LLIQHÖPAYAY. v. Mirar de soslayo con oculta intención.

LLIQHÖRI. adj. El que acostumbra mirar de soslayo.

LLIQHÖY. v. Mirar de soslayo.

LLIRQ'Ö. adj. Bizco.

LLIRQ'ÖY. v. Bizcar.

LLIUJ. adj. Mucho, demasiado. Todo, entero.

LLIUJLLIUJ. V. onom. Que interpreta el relampagueo.

LLIUJLLIUJYAY. v. Fulgurar, titilar las estrellas. Relampaguear.

LLIUJYAY. v. Aclarar, limpiarse de nubes el cielo.

LLIUQËLLIUQË. s. Pájaro carádrido de plumaje plomizo y blanco. Vive en lugares húmedos.

LLIWI. s. Antigua arma de caza que constaba de tres bolas de piedra o plomo pendientes de tres cordeles unidos por sus extremos libres. Sinón. **Riwi.**

LLIWI. adj. Colgante, pendiente.

LLIWICHAY. v. Cazar con lliwi.

LLUCH'A. s. Encía. Sinón. **Kiruaycha.**

LLUCH'INA, LLUNCH'INA. s. Sustancia o instrumento que se usa para enlucir.

LLUCH'IY, LLUNCH'IY. v. Enlucir, embarnizar.

LLUCH'USQA. p. despellejado, deshollejado. Sinón. **Ch'uskisqa.**

LLUCH'UY. v. Despellejar, deshollejar. Despojarle de la ropa a uno.

LLUJCHIY. v. Tocar, palpar.

LLUJLLA. s. Riada, avenida.

LLUJLLAY. v. Inundar, salir de madre las aguas.

LLUJLLAYPARA. s. Borrasca, tempestad que causa inundaciones.

LLUJLLAYWANKUPA. s. Hijo de Pachakámaj, dios del terremoto. Era divinidad protectora de la tribu **Sh'ika.**

LLUJLLU. s. Aceite de maíz que se acumula en la superficie de la chicha en fermentación.

LLUJLLU. adj. Huero, podrido. Sinón. **Miq'a.**

LLUJMAY. v. Anegar, inundar.

LLUJSICHIY. v. Echar, arrojar, obligar a salir.

LLUJSINA. s. Salida.

LLUJSIY. v. Salir.

LLUJU. s. Gargajo.

LLUJUUNQÖY. s. Catarro nasal, romadizo.

LLUJUY. v. Gargajear.

LLUKI. s. Daga, puñal.

LLUK'I. s. Axila, sobaco. Sinón. **Wayllak'u.**

LLUK'IY. v. Llevar algo bajo el brazo, junto al sobaco. fig. Sobornar.

LLUK'U. s. Redecilla para cazar cobayos. Sinón. **Yukuma.**

LLUK'UY. v. Cazar con redecilla.

LLULLA. s. Mentira. Engaño.

LLULLA. adj. Mentiroso. Engañoso.

LLULLACHURI. s. Hijastro.

LUJLLAKUY. v. Mentir. Engañar.

LLULLANA. s. Cebo, señuelo.

LLULLAPAY. v. Encubrir.

LLULLASAPA. adj. Mentirosísimo.

LLULLASIMI. adj. Noticia falsa. Palabra engañosa.

LLULLASUNQÖ. adj. Fementido.

LLULLMI. adj. Engañador, embaucador.

LLULLMIY. v. Engañar, embaucar.

LLULLU. adj. Fruto verde, no maduro.

LLULLUCH'A. s. (Gnostoc sp.). Alga comestible del grupo de las pehophiceas. (R.L.)

LLULLUSIMI. adj. El de lenguaje suave o manso.

LLULLUWARA. adj. Niño de teta.

LLULLUY. v. Comenzar a frutecer las plantas.

LLULLUYAY. Apaciguarse, ablandarse. **Llulluyapun súnqöy:** Mi corazón se ablanda.

LLULLUYMANAJ. adj. De genio blando, generoso, compasivo.

LLUNA. adj. Trillón.

LLUNCHU. s. Nuera del varón.

LLUNK'INA. s. Instrumento para bruñir.

LLUNK'ISQA. p. Bruñido.

LLUNK'IY. v. Bruñir.

LLUNK'U. adj. fig. Adulador.

LLUNK'UJ. adj. El que rebaña. Sinón. **Llájwaj.** El que adula.

LLUNK'UY. v. Rebañar. fig. Adular.
LLUNLLU. adj. Simple, sandio, tonto.
LLUNLLUYAY. v. Atontarse, abobarse.
LLUNP'A. s. Limpieza, pureza.
LLUNP'AJ. adj. Virgen. Inmaculada, impoluto, sin mancha.
LLUNP'AJLLA. adj. Blanco nítido, puro.
LLUNP'AJSUNQÖ. adj. El limpio de conciencia.
LLUNP'IY. s. Inundación, invasión.
LLUNP'IY. v. Inundar, invadir. Pulular.
LLUNP'U. adj. Gordo, bien nutrido.
LLUP'IJ. adj. Pensador, meditabundo.
LLUP'IY. v. Pensar, meditar.
LLUPHIY. Escaldar, quemar con agua hirviendo. Depilar.
LLUQ'AJ. adj. El que sube. El que trepa.
LLUQ'ANA. s. Lugar alto donde se sube.
LLUQ'AY. v. Subir. Trepar.
LLUQ'Ë. s. La izquierda.
LLUQ'E. adj. Izquierdo, zurdo.
LLUQ'É YUPANKI. Hijo de Sinchi Ruka Inka y de la qöya Mama Qhöra. Tercer soberano del Imperio.
LLUQ'Ö. s. neol. Sombrero viejo que ha perdido su forma.
LLUQÖSTI. s. (Passiflora foetida var, gossypholia). Planta de la familia de las pasifloráceas, de fruto comestible. Vulg. Granadilla. (M.C.)
LLUQHË. adj. Desidioso, descuidado.
LLURI. s. Helecho arborescente.
LLUSIKUY. v. Ponerse afeites a la cara.
LLUSiNAJANPI. s. Ungüento.
LLUSIY. v. Engrasar, untar, ungir. Sinón. **Jáwiy.**
LLUSK'A. s. Terreno resbaladizo.
LLUSK'A. adj. Resbaladizo. Sinón. **Llust'a.**
LLUSK'ANA. s. Resbaladero.
LLUSK'AY. v. Resbalar. Sinón. **Súskhay.**
LLUSP'I. adj. Escurridizo.
LLUSP'ICHIY. v. Hacer fugar, dejar huir. Dejar escurrir.
LLUSP'IY. v. Escabullirse, escaparse, salvarse del peligro.
LLUST'A. adj. Resbaladizo. Sinón. **Llusk'a.**
LLUSTAY. v. Resbalar. Sinón. **Llusk'ay.**
LLUST'I. s. Excoriación, desolladura.
LLUST'ISQA. p. Excoriado, desollado.
LLUST'IY. Excoriar, desollar.
LLUTAN. s. y adj. Desconocido.
LLUTANPA. adv. Al desgaire.

LLUTITUNPAY. s. Calumnia.

LLUTITUNPAY. v. Calumniar.

LLUTU. s. Pezón de la glándula mamaria de las hembras.

LLUT'ARAY. v. Deshacer el taponamiento o el revoque.

LLUT'ASQA. p. Taponado, obstruido, obturado. Revocado con barro. fig. Embaucado.

LLUT'AY. v. Taponar, obstruir, obturar. Revocar con barro. fig. Embaucar.

LLUTHU, LLUT'U. s. Pabellón de la oreja.

LLUTHULLUTHU, LLUT'ULLUT'U. s. (Rapanea pearcei). Planta de la familia de las mircináceas. Es comestible. Vulg. Verdolaga. (R.L)

LLUWIY. v. Descuajar la planta que no está arraigada.

LLUYCHU. s. Venado andino.

LLUYLLA. adv. Del todo, completamente todo.

M

M. Undécima letra del alfabeto qhëshwa. Tiene su equivalente exacto en la M castellana.

MA. conj. Pues, a ver, veamos. Llamíríy ma kay aqhata: Prueba, pues, esta chicha.

MACHAJTULLU. adj. Borracho impenitente.

MACHAJWA. s. Culebra.

MACHAJWAY. s. Constelación de Cáncer.

MACHAPU. s. Ola.

MACHAS. s. Pequeño caracol que vive a orillas del lago Titicaca. Los indígenas lo emplean en su alimentación.

MACHASQA. p. Borracho, beodo.

MACHAY. s. Hornacina.

MACHAY. s. Ebriedad, borrachera.

MACHAY. v. Embriagarse.

MACHITATAY. s. Fatiga.

MACHITAY. v. Abrumar.

MACHU. adj. Viejo.

MACHUKAY. s. Vejez.

MACHUMINSH'A. s. Día que sigue a pasado mañana.

MACHUPIJCHU. s. Monumento arqueológico situado en el departamento actual del Cuzco, junto al río Urumbaba, en una cumbre casi inaccesible. Es probable que haya sido un convento de vírgenes consagradas al culto del Sol.

MACHUYAY. v. Envejecer.

MACHUYAYA. s. Bisabuelo.

MACH'A. s. Cobertizo de ramas, enramada. Materia adhesiva. Mullimach'a: Látex del molle, que es pegajoso.

MACH'A. adj. Adhesivo, capaz de pegarse.

MACH'AY. s. Cueva. Hornacina, nicho.

MACH'AY. v. Construir cobertizo de ramas. Pegar, adherir.

MACH'IN. s. Músculos del brazo, principalmente el bíceps y el triceps.

MACH'IN. s. Especie de lagarto.

MACH'ITMA. s. Convicción, seguridad de que una cosa es evidente.
MACH'ITMAY. v. Probar hasta el convencimiento la veracidad de una cosa.
MAJCH'INA. s. Cubo, vaso.
MAJCH'IY. v. Enjuagar. Sinón. **Aytiy, ch'uwánchay.**
MAJI. s. Hastío, aburrimiento, empalagamiento. Sinón. **Ami.**
MAJIJ. adj. Aburridor, molestoso.
MAJIY. v. Aburrirse, empalagarse, hastiarse. Sinón. **Amiy.**
MAJLLA. adj. Avaro, tacaño. fig. Afeminado, homosexual.
MAJLLAKUY. v. Cicatear, tacañear.
MAJLLU. s. Peligro, riesgo. fam. Manco.
MAJMA. s. Cántaro grande para guardar la chicha.
MAJMA. adj. Muy ancho, de anchura casi igual al largo.
MAJÑU. s. (Cactus pereskia). Planta de la familia de las cactáceas. (R.P.)
MUJÑU. s. y adj. Colorante rojo que se usa en tintorería.
MAJÑUCHAY. v. Colorar de rojo.
MAJT'A. adj. Muchacho de 9 a 14 años.
MAJTAYAY. v. Llegar a la adolescencia, comenzar a hacerse joven.
MAJYA. s. Playa.
MAKI. s. Mano.
MAKI. s. Puñado.
MAKIPURA. s. Intercambio directo, adquisición retribuida en el acto.
MAKIPURAY. v. Negociar directamente, sin plazo ni intermediarios.
MAKITAJLLA. s. Palma de la mano.
MAKIYUJ. adj. neol. Ratero.
MAKU. s. Guanaco macho.
MAKURI. s. Kuraka de Karapuku (Carabuco), torturador del dios Thunupa según los cronistas españoles.
MAK'A. adj. Desabrido, que perdió el sabor. Dícese de las comidas.
MAK'ALLI. s. Abrazo.
MAK'ALLIKUY. v. Apegarse excesivamente al trato de una persona.
MAK'ALLIY. v. Abrazar.
MAK'AYAY. v. Desabrirse, perder el sabor la comida guardada.
MAK'UNKURA. s. Baya que produce la planta de la papa. Sinón. **Tanpuriqötu.**
MAKHURKA. s. Envaramiento muscular por exceso de actividad o esfuerzo.
MAKHURKAY. v. Envararse.
MALLAJ. adj. En ayunas.
MALLICHIY, LLAMICHIY. v. Hacer probar
MALLISQA, LLAMISQA. adj. Probado.
MALLIY, LLAMIY. v. Probar.
MALLKI. s. Árbol frutal.

MALLKI. s. Bosque artificial que servía de escenario en las representaciones teatrales en tiempos del Inkario.

MALLKIPAY. v. Replantar.

MALLKISQA. p. Plantado.

MALLKIY. v. Plantar. Transplantar.

MALLKU. adj. Cóndor joven.

MALLKUPAKA. s. Aguilucho.

MALLMA. s. Andén, terraplén.

MALLMAY. v. Emparejar, acondicionar el barbecho para la siembra. Construir andenes.

MALLTA. adj. Animal joven. Objeto de tamaño mediano.

MALLUNWA. s. (Cuscuta sp.). Planta de la familia de las convolvuláceas. (R.L.)

MAMA. s. Madre.

MAMA. s. Valle contiguo al de Waruchiri.

MAMA. s. Veta. Caja de los metales en las minas.

MAMAAQHA. s. Vinagre.

MAMACHAKUY. v. Adoptar a una mujer por madre.

MAMAKAY. s. Maternidad.

MAMAKU. s. Marimacho. Mujer hombruna, corpulenta y ordinaria.

MAMAKUNA. s. pl. Matronas, señoras nobles de la antigüedad inkaica. Vírgenes escogidas que envejecían en los conventos.

MAMANA. s. Constelación de Virgo.

MAMANIY. v. Descansar en el camino y tomar una refección.

MAMAQHÖCHA. s. Mar.

MAMAQHÖCHA. s. Divinidad que adoraban los pueblos costaneros del Perú.

MAMARU. adj. fam. Mujer aseñorada, que se da importancia.

MAMARUK'ANA. s. Dedo pulgar.

MAMUY. v. Pasar las manos por la superficie de un montón de cereales u otras cosas arrastrando a un lado lo que no ha de servir.

MAN. prep. **Qanman qönasuy karqa kay llijllata:** Yo debía darte a ti esta llijlla.

MANA. adv. No.

MANACHU. adv. ¿No? **Manachu ripunki:** ¿No te has de ir?

MANAJAYK'AJ. adv. Nunca.

MANAKAJ. s. Nada, que no existe.

MANAKUTIJ. adj. Pertinaz.

MANAMICH'A. adj. Dadivoso.

MANAÑA. adv. Ya no.

MANAÑAMKA. s. Diosa amante de Wallallu Warwinchu. Arrojada por Pariaqaqa hacia el mar.

MANAÑIY. v. Negar.

MANAPIPAS. pron. Nadie.

MANARAJ. adv. Todavía.

MANARIJSISQA. adj. Desconocido.

MANASH'ANKANA. adj. Intangible.

MANATAJ. adv. Tampoco.

MANATUPUYUJ. adj. Inmensurable. Lo que no puede ser medido ni pesado.

MANAWAÑUJ. adj. Imperecedero.

MANAYUPA. s. Hierba emoliente. (J.A.L.)

MANAYUPAYCHAY. s. Ingratitud.

MANCHACHIKUY. v. Asustarse, tener medio.

MANCHACHINA. s. Espantapájaros.

MANCHACHIY. v. Asustar, amedrentar.

MANCHAJ. adj. Medroso, timorato, asustadizo.

MANCHANA. adj. Temible.

MANCHAPA. s. Miedo, cobardía.

MANCHARIY. v. Asustarse, sobresaltarse.

MANCHASKIRI. adj. Asustadizo.

MANCHAY. s. Susto, sobresalto.

MANCHAY. adj. Múltiple, cuantioso.

MANCHAY. v. Temer, tener miedo.

MANCHAYPUYTU. s. Leyenda amorosa de un cura de Potosí, quien, muerta sepultada su amante, la hubo desenterrado, fabricando luego de su tibia una flauta en la cual, introducida en un cántaro, tocaba una melodía profundamente triste. Poema y música atribuidos al mismo cura.

MANKA. s. Olla. Sinón **K'auchi**.

MANKAKU. adj. Intruso, entrometido en cosas de cocina.

MANKAP'AKI. s. (Gerardia lanceolata). Planta de la familia de las scrophuláceas. Tiene propiedades medicinales. (R.L.)

MANKATA. adj. Estúpido, torpe de entendimiento.

MANKU. s. Venda, lienzo para vendar.

MANKU INKA. Hijo de Wayna Qhápaj y de la qöya Mama Siwi Chinpu Runtu. Coronado Inka nominalmente por Francisco Pizarro, fue detenido por dos veces y en cada una obligado a entregar una sala llena de oro. Cuando se le preparaba la tercera detención, alzóse en armas. No logrando derrotar a los Conquistadores se retiró con su corte a Willkapanpa, donde fue asesinado por dos españoles almagristas prófugos y acogidos por el Inka.

MANKU QHÁPAJ INKA. s. Uno de los cuatro hermanos Ayar y primer soberano de la dinastía inkaica, fundador del Imperio.

MANKUY. v. Trozar, cortar madera en pedazos.

MANQAKU. adj. Torpe, rudo.

MANTA. s. Distrito costanero situado al SO de Quito, incorporado al Imperio por Wayna Qhápaj Inka.

MANTA. prep. De. **Kaymanta jaqayman:** De aquí para allá. **Maymanta jamunki:** ¿De dónde vienes?

MANTARAYAY. v. Aturdiese.

MANTI. adj. Delicado, suave al gusto.

MANTUR. s. Púrpura. Sustancia roja que se extraía de cierto árbol y que las mujeres usaban como afeite.

MANT'A, MAST'A. s. Tendido, alfombra.

MANT'AY, MAST'AY. v. Tender, extender. Cubrir.

MANU. s. Deuda.

MANU. adj. Deudor.

MANUJ. s. Acreedor.

MANUKUY. v. Prestarse, contraer deuda.

MANUY. v. Fiar, dar prestado.

MANYA. s. Costado, flanco, lado, Sinón. **Wajta,** chiru.

MAÑAKA. s. Vaso de arcilla refractaria que servía para fundir metales.

MAÑAKU. adj. Pedigüeño. Sinón. **Mañapu.**

MAÑAKUY. v. Prestarse. Pedirse.

MAÑAPU. adj. Pedigüeño.

MAÑAQA. s. Pedimento matrimonial.

MAÑAQACHIY. v. Hacer pedir la mano de la novia.

MAÑAQAY. v. Solicitar a la novia en matrimonio

MAÑAY. v. Prestar. **Mañaway yuruykita:** Préstame tu cantarillo.

MAÑAY. v. Pedir. **Máñay ususinpa makinta:** Pide la mano de su hija.

MAPAS. s. Amenaza.

MAPATAYÑA. adj. Rojo oscuro.

MAP'A. s. Mancha. Suciedad. fig. Impudicia.

MAP'A. adj. Manchado, sucio. fig. Impúdico.

MAP'ACHAY. v. Ensuciar. fig. Difamar, deshonrar.

MAP'AKUY. v. Menstruar. Sinón. **K'ikuy.**

MAP'ASIMI. adj. Malhablado, indecente.

MAPHA. s. Cera.

MAPHACHAY. v. Encerrar

MAQACHIKUY. v. Dejarse golpear.

MAQANA. s. Porra, garrote, arma contundente.

MAQANAKUY. v. Pelear, emprenderse a golpes. Reyerta, pendencia.

MAQAWISA. s. Dios del antiguo Waruchiri reconocido y venerado por los Inkas.

MAQAY. v. Pegar, golpear.

MAQ'AS. s. Cierto cantarillo de cuello muy angosto.

MARA. s. Urticaria, enfermedad eruptiva de la piel.

MARA. s. (Sroctenia macrophila). Árbol de la familia de las meliáceas. (R.P.)

MARAJ. s. Golondrina. Sinón. **Khallwa, wayánay.**

MARAN. s. Piedra grande y plana sobre la que se muele con la **qhönana** o **maranuña.**

MARANKIRU. s. Regiones molares de la dentadura.

MARANUÑA. s. Medialuna de piedra que sirve para moler sobre el maran. Sinón. **Qhönana.**

MARAÑUN. s. (Anacardium sp.). Planta de la familia de las anacardiáceas. (R.L.)

MARASISI. s. Hormiga grande.

MARAY. v. Abatir, derribar, tumbar.

MARAYTULLMA. s. Planta que posee propiedades profilácticas. (J.A.L.)

MARIKANCHI. s. Uno de los arquitectos constructores de la gran fortaleza de Sajsaywaman.

MARIWARAQA. s. Especie de alforja en que los herbolarios llevaban sus remedios.

MARKA. s. Pueblo, aldea.

MARKA. s. Camarada, compañero. Sinón. **Sujna.**

MARKAQÉRAR. s. Rodela, adarga de gran tamaño.

MARKHU. s. Artemisa americana. (G.H.)

MARMA. s. Planta medicinal de flores y hojas muy pequeñas. (J.A.L.)

MARQA. s. Piso alto de la casa. Segunda cubierta del navío.

MARQ'A. s. Brazado.

MARQ'AY. v. Llevar en los brazos. Abarcar.

MARU. s. Tabla, tablón.

MARUJ. adj. El que hace tablas.

MARUNA. s. Mazo de madera para triturar terrones.

MARUY. v. Fabricar tablas. Desmenuzar terrones en un barbecho. Sinón. **Qhásuy.**

MASA. s. Cuñado.

MASI. s. Prójimo.

MASKAPAYCHA. s. Borla, remate del llaut'u que caía sobre la frente. La maskapaycha del soberano debía ser necesariamente roja.

MASK'AJ. adj. Buscador, el que busca.

MASK'AY. v. Buscar.

MAST'A. s. Tendido, alfombra.

MAST'ARAY. v. Destender, deshacer lo tendido. fig. Declarar, confesar, explicar lo dudoso.

MAST'AY. v. Tender, extender.

MASU. s. Murciélago. Sinón. **Chiñi.**

MASHKA. s. Molleja de las aves.

MASHKA. adv. Cuánto, qué cantidad. Sinón. **Jayk'a.**

MASHWA. s. (Tropaeolum tuberosum). Tubérculo de la familia de las tropaeoláceas. Sinón. **Añu, isañu.** (R.L.)

MATIJLLU. s. (Hidrocotyle sp.). Planta de la familia de las umbelíferas. Sinón. Uqhöruru. (R.L.)

MATUY, MATUCHAY. v. Errar, equivocarse. Sinón. **Pántay.**

MAT'I. s. Frente.

MAT'I. adj. Apretado, tupido, comprimido.

MAT'ISQA. p. Apretado, comprimido.

MAT'IY. v. Apretar, tupir, comprimir.

MAT'U. s. Despropósito, impertinencia.

MAT'UY. v. Decir despropósitos.

MATHI. s. (Cucúrbita sp.). Planta de la familia de las cucurbitáceas. (R.L)

MATHI. s. Recipiente hecho de calabaza.

MAUK'A. adj. Usado, envejecido. Antiguo.

MAUK'AKAUSAY. s. Vida antigua.

MAUK'APACHA. s. Tiempo antiguo.

MAUK'AP'ACHA. s. Ropa vieja.

MAUK'ARIMAY. s. Lenguaje anticuado.

MAUK'AYAY. v. Gastarse, venir a menos.

MAULLI. s. Río situado a 50 leguas al sur del valle de Chilli, donde fueron detenidos los avances de los ejércitos del Cuzco. Vulg. Maule.

MAWAY. adj. Fruto temprano, precoz. Sinón. **Uri.**

MAY. adv. Dónde. **Maytachus rinpis:** A dónde habrá ido.

MAY. adj. Apócope de mánchay, **Maysh'ikan:** Grandísimo.

MAYCHA. s. (Verbena sp.). Planta de la familia de las verbenáceas. (R.L.)

MAYCHUSCHAY. adj. Mediano, Calculado.

MAYKAMA, MAYKAMAN. adv. Hasta dónde.

MAYK'AJ. adv. Cuándo.

MAYLLAKUY, MAYLLIKUY. v. Lavarse.

MAYLLAY, MAYLLIY. v. Lavar. Sinón. **T'ajsay.**

MAYMANTA, MAYMANTAN. adv. De dónde, de qué manera.

MAYÑIJPI. adv. Por dónde, en qué punto.

MAYÑINPI. adv. Algunas veces. De cuando en cuando.

MAYPI, MAYPIN. adv. Dónde

MAYQA. adj. Sedimentado, terreno apto para el cultivo.

MAYQA YUPANKI. Capitán general de las huestes del Cuzco en la guerra civil entre Waskar Inka y Atau Wállpaj Inka. Fue derrotado por Khishkis, caudillo de Quito.

MAYQÉN. pron. Cuál, cualquiera.

MAYSH'IKA. adj. Innumerable.

MAYSH'IKAN. adj. Enorme, descomunal.

MAYTA QHÁPAJ. s. Hijo de Lluq'ë Yupanki Inka y de la qöya Mama Kawa. Cuarto monarca del Cuzco.

MAYT'U. s. Manojo envuelto y atado.

MAYT'UMAYT'U. s. (Ipomoea sp.). Planta de la familia de las convolvuláceas. Sinón. Willqo. Vulg. Capanilla.

MAYT'UY. v. Envolver, liar, hacer un manojo.

MAYU. s. Río.

MAYUJPURINAN. Lecho del río.

PAYUPATA. s. Playa del río.

MAYUQAYLLA. s. Orilla del río.

MAYUURA. s. Río abajo.

MAYUWICHAY. s. Río arriba.

MAYWA. s. (Stenomesson sp.). Planta ornamental de la familia de las amarilidáceas. (R.L.)

MAYWANAKUY. v. Amarse apasionadamente.

MAYWAY. v. Enamorar con grandes manifestaciones de pasión.

MAYWIY. v. Agitar, columpiar, tremolar. **Unanchata wayra maywin:** El viento agita la bandera.

MICHIJ. adj. y s. Pastor, que pastorea.

MICHIY. v. Pastorear.

MICHUY. Justicia.

MICH'A. adj. Mezquino, miserable.

MICH'AKAY. s. Mezquindad, cicatería.

MICH'AKUY. v. Escatimar.

MICH'AY. v. Mezquinarse.

MICH'U. s. Mezcla, entrevero. Sinón. **Chajru.**

MICH'UPA. s. Revoltijo, enredo.

MICH'UY. Mezclar, entreverar. Sinón. **Chajruy.**

MIJLLA. s. Enfaldo. Sinón. **T'inpi.**

MIJLLAY. v. Llevar en el enfaldo. Sinón. **T'ínpiy.**

MIKIKIRAY. s. Constelación de Acuario.

MIK'I. adj. Húmedo.

MIK'IYAY. v. Humedecerse. Ablandarse con la humedad.

MIK'UMIK'U. s. Araña venenosa.

MIKHUCHIY. v. Dar de comer.

MIKHUNA. s. Viveres.

MIKHUY. s. Comida, alimento.

MIKHUY. v. Comer, alimentarse. Socavar, desgastar.

MILLA. s. Empeine.

MILLACHIKUY. v. Asquear, sentir repugnancia.

MILLANA. adj. Asqueroso, repugnante. Abominable.

MILLAY. s. Asco.

MILLAY. adj. Asqueroso, repugnante. Excesivo, superlativo. Millaymich'a: Excesivamente mezquino.

MILLAY. v. Abominar.

MILLAYCHAY. v. Ensuciar, emporcar. Afear.

MILLAYMANA. adj. Abominable, pestilente.

MILLAYUKHU. s. Abismo.

MILLMA, MILLWA. s. Lana. Vello.

MILLMANNAY. v. Trasquilar.

MILLMARAY. v. Cubrirse de hongos un alimento.

MILLMASAPA. adj. Lanudo.

MILLMI. s. (Amaranthus caudatus). Planta de la familia de las amarantáceas, de fruto comestible. (M.C.)

MILLP'U. s. Buchada, trago.

MILLP'UNA. s. Esófago, tragaderas. Sinón. Millp'uti.

MILLP'UTI. s. Esófago.

MILLP'UY. v. Tragar.

MILLU. s. Sulfato de alúmina. Cordel de lana con que se sujetaba la ojota al pie.

MILLU. adj. Salado, cargado de sal.

MILLUY. v. Fabricar cordeles de lana para la ojota o para trenzar lazos.

MILLUY. v. Modo de diagnosticar que emplean los curanderos quemando un trozo de sulfato de alúmina.

MILLWIY. v. Hilar lana con un palillo, toscamente. Sinón. Pillwiy.

MINI. s. Urdimbre del tejido.

MININCHAY. v. Preparar la urdimbre.

MINIY. v. Ir introduciendo el mini entre la trama.

MINK'A. s. Trabajo que se realiza en reciprocidad; el beneficiario paga con un trabajo igual. Neol. Alquilamiento de servicios personales.

MINK'AY. v. Contratar trabajo en reciprocidad.

MINSH'A. adv. Pasado mañana.

MINSH'AWATA. adv. Dentro de dos años.

MINTU. s. Envoltorio.

MINTUY. v. Envolver.

MINU. s. Levigación.

MINUY. v. Levigar.

MIQA. s. Sahumador.

MIQA. adj. Chato, ancho, amplio.

MIQAY. v. Sahumar.

MIQO. s. Polvillo.

MIQ'A. adj. Huero.

MIQ'AYAY. v. Volverse huero.

MIRA. adj. Fecundo, que se multiplica abundantemente.

MIRARA. s. Sanción, castigo.

MIRARAY. v. Castigar, sancionar.

MIRAY. s. Multiplicación, aumento en número.

MIRAY. v. Multiplicarse.

MIRAYWA. adj. Hembra muy fecunda.

MIRKAUNKU. s. Camiseta listada de rojo y blanco que se entregaba a los jóvenes que rendían las pruebas del **warachiku.**

MIRKU. s. Constelación de Géminis.

MIRKHA. s. Mancha que aparece en la cara de la mujer durante el embarazo.

MISA. adj. Bicolor.

MISANA. s. Lo que se juega o se apuesta.

MISAY. v. Apostar en el juego. Ganar en el juego.

MISCHUY. v. Mesar los cabellos.

MISI. s. neol. Gato.

MISK'ANA. s. Tropezadero.

MISK'AY. v. Tropezar con el pie, trompicar.

MISK'I. s. Valle fértil vecino de Qhöchapanpa, conquistado por Ruka Inka.

MISK'I. s. Miel.

MISK'I. adj. Dulce, sabroso, apetitoso.

MISK'IJSIMI. adj. Adulador, lisonjero.

MISK'IMIKHUY. s. Manjar apetitoso, suculento.

MISK'INCHAY. v. Endulzar.

MISK'IRIMAJ. adj. El de palabra afable y dulce.

MISK'ISIMI. adj. El de acento dulce y suave.

MISK'IYACHIY. v. Volver dulce, sabroso, suculento.

MISMIY. v. Extenderse, cundir, propagarse. Rezumar, filtrar. Sinón. **Sinkiy,** 2a. acep.

MISTI. adj. Neol. Mestizo.

MISU. Meconio, excremento del niño recién nacido.

MISHKA. s. Siembra temprana. **Mishkachujllu:** choclo temprano.

MISHMIY. v. Contaminarse. Sinón. **Qöqëkuy.**

MITA. s. Edad.

MITIKAJ. adj. Fugitivo.

MITIKAY. v. Huir, fugar, evadirse. Sinón. **Ayqëy.**

MITK'ANA. s. Tropezadero.

MITK'AY. v. Tropezar, trompicar. Sinón. **Mísk'ay.**

MITMAJ. s. y adj. Trasplantado, desarraigado. Gente que por razones políticas o económicas era trasladada de una región a otra. Advenedizo.

MITMAKUY. v. Avecindarse.

MIT'A. s. Turno de trabajo. Período de tiempo.

MIT'ANI. s. neol. Mujer que cumplía turno de servicio personal en la casa del hacendado.

MIT'ANNAJ. adj. El que no se halla comprendido en los turnos de trabajo.

MIT'APU. s. Enfermedad cuyos accesos se presentan periódicamente, como la terciana. Sinón. **Chayapu.**

MITAYSANA. s. Descendencia, posteridad.

MIT'AYUJ. adj. El que debe cumplir su turno de trabajo.

MIYU. s. Veneno, ponzoña.

MIYUK'ALLANPA. s. Hongo venenoso.

MIYUY. v. Envenenar, intoxicar.

MUCHI. s. Barro de la cara, granillo que se presenta durante la pubertad.

MUCHUCHIY. v. Hacer sufrir.

MUCHUJ. adj. El que padece.

MUCHUQA. s. Almirez, mortero. Sinón. **Mutq'a.**

MUCHUY. s. Padecimiento, sufrimiento.

MUCHUY. v. Padecer, sufrir.

MUCH'A. s. Beso. Adoración.

MUCH'ANA. adj. Venerable, adorable.

MUCH'ASQA. p. Adorado, reverenciado.

MUCH'AY. adv. Besar. Adorar, rendir culto a las divinidades.

MUCH'U. s. Cerviz, nuca.

MUJCHI'KUY. v. Enjuagarse la boca, hacer gárgaras.

MUJCH'IY. v. Llenarse de agua la boca.

MUJLLU. s. La semilla de la coca y del algodón.

MUJMI. s. Recato.

MUJMI. adj. Recatado, prudente.

MUJMIY. v. Obrar con recato y prudencia.

MUJMU. s. Capullo, pimpollo. Renuevo.

MUJMUY. v. Echar capullos la planta.

MUJSA. s. Moho.

MUSAYAY. v. Enmohecerse.

MUJU. s. Semilla. neol. Capital.

MUJUNCHAY. v. Escoger la semilla para la siembra.

MUKA. Zarigüeya. Sinón. **Q'arachupa.**

MUKAY. v. Fumar. Sinón. **Pitay.**

MUKIWA. s. Pueblo situado cerca de la costa sur del Perú, conquistado por Mayta Qhápaj Inka. Vulg. Moquegua.

MUKIY. v. Callar, sufrir en silencio.

MUKUKU. s. Coronilla. Pináculo. Cúspide, cumbre.

MUK'AY.v. Rodear de hoyos las plantas para que retengan más agua.

MUK'U. s. Bolo de harina de maíz insalivado para la elaboración de la chicha.

MUK'URU. adj. De mano contrahecha o desmañada.

MUK'UY. v. Echar pimpollos la planta.

MUK'UY. v. Insalivar harina de maíz para la chicha.

MUKHULLU. adj. Mujer inexperta que desconoce los quehaceres propios de su sexo.

MULLA. s. Sobrino de la mujer.

MULLAKA. s. (Miconia sp.). Planta medicinal de la familia de las melastomaceas. (R.L.)

MULLAYPA. s. Lazo trenzado de cabuya. Maroma.

MULLI. s. (Achinus molle). Árbol de la familia de las anacardiáceas. Vulg. Molle. (R.L.)

MULLKUYAY. v. Cubrirse de ronchas el cuerpo.

MULLKHU. s. Seno, espacio entre la ropa y el cuerpo, de la cintura arriba.

MULLKULLIKUY. v. Guardar algo en el seno.

MULLMUY. v. Gustar la miel haciendo que se diluya lentamente en la boca.

MULLPHA. s. Carcoma.

MULLPHASQA. p. Carcomido.

MULLPHAY. v. Carcomer.

MULLQÖ. Roncha.

MULLQÖCHAY. v. Sacar roncha.

MULLU. s. Concha marina de color rojo que se ofrendaba a los dioses en el Inkario.

MULLUSIMI. adj. Mujer de labios muy rojos y hermosos.

MUNANA. s. Voluntad.

MUNAPAKUY. v. Codiciar, desear ardientemente.

MUNAQË. adj. Pretendiente, enamorado.

MUNASKIRI. adj. Querendón.

MUNAU. s. Cadáver embalsamado. Momia. Sinón. **Chullpa.**

MUNAY. v. Querer. Amar.

MUNAYMUNAY. adv. Confiadamente.

MUNAYSAPA. adj. Caprichoso, voluntarioso.

MUNAYSINQA. s. Barrio suroriental del Cuzco inkaico.

MUÑA. s. (Micromeria Minthostachys bistropogon). Planta de la familia de las labiadas. (R.L.)

MUPUCHAY. v. Ablandar.

MUQAKUY. v. Enmohecerse.

MUQASQA. p. Enmohecido.

MUQÖ. s. Promontorio, morro. Coyuntura, nudo. Joroba. Chakimuqö: Rodilla.

MUQÖ. Cargado de espaldas. Jorobado.

MUQÖCHINCHI. s. neol. Pasa de durazno.

MUQÖYAY. v. Hacerse protuberante. Volverse jorobado.

MUQ'Ë. s. Envidia, rivalidad, celos.

MUQ'ËCHIY. v. Exhibir algo que cause envidia.

MUQ'ËY. v. Envidiar, entrar en pugna, sufrir celos.

MURA. s. Bejuco.

MURAY. v. Fabricar lazos de bejuco.

MURAYA. s. Chuño blanco escogido que se emplea en la extracción de la fécula.

MURIKU. adj. Ingenioso.

MURIR. s. Mazorca madura de maíz.

MURIYAY. v. Desgranar, privar de sus granos la tusa.

MURKHU. s. Roncha. Sinón. **Mullqö.**

MURMI. s. Granillo.

MURMU. adj. Mediano.

MURQÖTU. s. (Gnostoc sp.). Alga comestible de la familia de las pheophíceas. (R.L.)

MURQ'A. adj. Obstinado, testarudo.

MURQ'AKUY. v. Obstinarse.

MURQ'Ö. s. Bola. Pelota. **Uchumurq'ö:** piedra auxiliar de moler en forma de bola. **Q'aytumurq'ö:** Pelota de hilo.

MURU. s. Salpullido.

MURU. adj. Salpicado de colores. Mocho. Cualquier objeto de punta rota o cortada.

MURUCH'U. adj. Duro, recio, consistente. **Muruch'uruna:** hombre muy robusto.

MURUCH'UY. v. Robustecerse, endurecerse.

MURUKU. s. (Achas Caimito). Árbol de la familia de las sapotáceas. (R.P.)

MURUMURU. s. Pequeña avispa melífera de varios colores que vive en regiones tropicales.

MURUMURU. adj. Picado de viruelas. Multicolor.

MURUY. v. Cortar o romper la punta o el extremo de un objeto.

MUSIKUY. adj. Guardoso, cuidadoso.

MUSIY. v. Guardar, preservar. Sinón. **Jállch'ay.**

MUSKAJ. adj. El que dormita y cabecea.

MUSKAY. v. Dormitar cabeceando.

MUSKIY. v. Oler, sentir olor. Olfatear, indagar disimuladamente.

MUSPAJ. adj. Turbado, desorientado, extraviado. Sonámbulo.

MUSPAY. v. Errar por turbación, desorientarse, extraviarse. Hablar en sueños. Adolecer de sonambulismo. Delirar, desvariar.

MUSQÖCHAY. v. Ser objeto del sueno de otro, aparecérsele en su sueño.

MUSQÖJ. adj. Soñador.

MUSQÖY. s. Sueño, representación fantástica del que duerme.

MUSQÖY. v. Soñar.

MUSU. Distrito de Antisuyu conquistado bajo el reinado de Túpaj Yupanki Inka. Vulg. Moxos.

MUSUJ. adj. Nuevo.

MUSUJCHAY. v. Renovar.

MUSUJMANTA. adv. Nuevamente.

MUSUJWATA. s. Año Nuevo.

MUSUJYAY. v. Renovarse.

MUSURU. s. (Ustilago maidis). Hongo parásito del maíz, de la familia de las ustilagináceas. (R.L.)

MUSYAY. v. Reparar, advertir, caer en cuenta.

MUSH'ANA. s. Desgranador.

MUSH'AY. v. Desgranar.

MUTK'A. s. Mortero.

MUT'I. s. Maíz cocido en agua. Vulg. Mote.

MUT'IY. v. Cocer el maíz en agua.

MUT'U. adj. Cortado, desmochado.

MUT'UY. v. Cortar, desmochar.

MUTHU. s. Borde sin filo. Kay tumi muthuman tukun: Este cuchillo se ha vuelto sin filo.

MUTHUYAY. v. Perder el filo.

MUYA. s. Jardín, huerto.

MUYNA. s. Angostura situada a 25 km. al sur del Cuzco, donde en una alta peña hizo pintar dos cóndores Wiraqöcha Inka para memoria de la defección de su padre frente a la rebelión de los Chanka.

MUYU. s. Círculo, circunferencia. Redondez.

MUYU. adj. Redondo, circular.

MUYUCHAY. v. Redondear, trazar círculos.

MUYUCHIY. v. Hacer girar. Neol. Ir ofreciendo mercancías el buhonero.

MUYUJWAYRA. s. Torbellino.

MUYUPAYAY. v. Rondar.

MUYUQË. s. Espiral. Remolino.

MUYURINA. s. Recodo, vuelta, revuelta.

MUYUSIQË. s. Circunferencia.

MUYUSKIRI. adj. Andariego, vagabundo.

MUYUY. v. Girar, dar vueltas.

MUYUYAY. v. Adquirir forma esférica o circular.

N

N. Duodécima letra del alfabeto qhëshwa. Su valor fonético es equivalente al de la N castellana.

NA, NANI, NARQANI. Recursos orales que se emplean cuando no acude prontamente a la memoria el término o expresión que se requiere. **Na... nini mana munasqayta...** le he dicho que no le quiero.

NAK'A. Degüello, carneada.

NAK'ACHU. adj. y s. Pendenciero, bravucón.

NAK'ANA. s. Res dispuesta para la carneada.

NAK'AY. v. Degollar, carnear.

NANACHIJ. adj. El que causa dolor.

NANACHIY. v. Causar dolor.

NANAJ. adj. Recio, fuerte. Numeroso. Doloroso.

NANAJ. adv. Muy.

NANASQA. s. Pueblo cerca del litoral meridional del Perú, sometido por el príncipe Ruka, hijo de Qhápaj Yupanki Inka. Vulg. Nazca.

NANASQA. adj. Adolorido.

NANAY. s. Dolor.

NANAY. v. Doler.

NANAYMAYU. s. Río caudaloso.

NAÑAKA. s. Manto, manteleta.

NAPAY. s. Saludo, salutación.

NAPAYKACHAY. v. Saludar reiteradamente y con afectación.

NAPAYKUNAKUY. v. Saludarse recíprocamente. Darle a uno la bienvenida.

NAPAYKUY. v. Saludar.

NAQË. adj. Arrancado de raíz y marchito. Ajado.

NAQËCHIY. v. Poner a pasar fruta al sol.

NAQËSQA. adj. Seco, marchito por la acción del sol. Fruta pasada al sol. Sinón. **Qacha, k'isa.**

NAQËY. v. Marchitar, ajar.

NAQËYAY. v. Ir perdiéndose con los años la lozanía de la juventud.

NATAJ. s. Peón de albañil que se ocupa de alcanzar los materiales de construcción.

NATAJ. adj. Tullido.

NATAY. v. Proveer de materiales el peón al albañil.

NAY. v. Recurso usado cuando no acude oportunamente a la memoria el verbo que se requiere. **Chay p'achata nay... waqáychay:** Esa ropa... guárdala.

NAYTANKU. s. La flor de **qantu** o **qantuta.**

NI. Afijo con que se forma el plural de ciertos sustantivos referentes a cosas o seres no humanos. **Pukarani:** sitio donde hay muchas fortalezas. **Mullini:** Lugar donde hay muchos molles.

NINA. s. Fuego.

NINA. adj. Fino por excelencia. **Ninaanqas:** azul fino. **Ninaqöri:** oro de altos quilates. Explicable, decible.

NINACHUNPI. Isla del océano Pacifico a donde se dice que llegó Túpaj Yupanki Inka en una célebre expedición marítima.

NINCH'IQÉN. s. Chispa.

NINAJ. s. Incandescencia.

NINAKUY. s. Equivalencia.

NINAKUY. v. Equivaler. **Machayqa utiqaywan ninakun:** La borrachera equivale a la locura.

NINANINA. s. Luciérnaga. Sinón. **Phinchinkhuru.**

NINANINA. s. Insecto negro brillante que adormece con su aguijón a las arañas para sustento de sus hijuelos.

NINAPILLKU. s. Pájaro tanágrido de plumaje multicolor que vive en los valles de Cochabamba.

NINARAURAY. s. Llama.

NINAWASI. s. neol. Horno.

NINAY. v. Encender fuego.

NINAYACHIY. v. Hacer fuego.

NINAYAY. v. Encenderse el fuego. Desear manifestarse, decir.

NINAYUJ. adj. Que contiene fuego.

NINQALLA. s. Prestigio.

NINQAYNIN. s. Modo de hablar.

NINRI. s. Oreja. Sinón. **Rinri.**

NIPI. pron. Nadie.

NISQA. s. Dicho.

NIWA. s. Insecto semejante a la pulga que aova bajo la piel del hombre y de los animales. Sinón **Such'upiki.** Vulg. Nigua.

NIWA. s. (Cortaderia sp.). Planta de la familia de las gramíneas. (R.L.)

NIY. s. Expresión, dicho.

NIY. v. Decir, expresar.

NUNA. s. Alma, espíritu.

NUNACHAY. v. Intelectualizar, espiritualizar.

NUÑUMA. s. Pato.

NUQA. pron. Yo. Sinón. **Ñuqa**.

NUQ'A, NUQ'ANA. s. Nudo corredizo.

NUQ'ACHASQA. adj. Amarrado con cuerda de nudo corredizo.

NUQ'ACHAY. v. Amarrar con cuerda de nudo corredizo.

Ñ

Ñ. Decimotercera letra del alfabeto qhëshwa. Su valor fonético es igual al de la Ñ castellana.

ÑA. adv. Ya. **Ñachu**: ¿Ya está? **Ñachari**: Ya será. **Ñachus**: Tal vez ya.

NACH'A. adj. Glutinoso.

ÑACH'AJ. V. onom. Que interpreta el ruido producido por un golpe de puño en el rostro.

ÑACH'UJ. adj. Pospositivo. Legítimo, puro, tratándose del color verde: **Q'ömir ñách'uj**: Verde puro, legítimo.

ÑAJCH'A. s. Peine.

ÑAJCH'AKUY. v. Peinarse.

ÑAJCH'ASQA. p. Peinado.

ÑAJCH'AY. v. Peinar.

ÑAKAJ. adj. Maldecidor, maldiciente.

ÑAKASQA. Maldito.

ÑAKAKUY. v. Maldecirse a sí mismo.

ÑAKAY. v. Maldecir.

ÑAK'ARICHIJ. s. Autor de padecimientos ajenos.

ÑAK'ARICHIY. v. Someter a tortura, sufrimiento, etc.

ÑAK'ARIJ. s. adj. Sometido a sufrimiento, torturas, aflicciones.

ÑAK'ARIY. v. Padecer, sufrir.

ÑAK'AY. adv. Apenas. **Ñak'ayta chayamuni**: Apenas he llegado.

ÑAMÑA. adj. El que tiene costumbre de comiscar. Desganado.

ÑAMÑAY. v. Comiscar. Comer a desgana.

ÑAN, YAN. s. Camino.

ÑANCHAPUY. v. Dejar camino, dar paso a otros.

ÑANQHA. m. adv. En vano, inútilmente.

ÑAÑA. s. Hermana de la hermana. **Ñañapura**: Entre hermanas.

ÑAÑAKAY. s. Hermandad entre mujeres.

ÑAÑAYAY. v. Tratar de hermana por afecto.

ÑAÑI. s. Sosiego, tranquilidad.

ÑAÑICHIY. v. Sosegar, tranquilizar.

ÑAÑIJ. adj. Sosegado, tranquilo.

ÑAÑIY. v. Sentenciar, resolver un litigio.

ÑAÑU. adj. Delgado, fino.

ÑAÑUKUNKA. s. Voz de tiple, muy delgada y alta.

ÑAÑUKUNKA. adj. El de voz atiplada.

ÑAÑUYACHIY. v. Adelgazar, hacer delgada una cosa.

ÑAÑUYAY. v. Ponerse delgado.

ÑAPIS. Loc. adv. Ya, qué bien, qué lindo. **Karumanta ñapis ñapis, qaylla-manta amañapis:** Desde lejos, qué lindo, qué bien; de cerca, ya no, ya nada.

ÑAPU. adj. Blando, suave.

ÑAPUCHAY, ÑAPUCHIY. v. Ablandar, suavizar.

ÑAPUYAY. v. Ablandarse, suavizarse.

ÑAQHA. adv. Hace un momento. Ñaqha ripurqa: Se fue hace un momento. Casi. **Ñaqha urmani:** Casi me he caído.

ÑARAJ. conj. Ora. **Ñáraj ari, ñáraj mana:** Ora sí, ora no.

ÑARÑA. adj. Niño majadero y llorón.

MARÑAKU. adj. Majadero y chillón.

ÑARÑAY. v. Porfiar.

ÑASQ'ARU. adj. Ñato, chato.

ÑATAJ. adv. Ya también. Para qué ya: **Qanñátaj rímay:** Habla tú ya también. **Imapajñátaj waqanki:** ¿Para qué ya lloras?

ÑATAJÑATAJ. m. adv. De rato en rato, cada rato.

ÑAT'I. s. Náuseas.

ÑAT'IY. Sentir náuseas.

ÑAT'USQA. adj. Aplastado.

ÑAT'UY. v. Aplastar.

ÑAUCH'I. adj. Puntiagudo, filo.

ÑAUCH'IYAY. v. Sacar punta.

ÑAUCH'INNAJ. adj. Objeto que no tiene punta.

ÑAUCH'IQALLU. adj. Lenguaraz.

ÑAUCH'IYUJ. adj. Objeto que tiene punta.

ÑAUKI. adj. Presente.

ÑAUPA. adj. Antiguo, primitivo. **Ñaupapacha:** Tiempos antiguos.

ÑAUPAJ. adj. Primero, delantero, anterior.

ÑAUPAJ. adv. Antes.

ÑAUPAKAY. s. Antigüedad.

ÑAUPAQË. adj. Predecesor.

ÑAUPAQË. adv. Delante.

ÑAUPATAY. v. Adelantarse, anticiparse.

ÑAUPAY. v. Anticiparse, adelantarse.

ÑAUPI. s. Extremo, punta. **Sinqajñaupin:** Punta de la nariz.

ÑAUPINCHAY. v. Hacer punta. Ñaupinchani takarputa: Le he sacado punta a la estaca.

ÑAURAY. s. Diversidad, Multiplicidad. **Ñauraysisa**: toda clase de flores.

ÑAURAYAY. v. Diversificarse, policromarse.

ÑAURAYTAKI. s. Música.

ÑAURAYTAKIJ. s. Músico.

ÑAUSA. adj. Ciego.

ÑAUSAKAY. s. Ceguera.

ÑAUSAYAY. v. Ir perdiendo la vista. Enceguecer.

ÑAWI. s. Ojo. Ojos. Vista. Agujero de ciertos objetos. Ojal.

ÑAWICHU. adj. Ojoso.

ÑAWIN. s. Sustancia que sobrenada en los líquidos. **Aqhañawi**: Aceite de chicha.

ÑAWILLA. s. Pupila.

ÑIJ. adj. Decidor, el que dice.

ÑIJWIN. s. Médula espinal.

ÑIQAY. v. Oponerse, discrepar, chocar.

ÑIQË, NIÑQËN. Afijo ordinal que expresa sucesión, gradación. **Tawañiqën**: Cuarto. **Chunkañiqën**: Décimo.

ÑISQA. p. Dicho.

ÑIT'INAKUY. v. Apiñarse, apretarse entre muchos.

ÑIT'IY. v. Apiñar, comprimir.

ÑIUSIKUY. v. Inmiscuirse, entrometerse, importunar.

ÑIY. v. Decir.

ÑUJCH'A. s. Nuera. Sinón. **Qhachuni.**

ÑUJCH'U. s. (Salvia sp.). Planta de la familia de las labiadas. (R.L.)

ÑUJCH'UY. v. Chupar flores o tallos como la caña del maíz.

ÑUJÑA. s. Engaño, falacia.

ÑUJÑAY. v. Engañar, embaucar.

ÑUJÑU. s. Manjar delicioso y delicado.

ÑUJÑU. adj. Suave, blando, delicado.

ÑUJÑUKAY. s. Dulzura, suavidad, blandura.

ÑUJTUN. s. Cerebro. Sinón. **Ñutqö, ñusqön.**

ÑUKI. s. Provocación sensual, liviandad, lascivia.

ÑUKIKUY. adj. Provocador, lascivo, sensual.

ÑUKIKUY. v. Provocar, mostrar liviandad, incontinencia.

ÑUK'U. adj. Manco, de brazos invalidados.

ÑUK'U. s. Parálisis.

ÑUK'UYAY. v. Volverse manco, perder el brazo.

ÑUÑU. s. Glándula mamaria, pecho de la mujer. Teta, ubre de los animales.

ÑUÑU. s. Leche.

ÑUÑUCHIY. v. Dar la madre el pecho al hijo.

ÑUÑUJWAWA. adj. Niño de teta.

ÑUÑUMA. s. Pato doméstico de los tiempos del Inkario.

ÑUÑUMAYA. s. (Solanus aureifolium). Planta de la familia de las solanáceas. Sus raíces son pectorales y antirreumáticas. (M.C.)

ÑUÑUNYA. s. Especie de ciruela amarga que da un jugo muy rojo que las mujeres usaban como afeite. (G.H.)

ÑUÑUPUNKU. s. Planta medicinal de la familia de las convolvuláceas. (J.A.L.)

ÑUÑUQA. s. neol. Mamada inicial.

ÑUÑUQACHIY. v. neol. Hacer que el ternero efectúe la mamada inicial.

ÑUÑUQAY. v. neol. Iniciar la mamada.

ÑUÑUY. v. Lactar, mamar.

ÑUP'U. s. Fontanela. Sinón. **Pujyu.**

ÑUP'U. s. Alimento blando, muy sazonado o maduro y fácil de comer.

ÑUP'UCHAY. v. Ablandar.

ÑUP'UKAY. s. Ternura.

ÑUQA. pron. Yo. Sinón. **Nuqa.**

ÑUQANCHIJ. pron. Inclusivo. Nosotros.

ÑUQAYKU. pron. Exclusivo. Nosotros.

ÑUST'A. s. Princesa, infanta.

ÑUSU. adj. fam. El que acostumbra sorber los mocos.

ÑUSUY. v. fam. Sorber los mocos.

ÑUTQÖ, ÑUSQÖN. s. Cerebro, masa encefálica. Sinón. **Ñujtun.**

ÑUTQÖJILLIKAN. s. Meninge.

ÑUT'U. s. Alimento apachurrado, desmenuzado, convertido en pasta. **Papañut'u:** Puré de papa.

ÑUT'UJALLP'A. s. Polvo.

ÑUT'USQA. adj. Apachurrado, convertido en pasta.

ÑUT'UY. v. Apachurrar, convertir en pasta.

P

P. Letra decimoquinta del alfabeto qhëshwa. Su valor fonético no difiere del que posee la P castellana.

PACHA. s. La tierra. El mundo. El tiempo.

PACHA. adj. Mismo. **Kunan pacha rinki:** Irás ahora mismo.

PACHA. prep. Desde. **Paqarinmanta pacha:** Desde esta mañana

PACHAJ. adj. Cien.

PACHAJCHAKI. s. neol. Ciempiés.

PACHAJCHAY. v. Dividir por cien.

PACHAJKAMAYUJ. s. Gobernador, conductor de cien familias en el Tawantin-suyu.

PACHAKA. s. Mayordomo de palacio. Funcionario subalterno.

PACHAKAMAJ. s. Dios del terremoto en el Waruchiri preinkaico.

PACHAKAMAJ. adj. Gobernador del mundo. Atributo del dios inkaico Qhön Illa T'ijsi Wiraqöcha erróneamente tomado como sustantivo.

PACHAKAMAJ. s. Antiguo adoratorio en el litoral del Pacífico, frente a Waru-chiri.

PACHAKUTIJ. s. Noveno monarca del Tawantinsuyu. Hijo de Wiraqöcha Inka y de la qöya Mama Runtu Qayan.

PACHAKUTIJ, PACHATIJRA. s. Cataclismo, catástrofe mundial.

PACHAKUYUCHIJ. adj. Movedor, sacudidor del mundo. Atributo de Pachaká-maj, dios del terremoto en Waruchiri.

PACHAKUYUY. s. Temblor de tierra. Terremoto.

PACHAK'ANCHAY. s. Luz universal, la del sol.

PACHALLUQÉ. s. Arbusto de la familia de las poligáleas. Posee propiedades medicinales. Vulg. Ratania. (J.A.L.)

PACHAMAKI. s. Planta medicinal que se usa como tónico. (J.A.L.)

PACHAMAMA. s. Divinidad que en la teogonía inkaica representaba a la Tie-rra.

PACHAMANKA. s. Convite público con que las autoridades reales agasajaban al pueblo. Neol. Especie de pic nic.

PACHAMIT'A. s. Estación, cada una de los cuatro períodos en que se divide el año.

PACHAN. adj. Entero.

PACHANPI. m. adv. En el sitio, ahí mismo.

PACHAPUQÖY KILLA. Cuarto mes del año. Abarcaba los finales de marzo y una mayor parte de abril.

PACHAS. s. neol. Yeso.

PACHATAYA. s. (Bacharis sp.). Planta de la familia de las compuestas. (R.L.)

PACHI. s. Agradecimiento, gratitud.

PAJ. prep. Para.

PAJ. conj. A fin de que.

PAJPA. s. Cana.

PAJPAKA. s. Especie de lechuza.

PAJPAYAY. v. Encanecer.

PAJTA. adj. Justo, ecuánime.

PAJTA, PAJTATAJ. interj. ¡Cuidado!

PAJTACHAJ. adj. El que hace justicia.

PAJTACHAY. s. Justicia, equidad.

PAJTACHAY. v. Hacer justicia.

PAJTAN. interj. Con que se previene. **Pajtan urmáwaj:** No vayas a caerte.

PAKA. s. Águila andina. Sinón. **Anka.**

PAKA. s. Ocultación, encubrimiento.

PAKAPAKA. s. Escondite. Juego de niños.

PAKAKUNA. s. Escondite.

PAKAKUY. v. Esconderse, ponerse a buen recaudo.

PAKASA. s. Pueblo que vivía al S. del lago Titicaca, conquistado por Mayta Qhápaj Inka. Vulg. Pacajes.

PAKASWAYU. s. Distrito de Chinchaysuyu conquistado por Wayna Qhápaj Inka.

PAKASQA. adj. Oculto, secreto, encubierto.

PAKAWI. s. Pájaro de plumaje azul, verde y rojo.

PAKAY. v. Ocultar, guardar en secreto.

PAKAYPAKAYLLA. adv. .En secreto, a escondidas.

PAKU. s. Cierta especie de hongo comestible. (G.H.)

PAKU. s. Orejera. El disco que los nobles del Inkario se colocaban en el hueco practicado en el lóbulo de la oreja.

PAKURINRI, PAKUNINRI. adj. El que llevaba la oreja horadada.

PAKUS. s. Variedad de papa que se siembra en verano y madura en tres meses. Sinón. **Chaucha.**

PALLA. s. Dama. Mujer provecta de la nobleza inkaica.

PALLAPAY. v. Rebuscar, recolectar productos descuidados al cosechar. Sinón. **Chajma.**

PALLAR. s. (Phaceolus lunatus). Planta de la familia de las papilionáceas. Su semilla es comestible. (R.L.)

PALLASQA. p. Recogido, recolectado.

PALLAY. v. Recoger, recolectar.

PALLAYSU. s. Especie de comején.

PALLIRI. adj. Recogedor, acopiador.

PALLKI. s. (Acacia feddeana). Árbol de la familia de las mimosoideas. Su fruto se emplea como sustituto del café. (M.C.)

PALLQA, P'ALLQA. adj. Ahorquillado, bifurcado.

PALLQAY, P'ALLQAY. v. Partir en forma de horquilla. Rasgar incompletamente en dos.

PALLQÖ. adj. Fementido, mentiroso.

PALLQÖY. v. Engañar, burlar.

PALLQÖYKUJ. adj. Engañador, burlador.

PALLTA. s. (Persea gratissima). Árbol de la familia de las laureáceas. El fruto es alimenticio. (R.L)

PALLTA. s. Carga suplementaria que se pone encima de la principal.

PALLTAY. v. Poner carga suplementaria sobre la principal.

PALLUYWAMAN. s. Especie de neblí, gavilán.

PALLWA. s. Obra terminada.

PALLWAY. v. Terminar un trabajo, una obra.

PAMUKU. s. (Crescentia sp.). Arbusto de la familia de las bignoniáceas. La corteza del fruto fue empleada en el Inkario como cobertura de las trepanaciones. (R.L.)

PANA. s. Hermana del hermano.

PANAKA. s. Descendencia, generación de cada soberano en la dinastía fundada por Manku Qhápaj inka.

PANAM. conj. Aunque. **Panam waqajtiykipas qöykimanchu:** Aunque lloraras no te lo daría.

PANATURA. s. Hermana y hermano.

PANKIY. v. Resembrar. Sinón. **Tarpújay.**

PANKUNKU. s. Bola de paja tejida, muy compacta, que se encendía para alumbrar o provocar incendios arrojándola pendiente de cordeles especiales.

PANKUY. v. Palpar ligeramente.

PANPA. s. Llanura. Suelo, piso de una habitación.

PANPACHAY. v. Allanar el suelo. Vencer las dificultades. Limpiar la conciencia. Arrasar.

PANPARUNA. s. Prostituta. Sinón. **Panpawarmi.**

PANPASAMI. s. Arbitro en los juegos o competencias deportivas. Sinón. **Samínchij.**

PANPAT'IKA. s. Planta menuda que florece a ras del suelo. Tiene aplicaciones medicinales. (J.A.L.)

PANPAWARMI. s. Prostituta.

PANQÖY. v. Alimentarse. Sinón. **Mikhuy.**

PANTACHIY. v. Inducir en error. Importunar.

PANTAKAJ. adj. Turbado, aturdido, confundido.

PANTAKAY. s. Turbación, aturdimiento, confusión.

PANTAKAY. v. Turbarse, aturdirse, confundirse.

PANTAY. s. Error, equivocación, confusión.

PANTAY. v. Errar, equivocarse, confundirse.

PANTIPANTI. s. (Cosmos peucedanifolius). Planta de la familia de las compuestas. Es antigripal. (M.C.)

PANUQA. s. Soga trenzada con hilos muy gruesos de lana de llama.

PAÑA. s. La derecha **Pañamaki:** mano derecha. Pañachiru: Flanco derecho.

PAPA. s. (Solanus andigenum). Planta de la familia de las solanáceas. Hay de ellas más de 300 variedades en Bolivia. (R.L.)

PAPAUKI. s. Pelota.

PAPAYA. s. (Carica papaya). Arbusto de la familia de las caricáceas. Su fruto es alimenticio. (R.L.)

PAQA. s. Cierta especie de cabuya. (G.H.)

PAQAR. adj. Todo. Entero, completo.

PAQAR. s. Alba, aurora, madrugada.

PAQARICHIY. v. Dar principio, originar.

PAQARIJCH'ASKA. s. Lucero del alba.

PAQARIJTANPU (Posada del amanecer). Valle del distrito de Paruru, a 60 km. del Cuzco. Según la leyenda, provinieron de allí los hermanos Ayar, fundadores del Imperio de los Inkas.

PAQARIKUY. s. Vigilia.

PAQARIN. s. Amanecida. Horas de la mañana.

PAQARINA. s. Antepasado remoto, origen totémico de un linaje - fuente, laguna, peña, cueva - venerado como divinidad menor en el Inkario.

PAQARINLLAJWAY. s. Almuerzo. **Ch'isillájway:** Cena.

PAQARIY. v. Nacer. Sinón. **Yúriy.** Alborear, amanecer.

PAQARKILLA. s. Plenilunio. Sinón. **Killapura.**

PAQAY. s. (Inga edulis). Árbol de la familia de las mimosáceas. Vulg. Pacay. (R.L)

PAQÖ. s. Auquénido de lana fina y larga. Sinón. **Allpaqa.** Vulg. Alpaca.

PAQÖMAY. v. Capturar, aprisionar.

PARA. s. Lluvia. **Iphupara:** llovizna, garúa.

PARAQA. adj. Blanquecino, tierno.

PARAQAS. s. Centro arqueológico en el litoral meridional del Perú. Vulg. Paracas.

PARAQAY. s. Maíz blanco de alta calidad.

PARAQAY. adj. Blanco neto.

PARAY. v. Llover.
PARAYMITA. s. Época de lluvias.
PARAYQÖNCHUY. s. Turbión, tempestad.
PARAYSAPA. adj. Muy lluvioso.
PARI. adj. Caldeado.
PARIA. s. (Zonotrichia pileata). Gorrión aborigen. Sinón. **Phichitanka.**
PARIAKUY. v. Ponerse afeite a la cara las mujeres. Sinón. **Pasíkuy.**
PARIAQAQA. s. (Peña de los gorriones). Pico nevado al N. del río Rímaj.
PARIAQAQA. s. Divinidad preinkaica de Waruchiri, reconocida y adorada por los Inkas.
PARICHIY. v. Caldear. Parinñakay **jank'ak'analla:** Ya está caldeado este tostador.
PARIRUJRU. s. Alimento cocido con empleo de una piedra caldeada. Sinón. **Qallap'urka.**
PARIWANA. s. (Phoenicopterus andinus). Ave de la familia de los phenicoptéridos que vive en los lagos y lagunas de las alturas.
PARQA. s. Dos cosas que debiendo estar separadas aparecen unidas: dedos congénitamente pegados; dos mazorcas unidas dentro de una misma panca.
PARQÖY. v. Regar, irrigar. Sinón. **Qárpay.**
PARU. adj. Dorado, tostado por el sol o por el fuego.
PARUYACHIY. v. Dorar, tostar al sol o al fuego.
PARWAY. s. Flor masculina del maíz. Sinón. **Paywaru.**
PARWAY. v. Echar flores masculinas el maíz.
PAS. conj. Y **Qanpas ñuqapas:** Tú y yo
PASIKUY. v. Ponerse afeite a la cara las mujeres. Sinón. **Pariákuy.**
PASKANA. s. Fin de jornada y consiguiente descanso en los viajes por la montaña.
PASKAY, PHASKAY. v. Desatar, soltar. Absolver, perdonar.
PASU. adj. Viudo. Desventurado.
PASUYAY. v. Enviudar el varón.
PATA. s. Andén, peldaño, poyo, releje. Borde, margen.
PATACHAKI. m. adv. Patas arriba.
PATACHAKICHIY. v. Derribar a uno patas arriba.
PATACHAKIY. v. Caer patas arriba.
PATACHAY. v. Seleccionar escoger lo mejor. Ordenar, colocar cada cosa en su lugar. **Rimayniykita patachay allinta:** Ordena bien tus palabras.
PATAKI. s. Estrado de adobe para dormir.
PATALLANKU. s. Planta enredadera. (G.H.)
PATAPATA. s. Escalera, gradería.
PATAPATA. adj. Superficial, a la ligera.
PATARA. s. Doblez. Sinón. Tapara.
PATARASQA. p. Doblado, plegado. Sinón. **Taparasqa.**

PATARAY. v. Doblar, plegar. Sinón. **Taparay.**

PAU. s. Nada.

PAUCHA. s. Trozo de carne.

PAUCHI. s. Cascada, salto de agua. Sinón. **Phajcha.**

PAUQAR. adj. Polícromo. Escala de matices de un color.

PAUQARKINTU. s. Coca selecta, de hojas pequeñas y enteras, especialmente empacada, para ofrendarla a los dioses en el Tawantinsuyu.

PAUQARKUNA. s. pl. Diversidad de colores, policromía de las flores o del plumaje de las aves.

PAUQARPATA. s. Prado. Jardín.

PAUQARQÖRI. adj. Primoroso, precioso.

PAUQARTANPU. s. Río situado a 60 km. del Cuzco.

PAUQARWARA. s. Primavera. Tiempo florido.

PAUQAY. v. Mejorar, medrar.

PAWI. s. Aturdimiento, desorientación. Sinón. **Payu.**

PAWIKUY. v. Aturdirse, desorientarse. Sinón. **Payúkuy.**

PAY. pron. El, ella.

PAYA. adj. Vieja. fam. Abuela.

PAYAJMAMAN. adj. y s. Bisabuela.

PAYAQA. s. Gavilla. Sinón. **Rukupa.**

PAYAQAY. v. Atar las gavillas para cargar.

PAYAYAY. v. Envejecer la mujer o el animal hembra.

PAYCHA. s. Borla.

PAYKUNA. pron. Ellos, ellas.

PAYLLA. s. neol. Retribución del trabajo con comida y bebida.

PAYLLAY. v. neol. Retribuir el trabajo con comida y bebida.

PAYQÖ. s. (Chenopodium ambrosioides). Planta de la familia de las quenopodiáceas. Se la emplea en medicina casera. (R.L.)

PAYTU. s. Mujer de vida airada.

PAYU. s. Desorientación. Sinón. **Pawi.**

PAYUKUY. v. Desorientarse. Sinón. **Pawíkuy.**

PAYWARU. s. Flor masculina del maíz. Sinón. **Párway.**

PI, PIM. pron. Quien. **Pim nirqasunki:** ¿Quién te dijo?

PI. prep. Aquí, dónde. **Chakiykipi waqayniyta jich'ásaj:** A tus pies verteré mis lágrimas. **Maypi tiyakunki:** ¿Dónde vives?

PICHANA. s. Escoba. Todo instrumento que sirve para barrer o limpiar.

PICHARA. s. Fricción del cuerpo enfermo con prendas u otros objetos que luego eran arrojados a un cruce de caminos para que el mal fuera recogido por otro.

PICHARI. pron. Alguien

PICHASQA. p. Barrido, aseado.

PICHAY. v. Barrer, limpiar, asear.

PICHI. s. Raíz. Sinón. **Sapi, t'ijsi.**

PICHU. s. Tibia. Muñeca de la mano.

PICHUSKI. s. Empeine. Tobillo.

PIJCHU. s. Porción de coca que se mastica. Sinón. **Akulli.**

PIJCHUY. v. Masticar coca. Sinón. **Akúllyj.**

PIJMI, PIJPA, PIJPATA. pron. Cuyo.

PIJTUY. v. Mezclar, entreverar. Debilitar, agobiar.

PIJWAY. v. Temblar la cabeza o las manos, mal de Parkinson.

PIKI. s. Pulga.

PIKICHAKI. s. (Pie de pulga). Personaje festivo y paje del protagonista del drama **Ullanta.**

PILLCHA. s. Planta dipsácea cuya cabeza terminal se usa como carda. (J.A.L.)

PILLI. s. Pato.

PILLILLUNKUY. s. Remolino de viento poco durable.

PILLKU. s. Pájaro tanágrido de plumaje multicolor oriundo de los valles de Cochabamba. Sinón. **Ninapillku.**

PILLKU. adj. Rojo. Sinón. **Puka.**

PILLKURANPA. s. Litera de oro en que viajaba y aun asistía a los combates el Inka.

PILLKU WAKU. s. Primera esposa de Wayna Qhápaj Inka.

PILLPINTU. s. Mariposa.

PILLU. s. Corona. Guirnalda.

PILLUKU. s. Coronación.

PILLUNKUY. s. Remolino de viento. Sinón. **Pillillúnkuy.**

PILLURICHIY. v. Coronar, colocar una guirnalda en la cabeza de alguien.

PILLURIKUY. v. Coronarse, colocarse una guirnalda en la cabeza.

PILLWIY. v. Nadar los peces.

PILLWIY. v. Hilar lana toscamente con un palillo.

PINAS. s. Cárcel común. Sinón. **Wataywasi.**

PINAWA. s. Personaje legendario contemporáneo de Qólla y Túkay, presunto fundador de un reino que fue incorporado al Imperio del Cuzco con el nombre de Kuntisuyu.

PINCHA. s. Acueducto. Albañal.

PINCHACHAY. v. Construir acueducto o albañal.

PINCHASQA. adj. Encanalado, entubado.

PINCHI. v. Relámpago. Sinón. **Illa.**

PINCHIY. v. Relampaguear.

PINKU. s. Cumbrera del techo. Viga que forma la cumbrera.

PINKULLU, PINKILLU. s. Pequeña flauta de timbre agudo.

PINKULLUKUY. v. Tañer el pinkullu.

PINKUPINKU. s. (Ephedra americana). Planta gimnosperma que se emplea como astringente gingival. (M.C.)

PINTA. s. Anzuelo, instrumento para pescar.

PINTUJ. s. (Adonis regia). Vulg. Cañahueca, caña brava. Sinón. **Suqös.**

PINTUPINTUJ. s. Sitio cubierto de cañahueca.

PIÑAS. s. y adj. Cautivo, prisionero, preso.

PIÑASCHAY. v. Apresar, encarcelar.

PIÑI. s. Alhaja, joya, presea. Collar formado de pequeñas joyas, conchas marinas o cuentas de diverso género.

PIPU. adj. Apretado, compacto. Líquido espeso, denso.

PIPUSUQÖ. s. Caña gruesa, nudosa, de canutos muy largos que vive en las regiones tropicales y se utiliza en la fabricación de flautas, techado de viviendas, etc.

PIPUYACHIY. v. Apretar, compactar. Espesar.

PIPUYAY. v. Apretarse, compactarse. Espesarse.

PIQA. s. Maíz tierno muy bien molido. Poso de la chicha que sirve de levadura.

PIQAY. v. Moler maíz tierno. Separar el poso de la chicha.

PIRASQA. adj. Señalado, signado con sangre de llama en los ritos antiguos.

PIRAY. v. Rito antiguo que consistía en signarse la cara y el cuerpo con sangre de llama.

PIRISPISPITA. s. Cierta hierba que abunda en los campos.

PIRQA. s. Pared.

PIRQAJ, PIRQAYKAMAYUJ. s. Albañil.

PIRQAY. v. Construir paredes, edificios, etc.

PIRTA. s. Verdugo.

PIRUTU. s. Pequeña flauta de hueso.

PIRUTUY. v. Tañer la flauta de hueso.

PIRWA. s. Planeta Júpiter.

PIRWA. s. Depósito de productos agrícolas construido con cañahueca y barro.

PIRWAY. v. Construir depósitos de productos

PIRWAYKUY. v. Entrojar.

PIS. adv. También **Ñuqapis mikhúsaj:** Yo también comeré. Tampoco. **Mana paypis rikunchu:** El tampoco ve.

PISI. adj. Poco, escaso, deficiente.

PISICHAY. v. Acortar, disminuir.

PISIKALLPA. adj. Débil, de poca fuerza.

PISIPAY. v. Escasear, faltar, no alcanzar para todos.

PISIQË. adv. Menos.

PISISUNQÖ. adj. Pusilánime.

PISIYAY. v. Escasear, disminuir, menguar.

PISKU. s. Agrietamiento producido por el frió en los labios y las manos. Sinón. **P'aspa.**

PISQÖYÑU. s. Trompo, peonza. Sinón. **P'isqöyllu.**

PISUNAY. s. (Erithrina falcata). Árbol de la familia de las papilionáceas. Sinón. **Chillijchi.** (R.L.)

PISWAYU. s. Árbol de la familia de las terebintáceas. (J.A.L.)

PITAJAYA. s. (Haagecereus sp.). Planta de la familia de las cactáceas. Sinón. **Waraqö.** (R.L.)

PITAY. v. Fumar.

PITKA. s. Especie de angarillas.

PITKAY. v. Conducir en angarillas.

PITU. s. Pareja. Par

PITU. s. Maíz tostado y pulverizado.

PITUCHAY. v. Hacer pareja. Aparear.

PITUKAMA. adj. Entre parejas.

PITUSUNQÖ. adj. El que procede con doblez. El que se adhiere a dos opiniones o bandos contrarios. Sinón. **Purajuya.**

PITUWANKA. s. Dúo, canción a dos voces.

PITUY. v. Comer el maíz tostado y pulverizado.

PITWIY. v. Procurar.

PUCHU. s. Sobra.

PUCHUCHIY. v. Hacer sobrar.

PUCHUY. v. Sobrar.

PUJCHA. s. Medida de capacidad para áridos equivalente a una fanega española.

PUJLLAKUY. v. Bromear, chancearse.

PUJLLANA. s. Juguete.

PUJLLAPAYAY. v. Incitar con chanzonetas y jugueteos.

PUJLLAY, PHUJLLAY. s. Juego. Recreación.

PUJLLAY, PHUJLLAY. v. Jugar, recrearse.

PUJLLAYKANCHA. s. Plaza de juego.

PUJTU. s. Porción que cabe en el hueco de las dos manos juntas.

PUJTUY. v. Levantar en el hueco de las dos manos juntas.

PUJYU. s. Manantial, ojo de agua. Sinón. **Juturi.** Pozo.

PUJYU. s. Fontanela. Sinón. **Ñup'u.**

PUKA. adj. Rojo. **Ankipuka: rojo subido. Llankapuka: Grana. Yawarpuka:** rojo sangre.

PUKARA. s. Fortaleza. **Inkallajta pukara:** Fortaleza de Inkallajta.

PUKARAY. v. Fortalecer. Fortificar.

PUKAUMIÑA. s. Rubí.

PUKAYANA. adj. Rojo oscuro que tiende a negro.

PUKAYAY. v. Enrojecer.

PUKARMANAY. v. Volverse del todo rojo.

PUKINKANCHA. s. Especie de pinacoteca en las afueras del Cuzco con colecciones de pinturas en tablas que contenían la biografía completa de todos y cada uno de los Inkas.

PUKULLU. s. Pequeño edificio circular de piedra bruta que utilizó como vivienda el hombre primitivo de los Andes. Túmulo.

PUKUPUKU. s. Pájaro que anuncia con su canto el amanecer. (G.H.)

PULLAPULLA. s. (Zephyranthus sp.). Planta de la familia de las amarillidáceas. Su raíz contiene un principio fermentativo. (R.L.)

PULLKANKA. s. Rodela, adarga, arma defensiva.

PULLPUY. v. Brotar el agua a borbotones.

PULLQA. s. Reducto, parapeto.

PULLQAKUY. v. Hurtar el cuerpo, rehuí.

PULLULLU. s. Burbuja. Sinón. **Pujpu.**

PULLULLUY. v. Burbujear.

PULLURKI. s. Pestañas.

PULLUWA. s. (Calcitium nivale). Planta criptograma de la sierra. (J.A.L.)

PUMA. s. Mamífero carnicero de piel leonada que vive en la selva amazónica.

PUMA. s. Cierto juego en que se pone a prueba la fortaleza del hombre.

PUMAJCHUPAN. s. (Cola de puma). Barrio meridional del Cuzco antiguo.

PUMAKAJCHU. s. (Krameria triandra). Árbol de la familia de las cesalpinideas. Se usa como astringente. (M.C.)

PUMAKANCHI. s. Divinidad regional de Qöllasuyu.

PUMAKURKU. (Viga del puma). Barrio oriental del Cuzco antiguo.

PUMALLAJTA. s. Provincia de Chinchaysuyu sometida por Túpaj Yupanki Inka.

PUMATA. s. Pueblo que vivía al oeste del lago Titicaca, sometido por Lluq'ë Yupanki Inka. Vulg. Pomata.

PUMATANPU. s. (Posada del puma). Pueblo sometido por Mayta Qhápaj Inka.

PUMARANRA. adj. neol. Salteador de caminos.

PUMAY. v. Ejecutar el juego de la Puma.

PUMAYNA. adj. Fiero y fuerte como el puma.

PUNA. s. Tierra alta y fría. Sinón. **Sallka.**

PUNA. s. Isla al N. de Tunpis, conquistada por Wayna Qhápaj Inka.

PUNARUNA. adj. Hombre serrano, que vive en la puna.

PUNKICHIY. v. Hacer hinchar.

PUNKIRAY. v. Deshincharse. Desinflarse.

PUNKISQA. adj. Hinchado, tumefacto.

PUNKIY. v. Hincharse.

PUNKIMANAY. v. Hincharse excesivamente.

PUNKU. s. Puerta.

PUNKU. s. neol. Indígena semanero destinado al servicio doméstico del terrateniente. Vulg. Pongo.

PUNKUKAMAYUJ. s. Portero.

PUNKUKIRU. s. Dientes incisivos.

PUNKURAWI. s. Zaguán.

PUÑU. adj. Del día anterior. **Puñumíkhuy:** Comida guardada del día anterior.

PUÑUCHIY. v. Hacer dormir. Burlar, eludir.

PUÑUNA. s. Cama, lecho.

PUÑUY. s. Sueño.

PUÑUY. v. Dormir.

PUÑUYKUY. v. Acostarse.

PUÑUYSAPA. adj. Dormilón. Muerto de sueño.

PUPA. s. (Psitachanthus sp.). Planta de la familia de las lorantáceas. Es parásita y el mucílago de su fruto se emplea para cazar pájaros. (R.L.)

PUPACHAY. v. Adherir, pegar con **pupa.**

PUPAPURA. s. Especie de pectoral metálico que usaban los guerreros del Inka.

PUPAY. v. Cazar pájaros con liga de **pupa.**

PUPU. s. Ombligo.

PUPUTI. s. Cordón umbilical.

PUQË. s. Larva del **wank'uyru,** abeja aborigen.

PUQË. adj. fig. Tonto, bobo.

PUQÖCHIY. v. Lograr la madurez de las sementeras. Hacer fermentar.

PUQÖNA. s. Pueblo conquistado por Ruka Inka. Se hallaba al oriente de Qhöchapanpa.

PUQÖNA. adj. Fértil, productivo.

PUQÖSQA. p. Maduro, sazonado. Acabado de fermentar.

PUQÖY. s. Maduración, sazón de los cereales o de las frutas. Fermentación.

PUQÖY. s. Fruto. **Kay sáh'aj puqöynin misk'i:** El fruto de este árbol es dulce.

PUQÖY. v. Madurar, entrar en sazón. Fermentar.

PUQÖYPACHA, PUQÖYMIT'A. s. Otoño.

PURA. af. preposicional. Entre. **Waynapura:** Entre jóvenes.

PURAJ. adj. Ambos.

PURAJUYA. adj. El que se adhiere o defiende a dos personas o bandos contrarios.

PURAKILLA. s. Plenilunio. Sinón. **Killapura.**

PURAKILLAYMIT'A. s. Período del plenilunio. Nombre de la segunda semana del mes, que tenía diez días.

PURAPURA. s. Planta medicinal que se usaba contra la parálisis parcial. (J.A.L.)

PURAPURA. s. Corona de plumas.

PURICHIY. v. Hacer andar.

PURIJ. adj. Adulto.

PURIRIY. v. Partir, emprender viaje.

PURISKIRI. adj. Trotamundos, andariego.

PURIY. v. Caminar.

PURIYKACHAY. v. Pasear.

PURU. s. (Crescentia sp.). Planta de la familia de las bignoniáceas. Sinón. Pamuku. (R.L.)

PURUCHALLWA. s. Renacuajo que ha terminado su proceso de metamorfosis y se ha convertido en sapo diminuto.

PURUMA. adj. Dícese del terreno fertilizado mediante siembra de papilionáceas.

PURUMAUKA. s. Pueblo belicoso que vivía al sur del río Maulli y, aliado con los vecinos, rechazó todas las tentativas de invasión de las huestes del Inka.

PURUN. adj. Erial, estéril, desértico.

PURUNRUNA (Gente del páramo). s. Población de la "Tercera Edad" según Waman Puma. Habitante del páramo. Salvaje, bárbaro.

PURUNSUNQÖ. adj. Zafio, inculto, rústico.

PURUNYACHIY. v. Asolar, convertir en páramo.

PURUNYAY. v. Convertirse en erial un terreno de cultivo.

PURUÑA. s. Barreño. Sinón. **Ch'illami.**

PURUQAY. s. Lamentación colectiva por la muerte del Inka, llevando por delante su traje y su **Ilaut'u** y recorriendo los lugares que él solía frecuentar.

PURUS. s. (passiphlora sp.). Planta de la familia de las pasifloráceas. Vulg. Granadilla. (R.L.)

PURUTU. s. (Phaseolus vulgaris). Planta de la familia de las papilionáceas, de semilla comestible. Vulg. Poroto. (R.L.)

PURWA. s. Soga trenzada con hilos muy gruesos de lana de llama. Sinón. Panuqa.

PURWAY. v. Capturar llamas u otros animales enlazándolos. Cercar con soga a los animales a fin de que no se dispersen.

PUSACHIMUY. v. Hacer conducir de venida.

PUSACHIY. v. Hacer conducir de ida.

PUSAJ. adj. Ocho.

PUSAJCHAY. v. Octuplicar.

PUSAJCHUNKA. adj. Ochenta.

PUSAJK'UCHU. s. Octógono.

PUSAJÑIQÉN. adj. Octavo.

PUSAMUY. v. Conducir, guiar de venida. **Kimsantin churiykunata pusamuni:** He traído a mis tres hijos.

PUSANKA. s. Hierba que posee ciertos efectos mágicos. (J.A.L.)

PUSAPUSA. s. Planta que tiene algunas aplicaciones medicinales. (J.A.L.)

PUSAY. v. Conducir de ida. Se refiere exclusivamente a personas. **Uj wajcha ñausata pusani:** He conducido a un pobre ciego.

PUSAYKUY. v. conducir, hacer pasar hacia dentro. **Llajtamasiyta wasiyman pusaykuni:** He hecho entrar en mi casa a mi paisano.

PUTUKA. s. Especie de timbal.

PUTUKU. s. Tabuco aislado de adobe.

PUTUTU. s. Trompeta fabricada de cierta concha marina. Neol. Trompeta de cuerno.

PUYLLU. s. Borla. Adorno que se pone en las orejas de los animales. Señal que se pone en costales o sacos para medir cereales u otros productos.

PUYLLUY. v. Adornar con borla u otros elementos.

PUYTU. s. Rotonda. Especie de ánfora de arcilla.

PUYWAN. s. Corazón de los animales.

P'

P'. Decimosexta letra del alfabeto qhëshwa. Es una P explosiva, glotalizada.

P'ACHA. s. Vestidura. Ropa.

P'ACHALLICHIY. v. Vestir a otra persona.

P'ACHALLIKUY. v. Obtener vestido. Vestirse.

P'ACHAQËLLQAJ. adj. Bordador.

P'ACHAQËLLQAY. v. Bordar.

P'ACHAWARKHUNA. s. Percha.

P'AJCHA. adj. Volcado, boca abajo.

P'AJCHAY. v. Colocar boca abajo una vasija.

P'AJCHI. adj. Inclinado, agobiado.

P'AJCHIKUY. v. Inclinarse, agobiarse.

P'AJCHIY. v. Inclinar, agobiar.

P'AJLLA, P'AJRA. adj. Calvo.

P'AJPA. s. Especie de cabuya. (G.H.)

P'AJPAKU. s. Lechuza. Sinón. Ch'úsik.

P'AJPAKU. adj. Bribón.

P'AJPANA. s. Herramienta con que se maja la cabuya.

P'AJPAY. v. Majar la cabuya.

P'AJRAPANPA. s. Tierra estéril, erial.

P'AJRAYAY. v. Ponerse calvo, encalvecer.

P'AKISQA. adj. Roto, quebrado, fracturado. Violado. **Chay map'aruna kay sipasta p'akirparisqa:** Ese hombre deshonesto había violado a esta joven.

P'AKIY. v. Romper, quebrar, fracturar. Violar.

P'ALLAKARAYWA. s. Víbora cascabel.

P'ALLCHAJ. v. onom. Con que se expresa el estallido de un recipiente lleno de agua.

P'ALLCHAY. v. Estallar un recipiente lleno de líquido.

P'ALLTA. adj. Plano y liso. **P'alltarumi:** losa plana y lisa.

P'ALLTANMANTA. m. adv. Sentarse arrodajado, con las piernas cruzadas al estilo de los orientales.

P'ANA. s. Porrazo, garrotazo.

P'ANAY. v. Aporrear, golpear con un palo.

P'ANCHU. s. neol. Cuajar.

P'ANKU. s. Fiambre o cualquier manjar que se lleva envuelto en chala o en hojas de plátano, maíz, etc. Cuajaron.

P'ANKUY. v. Preparar fiambre y envolverlo en hojas de vegetales.

P'ANPAKU. s. Entierro.

P'ANPARAY. v. Desenterrar.

P'ANPASQA. p. Enterrado, sepultado.

P'ANPAY. v. Enterrar, dar sepultura. Cubrir, tapar. Dominar una voz a las demás.

P'ANQA. s. Envoltura de la mazorca de maíz.

P'ANQARAY. v. Despancar la mazorca de maíz.

P'ANRA. adj. Rechoncho, panzudo. Estúpido, tonto. Gañán, rústico.

P'ANTA. s. Especie de mantilla con que se cubren la cabeza las jóvenes.

P'ANTALLIKUY. v. Cubrirse la cabeza con p'anta.

P'API. adj. La humedad no del todo desaparecida. Humedad revenida.

P'APICHAY. v. Ir acabando de perder la humedad. Revenirse la humedad.

P'AQA. adj. Condensado, concrecionado.

P'AQAYAY. v. Condensarse, concrecionarse.

P'AQÖ. adj. Rubicundo.

P'ARPANA. s. Instrumento que sirve para aplanar.

P'ARPASQA. p. Aplanado, apisonado.

P'ARPAY. v. Aplanar, apisonar.

P'ARQA. adj. Desproporcionado, deforme.

P'ARQACHAKI. adj. El que tiene seis dedos en los pies.

P'ARQAMAKI. adj. El que tiene seis dedos en las manos.

P'ARUY. v. Triturar terrones en un terreno de cultivo.

P'ARWAY. v. Rezumar.

P'ASÑA. s. Niña entre los siete y los doce años.

P'ASÑASINQA. adj. Persona de nariz pequeña. Sinón. Ch'usñasinqa.

P'ASPA. s. Agrietadura y secamiento de la piel por efecto del frío.

P'ASPAY. v. Secarse y agrietarse la piel.

P'ATA. s. Estado, clase o condición de las personas.

P'ATA. adj. Cosas de un mismo color. P'atach'iļchi: solamente grises.

P'ATAY. v. Morder hincando los dientes y desgarrando.

P'ATI. s. (Bombax sp.) Árbol tropical de la familia de las bombáceas. (R.L.)

P'ATKI. s. Caño de agua. El agua que sale del caño.

P'ATKU. s. Dolor que suele sentirse en el omoplato.

P'ATMA. s. Mitad. Sinón. Khuskan.

P'ATMAY. v. Dividir una cosa en dos partes iguales. Dividir en cualquier número de partes.

P'ATPA. s. Ala de ave. Plumaje del ala.

P'ATPACHAKUY. v. Emplumar las alas.

P'ATPAY. v. Batir las alas.

P'IJRIKUY. v. Ceder, aflojarse la atadura.

P'IJRIYAY. v. Aflojar la atadura, lo apretado.

P'IJTA. s. Arco para tirar flechas.

P'IJTAY. v. Tirar flechas con el arco.

P'IKAY. v. Coger flores o fruta. Quitar las hojas de las ramas.

P'ILLQÖ. adj. Patojo.

P'INQACHIY. v. Avergonzar, cáusar vergüenza.

P'INQAKUY. v. Avergonzarse, abochornarse, ruborizarse.

P'INQASKIRI. adj. Avergonzadizo.

P'INQASQA. p. Avergonzado.

P'INQAY. s. Vergüenza, bochorno, rubor. pl. Vergüenzas, órganos genitales.

P'INQAYNIYUJ. adj. Pundonoroso.

P'INQAYSAPA. adj. El que se avergüenza de lo más pequeño.

P'INTUNA. s. Pañales. Mortaja.

P'INTUSQA. adj. Niño envuelto en sus pañales. Niño difunto amortajado.

P'INTUY. v. Envolver al niño en sus pañales. Amortajar a un niño difunto.

P'IQÉÑA. s. Magín, inteligencia, memoria.

P'IQÉÑAYUJ. adj. Inteligente.

P'ISANQÉLLA. s. Variedad de maíz que se come tostada.

P'ISAQA. s. (Tinamotis pentlandi). Es una perdiz más grande que la ordinaria.

P'ISQÉ. s. Guiso de quinua.

P'ISQÖ. s. Pájaro. Sinón. **Phichiu.**

P'ISQÖMANCHACHI. s. Espantajo, espantapájaros.

P'ISQÖYLLU. s. Especie de peonza que usaban en sus juegos los niños del Inkario.

P'ITA. s. Cierto cordel de armadijo para cazar pájaros.

P'ITA. s. Salto.

P'ITAY. v. Saltar.

P'ITIKUY. v. Reventarse, dividirse. fig. Desear, ansiar vehementemente una cosa.

P'ITITA. s. Alcoba, cámara interior privada. Cancel, tabique con que se divide una habitación.

P'ITIY. s. Interrupción, suspensión.

P'ITIY. v. Reventar, dividir haciendo fuerza un hilo, cordel, lazo, etc. Interrumpir, suspender.

P'ITWIJ. adj. El que solicita, intentá, procura.

P'ITWIY. v. Solicitar, procurar, intentar.

P'UCHUKAKUJ. adj. Lo que se termina, llega a su fin. Perecedero.

P'UCHUKAKUY. v. Terminarse, acabarse, tener fin.

P'UCHUKAY. s. Término, fin, acabamiento.

P'UCHUKAY. v. Terminar, acabar, dar fin.

P'UCHUNQÓRA. s. (Solanum radicans). Planta de la familia de las solanáceas. Tiene aplicaciones en medicina casera. (R.L.)

P'UJCHIY. s. Pleamar.

P'UJPU. s. Vasija semiesférica de boca ancha. Sinón. **P'urunku.**

P'UJPUKA. s. Cierta especie de perdiz. (G.H.)

P'UJRU. adj. Hoyo. Sinón. **Jarata.**

P'UJRUMIQA. s. Plato hondo.

P'UJRUYAY. v. Horadarse, hacerse hoyo.

P'UJTU. adj. Cóncavo.

P'UJTUKAY. s. Concavidad.

P'UKU. s. Vasija semiesférica. Escudilla.

P'UKUTAY. s. Nubarrón.

P'ULLCHU. adj. Convexo, abombado.

P'ULLI. adj. Abombado, avejigado.

P'ULLQÖ. s. neol. Botina de lana con que se abriga los pies de los niños de pecho.

P'ULLQÖ. s. Especie de babucha.

P'ULLQÖ. adj. Holgado, cómodo.

P'ULLTIY. v. Chapuzar.

P'UNCHAU, P'UNCHAY. s. Día.

P'UNCHAUÑAY. v. Hacerse de día.

P'UNCHAUYAY. v. Pasarse de sol a sol en algún trabajo o menester.

P'UNPU. s. Congestión.

P'UNPUYAY. v. Congestionarse.

P'UNQÖ. s. Estanque, embalse.

P'UNRU. adj. Abotagado.

P'UNRUYAY. v. Abotagarse.

P'UPUY. v. Rociar soplando el agua que se tiene en la boca.

P'UQAY. v. Apretar con los dedos un forúnculo, grano de la piel, etc. para extraerle el humor maligno.

P'URU. s. Vejiga. Sinón. **Phukuchu.**

P'URU. s. Recipiente hecho de calabaza.

P'URUNKU. s. Cantarillo de arcilla de cuello largo.

P'URUNKU. s. Vasija semiesférica de boca ancha.

P'USTA. s. Pantorrilla. Sinón. **Ch'upa, t'usu.**

P'USHQÖ. s. Fermento, levadura.

P'USHQÖ. adj. Amargo, agrio, fermentado.

P'USHQÖAPI. s. Mazamorra de harina de maíz fermentada.

P'USHQÖY. v. Fermentar, agriarse.

P'USHQÖYUYU. s. Hierba semejante a la acedera, comestible. (G.H.)

P'UTI. s. Pequeño cofre formado de una calabaza.

P'UTI. adj. fam. Niño barrigudo.

P'UTUPAPA. s. La papa que queda sin recoger, bajo tierra, y germina. Sinón. **K'ipapapa.**

P'UTUY. v. Brotar, nacer la planta. Brotar vástagos en el árbol. Sinón. **Síqay.**

P'UYÑU, P'UÑU. s. Cántaro grande, esférico, de boca angosta.

P'UYUNQÖ. s. Remanso. Profundidad del agua en el mar o en los ríos.

P'UYUNQÖYAY. v. Remansarse.

PH

PH. Decimoséptima letra del alfabeto qhëshwa. Es una P aspirada.

PHAJCHA. s. Cascada, caída de agua.

PHAJCHAY. v. Caer el agua en cascada. Chorrear.

PHAJSA, PHAJSI. s. Luz de la luna.

PHAJSAMAMA (Madre luminosa). s. Uno de los nombres con que era conocida como deidad la luna.

PHAJSARIY. v. Alumbrar. Refiérese exclusivamente a la luna.

PHAJSARIYMIT'A. s. Fase inicial del periodo lunar. Nombre de la primera semana del mes, que abarcaba diez días.

PHAJSITUTA. s. Noche de luna.

PHAJYAY. v. Desbordarse.

PHAKA. s. Regazo. La ingle de la mujer.

PHALLAY. v. Parir. Sinón. **Wáchay.**

PHALLCHA. s. (Gentiana sp.). Planta de la familia de las gencianáceas. (R.L.)

PHALLPA. adj. fam. Desdentado, que ha perdido la dentadura.

PHALLPAYAY. v. Desdentarse.

PHANCHISQA, PHANCHASQA. p. Abierto, reventado como una flor.

PHANCHIY, PHANCHAY. v. Abrirse la flor.

PHANKA. adj. Boquiancho.

PHANKURUMA. s. Podredumbre del maíz dentro de la perfolla.

PHANPA. adj. Cóncavo y poco profundo.

PHAPA. s. Pezuña.

PHARA. adj. Reseco, resquebrajado. **Yarqëywan wírp'ay pharalla:** Mis labios se ponen resecos con el hambre.

PHARAJ. v. onom. Que traduce el ruido que hacen las aves al emprender el vuelo.

PHARAQËY. v. Aletear.

PHARAYAY. v. Resecarse, resquebrajarse.

PHARI. adj. Torcido a medias, mal torcido, mal hilado. Coagulado, cuajado. **Yawarphari:** Sangre coagulada.

PHARPA. s. Ala. Sinón. **Rijra.**

PHARPAY. v. Batir las alas.
PHARSAY. v. Desatarse una ligadura.
PHASA. adj. Hilo o tejido deleznable, poco consistente.
PHASAKANA. s. Fruto de la **ullalla** (cacto), comestible.
PHASALLALLA. s. Tarántula.
PHASKIY. v. Orearse, ir desecándose.
PHASCU. s. Herpes, vejiguillas que se presentan por lo general en los labios.
PHATACHIY. v. Hacer reventar.
PHATASQA. s. Cereal pelado y cocido en agua.
PHATASQA. p. Reventado.
PHATAY. v. Reventar, hacer explosión.
PHATMA. s. Parte. **Phishqa phatma:** Cinco partes.
PHATU. adj. Grueso, voluminoso, doble.
PHAWAJUNQÖY. s. Epidemia.
PHAWARIY. v. Alzar el vuelo.
PHAWAY. v. Volar. Saltar.
PHAWAYKACHAY. v. Revolotear.
PHAWAYKUCHIKUY. v. Atorarse
PHICHIQA. s. Espina de cactus.
PHICHITANKA. s. (Zonotrichia pileata). Gorrión aborigen. Sinón. **Paria.**
PHICHIU. s. Pájaro. Sinón. **P'isqö.**
PHICHU. s. Mechón de lana.
PHICHU. adj. fig. Diestro, experto.
PHILLMI. adj. Deleznable.
PHINA. s. Sitio que se despeja en medio del maizal para depósito provisional del maíz cosechado.
PHINCHI. s. Chispa intermitente.
PHINCHIKHURU. s. Luciérnaga. Sinón. **Ninanina.**
PHINCHIY. v. Chispear intermitentemente.
PHINKIRINKICHU. adj. neol. Saltarín.
PHINKIY. v. neol. Brincar, rebotar, salpicar.
PHINKIYKACHAJ. adj. neol. Persona que va saltando y moviéndose de continuo.
PHINKIYKACHAY. v. neol. Triscar, moverse de continuo.
PHIÑA. adj. Enojado, airado, colérico. Bravo.
PHIÑACHIY. v. Encolerizar, airar, resentir a otra persona.
PHIÑAKUY. v. Encolerizarse, airarse, resentirse.
PHIÑANAKUY. v. Andar resentidas entre dos o más personas.
PHIÑAPAYAY. v. Mostrar resentimiento a una persona.
PHIÑASQA. p. Resentido.
PHIÑAY. s. Cólera, ira.
PHIRI. s. Alimento preparado de harina con muy poca agua y con grasa y sal.

PHIRI. adj. Adolorido, agarrotado. Destrozado.

PHIRIY. v. Preparar el **phiri.** Destrozar, convertir en añicos.

PHIRURU. s. Pequeño disco de madera o de arcilla que atravesado por un delgado eje de madera forma la **phushka,** instrumento para hilar.

PHISKUY. v. Pintarrajear.

PHISNUY. v. Enlucir, embadurnar.

PHISHQA. adj. Cinco.

PHISHQACHAY. v. Quintuplicar.

PHISHQACHUNKA. adj. Cincuenta.

PHISHQAK'UCHU. s. Pentágono.

PHISHQAÑIQĚN. adj. Quinto.

PHIUJ. V. onom. Con que se expresa la partida súbita.

PHIWI. adj. Unigénito, hijo único.

PHUCHU. adj. Debilucho, enteco.

PHUJ. interj. Que se profiere al sentir mal olor.

PHUJCHA. s. Medida de capacidad para áridos equivalente a una media fanega española.

PHUJCHIY. v. Rebosar, desbordarse, rebalsar.

PHUJLLAY. s. Juego. Neol. Carnaval.

PHUJLLAY. v. Jugar. Sinón. Mísay.

PHUJPU. s. Burbuja. Ampolla que hace el agua al llover. Sinón. **Pulluilu.**

PHUJPUY. v. Burbujear. Hacer ampollas el agua.

PHUKUCHU. s. Vejiga. Sinón. **Jisp'ayp'uru.**

PHUKUNA. s. Soplador, soplete.

PHUKUY. v. Soplar.

PHULLCHIY. v. Rebosar.

PHULLPUY. v. Borbotar.

PHULLU. s. Cobija, cobertor. Pelo, vello, plumón.

PHULLUJTAY. v. Desflocarse una costura.

PHULLUSAPA. adj. Peludo, velludo, plumoso.

PHUÑA. s. Planta de puna cuyo tallo se utiliza como candela. (J.A.L.)

PHUÑI. s. Cabello de maíz. Sinón. **Achallqö.**

PHUPA. adj. Esponjoso, suave. **Allin phupa kay t'antaqa:** Este pan está bien esponjoso.

PHUPACHAY. v. Esponjar.

PHURMUY. v. Rebosar.

PHURU. s. Pluma.

PHURUNCHAY. v. Emplumar.

PHURUNNAY. v. Desplumar.

PHURUPHURU. s. Pompón esférico fabricado de plumas que se usaba como adorno.

PHURUNT'ASQA. adj. Inmaculado, intacto, incólume. Virgen sin mancilla.

PHURURAUQA. s. Grandes proyectiles de piedra bruta que soltaban de encima de las murallas de las fortalezas sobre el enemigo empeñado en escalarlas. Bola de piedra. Piedra labrada en forma de estrella, con un agujero al centro para introducir en él un mango. Era un arma de guerra.

PHUSA. adj. Fofo, fungoso, sin consistencia.

PHUSAN. s. Pulmón. Sinón. **Surq'an.**

PHUSAYACHIY. v. Volver fofo, fungoso.

PHUSPU. s. Cierto manjar hecho de frijoles o porotos.

PHUSRA. s. Hollejo.

PHUSULLU. s. Ampolla que se forma en la piel. Sinón. **Supullu.**

PHUSULLULLAY. v. Formarse ampollas en la piel.

PHUSUQÖ. s. Espuma.

PHUSUQÖY. v. Hacer espuma. Espumar.

PHUSHKA. s. Instrumento que consta de un pequeño disco de arcilla o de madera, atravesado por un delgado y largo eje de madera. Se lo utiliza para hilar.

PHUSHKATULLU. s. Rótula. Sinón. **Qönqörphiruru.**

PHUSHKAY. v. Hilar.

PHUTI. s. Tristeza, tribulación.

PHUTINA. s. Deidad regional de Kuntisuyu.

PHUTIRAYAY. s. Melancolía.

PHUTIRAYAY. v. Hallarse melancólico.

PHUTIY, PHUTIKUY. v. Entristecerse, acongojarse.

PHUTUN. adj. Maloliente.

PHUTUNYAY. v. Oler mal, heder.

PHUYU. s. Nube.

PHUYUNKU. s. Remolino de agua.

PHUYURAY. v. Desencapotarse el cielo.

PHUYUSQA. p. Anublado.

PHUYUY. v. Anublarse.

Q

Q. Decimoctava letra del alfabeto qhëshwa. Es oclusiva-postvelar-continuativa-sonora.

QA. conj. Si. **Rijtiykiqa rísaj:** Si vas, iré.

QACHAY. v. Hacer secar hortalizas al sol.

QACHAYUYU. s. Hierba comestible secada al sol, como reserva alimenticia para la época seca del año, en el Inkario.

QAJÑINPACHA. s. La alborada.

QAJYA. s. Eructo. Sinón. **Jap'a.**

QAJYAY. v. Eructar.

QALLA. s. Mejilla.

QALLA. s. Rueca, instrumento para hilar. Sinón. **Phushka.**

QALLANCHA. s. Bofetada.

QALLANCHAY. v. Abofetear.

QALLAP'URKA. s. Alimento cocido con ayuda de una piedra caldeada. Sinón. **Parirujru.**

QALLAQÓNCHUY. s. Uno de los arquitectos constructores de la fortaleza de Sajwaywaman.

QALLAQ'ASA. s. Arbusto que en el Perú lleva el nombre de Pájaro bobo. (J.A.L.)

QALLAR. s. Origen, principio. Sinón. **T'ijsi.**

QALLARIJ. adj. El que empieza.

QALLARIJMACHU. s. Cabeza de linaje.

QALLARIKUY. s. El principio, el comienzo.

QALLARIY. v. Comenzar, dar principio.

QALLARIYNIYUJ. adj. Lo que tiene principio conocido.

QALLCHA. s. Mies segada y hacinada con los tallos puestos de pie.

QALLCHASQA. s. Rastrojo.

QALLCHAY. v. Segar y hacinar la mies.

QALLCHAYPACHA. s. Tiempo de segar.

QALLMA. s. Ramilla, rama pequeña. Renuevos de una planta.

QALLMACHAKUY. v. Cubrirse de renuevos la planta.

QALLPA. adj. Terreno que queda después de la siega o de la cosecha.

QALLPACHAJRA. s. Tierra agotada que ya no produce bien y que necesita meteorización.

QALLQASQA. adj. Despeado.

QALLQAY, QALLQAKUY. v. Despearse.

QALLU. s. Lengua.

QALLUKHANICHINA. s. Mordaza.

QALLUNNAJ. adj. Sin lengua.

QALLUYKAMAYUJ. adj. Ladino, mañudo.

QALLUYKUY. v. Engañar con astucia.

QALLUYUJ. adj. Resabido, sabihondo.

QALLWA. s. Instrumento de madera o de hueso que usan los tejedores para tupir los hilos del tejido.

QALLWAY. v. Tupir con la **qallwa** los hilos en el tejido.

QAMA. adj. Insípido, soso.

QAMASAYRI. s. (Nicotiana sp.). Planta de tabaco silvestre. (R.L.)

QAMAYAY. v. Volverse insípido, soso.

QAMCHU. s. Bufón. El que existía en el palacio imperial del Cuzco.

QAMCHUY. v. Decir chuscadas o chanzonetas.

QAN. pron. Tú.

QANA. s. Especie de cerraja, planta medicinal. (J.A.L.)

QANCHIPAYAY. v. Coquetear.

QANCHIS. adj. Siete.

QANCHISCHAY. v. Septuplicar.

QANCHISCHUNKA. adj. Setenta.

QANCHISK'UCHU. s. Heptágono.

QANCHISÑIQËN. adj. Séptimo.

QANCHIY. v. Reír, sonreír por coquetería.

QANCHIYUYU. s. hojas hervidas de Tarwi.

QANKUNA. pron. Vosotros, vosotras.

QANQAY. s. Calor. **Ninaqánqay:** Calor de la lumbre.

QANQËY. v. Exponer al calor. Sinón. **Qánqay.**

QANTU, QANTUS, QANTUTA. s. (Kantua busifolia). Planta ornamental de flores acampanuladas y arracimadas.

QANTUCHILTU. s. (Solanum Peruvianum). Planta de la familia de las solanáceas. (R.P.)

QANTUPATA. s. Barrio nororiental del Cuzco inkaico.

QANWAN. pron. Contigo.

QANYA. s. Sitio que se despeja en medio del maizal para depósito de la cosecha. Sinón. **Phina.**

QAÑAWA, QAÑIWA. s. (Chenopodium pallidicaule). Planta de la familia de las quenopodiáceas. Es alimenticia. (R.L.)

QAPA. s. Alegría, regocijo. Sinón. **Kusi.**

QAPA. adj. Alegre, gracioso.

QAPACHAY. v. Alegrar, divertir.

QAPARUNA. s. Hombre dicharachero y divertido.

QAQA. s. Roca, peña.

QAQAKUTI. s. Planta que posee propiedades medicinales. (J.A.L.)

QAQAPAKUY. v. Despeñarse.

QAQAPANA. s. Despeñadero.

QAQAPATA. s. El borde o plano superior de la roca.

QAQAPAY. v. Despeñar.

QAQAQAQA. Roquedal, peñascal.

QAQÉNQÖRA. s. Ave ibídida de plumaje blanco y ceniciento. Vive entre La Paz, Cochabamba y Santa Cruz. Vulg. Bandurria.

QARA. s. Cuero, pellejo. Corteza, cáscara, hollejo.

QARACHA. s. Sarna, enfermedad del ganado lanar. Postilla. Escama.

QARACHALLIJTI. s. Costra o postilla que encierra pus.

QARAKI. s. Pergamino.

QARAKUJ. adj. El que sirve la comida.

QARANCHAY. v. Encorar, forrar con cuero.

QARANCHU. s. (Polyborus tharus). Ave de rapiña que habita en las regiones tropicales.

QARANNAY. v. Despellejar. Quitar la cáscara.

QARAPA. s. Cutícula.

QARAP'ATI. s. Caspa de la cabeza. Sinón. **Rukhi.**

QARAQÉLLQA. s. Cuero que contiene escritura. Escritura en cuero.

QARATU. s. Planta de la familia de las solanáceas. (J.A.L.)

QARAWAYAQA. s. Zurrón.

QARAY. v. Servir la comida, dar de comer.

QARAYAY. v. Cerrarse la herida y cubrirse de epidermis. Recobrar la corteza el árbol despojado de ella.

QARAYWA. s. Lagartija. Sinón. **Ararankha.** Lagarto.

QARMIN. s. Omóplato, paletilla.

QARPASINQA. adj. Nariz ancha y achatada. Sinón. **Kinraysinqa, thañusinqa.**

QARPASQA. p. Regado.

QARPAY. v. Regar, irrigar. Sinón. **Párqöy.**

QARWARUNA. adj. Enfermizo, enteco, achacoso.

QARWAY, QARWAYAY. v. Madurar, ponerse amarillenta y seca la mies. Marchitarse, agostarse.

QASA. s. Helada.

QASANA. s. Palacio imperial de Pachakútij Inka en el Cuzco.

QASAWI. s. Anemia.

QASAY. v. Helar.

QASI. s. Ayuno.

QASI. adj. Vano. Ordinario.

QASIP'UNCHAU. s. Día de descanso o de fiesta.

QASIQHÉSPI. s. Paz.

QASIQHÉSPIKAUSAY. s. Vida sosegada, sin contratiempos.

QASIQHÉSPILLA. adj. Sano y salvo.

QASIRUNA. adj. Perezoso, sin ocupación.

QASISIMI. s. Cháchara.

QASISUNQÓ. adj. Hombre inofensivo, reposado.

QASIY. v. Holgar.

QATAQATA. s. (Valeriana nivalis). Hierba de la familia de las valerianáceas. Vive en regiones altas y húmedas. Es antiespasmódica. (M.C.)

QATAY. s. Cuñado.

QATAYMASI. s. Concuñado.

QAUMIWA. s. Centinela. Atalaya. Espía. Sinón. **Chapatíyaj.**

QAUMIWACHIY. v. Hacer espiar.

QAUMIWAY. v. Espiar, acechar.

QAUNA. s. Hilo finamente torcido.

QAUNA. s. Hijo varón que sólo tiene hermanas.

QAUÑI. s. Tallo verde de maíz que se hace secar para forraje.

QAWA. s. Pechuga. Sinón. **Qöqan.**

QAWI. s. Oca asoleada.

QAWI. adj. Asoleado, pasado al sol.

QAWICHIY. v. Hacer asolear.

QAWIÑA. s. Mojinete.

QAWIY. v. Asolearse la oca. fig. Esperar larga e infructuosamente.

QAYARA. s. (Puya sp.). Planta de la familia de las bromeliáceas. Es combustible. (R.L.)

QAYCHU. s. Escoba. Sinón. **Pichana.**

QAYCHUY. v. Barrer, limpiar. Sinón. **Píchay.**

QAYLLA. s. Ruedo del vestido. Orilla, extremidad.

QAYLLA. adj. Cercano, próximo. Sinón. **Sispa.**

QAYLLA. adv. Cerca.

QAYLLACHIY. v. Acercar, aproximar.

QAYLLAPURA. adj. Convecinos. Sinón. **Sispapura.**

QAYLLARAYAY. v. Permanecer cerca de un lugar o de una persona.

QAYLLAY. v. Acercarse. Sinón. **Sispay, chínpay.**

QAYNA. adv. Ayer.

QAYNAKUY. v. Retrasarse, quedarse un día durante el viaje, en el camino.

QAYNAQAYNALLA. adv. En días pasados. Hace pocos días.

QAYNAWATA. adv. Antaño, el año pasado.

QAYNINPA. adv. Anteayer.

QAYNINPAWATA. adv. El anteaño pasado.

QAYRI. s. Primo hermano. Sinón. **Sispaqauqë.**

QAYWA. adj. Seguidor, imitador.

QAYWINA. s. Cuchara grande o paleta para agitar o mover un líquido.

QAYWIY. v. Agitar o mover un líquido con una paleta o cucharón.

QËCHURU. s. Vasija de arcilla de cuello ancho.

QËLLMA. s. Cuchufleta, sátira, jocosidad.

QËLLMA. adj. Chocarrero, cuchufletero.

QËLLMAYKACHAY. v. Satirizar, lanzar cuchufletas, chocarrear.

QËLLPA. s. Cuña.

QËLLPAY. v. Cuñar.

QËLLPU. s. Felicidad, dicha, ventura.

QËLLQA. s. Escritura. Manuscrito.

QËLLQACHAKUY. v. Escarabajear.

QËLLQAJ. adj. El que escribe.

QËLLQASQA. p. Escrito.

QËLLQAY. v. Escribir. Dibujar. Pintar. Bordar.

QËLLQAYKAMAYUJ. s. Escribano.

QËMLLAY. s. Guiñada. Sinón. **Ch'imsiy.**

QËMLLAYKUY. adj. En que guiña.

QËMLLAYKUY. v. Guiñar. Sinón. **Ch'imsiykuy.**

QËNA. s. Flauta.

QËNCHA. s. Muro de piedra.

QËPA. s. Caracol marino. Trompeta de cierto caracol marino de gran tamaño.
Sinón. **Wayllaqëpa.**

QËPAJ. s. Trompetero.

QËPAY. v. Tañer la trompeta.

QËPAYPA. s. Batalla final entre los ejércitos de Atauwállpaj Inka y Wáskar
Inka.

QËQAYAY. v. Repantigarse y resistirse al trabajo.

QËQËSANA. s. Rio situado a 45 km. al sur del Cuzco.

QËQÖ. s. Armadijo, treta, engaño.

QËQÖY. v. Embrollar embaucar.

QËRIRI. s. Desecación de las erupciones de la cara. Lamparones, mal escro-
fuloso.

QËRU. s. Madera que usa el carpintero.

QËRU. s. Vaso de madera.

QËSA. s. Menosprecio, desdén, desaire.

QËSACHASQA. adj. Despreciado, desechado, desairado.

QËSACHAY. v. Menospreciar, desechar, desairar.

QËSPU. s. Quemaduras que produce la acción del sol en la cara.

QËSPUYAY. v. Quemarse la cara mucho tiempo expuesta del sol en la cara.

QÉUÑA, QÉWIÑA. s. (Paylepis incana). Arbusto de la familia de las rosáceas. Es combustible y su corteza contiene tanino. (R.L.)

QÉWA. s. Pastizal.

QÉWICHIKUY. v. Sentir nerviosidad extrema.

QÉYANTUPA. s. Alborada.

QÖKUY. adj. Dadivoso, generoso.

QÖLLA. s. Sur. Eminencia, excelencia.

QÖLLA. s. Personaje legendario contemporáneo de Túkay y Pinawa, presunto fundador de un reino que fue después sometido por los Inkas y tomó el nombre de Qöllasuyu.

QÖLLAJTULLU. adj. Melindroso.

QÖLLANA. adj. Eminente, venerable, augusto.

QÖLLAPUQÖY. s. Tiempo de aguas.

QÖLLASUYU. s. Uno de los cuatro grandes territorios en que se dividía el Tawantinsuyu. Ocupaba la región meridional.

QÖLLI. s. Rescoldo.

QÖLLIPAYAY. v. Inquietar, sobresaltar.

QÖLLIYKACHAY. v. Trabajar con ahínco.

QÖLLPA. s. Salitre. Sinón. Suk'a.

QÖLLPACHAJRA. s. Tierra estéril.

QÖLLPAQÖLLPA. s. Tierra salitrosa.

QÖLLPAY. v. Alimentar con sal al ganado.

QÖLLQA. s. Constelación de las Pléyades. (Siete Cabrillas)

QÖLLQA. s. Depósito de productos agrícolas construido de adobe.

QÖLLQANPATA. s. Barrio del Cuzco, edificado en tiempos de Manku Qhápaj.

QÖLLQÉ. s. Plata.

QÖLLQÉCHAJRA. s. Mina de plata. Sinón. Qöllqëqhöya.

QÖLLQÉJAKAN. s. Escoria que arroja la plata fundida.

QÖLLQÉMAMA. s. Tierra con yacimientos de plata.

QÖLLQÉNAPA. s. Llama de plata de tamaño natural que se llevaba en andas en las procesiones de Intijraymin.

QÖLLQÉNCHAY. v. Platear, guarnecer de plata.

QÖLLQÉTAKAJ. s. Platero.

QÖLLQÉTIKA. s. Plata en barra.

QÖLLQÉYWA. s. Platino.

QÖLLU. s. Montón. Morro. Grumo, coágulo.

QÖLLU. s. Mal agüero.

QÖLLUCHIKUY. v. Añusgarse.

QÖLLUCHIY. v. Inundar.

QÖLLUKUY. v. Frustrarse, malograrse. Acabarse, ir muriendo la gente.

QÖLLUNA. s. Depósito subterráneo de paredes revocadas para conservar productos agrícolas.

QÖLLUTA. s. Mano de mortero. Sinón. **Kalluta.**
QÖLLUY. v. Amontonar, aglomerar.
QÖLLWARA. s. Moho.
QÖLLWARAYAY. v. Enmohecerse.
QÖMAY. s. Pujo.
QÖMAY. v. Sentir retortijones. Pujar con los dolores del parto.
QÖMI. adj. Estéril, impotente.
QÖNCHA. s. Sobrino del varón: hijo o hija de la hermana.
QÖNCHA. s. Cierto hongo comestible. (G.H.)
QÖNCHU. s. Heces. Poso.
QÖNCHU. adj. Turbio.
QÖNCHUCHAY. v. Enturbiar.
QÖNCHUYAY. v. Enturbiarse.
QÖNPI. s. Ropa lujosa tejida de hilo muy fino y con muchos ornamentos.
QÖNPINAKUNA. s. Telar e instrumentos que requiere el tejido fino.
QÖNPIY. v. Tejer ropa fina.
QÖNQAJTULLU. adj. Descuidado.
QÖNQASKIRI. adj. Olvidadizo.
QÖNQASQA. p. Olvidado.
QÖNQAY. s. Olvido.
QÖNQAY. v. Olvidar.
QÖNQAYSAPA. adj. Olvidadizo. Sinón. **Qönqaskiri.**
QÖNQÖR. s. Rodilla. Sinón. **Chakimuqö.**
QÖNQÖRCHAKI. m. adv. De rodillas.
QÖNQÖRIY. v. neol. Arrodillarse.
QÖNQÖRPHIRURU. s. Rótula.
QÖNTA, QÖNTAY. s. Magnesia, óxido de magnesio. Tierra blanca.
QÖNTU. s. Perfume, aroma, fragancia, Sinón. **Kuntu.**
QÖNTUY. v. Sahumar, perfumar.
QÖPA. s. Turquesa.
QÖPA. adj. Azul turquesa.
QÖPAQHAWANA. s. Mirador de donde se contempla una perspectiva azul turquesa. Santuario inkaico a orillas del lago Titicaca. Vulg. Copacabana.
QÖPUY. v. Devolver, restituir.
QÖQAN. s. Pechuga. Sinón. **Qawa.**
QÖQAPAY. v. Carcomer.
QÖQAWI. s. Merienda que se lleva yendo de viaje.
QÖQÖ. s. Guiso de cobayo o de ave con ají y otros condimentos.
QÖQÖMA. s. Choclo asado al rescoldo.
QÖQÖMAY. v. Asar choclo al rescoldo.
QÖQÖTUWA. s. (Columba albipennis). Paloma aborigen semejante a la torcaza.

QÖQÖWAY. s. Tórtola.

QÖRI. s. Oro.

QÖRICHASQA. p. Dorado.

QÖRICHAY. v. Dorar.

QÖRI ILLPAY. s. Qöya esposa de Qhápaj Yupanki Inka.

QÖRIKANCHA. s. Recinto de oro. Vasto espacio donde se hallaba el templo del Sol, con numerosas reparticiones, huertos y jardines.

QÖRIMAMA. s. Tierra aurífera.

QÖRINAPA. s. Llama de oro de tamaño natural que se llevaba en andas en procesiones de Intijraymin.

QÖRINCHAY. v. Tachonar con oro.

QÖRIQÉNQÉ. s. Ave que vivía en una laguna de las inmediaciones de Willkanuta. Dos plumas de sus alas eran ostentadas por el Inka sobre la borla roja. (Garcilaso)

QÖRIQ'AYTU. s. Hilo de oro.

QÖRIQ'ÉNTI. s. Colibrí.

QÖRIQHÖYA. s. Mina de oro. Sinón. **Qörichajra.**

QÖRIUNKU. s. Prenda entretejida con hilos de oro.

QÖRIWALLQA. s. Cuenta de oro. Cadena de oro.

QÖRMAY. v. Rodar.

QÖRPA, CÖRPAYTUKUY. s. Huésped.

QÖRPACHA. s. Ágape funeral.

QÖRPACHAJ. s. El que acoge huéspedes.

QÖRPACHASQA. s. Viajero hospedado.

QÖRPACHAY. v. Hospedar.

QÖRPAWASI. s. Posada, hospedería donde los caminantes recibían alojamiento y alimentación gratuita.

QÖRPAYAY. v. Cuajarse, solidificarse. Sinón. **Chiráyay, tikáyay.**

QÖRWAR. s. Moho que crían algunos alimentos guardados.

QÖRWASAPA. adj. Mohoso.

QÖRWAYASQA. adj. Enmohecido. Oxidado.

QÖSA. s. Marido, esposo.

QÖSQÖ. s. Ombligo del mundo. Ciudad capital del Imperio de los Inkas.

QÖSHQAJALLP'A. s. Tierra árida, seca, de temporal.

QÖTU. s. Cúmulo, pila, montón.

QÖTUSQA. p. Amontonado.

QÖTUY. v. Apilar, amontonar.

QÖWA. s. (Micromeria sp.). Planta de la familia de las labiadas. (R.L.)

QÖWI. s. Cobayo, conejillo de Indias.

QÖY. v. Dar. Otorgar. Dispensar.

QÖYA. s. Reina, emperatriz. **Mama Anawarki súmaj qöya karqa:** Madre Anawarki fue una reina muy hermosa.

QÖYAJRAYMIN KILLA. Décimo mes del año. Ocupaba una parte mayor de septiembre y otra menor de octubre.

QÖYAJTA. (De la reina). Nombre quechua de la isla de la Luna en el lago Titicaca. Vulg. Coati.

QÖYLLU. adj. Blanco. Sinón. **Yúraj.** Wañuyqöyllu: blanco inmaculado.

QÖYLLUR. s. Estrella.

QÖYLLURCHAU. s. neol. Miércoles.

QÖYRU. s. Nube, catarata en los ojos.

QÖYU. s. Canción que se entonaba en las competencias del warachiku.

QÖYWI. s. Silbido. Sinón. **Síwiy, khúyu.**

QÖYWIY. v. Silbar.

Q'

Q'. Decimonovena letra del alfabeto qhëshwa. Es una Q glotalizada, explosiva.

Q'ACHA. adj. Filoso; que tiene arista aguda. **Q'acharumi:** piedra de arista cortante.

Q'ACHAJ. adj. Valiente, de fuerza física considerable.

Q'ACHAJ. s. Osadía, denuedo.

Q'ACHAQ'ACHA. s. (Aspidosperma sp.). Árbol de la familia de las apocynáceas. Vulg. Quebracho blanco. (R.L.)

Q'ACHIY. v. Machacar, desmenuzar a golpes.

Q'ACHU. s. Forraje. Hierba forrajera.

Q'ACHUQ'ACHU. s. Herbazal.

Q'ACHUY. v. Segar forraje.

Q'AJ. v. onom. Con que se expresa el ruido producido por una rajadura, rompimiento, etc.

Q'AJCHAY. v. Desjarretar. Dar de latigazos.

Q'AJCHU. adj. Mujer callejera, de vida libre.

Q'AJÑISQA. p. Hendido, partido.

Q'AJÑIY. s. Trueno, ruido ensordecedor.

Q'AJÑIY. v. Tronar, atronar, estallar.

Q'AJWAY. v. Desgajar.

Q'ALLAP'ACHA. s. Ropa angosta, estrecha. Sinón. **Sunpup'acha.**

Q'ALLCHI. m. adv. En agraz.

Q'ALLPAY. v. Arremangar. Sinón. **Q'ënpiy.**

Q'ALLPIY. v. Estrujar, oprimir con las manos.

Q'ALLTIY. v. Zangolotear un líquido en su recipiente.

Q'ALLU. s. Tajada, rebanada.

Q'ALLUY. v. Rebanar, sacar tajadas.

Q'AMAPCHU. s. (Datura arbórea). Planta de la familia de las solanáceas. Vulg. Floripondio. (R.L.)

Q'ANPA. s. Envoltura de la mazorca de maíz. Sinón. **P'anqa.**

Q'ANPAY. v. Encarrujar, arrollar.

Q'APA. s. Palma de la mano. Palmo.

Q'APACHAQA. s. Especia.

Q'APAJ. adj. Oloroso.

Q'APAY. s. Olor.

Q'APAY. v. Olorizar, exhalar olor.

Q'APCHI. adj. Airoso, elegante, pulcro. .

Q'APCHIKAY. s. Elegancia, pulcritud.

Q'API. s. Manojo.

Q'APIRIY. v. Estrecharle la mano a uno.

Q'APISQA. p. Sobado. Apretado con la mano.

Q'APIY. v. Sobar. Apretar con la mano.

Q'APÑUSQA. p. Abollado.

Q'APÑUY. v. Abollar.

Q'AQA. s. Tierra virgen.

Q'AQAY. v. Sembrar en tierra virgen.

Q'ARA adj. Desnudo. Pelado.

Q'ARACHAKI. adj. Descalzo, sin calzado.

Q'ARACHUPA. s. Zarigüeya. Sinón. **Muka.**

Q'ARAKAY. s. Desnudez.

Q'ARALLAWA. s. (Nicotiana glauca). Arbusto de la familia de las solanáceas. Sus hojas secas son tóxicas. (M.C.)

Q'ARAPANPA. s. Erial, campo estéril.

Q'ARAQÓLLU. s. Pueblo situado al S. del río Desaguadero, sometido por Mayta Qhápaj Inka.

Q'ARASTU. s. Envoltura del falso tallo del plátano. Sinón. **Kusuru.**

Q'ARASUNK'A. adj. Lampiño. Sinón. **Wisk'achasunk'a.**

Q'ARAY. v. Desnudar, arrasar.

Q'ARQA. Q'ARQASAPA. adj. Andrajoso, sórdido.

Q'ARU. adj. Manirroto, derrochador. Sinón. **Wayramaki.**

Q'ARUPAYAY. v. Malgastar lo ajeno.

Q'ARUY. v. Malgastar, derrochar.

Q'ASA. s. Mella, desportilladura.

Q'ASA. adj. Mellado, desportillado.

Q'ASAMARKA. s. Distrito de Chinchaysuyu sometido bajo el reinado de Pachakutij Inka. Ciudad donde Atau Wállpaj Inka cayó victima de la emboscada de Francisco Pizarro.

Q'ASANA. adj. Tejido de decoración ajedrezada.

Q'ASASQA. adj. Mellado, desportillado. Sinón. **Q'asa.**

Q'ASAY. v. Mellar desportillar, romperle un pedazo a un objeto.

Q'ASPASQA. p. Chamuscado, soasado.

Q'ASPAUMA. adj. Persona de cabellera ensortijada.

Q'ASPAY. v. Chamuscar, soasar.

Q'ASU. s. Garrotazo.

Q'ASUY. v. Apalear.

Q'ATA. adj. Turbio. Sinón. **Qönchu.**

Q'ATACHAY. v. Enturbiar.

Q'ATAYAY. v. Enturbiarse.

Q'AUCHI. s. Olla de gran tamaño que se usa en la fabricación de la chicha.

Q'AUCHI. adj. Filo, afilado.

Q'AUCHIRUMI. s. Pedernal. Piedra de filo agudo.

Q'AUTI. adj. Enteco, cenceño, flaco.

Q'AUYA. s. Hipo. Sinón. **Jik'u.**

Q'AUYAJ. adj. El que hipa.

Q'AUYAY. v. Hipar.

Q'AYA. adv. El día de mañana.

Q'AYAMINSH'A. adv. Un día de estos. Dentro de poco.

Q'AYAQ'AYA. s. Hierba mora. (G.H.)

Q'AYKURAY. v. Encerrar el ganado. Recluir a las personas. Sinón. **Wísq'ay.**

Q'AYMA. s. Aguapié de chicha. Sinón. **Siqë.**

Q'AYMA. adj. Desabrido, insípido.

Q'AYMARAYAY. v. Desabrirse, volverse insípido. fig. Entristecerse, abatirse.

Q'AYMASUNQÖ. adj. Apático, displicente.

Q'AYRU. s. Depósito de patata bajo tierra.

Q'AYTU. s. Hilo.

Q'AYTUNCHA. s. Fleco o cualquier adorno de hilo puesto en los tejidos.

Q'ËA. s. Pus.

Q'ËACHAY. v. Supurar.

Q'ËANAY. v. Lavar, limpiar de pus una herida.

Q'ËAYAY. v. Formarse pus.

Q'ËCHA. s. Defecación diárrica. Diarrea. Masa muy cargada de agua.

Q'ËCHAY. v. Defecar en forma diárrica.

Q'ËCHICHI. s. (Bolborhinchus auriforns). Loro sumamente pequeño. Sinón. **Qaqëyuritu.**

Q'ËCHU. s. Flexión de los miembros del cuerpo.

Q'ËCHUY. v. Hacer flexión, doblar.

Q'ËLLA. s. Cicatriz. Sinón. **T'iri.**

Q'ËLLACHAY. v. Cicatrizar, cerrarse la herida. Sinón. **T'irinchay.**

Q'ËLLAY. s. Fierro.

Q'ËLLAYAKA. s. neol. Escoria del fierro.

Q'ËLLAYASQA. p. Cicatrizado.

Q'ËLLAYCH'UKU. s. neol. Casco de fierro.

Q'ËLLI. s. Repudio.

Q'ËLLIKUY. v. Descontentarse. Rechazar por descontento.

Q'ËLLIQ'ËLLI. s. Cernícalo.

Q'ÉLLISKIRI. adj. Descontentadizo.
Q'ÉLLISQA. adj. Repudiado.
Q'ÉLLIY. v. Repudiar.
Q'ÉLLMA. s. Chanza torpe, broma vulgar.
Q'ELLPUY. v. Envolver al niño en sus pañales. Sinón. **P'intuy.**
Q'ELLU. adj. Amarillo.
Q'ÉLLUCHI. s. Pájaro fringílido de los valles de Cochabamba. Su plumaje es amarillento, excepto en las alas, que son pardas.
Q'ÉLLUYACHIY. v. Volver amarillo.
Q'ÉLLUYAY. v. Amarillear.
Q'ÉLLUK'ASPI. s. (Espederia Montana). Planta de la familia de las personadas. Su raíz se emplea en tintorería. (R.P.)
Q'ÉLLWI. adj. Patizambo, de piernas torcidas. Sinón. **Janqöchaki.**
Q'ÉMI. s. Estribo fijo.
Q'ÉMIKIRU. s. y adj. Amigo, Privado. Cortesano. Favorito del Inka en el Tawantinsuyu.
Q'ÉMIKUY. v. Apoyarse, arrimarse.
Q'ÉMIY. v. Apoyar, arrimar, apuntalar.
Q'ÉNAQACHIY. v. Causar desengaño, **descorazonar.**
Q'ÉNAQAKUY. v. Desengañarse, descorazonarse.
Q'ÉNAQAY. s. Desengaño, descorazonamiento.
Q'ÉNPISQA. adj. Enrollado, enrosacado parcialmente. Aremangado.
Q'ÉNPIY. v. Enrollar, enroscar parcialmente. Arremangar.
Q'ÉNQO. adj. Sinuoso, ondulado.
Q'ÉNQO. s. Sinuosidad, ondulación.
Q'ÉNQÉMUYU. s. Mudanza en el baile.
Q'ÉNQÖTAKI. s. Canto garganteado. Contrapunto.
Q'ÉNQÖTAMUY. v. Venir rodeando.
Q'ÉNQÖY. v. Ondular.
Q'ÉNQÖYAY. v. Volverse sinuoso, ondulante.
Q'ÉNSIY. v. Guiñar, hacer seña con el ojo. Sinón. **Q'ëmiliy.**
Q'ÉNTI. s. Picaflor, colibrí. Sinón. **Qöriq'ënti, sïwar.**
Q'ÉNTISQA. p. Encogido.
Q'ÉNTIY. v. Encogerse.
Q'ÉPI. s. Atado, bulto que se lleva a la espalda.
Q'ÉPICHANA. s. Lienzo para liar.
Q'ÉPICHAY. v. Hacer un bulto, un atado. Liar los bártulos.
Q'ÉPIRI. s. neol. Mozo de cuerda, changador.
Q'ÉPIY. v. Cargar, llevar un bulto en la espalda.
Q'ÉPNA. s. Vómito.
Q'ÉPNAJ. adj. El que vomita.
Q'ÉPNAY. v. Vomitar.

Q'ËQË. adj. Grano de maíz muy blando, que no sirve aun para comer. Fruta inmadura.

Q'ËQÖ. s. Fleco, greca.

Q'ËQÖY. v. Hacer flecos, grecas, etc.

Q'ËRIRINKA. s. (Mimuys patagonicus). Pájaro de la familia de los túrdidos. Habita en los valles de Cochabamba.

Q'ÉSA. s. Nido.

Q'ËSACHAKUY. v. Anidar.

Q'ËSÑA. s. Niña de teta.

Q'ËSTI. adj. Encogido, arrugado. Sinón. **K'usu.**

Q'ËSHQ'ËSH. s. Langosta.

Q'ËSHWA. s. Soga de paja torcida. Sinón. **Ch'ankulli.**

Q'ËSHWA. adj. Patituerto.

Q'ËSHWAY. v. Torcer. Hacer soga torciendo dos o más ramales. Sinón. **Kúyuy.**

Q'ÉTA. s. Especie de mazamorra, subproducto de la fabricación de la chicha, que se utiliza como alimento suplementario.

Q'ÉTAYAY. v. Ablandarse excesivamente.

Q'ÉTITIYAY. v. Encabritarse, engrifarse.

Q'ÉULLA. s. Una especie de pato salvaje. (G.H.)

Q'ÉUSUÑAWI. adj. Bisojo. El que mira de reojo.

Q'ÉUYA. s. Milano.

Q'ÉWA. adj. Cobarde, pusilánime. Afeminado.

Q'ËWAKAY. s. Cobardía.

Q'ËWAKUY. v. Acobardarse.

Q'ËWIKUY. v. Rebelarse. Sinón. **Auqanchanay.**

Q'ËWIKUY. v. Torcerse, curvarse.

Q'ËWIPAKUY. v. Contonearse coqueteando.

Q'ËWIRAY. v. Destorcer, enderezar. Sinón. **Chiqánchay.**

Q'ËWIY. v. Encorvar, doblegar, volver angulosa una recta.

Q'ÖA. s. Sahumerio. Sinón. **Q'öymi.**

Q'ÖCHA. s. Insolación.

Q'ÖCHAKUY. v. Insolarse.

Q'ÖCHU. s. Júbilo, alborozo, alegría.

Q'ÖCHUKUY. v. Divertirse, esparcirse, regocijarse.

Q'ÖCHULLI. s. Cantor, cantarín.

Q'ÖLLAY. v. Consumirse del todo el combustible en el fuego.

Q'ÖLLMA. s. Fiasco.

Q'ÖLLTIN. v. onom. Que traduce el ruido producido por el garguero al beber.

Q'ÖLLTIY. v. Beber con ruido.

Q'ÖLLURIKUY. v. Arremangarse, levantarse el traje.

Q'ÖLLURISQA. p. Arremangado.

Q'ÖLLURIY. v. Arremangar, levantarle a una la saya.

Q'ÖMA. s. Delito, crimen.
Q'ÖMALLI. adj. Delictuoso, criminoso.
Q'ÖMALLIJ. s. Delincuente, criminal.
Q'ÖMI. adj. Híbrido.
Q'ÖMIR. adj. Verde.
Q'ÖMIRAYAY. v. Verdecer.
Q'ÖNCHA. s. Fogón.
Q'ÖÑI. adj. Caliente, tibio.
Q'ÖÑICHI. s. Comida de la víspera, calentada.
Q'ÖÑICHIY. v. Calentar. Entibiar.
Q'ÖÑIJALLP'A. s. Sitio abrigado, caliente.
Q'ÖÑIJARMA. s. Baño caliente.
Q'ÖÑIRIY. v. Encelar, estar en celo un animal.
Q'ÖPA. s. Basura.
Q'ÖPAYUPAJ. adj. Vil, despreciable como la basura.
Q'ÖPURU. s. (Phaseolus sp.). Planta de la familia de las papilionáceas. Se come tostada su semilla. (R.L.)
Q'ÖQÉKUY. v. Cundir, propagarse. Sinón. **Míshmiy.**
Q'ÖRASQA. p. Castrado, eunuco.
Q'ÖRAY. v. Castrar.
Q'ÖRUNTA. s. Zuro o carozo de la mazorca del maíz.
Q'ÖRUTA. s. Testículo.
Q'ÖSÑI. s. Humo.
Q'ÖSÑICHI. s. Pájaro tanágrido de plumaje azul. Vive en los valles de Cochabamba.
Q'ÖSÑICHIY. v. Ahumar.
Q'ÖSÑISAPA. adj. Ahumado.
Q'ÖSÑIY. v. Humear.
Q'ÖSU. adj. De poco comer, desganado.
Q'ÖTU. s. Bocio. Papada.
Q'ÖTU. adj. El que tiene papada o bocio.
Q'ÖTUYAY. v. Formarse el bocio o la papada.
Q'ÖWAY. v. Sahumar.
Q'ÖYA. s. Especie de paja brava muy resistente. (G.H.)
Q'ÖYMI. s. Sahumerio. Sinón. **Q'öa.**
Q'ÖYU. s. Cardenal, moretón.
Q'ÖYUYACHIY. v. Acardenalar a golpes.
Q'ÖYUYASQA. adj. Acardenalado.
Q'ÖYUYAY. v. Acardenalarse.

QH

QH. Vigésima letra del alfabeto qhëshwa. Es una Q aspirada.

QHACHA. adj. Incestuoso.

QHACHINA. s. Palillo para remover cereales que se secan o tuestan.

QHACHIY. v. Ir removiendo con un palillo un cereal para que se seque o se tueste.

QHACHUNI. s. Nuera. Sinón. **Ñujch'a.**

QHACHUY. v. Mesar.

QHAJLLI. s. Mentón, barbilla. Sinón. **K'aki.**

QHAJNAY. v. Obstruir, atascar.

QHAJYA. s. Enfermedad de los pulmones.

QHAJYAWIRI. s. Variedad de papa especial para la elaboración del chuño.

QHALLALLAJ. adj. Vegetal que se muestra muy lozano. Sinón. **Kamámaj.**

QHALLALLAJSIPAS. adj. Moza en la lozanía de la juventud.

QHALLALLAJWAYNA. adj. Mozo en la lozanía de la juventud.

QHALLALLAY. v. Lozanear un vegetal. Sinón. **Kamámay.**

QHALLI. adj. Robusto, sano, que goza de buena salud.

QHALLIKAY. s. Estado de buena salud.

QHALLIY. v. Echar con violencia un líquido.

QHAMATA. s. Curandero, herbolario. Sinón. **Janpiri.**

QHAMATU. s. Una planta de propiedades tóxicas. (J.A.L.)

QHAMSA. s. Mordisco. Sinón. **Khani.**

QHAMSAY. v. Morder. Sinón. **Khániy.**

QHANA. adj. Embustero, farsante.

QHANPARMANA. s. Desnutrición y secamiento de las plantas por falta de agua.

QHANPARMANAJ. adj. Abatido, escuálido, macilento.

QHANPARMANAY. v. Agobiarse, entristecerse, sufrir nostalgia.

QHANPU. s. Especie de tarántula.

QHANQA. s. Barranco.

QHANQA. adj. Desdentado.

QHANQAY. v. Abrir barrancos el agua.

QHANRA. s. Mugre, pringue.

QHANRA. adj. Mugriento, pringoso.

QHANUY. s. Apostura, gracia.

QHAPA. s. Piojo menudo y rojizo de las aves. Sinón. **Itha.**

QHAPAJ. adj. Principal. Poderoso, ilustre. Sagrado, consagrado al culto. Neol. Rico, acaudalado.

QHAPAJ INTIJRAYMIN KILLA. Primer mes del año. Empezaba el novilunio siguiente al solsticio de verano y duraba todo el periodo lunar.

QHAPAJKACHIY. s. Sacrificio ofrecido al Sol. Vulg. Capacocha.

QHAPAJKAY. s. Nobleza, opulencia, poder.

QHAPAJMAMA. s. Matrona, dama principal.

QHAPAJÑAN. s. Camino real.

QHAPAJRAYMI. s. Fiesta principal del año en el Tawantinsuyu en homenaje al Sol. Sinón. **Intijraymin.**

QHAPAJWASI. s. Casa real, palacio.

QHAPAJ YUPANKI. Hijo de Mayta Qhápaj Inka y de la qöya Mama Ruka. Quinto soberano del Imperio. Conquistó gran parte del Qöllasuyu.

QHAPANA. s. Templo, adoratorio.

QHAPANNAY. v. Profanar, menospreciar lo sagrado.

QHAPARIJ. adj. El que grita.

QHAPARIY. v. Gritar, llamar a voces.

QHAPARQACHAJ. adj. El que pide auxilio a voces.

QHAPARQACHAY. v. Gritar pidiendo auxilio.

QHAPCHI. adj. Bien ataviado, elegante.

QHAPCHICHAKUY. v. Emperejilarse, adecentarse.

QHAPCHIKAY. s. Elegancia.

QHAPCHIYKACHAY. v. Jactarse, ufanarse, presumir.

QHAPU. s. Cualquier hierba leñosa que sirve de combustible.

QHAPHRA. adj. Frágil, poco consistente.

QHAQÖKUY. v. Frotarse.

QHAQÖSQA. p. Frotado, sobado, estregado.

QHAQÖY. s. Fricción, frotamiento.

QHAQÖY. v. Frotar, sobar, estregar.

QHARASTAY. v. Arrastrar. Sinón. **Qhatatay.**

QHARATISI. s. Libélula. Sinón. **Chujchak'utu.**

QHARI. s. Varón.

QHARI. adj. Viril, denodado, enérgico.

QHARI. s. Señor de vasallos en el altiplano, entre Tapacari y Cochabamba. Adversario irreconciliable de Ch'ipana, recurrió con éste al arbitraje de Qhápaj Yupanki inka. Ambos señoríos fueron absorbidos luego por el Cuzco.

QHARIKAY. s. Virilidad, hombría.

QHARINCHA. s. Mujer hombruna.

QHARINCHA. adj. Moza traviesa como un mozo.

QHARIPURA. adv. Entre varones. Puramente varones.

QHARISUNQÖ. adj. Animoso, valiente.

QHARIWARMI. s. Mando y mujer.

QHARMIN. s. Ternilla en que acaba el esternón.

QHARQA. s. Asma. Mugre, pringue.

QHARQAÑA. s. Pájaro falcónido de los valles de Cochabamba.

QHARQASAPA. adj. Mugriento.

QHARQÖY. v. Expulsar, despedir, arrojar. Sacar el ganado al campo.

QHARUNA. adj. Fornido.

QHAS. V. onom. Que interpreta el ruido producido por una rasgadura.

QHASMIY. v. Rasguñar. Sinón. **Jasp'iy.**

QHASÑU. adj. Debilucho, sin fuerzas.

QHASÑUYAY. v. Perder las fuerzas, debilitarse.

QHASQÖ. s. Pecho.

QHASTI. adj. Desnudo.

QHASTIKUY. v. Desnudarse.

QHASTIY. v. Desnudar.

QHASUNA. s. Cepillo.

QHASUSQA. p. Desterronado. Rasgado.

QHASUY. v. Desterronar la tierra para la siembra. Rasgar, desgarrar. Cepillar.

QHASHQA. adj. Áspero. Picado de viruela.

QHASHQACHIY. v. Causar aspereza.

QHASHQAKAY. s. Aspereza.

QHASHQARUMI. s. Piedra pómez. Piedra de amolar.

QHASHWA. s. Danza y canto muy alegres. Parejas asidas de las manos bailan en círculo. En tiempos del Incario era un entretenimiento propio de la juventud.

QHASHWAY, QHASHWAKUY. v. Cantar y bailar la **qhashwa.**

QHATA. s. Cobija.

QHATASQA. s. Techo.

QHATASQA. p. Cubierto, tapado, abrigado. Techado.

QHATATAY. v. Arrastrar. Sinón. **Qharástay.**

QHATAY. v. Cubrir, tapar, abrigar. Techar.

QHATIPA. s. Rastreo.

QHATIPAY. v. Rastrear.

QHATIPAYAY. v. Perseguir, acosar.

QHATIQËN. adj. Consiguiente.

QHATIY. v. Seguir, ir detrás de uno. Arrear, conducir ganado.

QHATQË. adj. Picante, muy amargo. Salobre.

QHATQËY. v. Amargar, picar.

QHATU. s. Mercado. Puesto de mercancías en el mercado.

QHATUILLA. s. Planeta Mercurio, según el Jesuita Anónimo.

QHATURUNA. adj. El que expone mercancías en el mercado. Regatón.

QHATUY. v. Exponer al trueque o a la venta mercancías en el mercado.

QHAUCHI. adj. Semicocido. Sinón. **Khallwi.**

QHAWAJ. s. Centinela.

QHAWANA. s. Vista. Sinón. **Rikuna.**

QHAWANA, QHAWARINA. s. Mirador, atalaya.

QHAWANAKUY. v. Envidiar.

QHAWAPAYAY. v. Critiquizar.

QHAWAPU. adj. El que observa y vigila con astucia.

QHAWAY. v. Mirar. Observar. Escudriñar.

QHAWAYKAMA. adj. Vistoso, pintoresco.

QHAYQA. adj. El borracho que no cesa de desbarrar.

QHAYQAKUY. v. Desbarrar en estado de embriaguez.

QHËCHI. adj. Erizado.

QHËCHIJRA. s. Ceja.

QHËCHIMICHI. s. Hollín. Sinón. **Qhëchincha, ch'illu.**

QHËCHINCHAY. v. Tiznar, manchar de hollín.

QHËCHUCHIKUY. v. Dejarse quitar.

QHËCHUNAKUY. v. Disputarse una cosa entre dos o más personas.

QHËCHUY. v. Quitar, arrebatar, despojar.

QHËLLA. adj. Perezoso, ocioso.

QHËLLAKAY. v. Pereza, ociosidad.

QHËLLAKUY. v. Flojear, ociosear.

QHËLLI. adj. Sucio, mugriento, desaseado.

QHËLLICHAY. v. Ensuciar, emporcar. Sinón. **Ch'ichichay.**

QHËNCHA. s. Destino, hado. Fatalidad.

QHËNCHA. adj. Individuo que trae mala suerte.

QHËNCHACHAY. v. Contaminar de mala suerte. Atraer la fatalidad.

QHËPA. adv. Atrás, detrás.

QHËPA. adj. Posterior, rezagado, retrasado.

QHËPACHIY. v. Detener, retener.

QHËPAKUY. v. Quedarse, retrasarse.

QUËPAN. adj. Siguiente.

QHËPAN. adv. Detrás.

QHËPANCHAY. v. Colocar detrás, posponer.

QHËPAÑIQËN. adj. Último.

QHËPAY. v. Quedar.

QHËPAYAYA. s. Padrastro.

QHËPU. s. Espinilla muy menuda de la tuna y de otras plantas.

QHËRNA. adj. Desaseado, desaliñado

QHËRQË. adj. Pringoso.

QHËSI. s. Pececillo muy menudo. Sinón. **Ch'iñichallwa.**

QHËSPI. s. Cualquier objeto translúcido. Neol. Vidrio.

QHËSPICHIJ. adj. Salvador, libertador.

QHËSPICHIY. v. Salvar, liberar.

QHËSPIKAY. s. Libertad.

QHËSPIKUY. v. Salvarse.

QHËSPINA. s. Refugio, guarida.

QHËSPIRANPA. s. Litera en que el Inka y la qöya salían de paseo.

QHËSPIUMIÑA. s. Diamante.

QHËSPIY. v. Salvarse huyendo.

QHËSHKI. s. Corva, parte opuesta a la rodilla.

QHËSHWA. s. Pueblo vecino del Aymara y del Chanka, incorporado al Imperio bajo el reinado de Qhápaj Yupanki Inka.

QHËSHWA. s. Idioma que hablaba el primitivo pueblo Qhëshwa y que fue adoptado y propagado por los Inkas bajo el nombre de **Runasimi**. Idioma que habla actualmente la nación qhëshwa de Bolivia, Perú, Ecuador y Norte argentino.

QHËSHWA. s. Valle de clima templado.

QHËSHWARUNA. s. y adj. Habitante de valle.

QHÖCHA. s. Laguna. Lago.

QHÖCHAJALLP'A. s. Tierra de secano.

QHÖCHAPANPA. s. Valle fértil en los dominios de Qhari, incorporado al Imperio por Qhápaj Yupanki inka. Vulg. Cochabamba.

QHÖCHAPATA. s. Playa de mar, lago o laguna.

QHÖCHAPUMA. s. Lobo marino. Sinón. **Asuka.**

QHÖCHAPHUCHIQËN. s. Oleaje del mar.

QHÖCHAPHUSUQÖN. s. Espuma del mar.

QHÖCHASQA. adj. Marchito, venido a menos.

QHÖCHI. s. Lugar donde hay muchas lagunas. Sitio pantanoso.

QHÖCHU. s. Pandilla, grupo de personas en diversión.

QHÖCHUKUY. v. Reunirse para la diversión.

QHÖCHUMASI. adj. Amigo.

QHÖCHUQHÖCHULLA. adv. Alegremente.

QHÖCHURIMAJ. adj. Dicharachero.

QHÖCHURUNA. adj. Hombre alegre.

QHÖLLCHUN. V. onom. Que expresa la caída de un cuerpo pesado en el agua.

QHÖLLULLULLUY. v. Manifestarse el flato.

QHÖLLUMIY. v. Bazucar, remover un líquido en su recipiente.

QHÖLLUQAYAY. v. Bazucarse, removerse y sonar el líquido en su recipiente.

QHÖN. V. onom. que expresa el fragor del trueno.

QHÖN. s. Uno de los nombres del dios Wiraqocha en el Tawantinsuyu.

QHÖNA, QHÖNANA. s. Piedra esférica que sirve para moler por fricción. Sinón. Uchumurq'ö.

QHÖNASQA. p. Molido.

QHÖNAWA. s. Piedra grande y plana colocada horizontalmente para moler con la qhönana. Sinón. Maran.

QHÖNAY. v. Triturar, moler por frotamiento.

QHÖNÑIY. v. Tronar, haber truenos.

QHÖNUKUY. v. Calentarse al fuego. Arrebujarse con una manta.

QHÖÑA. s. Moco, secreción nasal.

QHÖÑASAPA, QHÖÑASINQA. adj. Mocoso.

QHÖPU. s. Nudo. Protuberancia.

QHÖPUCHAY. v. Anudar. Formar protuberancia.

QHÖPUYU. s. Día de campo con francachela.

QHÖQAPI. adj. Desordenado, atolondrado.

QHÖQAUYA. adj. Cara manchada. Sinón. Mirkhauya.

QHÖQAYAY. v. Marchitarse, perder la frescura y el color, palidecer. Chichuwarmi qhöqayan: La mujer encinta pierde su proceridad.

QHÖQÖ. adj. Hombre solitario, misántropo.

QHÖRA. s. Hierba.

QHÖRA (MAMA). s. Qöya esposa de Sinchi Ruka Inka.

QHÖRANA. s. Instrumento para escardar.

QHÖRAY. v. Desherbar, escardar.

QHÖRPI. adj. Ruidoso.

QHÖRPIKUY. v. Hacer ruido.

QHÖRQÖ. adj. Ronco. Sinón. Ch'aka.

QHÖRQÖJ. adj. Roncador.

QHÖRQÖY. v. Roncar.

QHÖRU. adj. Chamorro, cabeza trasquilada.

QHÖRURUCHI. s. fam. Revoltijo.

QHÖRURUNPA. s. Bola, esfera.

QHÖRURUNPAUMA. adj. Cabeza redonda.

QHÖRUSINQA. adj. Desnarigado.

QHÖRUSQA. p. Cortado, desmochado, mutilado.

QHÖRUY. v. Cortar, cercenar, mutilar.

QHÖSI. adj. Celeste, azulino.

QHÖSILLU. adj. De ojos claros, azules.

QHÖSHPAKUJ. adj. El que se revuelca.

QHÖSHPAY. v. Revolcar.

QHÖSHQÖ. adj. Grasiento, seboso.

QHÖSHQÖLLI. adj. El que lleva la ropa grasienta.

QHÖTU. s. Gargajo.

QHÖTUY. v. Sorber los mocos.

QHÖYA. s. Mina, yacimiento metalífero.
QHÖYSU. adj. Prenda de vestir muy larga.
QHOYSUY. v. Arrastrar la ropa muy larga.

R

R. Vigésimoprimera letra del alfabeto qhëshwa. Su valor fonético es semejante al de la R castellana.

RACHAPA. s. Harapo. Remiendo. Sinón. **Ratapa.**

RACHAPAY. v. Remendar.

RACHI. s. Arañazo. Sinón. **Jasp'i.**

RACHIY. v. Arañar.

RAJ. adv. Todavía, antes. **Mikhúyraj:** Come todavía.

RAJCH'A. s. Inmundicia.

RAJCH'AYAY. v. Ensuciarse, emporcarse. fig. Pervertirse, corromperse.

RAJCH'I. s. Ollero, alfarero.

RAJRA. adj. Rajado, hendido, cuarteado.

RAJRAKUY. v. Rajarse, henderse, cuartearse.

RAJRAPU. adj. Glotón, comilón.

RAJRAY. v. Rajar, hender, cuartear.

RAJSA. s. Turno. Sinón. **Mit'a.**

RAJTHA. adj. Grueso, tosco.

RAJTHAYAY. v. Engrosarse.

RAKACHA. s. (Arracada xanthorrhiza). Planta de raíz alimenticia. Vulg. Arracacha. (R.L.)

RAKI. s. Agüero, pronóstico.

RAKI. s. Tinaja de arcilla de boca muy ancha.

RAKI. adj. Agorero.

RAKINKAY. v. Augurar contratiempos, sucesos funestos.

RAKIRAKI. s. (Polipodium sp.). Planta de la familia de las polipodiáceas. Vulg. Helecho. (R.L.)

RAK'I. s. División, partición.

RAK'INNAJ. adj. Indiviso, indivisible.

RAK'IY. v. Distribuir, repartir. Apartar, separar a unas personas de otras.

RAKHA. s. Órgano genital de la mujer.

RAKHU. adj. Grueso, voluminoso.

RAKHUCHAY. v. Engrosar, hacer voluminoso.

RAKHUKUNKA. s. y adj. Voz de contrabajo, demasiado gruesa.

RAKHUYAY. v. Volverse grueso, voluminoso.

RAMKAMA. adj. Necio, zonzo.

RANAY. s. Regateo.

RANAY. v. Regatear.

RANKUY. s. Zancadilla.

RANKUY. v. Tropezar.

RANKUYKUY. v. Echar zancadillas.-

RANK'AY. v. Escardar.

RANK'U. s. Enredo, maraña.

RANK'U. adj. Enredado, enmarañado.

RANKHA. adj. El que va perdiendo la vista.

RANKHAYAY. v. Ir perdiendo la vista.

RANKHI. s. Crepúsculo vespertino. Anochecer.

RANKHI. adj. Semioscuro, crepuscular.

RANKHIYAY. v. Sobrevenir el crepúsculo, ir anocheciendo.

RANPA. s. Litera. Sinón. **Wantu.**

RANPANAKUY. Tomarse de las manos para la danza o simplemente al caminar.

RANPAY. v. Conducir en litera. Guiar, conducir de la mano a una persona.

RANPHIY. v. Tantear, andar a tientas.

RANPHU. adj. Burdo, grosero.

RANQHA. s. y adj. Manirroto, malgastador. Neol. Regatona.

RANRA. s. Risco, Pedregoso. Superficie rocosa, desigual.

RANRAMACH'AY. s. Cueva, caverna en la montaña.

RANRAN. s. (Alnus jorullensis). Árbol de la familia de las betuliáceas. Vulg. Aliso. (R.L.)

RANTI. s. Lugarteniente, suplente, sustituto.

RANTI. s. Trueque, intercambio de productos.

RANTINA. s. Especie que se puede intercambiar. Neol. Mercancía que se puede comprar.

RANTINCHAY. v. Delegar.

RANTIY. v. Trocar, intercambiar productos. Neol. Comprar.

RAPT'AY. v. Comer apresuradamente.

RAPHA. s. Lengua de fuego, fogarada.

RAPHAPAY. v. Flamear.

RAPHI. s. Hoja.

RAPHICHAY. v. Echar hojas el árbol.

RAPHIY. v. Deshojar una vara, una rama, etc.

RAPHRA. s. Rama, tamo.

RAQAY. s. Casa no acabada de construir, sin techo. Casa venida a menos, de techo derruido.

RAQ'A. s. Espumilla que mezclada con desperdicios flota en algunos líquidos.

RAQ'A. adj. Sin sabor, desabrido.

RAQHA. adj. Oscuro, lóbrego.

RAQHAYAY. v. Oscurecerse.

RARQ'A. s. Acequia.

RARQ'ACHAY. v. Abrir acequias.

RARQ'AWAYQ'Ö. s. Quebrada pequeña.

RASNIJTULLU. adj. Timorato, pusilánime.

RASÑIY. s. Crujido.

RASÑIY. v. Crujir.

RASTAY. v. Arrojar con violencia.

RASU. s. Nevado.

RASUWILLKA. s. Dios menor de Chinchaysuyu.

RATAPA. s. Andrajo. Remiendo.

RATAPAY. v. Remendar.

RAT'A. s. Mucilago, sustancia adhesiva.

RAT'A. adj. Contrahecho.

RAT'ANNAY. v. Descolar, desprender.

RAT'ASQA. adj. Pegado, adherido.

RAT'AY. v. Pegar, adherir.

RAT'AY. v. Andar de cuatro pies.

RAUK'ANA. s. Escardillo, utensilio para escardar.

RAUKHA. s. Montón, aglomeración.

RAUKHAY. v. Amontonar, aglomerar.

RAUMAY. v. Chapodar.

RAURACHIY. v. Alimentar, avivar el fuego. Encender la candela.

RAURAY. s. Llama, ardor. **Ninaráuray:** Ardor del fuego.

RAURAY. v. Arder.

RAURAYMANA. s. Planta que se usa en el tratamiento de afecciones uterinas. (J.A.L.)

RAURAYRAURAYLLA. adv. Fervorosamente.

RAWA UJLLU. s. Segunda esposa de Wayna Qhápaj Inka.

RAWI. s. Desbarajuste, desorden.

RAWIY. v. Desordenar, producir desbarajuste.

RAYAN. s. (Sambucus nigra). Planta de la familia de las caprifoliáceas. Posee propiedades medicinales. (R.L.)

RAYKU. prep. Por. **Rijsinasuyrayku jamuni:** Vengo por conocerte.

RAYKUJ. adj. Incitador, ocasionador, causante.

RAYKUY. v. Incitar, causar, ocasionar.

RAYMI. s. Fiesta, solemnidad, celebración religiosa o de otro género.

RI. conj. Y. **Kunanri imanasúntaj:** ¿Y ahora qué haremos?

RIJCH'AKUY. v. Parecerse, semejarse.

RIJCH'ARICHIY. v. Despertar al que duerme.

RIJCH'ARIY. v. Despertar, interrumpir el sueño.

RIJCH'AY. v. Permanecer en vela, sin dormir.

RIJCH'AY. s. Color, apariencia, fisonomía.

RIJCH'AY. v. Parecer. **Manachu rijch'asunki:** ¿No te parece?

RIJRA. s. Brazo, hombro. Brazada. Ala.

RIJRAY. v. Medir por brazadas.

RIJSICHIY. v. Hacer conocer.

RIJSINACHIY. v. Hacer que se conozcan dos o más personas.

RIJSINAKUY. v. Conocerse entre dos o más personas.

RIJSIPAY. v. Reconocer.

RIJSISQA. adj. Conocido. **Ancha rijsisqa kay runaqa:** Este hombre es muy conocido.

RIJSIY. v. Conocer.

RIKI. adv. Evidentemente.

RIKUCHIY. v. Mostrar, hacer ver.

RIKUNA. s. Vista, perspectiva. Sinón. **Qhawana.**

RIKUY. v. Ver. Advertir, reparar.

RIKHURICHIY. v. Hacer aparecer.

RIKHURIJ, RIKHURIKUJ. adj. Aparecido, que se ha puesto a la vista.

RIKHURIY. v. Aparecer, mostrarse a la vista.

RIMAJ. s. Río que pasando por Lima desemboca en el Pacífico.

RIMAJ. s. Valle sometido bajo el reinado de Pachakútij Inka.

RIMAJ. adj. El que habla. Elocuente.

RIMAJTANPU. s. Barrio meridional del Cuzco antiguo.

RIMAPAYAY. v. Parlotear.

RIMAPUQËY. s. y adj. Intercesor.

RIMAPUY. v. Interceder.

RIMARICHIY. v. Hacer declarar.

RIMARIY. v. Declarar, confesar.

RIMAY. v. Hablar.

RIMAYQARWA. adj. Charlatán.

RINRI. s. Oreja. Oído. Sinón. **Ninri.**

RINRICHAY, NINRICHAY. v. Ensordecer hablando fuerte o gritando.

RINRIQÖRI. s. Arete, zarcillo de oro.

RINRISAPA. adj. Orejudo.

RIPUY. v. Irse, marcharse.

RIP'A. s. Vaina de leguminosas como el poroto, el pallar, etc.

RIRI. s. Vena. Sinón. **Sirk'a.**

RIRPU. s. Espejo.

RIRPUKUY. v. Mirarse en el espejo.

RIRPUY. s. Espejismo.

RIRQ'Ö. adj. Bizco.

RIRQ'ÖY. v. Bizquear. Mirar de soslayo.

RIT'I. s. Nieve.

RIT'IY. v. Nevar.

RIT'IYMANA. adj. Blanco como la nieve.

RIWI. s. Boleadoras. Sinón. Lliwi.

RIWICHAY. v. Cazar con boleadoras.

RIWIKUY. v. Dividirse.

RIY. v. Ir.

RUJMA. s. (Lúcuma bifera). Árbol de la familia de las sapotáceas. Su fruto es comestible. (R.L.)

RUJMAUMA. adj. Calvo o cabeza rapada.

RUJRIY. v. Allanar, desmontar para cultivar o para construir.

RUJRU. v. Semivacío.

RUJRU. s. Manjar preparado con papa, carne, ají y otros elementos. Vulg. Locro.

RUJRUY. v. Preparar el rujru.

RUJT'U. adj. Sordo. Sinón. Juq'ara.

RUJT'UYAY. v. Ensordecer. Sinón. Juq'arayay.

RUJYA. s. Algarabía. Chacota.

RUJYAY. v. Alborotar, meter algarabía.

RUKA. adj. Atinado, prudente.

RUKA INKA. s. Sexto soberano del Tawantinsuyu, hijo de Qhápaj Yupánki Inka, y de Mama Qöri illpay.

RUKUPA. s. Gavilla. Sinón. Payaqa.

RUKUPAKUY. v. Aspirar.

RUKUPAY. v. Preparar y atar las gavillas para cargar. Sinón. Payaqay.

RUK'ANA. s. Dedo. Mamaruk'ana: dedo pulgar. T'ujsijruk'ana: Índice. Chaupi ruk'ana: dedo medio. Siwiruk'ana: Anular. Sullk'aruk'ana: Meñique.

RUK'I. s. Herramienta de hueso con que se tupe la trama al tejer.

RUK'IY. v. Tupir, apretar la trama al tejer.

RUKHU.s. Anciano.

RUKHU. adj. Decrépito.

RUKHUKAY. s. Ancianidad, decrepitud.

RUKHULLAMA. adj. Llama de carga. Sinón. Irqö.

RUKHUYAY. v. Hacerse anciano, decrépito.

RUMI. s. Piedra.

RUMICHAJRA. s. Cantera.

RUMICHAY. v. Empedrar.

RUMICH'IQÖJ. s. Picapedrero.

RUMIÑAWI. s. (Ojo de piedra). Uno de los principales jefes del ejército de Atau Wállpaj Inka.

RUMIÑAWI. s. Personaje del drama Ullanta. Favorito del soberano, capturó al jefe rebelde mediante una hábil traición.

RUMIRUMI. s. Pedregal.

RUMISUNQO. adj. Empedernido.

RUMIYACHIY. v. Endurecer.

RUMIYASQA. adj. Endurecido, duro como la piedra.

RUMIYAY. v. Endurecerse, cobrar consistencia de piedra.

RUMU. s. (Manihot utilissima). Planta de la familia de las euforbiáceas Sinón. **Yuka.** (R.L.)

RUMUSASA. s. Planta sarmentosa tropical que tiene aplicaciones medicinales. (J.A.L.)

RUNA. s. Ser humano. Gente.

RUNACHAKUY. v. Enamorarse la mujer.

RUNACHAY. v. Oprimir, avasallar al hombre.

RUNACHAY. v. Limpiar, eliminar lo superfluo y ripioso.

RUNAKAY. s. Naturaleza humana.

RUNALLAY. v. Requebrar la mujer al hombre.

RUNAMASI. s Prójimo.

RUNAMIKHUJ. s. Antropófago.

RUNAPANTAJ. s. Momentos en que cierra la noche.

RUNASIMI. s. Lenguaje humano. Nombre primitivo del idioma qhëshwa.

RUNATINYA. s. Timbal fabricado de piel humana en el Perú prehispánico.

RUNAWANAJ. s. (Escarmiento de la gente). Valle de Kuntisuyu incorporado al Imperio en tiempos de Pachakútij Inka.

RUNAWARKHUNA. s. Horca. Sinón. **Arawa.**

RUNAYANAPAJ. adj. Socorredor.

RUNAYAY. v. Formarse la criatura en el vientre materno. Vigorizarse, Desarrollarse.

RUNKU. s. Coca encestada. **Ch'ijtarunku:** medio cesto. **Sillkurunku:** Cuarto de cesto. **Kullmurunku;** Octavo de cesto.

RUNKUY. v. Encestar la coca.

RUNK'U. adj. Gangoso. Sinón. **Sanq'a.**

RUNK'UKUY. v. Acuclillarse.

RUNK'UY. v. Ganguear.

RUNKHI. adj. Robusto, macizo. Burdo, grosero.

RUNP'U. adj. Rollizo, gordo.

RUNTU. s. Huevo. Granizo.

RUNTURUNTU. s. Planta conocida con el nombre de Zapatilla de Venus. (J.A.L.)

RUNTUY. v. Poner huevo las aves. Granizar, caer granizo.

RUP'IY. v. Meditar, discurrir.

RUPHA. adj. Caliente.

RUPHACHIY. v. Incinerar, quemar en el fuego.

RUPHASQA. p. Quemado.

RUPHAY. s. Calor, elevación de la temperatura. **Intirúphay:** Luz y calor del sol.

RUPHAY. v. Quemar.

RUPHAYMIT'A. s. Verano.

RUPHAYNINCHIJ. s. Calor natural del cuerpo humano.

RUPHAUNQÖY. s. Calentura, fiebre.

RUPHU. s. (Malva sp.). Planta de la familia de las malváceas. Tiene propiedades medicinales. (R.P.)

RUQÖTU. s. (Capcicun pubescens). Planta de la familia de las solanáceas cuyo fruto se emplea como condimento culinario. (R.L.)

RUQ'A. s. Abono, fertilizante.

RUQ'AY. v. Abonar, fertilizar la tierra.

RUQ'É. s. (Colletia sp.). Planta de la familia de las ramnáceas (R.L.)

RUQHËKUY. v. Desmoronarse. Relajarse.

RUQHËY. v. Desmoronar.

RUQHÖ. adj. neol. Campesino del Oriente boliviano.

RURANA. s. Trabajo, ocupación. Quehacer.

RURAPU. adj. Autor, el que hace.

RURASQA. p. Hecho.

RURAY, RUWAY. v. Hacer.

RURI. s. y adj. Interior, interno.

RURU. s. Fruto, producto de los vegetales. Endocardio huesoso de algunas frutas (drupas).

RURUJ. adj. El árbol que fructifica. Fructífero.

RURUN. s. Riñón.

RURUY. v. Fructificar.

RURUY.v. Minar.

RUTHUCHIKU. s. Fiesta en que al niño, varón o mujer y de un año de edad, se le cortaba el cabello.

RUTHUY. v. Cortar el cabello. Segar las mieses o la hierba.

RUTHUYKAMAYUJ. s. Peluquero.

RUWANA. s. Quehacer.

RUYRU. adj. Circular, redondo.

S

S. Vigésimo segunda letra del alfabeto qhëshwa. Su valor fonético no difiere del de la S castellana.

SACH'A. s. Árbol.

SACHA'MILLMA. s. (Tillandsia milmahina). Planta de la familia de las bromeliáceas. Sinón. **Sunk'a**. (R.L.)

SACH'ARUNA. adj. Salvaje.

SACH'ASACH'A. s. Arboleda. Bosque.

SAJMA. s. Puñete.

SAJMANA. s. Especie de manopla, de metal.

SAJMANAKUY. v. Darse de puñadas entre dos o más personas.

SAJMATAMUY. v. Dejar golpeada a puñadas a una persona.

SAJMAY. v. Propinar puñadas.

SAJRA. adj. Mezquino, tacaño. Sucio, tosco, malo.

SAJRAÑA. s. Peine en forma de brocha.

SAJRAÑAWI. s. Ojeriza.

SAKRARUNA. adj. Mezquino, tacaño. Perverso, malo.

SAJRAYMANASQA. adj. Rudo, renegrido, de feo aspecto.

SAJSA. s. Traje de bordes deshilachados. Traje viejo.

SAJSA. s. Hartura, hartazgo.

SAJSA. adj. Abigarrado, salpicado de colores.

SAJCHACHIY. v. Hacer que uno coma hasta la hartura.

SAJSACHUNTA. s. Palmito de la **chunta**.

SAJSANPILLU. s. Cierta danza antigua.

SAJSASAJSA. adj. Harapiento. Sinón. **Waychinqara, wallqaracha.**

SAJSASQA. adj. Hartado, ahíto.

SAJSAY. v. Comer hasta quedar satisfecho. Hartarse.

SAJSAYWAMAN. s. Águila real andina. Sinón. **Anka.**

SAJWAYWAMAN. s. Fortaleza ciclópea construida por los Inkas en las inmediaciones del Cuzco.

SAJTA. s. Manjar de **ulluku** machacada, charque, ají y papa.

SAJTASQA. adj. Triturado, machacado, majado.

SAJTAY. v. Machacar, trituràr, majar.
SAJWAJ. adj. Fornicador.
SAJWAKUY. v. Masturbarse.
SAJWAY. v. Fornicar.
SAKAKA. s. Variedad de perdiz que vive en las tierras altas.
SAKAPA. s. Cascabel.
SAKAQAKAY. v. Cascabelear. Crujir las hojas secas.
SAKHA. adj. Ancho.
SALLA. adj. Enamorada. Novia.
SALLALLAKUY. v. Enamorarse el hombre.
SALLALLAY. v. Requebrar el hombre a la mujer.
SALLAP'A. s. Explosión, traquido, trueno.
SALLIKUY. v. Desintegrarse, ir cayendo en polvo el zócalo de un muro.
SALLIK'A. s. (Rosmarinus Officinalis). Planta de la familia de las labiadas.
Tiene propiedades medicinales. (R.P.)
SALLINA. s. Azufre.
SALLKA. s. Tierra alta, serrana. Sinón. **Puna.**
SALLQA. adj. Indómito, bravío, montaraz.
SALLU. adj. Consistente, duro, sólido.
SALLUKAY. s. Consistencia, solidez.
SAMA. s. Aliento resuello. Vaho. Lunch.
SAMACHIY. v. conceder descanso.
SAMAJ. adj. El que alienta. El que toma descanso. Cosa que echa vaho.
SAMAKUJ. adj. Persona propensa al ocio.
SAMANA. s. Sitio apropiado para descansar. Tiempo que dura el descanso.
SAMAY. v. Alentar, Descansar. Echar vaho.
SAMAYKUY. v. Echarle a uno el aliento a la cara. fig. Infundir, inculcar.
SAMAYP'UNCHAU. s. Día de descanso o de fiesta.
SAMAYTULLU. adj. Débil para el trabajo. Trabajador que rinde poco.
SAMI. s. Ventura, fortuna, contento. Éxito.
SAMINCHA. s. Ceremonia que consiste en amontonar la semilla en mitad del
terreno a sembrar y donde al mismo tiempo se rocía un poco de chicha como
ofrenda a los dioses.
SAMINCHAY. v. Pedir o alcanzar la ventura, el éxito, etc.
SAMINCHIJ. s. Arbitro en las competencias deportivas. Sinón. **Panpasami.**
SAMIY. v. Proporcionar ventura.
SAMIYUJ. adj. Venturoso, afortunado.
SAMKHA. s. Visión, imaginación vana. Sinón. **Rankha.**
SAMQ'AWASI. Cárcel subterránea poblada de fieras donde encerraban a
cierto tipo de delincuentes.
SANAN. s. Linaje.
SANANMIT'AKUNA. s. Descendientes en línea directa.

SANANNIYUJ. adj. Persona de linaje esclarecido.

SANANPA. s. Señal, marca.

SANANPASQA. adj. Señalado, mercado.

SANANPAY. v. Poner señal o marca.

SANAY. v. Descender de antepasados conocidos.

SANCHAY. s. Celos.

SANCHAY. v. Celar.

SANI. adj. Morado.

SANICHAY. v. Pintar de morado.

SANIYAY. v. Amoratarse.

SANKA, s. Paladar.

SANKAR. s. Galillo, úvula.

SANKU. s. Bollo de maíz.

SANKU. adj. Espeso, denso. Sinón. **Pipu.**

SANKUYAY. v. Espesarse. Sinón. **Pipúyay.**

SANK'A. s. Burla, befa.

SANK'AY. v. Hacer befa, burlarse.

SANKHA. Precipicio. Abismo.

SANPAYAY.s. Laxitud.

SANPAYAY. v. Laxarse.

SANP'A. adj. Pusilánime, apocado, desalentado. Sinón. **Kaphiaruna.**

SANP'AYAY. v. Volverse pusilánime.

SANQ'A. adj. Gangoso. Sinón. **Runk'u.**

SANQ'AR. s. Paladar.

SANQ'AYAY. v. Volverse gangoso. Hablar gangueando.

SANSA. s. Brasa. Carbón encendido.

SANSACHIY. v. Producir, avivar las brasas.

SANSAUYA. adj. Cara encendida.

SANSAY. v. Avivarse la brasa. Emblanquecer, deslumbrar de blancura, reverberar.

SAÑU. s. Vaso. Sinón. **Iriri.**

SAÑUP'UKU. s. Plato de arcilla.

SAÑUTIKA. s. Ladrillo.

SAÑUY. v. Trabajar en alfarería.

SAÑUYKAMAYUJ. s. Alfarero.

SAPA. adj. Cada. Solitario, aislado.

SAPAKAY. s. Soledad, aislamiento.

SAPAK'ATA. adj. Único.

SAPALLA. adj. Uno solo, exclusivo.

SAPALLU. s. (Cucúrbita máxima). Planta de la familia de las cucurbitáceas. Vulg. Zapallo. (R.L.)

SAPAN. adj. Solo. **Sapan Inka:** Soberano único.

SAPANA. s. Trenza de cabello.

SAPANCHAKUY. v. Aislarse.

SAPANPURA. adj. A solas.

SAPAQA. s. Piel de la víbora.

SAPASAPA. adj. Cada uno por separado.

SAPAYAKUY. v. Sentirse solo.

SAPAYAY. v. Quedarse solo.

SAPI. s. Raíz. Principio.

SAPICHAY. v. Arraigar.

SAPICH'AUCHU. s. Origen de una estirpe o de una familia.

SAPINCHAY. v. Echar raíces.

SAPISA. s. Raíz adventicia.

SAPSI. adj. Común, ordinario, de todos.

SAPSICHAY. v. Poner una cosa de uso particular al servicio y alcance de todos.

SAPSIYAY. v. Volverse de uso común.

SAP'A. s. Cesta de base ancha y boca angosta.

SAPHRA. s. Pelos de la barba. Vello.

SAPHSA. s. Andrajo.

SAPHSA. adj. Andrajoso.

SAPHSAY. v. Volver andrajosa, con el uso, una prenda.

SAPHSAY. v. Aparearse, copular las aves.

SAPHSAYAY. v. Gastarse, envejecerse con el uso una prenda.

SAQANA. s. Piedra de afilar, molejón.

SAQAPAY. s. Confusión.

SAQAPAY. v. Confundir.

SAQAY. v. Afilar, amolar.

SAQËJ. adj. El que deja o abandona.

SAQËSQA. p. Dejado, abandonado. **Saqësqa churi:** Hijo abandonado.

SAQËY. s. Dejación, abandono.

SAQËY. v. Dejar, abandonar.

SAQÖMAY. v. Ofrecer, presentar.

SAQ'ACHIY. v. Hacer descuajar, hacer arrancar de cuajo.

SAQ'AJ. adj. El que arranca por la fuerza.

SAQ'APA. s. Peinado hecho en muchas trenzas delgadas y finas.

SAQ'AY. v. Arrancar con violencia.

SARA. s. (Zea maíz). Planta de la familia de las gramíneas. Vulg. Maíz. (R.L.)

SARACHAJRA. s. Tierra maicera.

SARACHUJLLU. s. Mazorca de maíz.

SARAQHATU. s. Mercado de maíz.

SARASARA. s. Maizal.

SARAT'ANTA. s. neol. Pan de maíz.

SARAYAY. v. Madurar el maíz.

SARU. s. Pisada. Pisadura. Huella. Sinón. **Yupi.**

SARUCHAJ. adj. El que pisa y hace huella.

SARUCHAY. v. Pisotear. Sinón. **Tuspichay.**

SARUJAY. v. Infectarse. **Chakiy sarujaykuwan:** El pie se me ha infectado.

SARUNA. s. Escabel, peana.

SARUNAKUY. v. Pisotearse mutuamente. Aparearse los animales.

SARUY. v. Pisar, hollar. Cubrir el animal macho a la hembra.

SARUYKACHAY. v. Pisotear.

SARUYSIY. v. Ayudar a pisotear.

SASA. adj. Difícil, arduo.

SASACHAJ. adj. Que presenta obstáculos difíciles de vencer.

SASACHAKUJ. adj. Persona que obstaculiza, que presenta dificultades.

SASACHAY. s. Obstáculo, dificultad.

SASACHAY. v. Obstaculizar, dificultar.

SASAKUY. v. Convertirse las perlas o cerros en seres humanos.

SASAÑAN. s. Camino difícil.

SASI. s. Abstención. Ayuno.

SASICHIJ. adj. El que ordena abstención.

SASICHIY. v. Mandar abstinencia.

SASIJ. adj. El que se abstiene o ayuna. Temperante.

SASINAYAY. v. Desear el ayuno o abstinencia.

SASITUKUJ. adj. El que finge abstinencia.

SASIY, SASIKUY. v. Abstenerse. Ayunar.

SASIYLLA. adv. Con temperancia. Con moderación.

SATKA. adj. Mezquino.

SATKHU. adj. Áspero, agrio. Cerdoso, basto

SATKUYAY. v. Agriarse, ponerse áspero.

SAT'IJ. adj. El que encaja.

SAT'INA. s. Enchufador, objeto con que se encaja o embute.

SAT'INCHUPA. adj. fam. Intruso, entrometido.

SAT'ISQA. p. Encajado, enchufado.

SAT'IY. v. Encajar, enchufar. Sinón. **K'isñiy.**

SAUCHU. adj. Renegón, cascarrabias.

SAUCHUY. v. Renegar, enfadarse.

SAUKA. s. Burla, mofa, broma.

SAUKACHAKUY. v. Hacer de uno objeto de burla.

SAUKARIMAJ. adj. Bromista.

SAUKAY. v. Bromear, chancearse.

SAUNA. s. Cabecera, almohada.

SAUNAKUY. v. Reclinar la cabeza sobre la almohada.

SAUNAY. v. Colocar la almohada. Fijar en el suelo un objeto mediante cuñas.

SAUÑI. adj. Aromático, balsámico.

SAUÑIY. v. Aromatizar, perfumar.

SAUQ'A. s. Carne de difícil cocimiento.

SAUSA. s. Distrito de Chinchaysuyu conquistado bajo el gobierno de Pacha-kútij Inka. Vulg. Jauja.

SAWA. s. Enlace, matrimonio.

SAWAKUY. v. Casarse, contraer matrimonio.

SAWASIRAY. Una de las tribus que Manku Qhápaj Inka encontró en el sitio donde hubo fundado la ciudad del Cuzco.

SAWAY. v. Enlazar, casar.

SAWINTU. s. (Aulomircia leucadendron). Árbol de la familia de las mirtáceas. Vulg. Guayabo. (R.L.)

SAYAJSIPAS. s. Moza núbil.

SAYAJSUNQÖ. adj. Firme, perseverante, invariable.

SAYANA. s. Paradero.

SAYAPAYAJ. p. y s. Asistente.

SAYAQË. s. y adj. Partidario, adicto.

SAYARIY. v. Ponerse de pie, pararse.

SAYASAYA. s. (Verbena Officinalis). Planta de la familia de las verbenáceas. Sus hojas son vermífugas. (R.P.)

SAYASAYA. adj. Altanero, presuntuoso.

SAYAY. s. Talle. Traza. Estatura.

SAYAY. v. Estar de pie, parado.

SAYK'UCHIY. v. Cansar.

SAYK'USQA. adj. Cansado.

SAYK'UY. s. Cansancio.

SAYK'UY. v. Cansarse.

SAYLLA. s. Planta de la familia de las tifáceas. (J.A.L.)

SAYNATA. s. Máscara.

SAYNATA. s. Cierta representación danzada de enmascarados en tiempos del Inkario.

SAYNATARUNA. adj. y s. Actor de la **saynata.**

SAYNATASQA. p. Enmascarado.

SAYRI. s. (Nicotiana sp.). Planta de la familia de las solanáceas. Vulg. Taba-co. (R.L.)

SAYRI TUPAJ INKA. s. Hijo de Wayna Qhápaj Inka, coronado nominalmente por Francisco Pizarro después de la migración de Manku II a Willkapanpa.

SAYWA. s. Pilar, columna. Hito, mojón.

SAYWAY. v. Amojonar. Deslindar.

SICH'U. s. Cicatriz defectuosa.

SICH'UY. v. Cicatrizar mal una herida.

SIJLLA. adj. Hermoso, esbelto, de hermosos colores.

SIJLLAKAY. s. Hermosura.

SIJLLAY. v. Descortezar.

SIJLLAYMANA. adj. Hombre enjuto, cenceño. Sinón. **Llaqaymana, llaqaruna.**

SIJÑI. s. Porción de paja escurrida de un haz.

SIJÑIY. v. Dejar escurrir parte de un haz de paja.

SIJRA. s. Cesta pequeña y flexible.

SIJRA. s. Fluxión de humores.

SIJRAY. s. Lavativa.

SIJRAY. v. Evacuar, sufrir diarrea.

SIJRI. s. Sarta. Fila.

SIJRIY. v. Ensartar cuentas. Ir, caminar en fila india.

SIJSI. s. Escozor, comezón.

SIJSICHIY. v. Hacer cosquillas.

SIJSIJ. s. Hierba cortadera, planta ciperácea. (J.A.L.)

SIJSIJTULLU. adj. Cosquilloso.

SIJSIY. v. Escocer.

SIJWA. s. Látigo. Varilla para escarmenar lana.

SIJWANA. adj. Cualquier instrumento que sirve para azotar.

SIJWI. adj. Chirle, nada denso.

SIJWIYAY. v. Volverse chirle, aguanoso, perder la densidad.

SIJYA. s. Medida de longitud equivalente a media braza.

SIJYAY. v. Medir a base de la media braza.

SIKASIKA. s. Oruga.

SIKI. s. Nalgas. Pie, parte inferior de una cosa. **Puñuna siki:** Pie de la cama. **Urqö siki:** Falda del cerro.

SIKICHUPA. s. Coxis.

SIKUWA. s. (Stipa ichu). Planta de la familia de las gramíneas. Vulg. ichu, paja brava. (R.L.)

SIKUWANI. s. Sitio poblado de **sikuwa,** pajonal.

SIK'IMIRA. s. Hormiga. Sinón. **Sisi.**

SIK'INA. s. Pinza, utensilio para arrancar.

SIK'IY. v. Arrancar, descuajar.

SILLA. s. Piedra menuda, cascajillo.

SILLI. s. Cierta flor campestre. (J.A.L.)

SILLKIWA. s. (Ageratum, L.) Planta de la familia de las compuestas. Su raíz es laxante. (R.P.)

SILLKU. s. Rasguño.

SILLKUY. v. Rasguñar.

SILLP'A. adj. Sencillo, delgado, poco voluminoso.

SILLP'AYACHIY. v. Adelgazar, volver sencillo, disminuir el volumen.

SILLP'AYAY. v. Perder espesor, volverse sencillo.

SILLU. s. Uña. Garra.

SILLUSILLU. s. (Alchemilla pinnata). Planta de la familia de las rosáceas. (M.C.)

SILLUY. v. Arañar, rasguñar. Sinón. **Jásp'iy.**

SILLUYAY. v. Crecer las uñas.

SILLUYKHURU. s. Especie de gorgojo.

SILLWI. s. Cinto, cinturón.

SILLWIKHURU. s. Lombriz de tierra.

SIMI. s. Boca.

SIMI. s. Lenguaje. **Runasimi:** El qhëshwa.

SIMIAPAJ. adj. Chismoso.

SIMIK'UNKUY. s. Mal olor de la boca.

SIMINAKUY. v. Discutir, debatir.

SIMINCHAY. v. Insinuar, sugerir.

SIMINÑIY. v. Acceder, aceptar, prometer.

SIMIÑISQA. s. Promesa.

SIMIWALLPAJ. adj. Embustero, engañador.

SIMIWANÑIY. v. Prometer.

SINA. adv. Supositivo que denota creencia. **Waqasqanki sina:** ¿Creo que estás llorando?

SINCHI. adj. Fuerte, recio. Valiente, denodado.

SINCHIKAY. s. Fortaleza, audacia, valentía.

SINCHI RUKA. s. (Príncipe prudente y maduro). Hijo de Manku Qhápaj Inka y de Mama Waku Ujilu. Segundo soberano del Imperio.

SINCHISINCHILLA. adv. Animosamente.

SINCHIYACHIY. v. Fortalecer.

SINCHIYAY. v. Hacerse fuerte.

SINKA. s. Principio de embriaguez.

SINKAY. v. Empezar a embriagarse.

SINKAY. v. Quitar la corteza de la caña del maíz o de otra semejante.

SINKIY. v. Brotar del suelo. Sinón. **Jútuy.** Rezumar, filtrar. Sinón. **Mismiy.**

SINKU. s. Bola, esfera.

SINK'UY. v. Retozar.

SINÑIY, SINÑIKUY. v. Sonarse la nariz.

SINP'A. s. Trenza.

SINP'AJ. adj. El que trabaja trenzas o trencillas.

SINP'ASQA. p. Trenzado.

SINP'AY. v. Trenzar.

SINP'I. s. Anzuelo. Sinón. **Jach'una, yaurina.**

SINQA. s. Nariz.

SINQACHIY. v. Anegar.

SINQACH'AJWAY. s. Regodeo.

SINQAKUY. v. Anegarse.

SINQALLIKUY. v. neol. Colocarse, hacerse cabalgar algo, como anteojos, en la nariz.

SINQANPA. adv. De bruces.

SINQARKUTAMUY. v. Zozobrar, hundirse la embarcación.

SINQARKUY. v. Echar humo por la nariz al fumar.

SINQASAPA. adj. Narigón.

SINQ'ARPU. s. Bozal, jáquima.

SINRIJ. adj. El que ensarta.

SINRISINRILLA. adv. Ordenadamente, puestos en hilera.

SINRIY. v. Ensartar cuentas en un hilo.

SINRU. s. Fila.

SINRUSQA. p. Enfilado.

SINRUY. v. Enfilar, colocar en fila.

SINSIY. v. Respirar, resollar. Sinón. **Sámay.**

SINTIRU. adj. Montes.

SIPAS. s. y adj. Moza, mujer de 15 a 25 años.

SIPASKAY. s. Mocedad de la mujer.

SIPASYAY. v. Hacerse joven la mujer.

SIPI. s. Collar.

SIPICHIY. v. Hacer estrangular.

SIPIJ. adj. Estrangulador.

SIPISQA. p. Estrangulado.

SIPITA. s. Pueblo situado al S. del lago Titicaca, sometido por Lluq'ë Yupanki Inka. Vulg. Zepita.

SIPIT'IKA. s. Especie de gola hecha de plumas muy vistosas que usaban los danzantes en las fiestas.

SIPIY. v. Estrangular con la mano.

SIPSI. s. Garúa. Sinón. **Iphupara, sh'ilichi.**

SIPSIKAY. v. Murmurar de una persona en su ausencia.

SIPTI. s. Pellizco.

SIPTI. s. Brizna. Un trozo muy pequeño de cualquier cosa.

SIPTIY. v. Pellizcar. Sinón. **T'ipsiy, t'ipiy, t'illuy.**

SIP'IRA. adj. Mujer de boca muy pequeña.

SIP'ISIP'I. s. Noche cerrada.

SIP'IYAY. v. Anochecer.

SIP'U. s. Frunce. Arruga.

SIP'USQA. p. Fruncido, plegado, arrugado.

SIP'UY. v. Fruncir. Plegar. Arrugar.

SIQA. adj. Ascendente. Escalonado. **Siqasiqa urqö:** Cerro escalonado.

SIQACHINAKUY. v. Acción de altercar. Disputar.

SIQACHIY. v. Llevar hacia arriba una cosa.

SIQAKUY. v. Encaramarse, trepar a una altura.

SIQANA. s. Peldaño, escalera, cualquier medio de subir. Subida, lugar alto a donde se puede subir.

SIQAUMA. adj. El que bebiendo no se emborracha.

SIQAY. v. Brotar, nacer la planta. Brotar vástagos en el árbol. Sinón. **P'útuy.**

SIQÉ. s. Raya, linde, término.

SIQÉ. s. Hurón.

SIQÉ. s. Aguapié de chicha. Sinón. **Q'ayma.**

SIQÉNA. s. Instrumento para deslindar.

SIQÉY. v. Rayar, deslindar.

SIQÉYAY. v. Volverse la chicha como el aguapié.

SIQ'A. adj. Alimento duro, difícil de masticar. Objeto resistente.

SIQ'AY, SIQ'AMUY. v. Asomar de detrás de un techo, de una cumbre. **Killa siq'amunña:** Asoma ya la luna.

SIQ'É. s. Garabato.

SIQ'ÉCHAY. v. Garabatear.

SIQ'ÉSIQ'É. adj. Lleno de garabatos.

SIQ'Ö. s. Cuerda corrediza.

SIQ'Ö. adj. Picado de viruela.

SIQ'ÖJ. adj. El que ahorca, el verdugo.

SIQ'ÖKUJ. v. El que se ahorca.

SIQ'ÖKUY. v. Ahorcarse.

SIQ'ÖY. v. Ahorcar.

SIRAKA. s. Zarzamora. (J.A.L.)

SIRAKUNA. s. Aguja o cualquier otro utensilio con que se cose.

SIRANA. s. Tela que se ha de coser.

SIRAPAY. v. Recoser.

SIRASIRA. s. Alacrán.

SIRAWA. s. Costura ligera, tosca.

SIRAY. v. Coser.

SIRAYKAMAYUJ. s. Sastre, costurera.

SIRICHI. s. Arco grande engalanado de flores y chafalonía. Debajo de numerosos arcos de éstos transitaba el Inka en las fiestas.

SIRICHINAKUJ. adj. Luchador.

SIRICHINAKUY. s. Lucha deportiva.

SIRICHINAKUY. v. Luchar.

SIRIY. v. Recostarse, echarse.

SIRK'A. s. Vena. Veta de metal en la mina.

SIRK'ACHIKUY. v. Hacerse sangrar.

SIRK'AJK'ICHIKAWAN. s. Cirujano. Sangrador.

SIRK'AKUY. v. Sangrarse uno mismo.

SIRK'ANA. s. Lanceta para sangrar.

SIRK'AT'IJTIY. Pulso, latido.

SIRK'AUNQÖY. s. Cólico.

SIRK'AY. v. Sangrar.

SIRK'I. Verruga.

SIRK'ISAPA. adj. Verrugoso.

SIRPA. s. Traición.

SIRPAKAKUY. v. Entregarse voluntaria u obligadamente.

SIRPAKAY. v. Entregar a traición a una persona.

SIRPAY. v. Traicionar.

SIRP'I. s. Labio inferior.

SIRP'ISAPA. adj. Bezudo.

SIRP'ITA. s. Grillo.

SIRQA. s. Tubérculo o calabaza que se cuece al rescoldo.

SIRQAY. v. Cocer tubérculos o calabazas al rescoldo.

SIRU. s. Red para cazar. Sinón. **Kullancha.**

SIRWANA. s. Planta tropical que da flores amarillas, predilectas de los enamorados. (J.A.L.)

SIRWINCHU. s. (Argemone mexicana). Planta de la familia de las papaveráceas. Vulg. Cardosanto. (R.L.)

SISA, BARTOLINA. s. Esposa de Túpaj Katari. Heroína dirigente de la insurrección, fue detenida y ejecutada en noviembre de 1781.

SISA. s. Polen, Flor de frutales y de cereales.

SISAJ. adj. Flor que derrama el polen. fam. **Sisajwayna:** hombre apuesto en lo mejor de su juventud.

SISAY. v. Echar polen las flores. Florecimiento de los frutales y cereales.

SISI. s. Hormiga. Sinón. **Sik'imira.**

SISIJUSK'U. s. Hormiguero.

SISIRU. s. Mono muy pequeño, de pelaje amarillento. Sinón. **Pauqark'usillu.**

SISIY. v. Cundir, invadir las hormigas.

SISPA. adj. Cercano, próximo. Sinón. **Qaylla.**

SISPA. adv. Cerca.

SISPAAYLLU. s. Pariente por afinidad.

SISPACHIY. v. Acercar una cosa a otra.

SISPAPURA. adj. Convecinos.

SISPAWAUQÉ. s. Primo hermano.

SISPAY. v. Acercarse, allegarse.

SISPAYAWARMASI. s. Pariente colateral, no consanguíneo.

SISU. s. Acaro, arácnido traqueal que vive bajo la piel humana.

SIT'I. adj. Raquítico, desgarbado.

SIT'IKIRA. s. Cigarra. Sinón. **Tiantian.**

SIT'IKIRA. s. (Claistocactus sp.). Planta de la familia de las cactáceas. Su ceniza se emplea en la masticación de la coca. (R.L.)

SIT'IYAY. v. Enflaquecer, desgarbarse.

SIT'UWARAYMI. s. Fiesta de la salubridad que los Inkas celebraban en el equinoccio de primavera, mes de septiembre. Primavera.

SIT'UWATAKI. s. Canción que se entonaba en la fiesta de la salubridad.

SIT'UY. s. Resplandor, reverbero del sol.

SIT'UY. v. Resplandecer, reverberar.

SIUJ. adj. Parejo, liso, recto.

SIUJ. V. onom. Con que se interpreta el veloz reptar de los ofidios.

SIUJQ'ATAJ. V. onom. Con que se expresa el silbido y el golpe del látigo.

SIWA. adj. Dícese de la papa enferma, dura, aguanosa y de mal gusto.

SIWAR. s. Colibrí. Sinón. **Q'ënti, qöriq'ënti.**

SIWAR. s. Turquesa. Sinón. **Qöpa.**

SIWAYRU. s. Cardenillo.

SIWI. s. Sortija. Argolla.

SIWI CHINPU RUNTU. s. Tercera esposa legítima de Wayna Chápaj Inka y madre de Manku Inka.

SIWINA. s. Silbato.

SIWIS. s. (Cedrella odorosa). Árbol maderable de la familia de las meliáceas. (R.L.)

SIWIY. v. Silbar.

SIYAYA. s. Sahumerio que se empleaba en los aposentos reales.

SUA. s. Ladrón. Raptor.

SUAKAY. s. Latrocinio, ratería.

SUAY. v. Robar, hurtar. Raptar.

SUCHI. s. Acné, barro de la cara.

SUCHI. s. Presente, regalo.

SUCHIY. v. Regalar, enviar presentes.

SUCHU. adj. Baldado, tullido, que camina arrastrándose.

SUCHUJCHUKI. s. Lanza arrojadiza.

SUCHUNA. s. Resbaladero, rodadero.

SUCHUY. v. Arrastrarse, deslizarse.

SUCH'I. s. Cierto pez pequeño de agua dulce.

SUCH'UPIKI. s. Insecto afaniptero que penetra bajo la piel. Sinón. **Niwa, iñu.**

SUJ. V. onom. Que expresa el estremecimiento del cuerpo.

SUJNA. s. Amigo, camarada.

SUJRA. adj. Terreno empantanado donde las plantas se marchitan y pierden su estabilidad.

SUJRASQA. adj. Sementera que por exceso de humedad se marchita y se abate.

SUJRASQARUNA. adj. Persona que ha perdido las carnes, aniquilada, marchita.

SUJSA. adj. Muy. **Sujsa paqarinamanta:** Muy de mañana.

SUJSIY. v. Roer. Carcomer. Escarbar. Horadar con los dientes o las uñas. **Juk'ucha sujsin pirqata:** El ratón horada la pared. Sinón: **Kháskay.**

SUJSU. s. Consumición. Achaque, malestar.

SUJSU. adj. Achacoso, descaecido.

SUJSURI. adj. El que consume o devora ávidamente. Tragaldabas.

SUJSUUNQÖY. s. Ictericia.

SUJSUY. v. Consumir, devorar ávidamente. Descaecer, ponerse mal.

SUJTA. adj. Seis.

SUJTACHAY. adj. Sextuplicar.

SUJTACHUNKA. adj. Sesenta.

SUJTAK'UCHU. s. Hexágono

SUJTAÑIQÉN. adj. Sexto.

SUJYA. adj. Descolorido, demacrado, demudado.

SUJYAY. v. Demacrarse, demudarse.

SUKA. s. Fila de camellones. Sinón. **Wachu.**

SUKAY. v. Trabajar camellones en fila. Sinón. **Wáchuy.** Silbar.

SUKI. s. Cierto pez de agua dulce, especie de pejerrey.

SUK'A. s. Salitre. Sinón. **Qöllpa.**

SUK'UNPAY. v. Envolver, abrigar la cabeza con un manto u otra prenda.

SUK'UTA. s. Moño o penacho de algunas aves.

SUKHA. s. Tarde. Atardecer.

SUKHAYAY. v. Atardecer, declinar el día.

SULLA. s. Rocío. Sinón. **Sh'ulla.**

SULLAY, SULLAMUY. v. Aparecer el rocío.

SULLK'A. adj. Menor.

SULLK'ACHURIN ILLAPA. s. Rayo hijo menor. El tercero de los dioses en la trinidad del Rayo (Waman Puma).

SULLU. s. Feto abortado.

SÚLLULL. s. Verdad. Sinón. **Chiqa.**

SULLULLMANTA. adv. Verdaderamente.

SULLULLRUNA. adj. Hombre veraz, sincero, fidedigno.

SULLUY. s. Aborto, malparto.

SULLUY. v. Abortar, malparir.

SUMAJ. adj. Hermoso, bello. Exquisito. Bondadoso.

SUMAJAJLLA. s. Virgen escogida que se dedicaba al culto del dios Wanahau-ri.

SUMAJCHAKUY. v. Atildarse, engalanarse, hermosearse.

SUMAJCHAY. v. Embellecer.

SUMAJYACHIY. v. Asear.

SUMAY. s. Honra.

SUMAYCHAKUSAJÑIJ. adj. Ambicioso, codicioso.

SUMAJCHAKUY. v. Jactarse, vanagloriarse.

SUMAYCHAPAY. v. Otorgar honra excesiva. Honrar a quien no merece o tiene escaso mérito.

SUMAYCHAQĒ. adj. Honorable. El que reconoce la honra ajena.

SUMAYCHAY. v. Honrar, respetar, acatar.

SUMAYNIYUJ. adj. Honrado.

SUNCH'U. s. (Viginera mandonii). Planta de la familia de las compuestas (R.L.)

SUNI. adj. Largo, alargado.

SUNIKUNKA. adj. Cuellilargo.

SUNIYACHIY. v. Alargar, estirar.

SUNIYAY. v. Alargarse, estirarse.

SUNIYSUNI. adj. Excesivamente largo.

SUNKU. adj. fam. Manco.

SUNK'A. s. Barba, bigote.

SUNK'A. s. (Tillandisia milmahina). Planta de la familia de las bromeliáceas. Sinón. **Sach'amillma.** (R.L.)

SUNK'ASAPA. adj. Barbudo.

SUNK'AYAY. v. Echar barba o bigote.

SUNPUP'ACHA. s. Ropa angosta, estrecha. Sinón. **Q'allap'acha.**

SUNQŌ. s. Corazón. Sentimiento. Miga, meollo de las cosas.

SUNQŌCHAY. v. Alentar, animar.

SUNQŌCHINKAY s. Pérdida del conocimiento. Síncope. Desmayo.

SUNQŌJAP'IY. s. Memoria.

SUNQŌJATARIY. s. Enojo, cólera.

SUNQŌNANAY. s. Lástima.

SUNQŌNANAJ. adj. Sin ánimo, timorato.

SUNQŌP'ITIY. s. Desmayo.

SUNQŌYUJ. adj. Generoso.

SUNTU. s. Montón, cúmulo, parva.

SUNTUR. adj. Circular. Primoroso, precioso.

SUNTURPAUQAR. s. Insignia imperial que consistía en una pequeña vara decorada con plumas cortas de diversos colores que presentaban hermosos dibujos. El extremo superior remataba con puntas de tres plumas grandes.

SUNTURWASI. s. Rotonda, edificio circular.

SUNTUSQA. adj. Amontonado, acumulado.

SUNTUY. v. Amontonar, acumular.

SUNT'IY. v. Revolcarse.

SUÑA. s. Presente, regalo. Marca, señal.

SUÑAY. v. Regalar Señalar, marcar.

SUPA. s. Sombra. Sinón. **Llanthu.**

SUPAY. s. Nombre genérico de las divinidades del Inkario. Neol. Demonio.

SUPAYAY. v. neol. Ponerse como un demonio.

SUPAYNIYUJ. s. neol. Endemoniado.
SUPI. s. Pedo.
SUPIY. v. Peer.
SUPHU. s. y adj. Cerda, cerdoso.
SUQAMA. s. Cresta.
SUQÖ. s. Cana, pelo blanco.
SUQÖS. (Adonix regia). Caña brava, cañahueca. (R.L.)
SUQÖYAY. v. Encanecer.
SUQ'A. s. Látigo. Envoltura de la mazorca del maíz.
SUQ'AY. v. Azotar.
SUQ'AYAY. v. Volverse raquítico, enteco, débil.
SUQ'ÖY. v. Apurar un liquido sorbiendo.
SURA. s. (Stipa sp.). Planta de la familia de las gramíneas que da una paja consistente y sirve para fabricar escobas. (R.L.)
SURA. s. Bebida fermentada de maíz germinado. Sinón. **Wiñapu.**
SURI. s. (Rhea macrohichus). Especie de avestruz que vive en todos los climas de Bolivia.
SURIT'IKA. s. Adorno hecho de plumas de **suri.**
SURIWAYLLA. s. Pradera de avestruces.
SURK'A. s. neol. Surco en que se deposita la semilla en la siembra.
SURK'AY. v. neol. Surcar, abrir surcos.
SURQ'AN. s. Pulmón.
SURQ'ANNAJ. adj. fig. Pusilánime, timorato.
SURUCHIY. v. Dejar chorrear, escurrirse. Hacer resbalar, rodar.
SURUJCHI. s. Asfixia producida por la rarefacción del aire y por la fatiga en los caminos de la montaña.
SURUMP'I. s. Deslumbramiento producido por los reflejos del sol en la nieve.
SURUNP'ISQA. p. Deslumbrado.
SURUNP'IY. v. Cazar pájaros de noche deslumbrándolos con luz.
SURUY. v. Chorrear, escurrirse un liquido o alguna porción de grano u otra sustancia árida. Resbalar, rodar.
SUSKHAY. v. Resbalar. Sinón. **Llúsk'ay.**
SUSKHUY. v. Introducirse, resbalar inadvertidamente, meterse dentro.
SUSUNK'A. s. Calambre.
SUSUNK'AY. v. Acalambrarse, producirse el calambre.
SUTI. s. Nombre.
SUTICHASQA. adj. El que ha recibido nombre.
SUTICHAY. v. Atribuir, adjudicar nombre.
SUTIJ. s. Loco.
SUTIKUY. v. Llamarse.
SUTINNAJ. adj. Que no tiene nombre.
SUTIYAQË. s. Padrino.

SUTKHULLI. adj. Intruso, entrometido.

SUTKHUPAKUY. v. Entrometerse, presentarse donde no lo llaman.

SUTUMA. s. Planta de la familia de las valerianáceas. Tiene aplicaciones medicinales. (J.A.L.)

SUT'I. adj. Claro, visible, notorio.

SUT'ICHAY. v. Aclarar, hacer visible.

SUT'IKAY. s. Claridad, visibilidad.

SUT'IMANTA. adv. Claramente.

SUT'INCHAY. v. Esclarecer.

SUT'IYAY. v. Clarear, alborear, asomar el amanecer.

SUT'U. s. Gota. Líquido obtenido por goteamiento.

SUT'UCHIY. v. Hacer gotear.

SUT'UY. v. Gotear.

SUWI. s. Larva de cierto insecto nefráfago.

SUWINTU. s. (Catharista atrata). Ave de la familia de los estíngidos. Sinón. **Suwiq'ara, Vulg. Buitres.**

SUWIQ'ARA. s. **Suwintu.**

SUYAY. v. Esperar, confiar.

SUYKU. s. (Tagetes graveolens). Planta de la familia de las compuestas; se emplea como condimento culinario o como colorante amarillo.

SUYRU. adj. Ropa muy larga que puede arrastrarse al caminar. Sinón. **Qhöysu.**

SUYRUY. v. Arrastrar la ropa muy larga.

SUYSUNA. s. Cernidor.

SUYSUSQA. s. y adj. La sustancia obtenida mediante el cernido.

SUYSUY. v. Cernir, cribar.

SUYT'U. adj. Alargado, de punta cónica.

SUYU. s. Región, distrito, territorio dentro de un país. Parcela.

SUYU. s. Porción de trabajo que toca a cada uno en las faenas colectivas.

SUYUCHAY. v. Agrupar a la gente por nacionalidades o parcialidades.

SUYUY. v. Parcelar, dividir las tierras para su distribución.

SH'

SH'. Vigésimocuarta letra del alfabeto qhëshwa. Es sibilante-aspirada-sonora.

SH'ACHAY. v. Sacudir. Zamarrear. Sinón. **Sh'ájriy.**

SH'ACHU. adj. Velludo. Lanudo.

SH'ACHUY v. Envejecer la ropa hasta hacerla rotosa.

SH'ACHUYAY. v. Crecer en demasía el vello o la lana. Volverse rotosa por el uso la ropa.

SH'AJLLA. s. Palo o conjunto de palos que se emplean en empalizadas, techos o pisos.

SH'AJLLACHAY. v. Construir empalizadas o techar con **sh'ajlla.**

SH'AJRAJ. adj. Podador.

SH'AJRASQA. p. Podado.

SH'AJRAY. v. Podar.

SH'AJRIKUY. v. Sacudirse los animales. Neol. Corcovear.

SH'AJRIY. v. Sacudir. Zamarrear. Sinón. **Sh'achay.**

SH'AKARAYAY. v. Atascarse, no caber una cosa en un hueco.

SH'AKU. s. Manotada.

SH'ALLA. s. Planta seca del maíz.

SH'ALLALLA. adj. Liviano, de poco peso. Sinón. **Ish'ulla.**

SH'ALLALLAJ. V. onom. Con que se interpreta el destrozarse de un objeto arrojado o caído al suelo.

SH'ALLAY. v. Malbaratar.

SH'ALLCHA. s. Desgaste de la ropa en los bordes.

SH'ALLCHAY. v. Desgastar los bordes de la ropa.

SH'ALLCHIY. v. Agitar un recipiente con agua al lavarlo.

SH'ALLMAY. v. Jalar repetidamente.

SH'ALLUNA. adj. Frágil, susceptible de hacerse trizas.

SH'ALLUY. v. Destrozar, hacer trizas.

SH'AMA. s. Harina mal molida. Residuo del cernido de la harina.

SH'AMCHI. s. Maíz triturado. Sinón. **T'iki.**

SH'AMCHIY. v. Triturar maíz. Sinón. **Tíkiy.**

SH'AMRI. adj. Enmarañado, especialmente tratándose de hilo. **Shamri juñi:** Madeja enmarañada.

SH'AMULLU. adj. Andrajoso, desharrapado.

SH'ANAKU. s. Fornicación entre individuos corrompidos.

SH'ANCHA. adj. Envejecido, deshilachado.

SH'ANKA. s. Risco, farellón.

SH'ANKAPAYAY. v. Palpar insistentemente y con suavidad como acariciando.

SH'ANKASQAWARMI. s. Mujer que perdió la virginidad.

SH'ANKAY. v. Palpar, tocar suavemente. Sinón. **Llánkhay.**

SH'ANKI. s. Pavoneo, contoneo.

SH'ANKIY. v. Pavonearse, contonearse.

SH'ANQA. s. Guiso de cobayo o de ave.

SH'ANQA. adj. Tosco, áspero. Cereal mal molido.

SH'APA. s. Residuo de la harina cernida. Afrecho.

SH'APCHAY, SH'AJCHAY. v. Picar los pájaros en las mazorcas en los maizales.

SH'APCHAYKACHAY. v. Ir disfrutando de placeres por uno y otro lado.

SH'APLLATAY. v. Enturbiar el agua chapaleando.

SH'APLLAY. v. Chapalear en el agua.

SH'APU. s. Flecadura en los bordes de un tejido.

SH'APUKUCHA. s. Taza muy grande de arcilla.

SH'APUSH'APU. s. Hora en que empieza a alborear el día.

SH'APUSH'APU. adj. Desigual, barrancoso, accidentado.

SH'APUY. v. Mezclar agua con harina o con tierra. Neol. Empapar en agua.

SH'AQAY. adv. Allá, allí. Sinón. **Jáqay.**

SH'AQË. s. Fogón improvisado.

SH'AQËY. v. Colocar la olla sobre el fogón. Sinón. **Chúrpuy.**

SH'ARI. s. Solución de continuidad, falta de continuidad.

SH'ARPU. adj. Cegato.

SH'ASA. s. Ventosidad suave, sin ruido. Sinón. **Thasa.**

SH'ASAY. v. Peer sin ruido.

SH'ASKI. s. Mensajero. Correo de pie.

SH'ASKICHIY. v. Enviar mensaje o mensajero.

SH'ASKIY. v. Caminar con paso acelerado.

SH'ASPA. s. Sequedad, escamosidad, aspereza que suele aparecer en la piel.

SH'ATA. adj. Pisaverde pobremente vestido.

SH'AUJRIY. v. Sacudir la tierra de la hierba descuajada

SH'AWAY. s. Troje de barro.

SH'ICHA. s. Zapato de planta muy doble.

SH'ICHAY. v. Fabricar zapatos de planta muy gruesa.

SH'ICHAYKAMAYUJ. s. Zapatero que fabrica zapatos de planta muy gruesa

SH'ICHI. s. Cierto pez muy pequeño.

SH'CHIKA. s. Lezna del zapatero.

SH'ICHIQÖRI. s. Oro en polvo.

SH'ICHIY. v. Musitar, decir al oído.

SH'IKA. s. Porción. **Kay sh'ika:** Esta porción.

SH'IKA. adj. Tanto, cuanto. **May sh'ikata qöwanki.** ¿Cuánto me vas a dar?

SH'IKAN. s. Tamaño. **Maysh'ikan:**Grandísimo.

SH'IKANKARAY. adj. De enorme estatura, descomunal.

SH'IKI. s. Esquirla, rancajo.

SH'IKI. s. Peligro, riesgo.

SH'IKIJRUNA. adj. Envidioso, malicioso, malintencionado.

SH'IKIMUSQÖY. s. Pesadilla, sueño de mal augurio.

SH'IKISAPA. adj. Desventurado.

SH'IKIY, SH'IKIYKUY. v. Causar daño. Impedir las buenas acciones.

SH'ILLARIY. v. Esparcir, desparramar.

SH'ILLAPA. s. Rancajo, esquirla que se introduce en la carne. Astilla.

SH'IRUSH'IRU. s. (Troglodytes audax). Pájaro muy pequeño, de canto claro y dulce.

SH'UCHI QHAPAJ. s. Kuraka de Jatun Qölla bajo el reinado de Wiraqöcha Inka.

SH'ULLA. s. Roció. Sinón. **Sulla.**

SH'ULLAY, SH'ULLAMUY. v. Aparecer el rocío.

SH'ULLCHU. s. Racimo. Cosas arracimadas.

SH'ULLPI. s. Padrastro, pedacito de piel que se levanta junto a las uñas de las manos.

SH'ULLUNKA, SH'ULLUNKU. s. Escarcha. Carámbano. Hielo.

SH'ULLUNKASQA. p. Escarchado. Helado.

SH'ULLUNKAY. v. Escarchar. Helar.

SH'UQÖ. adj. Estrecho y largo.

SH'UQÖNAKUY. v. Discutir, altercar.

SH'URKU. adj. Ensortijado, crespo. Sinón. **K'upa, k'ashpa.**

SH'URUY. v. Picotear. Sinón. **Sh'útuy.**

SH'US. V. onom. Empleada para expresar el escape de aire.

SH'USU. adj. Desinflado, sin inflar.

SH'USUY. v. Desinflarse.

SH'UTUY. s. Picotazo.

SH'UTUY. v. Picotear.

T

T. Vigésimoquinta letra del alfabeto qhëshwa. Su valor fonético es el mismo que en castellano.

TA. prep. A. **Mamaypa wasinta risaj:** Iré a la casa de mi madre.

TACHU. s. Recipiente de metal.

TAJ. conj. Y. **Ríntaj jamúntaj:** Va y viene.

TAJIYA. s. Estiércol de los auquénidos. Sinón. **Uch'a.**

TAJLLA. s. Arado de pie.

TAJMAY. v. Socavar.

TAJRA. s. (Guadua sp.). Planta de la familia de las gramíneas. Sinón. Tuqöru. (R.L.)

TAJSA. adj. Mediano, regular.

TAJSACHAY. v. Acortar, reducir.

TAJSAKAY. s. Medianía.

TAJTAQAYAY. v. neol. Cacarear.

TAJYA. s. Firmeza, seguridad. Constancia.

TAJYASIPAS. s. Moza núbil.

TAJYASUNQÖ. adj. Constante, perseverante.

TAJYAY. v. Afirmarse, perseverar.

TAKA. s. Golpe con un instrumento contundente. Puñada.

TAKACHILLA. s. Una planta de propiedades medicinales. (J.A.L.)

TAKACHU. s. fam. Bigote ralo y cerdoso.

TAKAJ. adj. Golpeador.

TAKAMA. s. Gaviota.

TAKANA. s. Mazo u otra herramienta con que se golpea.

TAKAPA. s. Golpeteo.

TAKAPAY. v. Golpetear.

TAKARPU. s. Estaca, tarugo, pilote.

TAKARPUY. v. Clavar estaca, tarugo, etc.

TAKASQAQÖLLQË. s. Plata labrada.

TAKATAKA. s. Platero, joyero.

TAKAY. v. Golpear.

TAKI. s. Canto, canción.

TAKIJ. s. y adj. Cantor. Canoro.

TAKILLPA. s. Talón.

TAKIÑA. s. Estribo donde se coloca el pie para hincar la **tajlla** en la tierra.

TAKIPAYAY. v. Provocar con canciones.

TAKIY. v. Cantar.

TAKU. s. Tierra roja, almagre, que se usaba en tintorería.

TAKURAY. v. Inquietar.

TAKURI. adj. El que causa desasosiego, inquietud, zozobra.

TAKURIKUY. v. Perturbarse.

TAKURIY. v. Desasosegar, perturbar.

TAMA. s. Hato, rebaño.

TAMI. s. Placenta.

TAMYA. s. Borrasca.

TANAPA, SANAPA. s. Divieso en el pie.

TANITANI. s. (Gentiana punicea). Planta de la familia de las gencianáceas. Es antipalúdica. (M.C.)

TANPU. s. Posada en el camino donde en los tiempos del Inkario los viajeros recibían techo y alimento. Neol. Mesón, hospedería.

TANPUKAMAYUJ. s. Encargado de la atención de los viajeros en el **tanpu.**

TANPURQŌ. s. (Carica sp.). Variedad de papaya. (R.L.)

TANPURQŌTU. s. Baya que produce la planta de la papa. Sinón. **Mak'unkura.**

TANPUT'UQŌ. s. (Posada de las ventanas), sitio de donde según la leyenda salieron los hermanos Ayar, conquistadores del valle del Cuzco.

TANQA. s. Empuje.

TANQANAKUY. v. Empujarse, darse de empujones mutuamente.

TANQAY. v. Empujar.

TANTA. s. y adj. Reunión, junta. Bandada.

TANTACHIY. v. Hacer juntar o congregar.

TANTAKUY. v. Reunirse, juntarse.

TANTANAKUY. v. Congregarse citándose mutuamente.

TANTARAY. v. Separar, desunir, dispersar.

TANTAY. v. Reunir, juntar, colectar, congregar.

TAPAJRI. s. Señorío de Qhari, incorporado al Imperio por Qhápaj Yupanki Inka.

TAPARA. s. Doblez.

TAPARAY. v. Doblar, hacer dobleces.

TAPU. s. Pregunta, interrogación.

TAPUPAYAY. v. Someter a interrogatorio.

TAPUY, TAPUKUY. v. Preguntar, interrogar, inquirir.

TAPHKA. s. Detención sorpresiva. Allanamiento.

TAPHKAY. v. Detener sorprendiendo en flagrante. Allanar.

TAPHRA. adj. Miope.

TAPHRAY. v. Ir perdiendo la vista. Andar a tientas.

TAPHYA. s. Agüero, signo aciago.

TAPHYAKUY. v. Perder la orientación por un momento.

TAPHIAQÖYLLUR. s. Cometa.

TAPHYAY. v. Presagiar sucesos funestos.

TAQÉ. s. Granero de caña.

TAQ'AJRU. s. Traje masculino de una pieza con aberturas para introducir brazos y piernas.

TAR. adj. Tupidísimo, demasiado apretado.

TARA. s. Isla.

TARA. s. (Coulteria tintórea). Árbol de la familia de las cesalpináceas. Sus vainas contienen tanino. (R.L.)

TARAJCHI. s. Pájaro, ictérido de canto melodioso. Su plumaje es pardo oscuro.

TARAKA, TARKA. s. Especie de clarinete fabricado de madera.

TARAKU. s. Piel curtida con tara.

TARANI. s. Sitio donde abunda el árbol de la tara.

TARAÑA. s. Parte central, ancha, de la honda.

TARAÑU. s. y adj. Persona que tiene seis dedos en las manos o en los pies.

TARAPAKA. s. Águila real andina. Sinón. **Anka, paka.**

TARAPU. s. Planta de la familia de las clusiáceas que contiene una resina aromática. (J.A.L.)

TARI. s. Hallazgo.

TARI. s. Biznieto.

TARINAKUY. v. Encontrarse entre quienes se buscaban.

TARIPAY. s. Información. Examen.

TARIPAY. v. Dar alcance, alcanzar.

TARIY. v. Hallar, descubrir.

TARKA. s. Corva.

TARPUJAY, TARPUPAY. v. Resembrar. Sinón. **Pánkiy.**

TARPUNTAY. s. Sacrificador en los ritos inkaicos.

TARPUY. v. Sembrar.

TARPUYMIT'A. s. Tiempo de sembrar.

TARUKA. s. Venado de la sierra.

TARWI. s. (Lupinus mutabilis). Planta de la familia de las papilionáceas. Su semilla es comestible y se conoce con el nombre de **Chuchus mut'i.** (R.L.)

TASKI. s. Doncella, virgen.

TATA. s. Padre. Sinón. **Yaya.**

TATI. s. Interrupción.

TATICHIY. v. Hacer que se interrumpa una acción.

TATIY. v. Interrumpir.

TAUNA. s. Báculo, cayado, bordón.

TAUQA. s. Montón, cúmulo, apilonamiento.

TAUQANAKUY. v. Amontonarse, caer unos sobre otros.

TAUQATAUQA. s. Juego de muchachos que consiste en arrojarse unos sobre otros.

TAUQAY. s. Amontonar, acumular, apilonar.

TAWA. adj. Cuatro.

TAWACHAKI. s. y adj. Cuadrúpedo.

TAWACHAY. v. Cuadruplicar.

TAWACHUNKA. adj. Cuarenta.

TAWACH'IJTAN. adj. Un cuarto.

TAWAK'UCHU. adj. y s. Cuadrilátero.

TAWAK'UCHUCHAY. v. Cuadrar.

TAWALLUNA. adj. Cuatrillón.

TAWAMAKI. s. Cuadrumano.

TAWANTINSUYU. s. Todo el territorio que comprendía el Imperio de los Inkas.

TAWAÑIQËN. adj. Cuarto.

TAYANKA. s. Árbol que se emplea como combustible. (J.A.L.)

TAYKUÑA. s. Talón, calcañar.

TAYNU. s. Pedúnculo y flor de la **qayara.**

TIAJ, TIYAJ. adj. El que se sienta.

TIAKUJ, TIYAKUJ. adj. El que permanece sentado.

TIAKUY, TIYAKUY. v. Permanecer sentado. Vivir, tener domicilio en un punto determinado. **Urqösikipi tiyakuni:** Vivo en la falda del cerro.

TIANA, TIYANA. s. Asiento.

TIANTIAN. s. Grillo. Sinón. **Sirp'ita.**

TIAWANAKU. s. Civilización preinkaica florecida en la meseta interandina. Abarcó gran parte de los territorios actuales de Bolivia y el Perú.

TIAWANAKU. s. Monumento arqueológico situado al sur del lago Titicaca. Fue la ciudad capital de la civilización conocida con este nombre.

TIAY, TIYAY. v. Sentarse.

TIJLLA. s. Pestaña.

TIJMUY. v. Hozar. Sinón. **Ujsiy.**

TIJNI. s. Coxis, rabadilla.

TIJNU. s. Cénit. fig. Buena suerte, favor de la fortuna.

TIJNUCHIY. v. Poner vertical, plantar un poste u otro objeto largo.

TIJNUY. v. Ponerse de pie. Sinón. **Sáyay.**

TIJPARIKUY. v. Ladearse, remecerse.

TIJPARIY. v. Ladear, remecer.

TIJRAY. v. Volcar, revolver.

TIJSAN. s. (Nasturtium sp.). Planta de la familia de las crucíferas. (R.L.)

TIJSU. adj. Volcado, boca abajo.

TIJSUY. v. Volcar, poner boca abajo. Poner al revés.

TIJTI. s. Especie de aloja preparada con maní o maíz y otros ingredientes.

TIJTI. s. Verruga. Sinón. **Sirk'i.**

TIJTIY. v. Preparar la bebida llamada **tijti.**

TIJTIY. v. Nacer, formarse la verruga.

TIKA. s. Adobe.

TIKANA. s. Adobera.

TIKAY. Hacer adobes.

TIKAYAY. v. Cuajarse, solidificarse. Sinón. **Chiráyay, qörpáyay.**

TILLA. adj. Salvaje, arisco.

TIMINA. adj. Desobediente, rebelde, recalcitrante.

TIN. adj. Unido, junto. **Tawantin wauqékuna:** Los cuatro hermanos juntos.

TINKA. s. Presentimiento.

TINKU. s. Encuentro, unión de personas o cosas.

TINKUCHIY. v. Mixturar, mezclar dos o más cosas para obtener un compuesto homogéneo. Hacer encontrar dos o más personas. Confrontar, comparar.

TINKUJMASI. adj. Adversario en algún juego o competencia.

TINKUJMAYU. s. Punto en que se unen dos ríos.

TINKUJPURA. s. Límite, linde.

TINKULLI. adj. Dícese del cuadrúpedo que al caminar roza las patas traseras entre sí.

TINKULLPA. s. Aro, rueda.

TINKULLPACHIY. v. Echar a rodar algún objeto.

TINKUY. v. Encontrar con alguien. Reñir, pelear. Disputar.

TINTÍN. s. (Passiflora pinnatispula). Planta de la familia de las pasifloráceas. Su fruto es comestible. (M.C.)

TINYA. s. Especie de timbal.

TINYAY. v. Tañer el **tinya.**

TIPA. s. (Tipuana spaciosa). Árbol de la familia de las papilionáceas. Vive en las quebradas templadas de la sierra. (R.L)

TIPINA. s. Utensilio que se emplea para abrir la envoltura de la mazorca de maíz.

TIPIRI. s. Cosechero, cosechador.

TIPIY. s. Recolección, cosecha de maíz.

TIPIY. v. Recolectar, cosechar maíz.

TIPKAY. v. Arrancar por tiras la corteza o el hollejo de algunas plantas o frutas. Sinón. **Sínkay**

TISI. s. Varilla fabricada de caña tropical.

TITI. s. Plomo.

TITINCHAJ. s. y adj. Soldador.

TITIQAQA. s. (Peña de plomo). Actual isla del Sol en el lago Titicaca.

TITIY, TITINCHAY. v. Soldar.

TITU. s. Castidad. Nombre propio de varón.

TITU KUSI YUPANKI. s. Hijo y sucesor de Manku Inka y autor de "Relación de la Conquista del Perú y hechos de Manco II". Murió en Willkapanpa, presumiblemente envenenado por el agustino Marcos García.

TITU MANKU PHAPAJ. Nombres propios que llevó Pachakútij Inka antes de empezar su reinado.

TIUTI. s. Hilo delgado y fino.

TIYA. s. Brasero. Sahumador.

TIYAPAYAY. v. Hacer visitón.

TIYAYKUY. v. Asentarse, sedimentarse.

TIYAPUY. v. Haber, tener. **Ashka qöllqë tiyapuwan:** Tengo mucha plata.

TIYAPUYNIYUJ. adj. neol. Acomodado, adinerado.

TUJCHI. adj. Hirsuto.

TUJLLA. s. Armadijo, lazo para cazar animales. fig. Acechanza, emboscada.

TUJLLAY. v. Cazar animales con trampa. fig. Tentar, armar emboscada.

TUJMA. s. Provincia incorporada al Tawantinsuyu bajo el reinado de Wiraqöcha Inka. Vulg. Tucumán.

TUJNU. s. Bastón, cayado.

TUJTI. adj. Escuálido, descarnado.

TUJTUKA. s. fam. Riesgo, inminencia.

TUJTUN. s. Tuétano. Sinón. **Chillina.**

TUJTUY. v. neol. Cloquear.

TUJU. s. Rata.

TUJURI, TUKURU. s. Especie de mazamorra de maíz deshollejado, con sal, que se come fría. Engrudo para pegar.

TUKAN. s. (Ramphastos toco). Pájaro de la familia de los ramfástidos. Tiene el plumaje negro con algunas manchas blancas. Su pico es muy grueso, grande y anaranjado.

TUKAY. s. Personaje legendario contemporáneo de Qölla y Pinawa, presunto fundador de un reino que fue conquistado por los Inkas y quedó con el nombre de Antisuyu.

TUKI. s. Desenfreno, vicio.

TUKIY. v. Desenfrenarse, darse al vicio.

TUKU. s. Buho. Sinón. **Juku.**

TUKUKUY. s. Fin.

TUKURUY. v. Pegar con engrudo.

TUKUY. adj. Todo, todos. Sinón. **Llapa.**

TUKUY. v. Trocarse, convertirse. Acabar, concluir.

TUKUY. v. Simular, fingir.

TUKUYCHAY. v. Dar fin, rematar.

TUKUYRIKUJ. adj. Veedor, inspector en el Inkario.

TULLMA. s. Cordelillo de lana trenzada con que se aseguran las trenzas del cabello de las mujeres.

TULLPA. s. Subterfugio, pretexto.

TULLPUNA. s. Tintura.

TULLPUY. v. Teñir.

TULLPUYKAMAYUJ. s. Tintorero.

TULLQA. s. Yerno.

TULLU. s. Hueso.

TULLU. adj. Flaco, enjuto.

TULLUYAY. v. Enflaquecer.

TULLUYMANAY. v. Enflaquecer al extremo, ponerse piel y huesos.

TUMA. s. Rodeo.

TUMAY. s. Cerca, vallado.

TUMAY. v. Rodear, cercar.

TUMAY WARAK'A. s. Jefe chanka. Compañero de Janqöwallu y Ashtuy Warak'a, con quienes encabezó la rebelión contra el Cuzco bajo el reinado de Yawar Wáqaj Inka.

TUMI. s. Cuchillo.

TUMIY. v. Cortar con cuchillo.

TUNA. s. (Opuntia ficus indica). Planta de la familia de las cactáceas. Su fruto es comestible. (R.L.)

TUNAKA. s. Indigestión.

TUNARI. s. Cordillera que pasa al N. de la ciudad de Cochabamba. Pico de dicha cordillera.

TUNAU, TUNAY. s. Piedra en forma de media luna con que se muele sobre la piedra plana llamada **maran**. Sinón. **Maranuña.**

TUNI. s. Pilar, poste.

TUNKI. s. (Rupicola peruviana). Pájaro de plumaje negro y anaranjado que vive en las quebradas boscosas de los Andes.

TUNKIPA. s. Pájaro de plumaje rojo tornasolado.

TUNKIY. v. Dudar.

TUNPA. adv. Algo, un poco. **Tunpa q'ëllu:** Algo amarillo.

TUNPAKUJ. adj. Celoso.

TUNPALLA. s. Señor de la isla de Puna sometido por Wayna Qhápaj Inka y ejecutado por orden real a causa de la sedición que hubo encabezado.

TUNPALLA. pron. Algo solamente.

TUNPATUNPALLA. adv. Adrede, de propósito.

TUNPAY. v. Atribuir, inculpar.

TUNPIS. s. Valle costanero de Chinchaysuyu, sometido por Wayna Qhápaj Inka. Vulg. Tumbes.

TUNPU. s. (Passiflora mollisima). Planta de la familia de las pasifloráceas, de fruto comestible. Vulg. Tumbo. (M.C.)

TUNQÖR, TUNQÖRI. s. Garganta.

TUNQÖRMUQÖ. s. Nuez de la garganta.

TUNTA. s. Chuño blanco.

TUNTICHIY. v. Asolear, exponer a la acción del sol.

TUNTIY. v. Permanecer largo tiempo al sol. Asolearse excesivamente.

TUNU. s. Quebrada semicálida vecina de Jawisqa, productora de coca, sometida por el príncipe Yáwar Wáqaj.

TUNU. s. Pilar. Sinón. **Wasitauna.**

TUNU. adj. Adormecido, insensible.

TUNUYACHIY. v. Adormecer, insensibilizar.

TUNUYAY. v. Adormecerse, insensibilizarse.

TUPA. adj. Regio, augusto, privativo del Inka.

TUPAJ. s. Realeza, calidad de augusto.

TUPAJ AMARU, ANDRÉS, s. Sobrino de José Gabriel, uno de los principales caudillos de la rebelión de 1780-81. Fugitivo después de la derrota final, no pudo ser capturado por los españoles y no se conoce el lugar ni la fecha de su muerte.

TUPAJ AMARU, DIEGO CRISTÓBAL, s. Hermano de José Gabriel, uno de los Jefes principales de la rebelión de 1780-81. Fue ejecutado por los españoles en 1783.

TUPAJ AMARU, JOSÉ GABRIEL KUNTURKANKI. s. Caudillo indígena nacido en 1740 y sublevado contra el poder español en 1780-81. Derrotado por las fuerzas peninsulares, fue ejecutado el 18 de mayo de 1781.

TUPAJ AMARU INKA. s. Hijo de Titu Kusi Wállpaj Inka y de la qöya Kusi Wárqay. Último soberano del Tawantinsuyu en Willkapanpa. Fue asesinado por el virrey Francisco de Toledo en 1571.

TUPAJ KATARI (JULIÁN APASA). s. Caudillo aymara que encabezó una poderosa insurrección contra el gobierno español en 1781. Sitió dos veces la ciudad de La Paz. Detenido en Chinchaya después de su derrota, fue ejecutado en noviembre de 1781.

TUPAJ PALLA. s. Madre de Atau Wállpaj Inka.

TUPAJ YUPANKI. s. Décimo monarca del Tawantinsuyu, hijo de Pachakútij Inka y de la qöya Mama Anawarki.

TUPAQÖCHUR. s. Placa de oro engastada de piedras preciosas en que se colocaba la **maskapaycha.**

TUPAQÖQAWI. s. Viático imperial, sustento que a nombre del Inka se entregaba a los enviados de la corte.

TUPATURKA. s. Constelación de Capricornio.

TUPAYAURI. s. Cetro imperial del Inka.

TUPU. s. Medida de longitud, de capacidad, de superficie o de peso.

TUPU. s. Alfiler grueso y grande de oro, plata o cobre que usaban las mujeres para prenderse las vestiduras.

TUPUJ. adj. Medidor, el que mide.

TUPUNNAJ. adj. Inmensurable, inmenso.

TUPUY. v. Medir, pesar.

TUPUYUJ. adj. Susceptible de ser medido o pesado.

TUQË. s. Jefe.

TUQÖRU. s. (Guadua sp.). Planta de la familia de las gramineas. Su tallo consta de cañutos largos, gruesos y huecos que contienen abundante agua. (R.L.)

TUQÖTUQÖ. s. Batracio semejante el sapo, de gran tamaño.

TURA. s. Hermano de la hermana. **Wáskar Inkaqa warminpa turan karqa ñinku:** Dicen que el Inka Wáskar era hermano de su mujer.

TURAY. v. Mantenerse en equilibrio, sin caer.

TUSKUY. v. Recostarse, echarse en el suelo.

TUSPICHAY. v. Pisotear. Sinón. **Sarúchay.**

TUSUCHIY. v. Hacer bailar, dirigir la danza.

TUSUY. s. Baile, danza.

TUSUY. v. Bailar, danzar.

TUTA. s. Noche.

TUTAMANTA. s. De madrugada.

TUTAMIKHUY. s. Cena.

TUTAPAY. v. Madrugar.

TUTAP'UNCHAY. s. Las 24 horas del día.

TUTATUTA. s. Madrugada.

TUTAYAY. v. Anochecer.

TUTAYKIRI. s. Hijo de Pariaqaqa, dios tutelar de la tribu **Sh'ika** en Waruchiri.

TUTAYTUTA. adj. Lóbrego.

TUTI. adj. Cegado

TUTIY. v. Cegar.

TUTUMA. s. (Crescentia cujete). Planta de la familia de las bignoniáceas. Del fruto, hueco, se fabrican pequeños recipientes. Vulg. Totumo.

TUWAY. s. Tórtola.

TUWI. s. Allpaqa mamantona.

TUYA. s. Pájaro canoro de plumaje negro y amarillo. (J.A.L.)

TUYLLA. adv. Al instante, inmediatamente.

TUYRU. s. Señal. Sinón. **Sanapa.**

TUYRUY. v. Marcar, señalar.

TUYTU. s. y adj. Flote, flotante.

TUYTUCHIY. v. Hacer flotar, poner a flote.

TUYTUY. v. Flotar.

T'

T. Vigésimosexta letra del alfabeto qhëshwa. Es una T glotalizada, explosiva.

T'AJLLA. s. Palma de la mano. Palmada. Bofetada.

T'AJLLARAKUY. v. Jalear.

T'AJLLAY. v. Palmear, dar palmadas. Abofetear.

T'AJLLU. s. Medida que comprende el ancho de cuatro dedos juntos, del índice al meñique.

T'AJMASQA. p. Desbaratado, desquiciado, deshecho.

T'AJMAY. v. Desbaratar, desquiciar, deshacer.

T'AJPI. adj. Patizambo.

T'AJRA. s. Erial, eriazo.

T'AJRANKA. Bosta apisonada por el ganado. Sinón. **K'aya.**

T'AJSANA. s. Ropa para lavar.

T'AJSASQA. adj. Lavado.

T'AJSAWI. s. (Trapaelum majus). Planta de la familia de las trapeoláceas. (R.L.)

T'AJSAY. v. Lavar ropa.

T'AJSUY. v. Desfallecer.

T'AJTA. s. Planta del pie.

T'AJTA. adj. Raso.

T'AJTANA. s. Pisón.

T'AJTASQA. adj. Suficientemente apisonado.

T'AJTAY. v. Apisonar la tierra.

T'AJWI. s. Mezcla. Sinón. **Chajru.**

T'AJWISQA. p. Mezclado.

T'AJWIY. v. Mezclar. Sinón. **Chájruy.**

T'AKAJ. adj. El que derrama la semilla en el surco.

T'AKAKUY. v. Derramarse.

T'AKAPA. s. Resiembra.

T'AKASQA. p. Derramado.

T'AKAY. v. Derramar. Derramar la semilla en el surco.

T'AKAYKACHAKUY. v. Empezar a lloviznar.

T'AKU. s. Pelotón de cabello, pelo o lana. Sinón. **T'ara.**

T'ALLA, s. Matrona, mujer provecta.

T'ALLAY. v. Tenderse, echarse boca abajo.

T'ANA. adj. Desmendrado. enano.

T'ANKAR. s. Zarzamora. (G.H.)

T'ANKAY. v. Repantigarse.

T'ANPA. Greña.

T'ANPA. adj. Revuelto, enmarañado.

T'ANPAUMA. adj. El de cabello revuelto, enmarañado.

T'ANPAYAY. v. Desgreñarse el cabello, la lana, etc.

T'ANQAYLLU. s. Tábano.

T'ANRA. adj. Flemático, tardo, pesado.

T'ANRAYAY. v. Volverse flemático, pesado.

T'ANTA. s. neol. Pan.

T'AÑU. adj. Chato, aplastado. Sinón. **Kapñu, ñat'u.**

T'AÑUSQA. p. Abollado, aplastado.

T'AÑUY. v. Achatar, abollar, aplastar. Sinón. **Kapñuy,** ñat'uy.

T'APA. adj. Extenuado, enclenque.

T'APQAY. v. Sorprender en flagrante delito.

T'APHSA. s. Pico de las aves.

T'APHSAY. v. Picotear.

T'AOA. s. Separación, segregación. Corrillo.

T'AQA. adj. Segregado, apartado.

T'AQAKUY. v. Separarse de una persona o de un grupo.

T'AQANAKUY. v. Separarse dos o más personas.

T'AQASQA. p. Separado.

T'AQAT'AQA. adv. Separadamente.

T'AQAY. v. Separar.

T'AQË. s. Depósito de productos construidos de cañahueca, sin barro.

T'ARA. s. Dos cosas gemelas y unidas.

T'ARA. s. Cadejo. Pelotón de lana, pelo o cabello. Sinón. **T'aku.**

T'ARA. adj. Estúpido, bobo, ignorante.

T'ARAYAY. v. Apelotonarse, enmarañarse el cabello, la lana, etc.

T'ASLLA. adj. Llano y abierto.

T'ASTAY. v. Ir desecándose el suelo barroso. Achatarse, aplanarse.

T'ATA. s. y adj. Persona que tiene seis dedos en los pies o en las manos. Sinón. **Tarañu.**

T'AYQÖ. s. Talón, calcañar.

T'AYQÖKUY. v. Afianzarse, equilibrarse sobre los talones.

T'AYQÖY. v. Pisotear, chafar con los pies.

T'IJCHAY. v. Dar papirotazos. Sinón. **T'inkay.**

T'IJCHU. s. Papirotazo. Sinón. **T'inka.**

T'IJMU. adj. Blando, muelle.

T'IJMUYAY. v. Ablandarse, suavizarse.

T'IJSI. s. Causa, origen, raíz, cimiento, principio.

T'IJSI. s. Uno de los nombres del dios Wiraqöcha entre los Inkas

T'IJSIMANTA. adv. Radicalmente.

T'IJSIMUYU. s. neol. La tierra.

T'IJSIRUMI. s. Piedra de cimiento.

T'IJSIY. v. Dar principio, echar los cimientos. Fundar.

T'IJSU. adj. Ladeado, inclinado.

T'IJSUCHIY. v. Inclinar, ladear.

T'IJSUY. v. Declinar.

T'IJTI. adj. Espantadizo.

T'IJT'IJÑIY. s. y v. Latir el corazón.

T'IJWA. s. Torrente, corriente impetuosa de agua.

T'IJWAY. T'IPKAY. v. Descascarar, deshollejar legumbres o frutas.

T'IJYAY. v. Latir, palpitar.

T'IKA. s. Flor. Adorno de plumas en forma de flor.

T'IKACHANTASQA. s. Ramillete.

T'IKALLIY. T'IKALLIKUY. v. Adornarse con flores o plumas.

T'IKANCHA. s. Adorno.

T'IKANCHAY. v. Engalanar con flores u otros adornos.

T'IKAY. v. Florecer.

T'IKI. s. Maíz machacado.

T'ILLA. adj. Arisco, cerril, huraño.

T'ILLAYAY. v. Volverse arisco, huraño.

T'ILLQAY. v. Quitar la epidermis o la cutícula.

T'ILLU. s. Pellizco. Sinón. **T'ipsi.**

T'ILLUY. v. Pellizcar. Sinón. **Siptiy, t'ipiy, t'ipsiy.**

T'IMTA. s. Polilla de la madera.

T'IMTASQA. p. Apolillado.

T'INARA. s. Cantarillo de arcilla, chato y ancho.

T'INI. adj. Barrigudo.

T'INICHAQÖY. s. Complicidad.

T'INICHAQÖY. v. Complicarse, hacerse cómplice.

T'INKA. s. Papirotazo. Regalo para pedir un favor.

T'INKACHIY. v. Ofrecer un regalo para pedir un favor.

T'INKAY. v. Dar papirotazos.

T'INKI. s. Dos cosas iguales y unidas.

T'INKIKUY. s. Unirse a otro u otros.

T'INKINA. s. Vínculo, lazo, nexo.

T'INKINAKUY. v. Unirse por parejas.

T'INKIT'INKI. s. Parejas unidas.

T'INKIY. v. Unir, aparear.

T'INPI. s. Enfaldo.

T'INPIY. v. Llevar en el enfaldo.

T'INPUCHIY. v. Hacer hervir.

T'INPUNAYAY. v. Hallarse a punto de hervir.

T'INPUPUJYU. s. Manantial de agua termal.

T'INPUY. v. Hervir, entrar en ebullición. Borbollonear el agua. fig. Airarse, encolerizarse.

T'INRI. adj. Enano. Sinón. **Ch'iñiqötu.**

T'INTI. s. Langosta. P. ext. Saltamontes.

T'IPA. s. Canastillo.

T'IPANA. s. Prendedor, broche.

T'IPASQA. p. Prendido.

T'IPAY. v. Prender con alfiler una prenda. Sinón. **T'ipkiy.**

T'IPIY. v. Arrancar, reventar. Pellizcar. Sinón. **T'ípiy, síptiy, t'illuy.**

T'IPKAY. v. Mondar, deshollejar la fruta.

T'IPKI. s. Alfiler.

T'IPKIY. v. Prender con alfiler.

T'IPSI. s. Pellizco.

T'IPSIY. v. Pellizcar.

T'IPUY. v. Latir, palpitar.

T'IQARA. adj. Moza regordeta.

T'IQË. s. Embutido de lana, pelo o trapo.

T'IQË. adj. Rechoncho, regordete.

T'IQËY. v. Embutir.

T'IQÖ. s. Cántaro pequeño de arcilla. Saco, bolsa de cuero.

T'IRA. s. Mellizo.

T'IRANA, s. Pinza.

T'IRAY. v. Arrancar, mesar, descuajar.

T'IRI. s. Cicatriz. Costura.

T'IRICHASQA. p. Cicatrizado.

T'IRINCHAY. v. Cicatrizar.

T'IRIY. v. Recoser, remendar.

T'ISANA, s. Utensilio para escarmenar lana.

T'ISASQA. p. Escarmenado.

T'ISAY. v. Escarmenar, poner la lana en condiciones para el hilado.

T'ISI. s. Moco que se seca dentro de las fosas nasales.

T'ISKU. s. Saltamontes.

T'ISNUY. v. Ensartar.

T'ISTI. adj. Diminuto, menudo.

T'ITU. adj. Difícil de comprender, oscuro, ininteligible. Providencial.

T'ITUCHAY. v. Ajustar, llevar las cuentas.

T'ITUJ. adj. Previsor, providente. Proveedor.

T'ITUKAY. s. Previsión, precaución.

T'ITUPAYAJ. adj. Cuidadoso, escrupuloso.

T'ITUY. v. Prever. Proveer con largueza.

T'IU. s. Arena.

T'IUCHAY. v. Ajustar cuentas.

T'IUJALLP'A. s. Tierra arenosa.

T'IUKA. s. Incordio.

T'IUKAY. v. Producir incordio.

T'IUT'IU. s. Arenal.

T'IUY. v. Enarenar.

T'UJPI. adj. Hurguillas, hurgoneador.

T'UJPIKUY. v. Inventar, imaginar patrañas.

T'UJPINA. s. Hurgón, utensilio para avivar el fuego.

T'UJPIY. v. Remover el fuego. Hurgar.

T'UJRA. adj. Descolorido, desteñido.

T'UJRAYAY. v. Descolorirse, desteñirse.

T'UJRI. adj. Centinela, vigilante.

T'UJRIY. v. Vigilar.

T'UJRURU. s. Calavera. Sinón. **Ayauma.**

T'UJSINA. s. Punzón. Puñal.

T'UJSIY. v. Punzar, aguijonear, apuñalear.

T'UJTU. s. Abeja nativa. Sinón. **Wanq'öyru, wayrunq'ö.**

T'UJTU. adj. Maíz tostado al rescoldo.

T'UJTUY. v. Tostar maíz al rescoldo.

T'UJYA. s. Callo.

T'UJYACHIY. v. Sacar el ave, del cascaron, al polluelo.

T'UJYAY. s. Estallido, explosión.

T'UJYAY. v. Estallar, reventar. Romperse el cascarón y dar salida al polluelo.

T'UKI. adj. Travieso, alocado, alborotador.

T'UKIY. v. Hacer travesuras.

T'UKIYKACHAY. v. Andar alborotando, traveseando.

T'UKU. s. Sincope. Meditación, abstracción, introversión.

T'UKUCHIJ. adj. Admirable, sorprendente.

T'UKURUY. v. Cuajarse. Sinón. **Chuchulláyay, tikáyay.**

T'UKUY. v. Sufrir síncope. Meditar, abstraerse.

T'ULLA. s. (Lepidophilum quadrangulare). Planta de la familia de las compuestas. Es expectorante y combustible. (M.C.)

T'ULLKU. Hilo muy bien torcido.

T'ULLKUY. v. Torcer muy bien el hilo. Hilar muy torcido.

T'UNA. adj. Menudo, muy pequeño.

T'UNAY. v. Machacar, convertir en partículas.

T'UPANA. s. Piedra de afilar.

T'UPASQA. p. Afilado.

T'UPAY. v. Afilar.

T'UPHRANARUMI. s. Piedra de amolar.

T'UPHRAY. v. Afilar, amolar.

T'UQË. s. Sudor. Sinón. **Junp'i**

T'UQËY. s. Sudar.

T'UQÖ. s. Ventana. Hornacina. Agujero. Forado.

T'UQÖKACHI. s. Barrio oriental del antiguo Cuzco.

T'UQÖÑAWI. adj. De ojos hundidos.

T'UQÖY. v. Horadar.

T'UQÖYAY. v. Horadarse, escariarse.

T'UQÖYCHINPU. s. Olla especial para tostar maíz. Sinón. **Jank'ak'analla.**

T'URPU. s. Pinchadura.

T'URPU. adj. Agudo, punzante.

T'URPUNA. s. Objeto de punta aguda con que se pincha.

T'URPUY. v. Punzar, pinchar.

T'URU. s. Barro, cieno.

T'URUCHAY. v. Hacer barro.

T'URUMANYA. s. Arco iris.

T'URUNCHAY. v. Enlodar, embarrar.

T'URUT'URU. s. Lodazal.

T'USKURAYAY. v. Permanecer echados sobre el vientre los animales.

T'USKUY. v. Echarse los animales sobre el vientre.

T'USPIKUY. v. Ponerse de bruces, echarse boca abajo.

T'USTIY, T'USTUY. v. Pisotear, hollar, patullar.

T'USU. s. Pantorrilla.

T'UTURA. s. (Scirpus totora). Planta de la familia de las ciperáceas. Vive en la orilla de los lagos y lagunas. (R.L.)

T'UYU. Remo.

T'UYUR. Tempestad, borrasca.

T'UYURKA. s. Mástil.

T'UYUY. v. Remar.

TH

TH. Vigesimoséptima letra del alfabeto qhëshwa. Es una T aspirada.

THAJKA. adj. Espeso, denso. Sinón. **Pipu.**

THAJKAY. v. Espesar.

THAJKAYAY. v. Espesarse.

THAJSI. s. Origen, fundamento. Sinón. **T'ijsi.**

THALLAY. v. Echarse, tumbarse a la larga. Sacudir.

THALLIY. v. Vaciar el contenido de un saco o recipiente.

THALLTA. s. Membrana mucosa.

THALLU. adj. Elástico y consistente.

THAMAY. v. Errar, caminar sin rumbo.

THAMAYKACHAY. v. Andar errante sin cesar.

THAMIN. s. Placenta.

THAMIY. v. Sobrearar.

THANAKU. s. Cobija corcusida y remendada.

THANAKU. adj. neol. Jamelgo pelado y raquítico.

THANI. adj. Sano, que goza de buena salud.

THANPI. adj. Atolondrado, desasosegado.

THANPUCHI. adj. Derrengado, peludo, de mala traza.

THANQÖ. s. Turbación, atolondramiento.

THANQÖKUY. v. Turbarse, atolondrarse.

THANSA. adj. Enredado, revuelto.

THANSAY. v. Enredar, revolver.

THANTA. adj. Viejo, gastado, rotoso.

THANTAP'ACHA. s. Ropa andrajosa.

THANTAY. v. Envejecer, raer la ropa usándola.

THAÑICHIY. v. Hacer que termine o suspenda una acción.

THAÑIY. v. Escampar, cesar. Amainar.

THAÑUSINQA. adj. Nariz ancha y achatada. Sinón. **Qarpasinqa, Kinraysinqa.**

THAPA. s. Nido. Sinón. **Q'ësa.**

THAPACHAKI. adj. Pies lanudos o plumosos.

THAPARANKU, THAPARAKU. s. Mariposa nocturna de gran tamaño.

THAQÖ. s. (Prosopis juliflora). Árbol de la familia de las mimosáceas. Vulg. Algarrobo. (R.L.)

THARA. adj. Desdentado.

THARAY. v. Atropellar, pisotear.

THARAYAY. v. Perder la dentadura.

THARMIY. v. Atropellar, pisotear.

THASA, THAJTA. s. Ventosidad sin ruido. Sinón. **Sh'asa.**

THASAY, THAJTAY. v. Ventosear sin ruido.

THASKI. s. Un paso. Medida de longitud.

THASKIY. v. Dar pasos, andar. Sinón. **Púriy.**

THASNUY. v. Apagar el fuego.

THATAY. v. Beber en demasía y a menudo.

THAUTI. s. Baba. fam. Verborrea.

THAUTIY. v. Babear. fam. Desbarrar, disparatar.

THAWIY. v. Escarbar.

THIA, THIYA. s. Brasero.

THINTI. s. Risilla, zumba.

THINTI. adj. Reidor.

THINTIY. v. Soltar risillas.

THITA. s. Zarandeo, sacudida ligera.

THITAY. v. Zarandear, sacudir ligeramente.

THUKAPU. s. Bordados en las prendas de vestir.

THUKAPU AJNUPURICH'AJ. Loc. Prenda de vistosas labores.

THUKI. s. Duda, incertidumbre, perplejidad.

THUKINA. adj. Dudoso, incierto.

THUKIY. v. Dudar, mostrarse perplejo.

THULLKIY. v. Apabullar, deshacer con los pies.

THULLTU. adj. Inútil, incapaz.

THULLTUKAY. s. Incapacidad, inutilidad.

THULLTUYAY. v. Volverse inútil.

THUMAWI. s. Vendaval, ventarrón.

THUNI. s. Escombro, ruina.

THUNIKUY v. Derrumbarse, desplomarse.

THUNISQA. p. Derrumbado, arruinado.

THUNIY. v. Derrumbar, derruir, arruinar.

THUNKIY. v. Dudar, vacilar, cavilar.

THUNKU. s. Salto sobre un pie.

THUNKUY. v. Saltar sobre un pie.

THUNUPA, TUNAPA. s. Divinidad primitiva de la zona del Titicaca, sustituida con Qhön Illa T'ijsi Wiraqöcha por los Inkas y confundida por los cronistas del Coloniaje con el apóstol Santo Tomás.

THUPA. s. Ralladura, raspadura.

THUPANA. s. Raspador, rallador.
THUPAY. v. Rallar, raspar.
THUQANA. s. Escupidera.
THUQAY. s. Saliva.
THUQAY. v. Escupir.
THUQAYPANTA. s. Carraspera.
THUTA. s. Polilla.
THUTASQA. p. Apolillado.
THUTAY. v. Apolillarse.
THUTI. s. Pecho de la mujer. Sinón. **Ñuñu.**
THUTUPA. s. Refunfuñadura.
THUTUY.v. Refunfuñar.
THUYPACHALLA. s. Instante, momento.

U

U. Vigésimoctava letra al alfabeto qhëshwa. Posee el mismo valor fonético que la U castellana.

UCHU. s. (Capsicum annum). Planta de la familia de las solanáceas. El fruto rojo, amarillo o verde tiene diversas aplicaciones en culinaria. Vulg. Ají. (R.L.)

UCHUJULLKU. s. Salvaje.

UCHUKULLU, UCHUKILLA. s. Variedad de maíz blanco, de grano menudo y brillante.

UCHULLAJWA. s. Pasta aguanosa de ají que se añade al plato servido para darle sabor picante a la comida.

UCHUMURQ'Ö. s. Piedra esférica con que se muele por fricción el ají.

UCHUNNAY. v. Eliminar de los manjares el sabor picante del ají.

UCHUWA. s. (Physalis peruviana). Planta de la familia de las solanáceas, de fruto comestible. (M.C.)

UCH'A. s. Estiércol del ganado. Sinón. **Tajiya, wanu.**

UCH'ANCHAY. v. Abonar la tierra con estiércol.

UJ. adj. Uno. **Ujtaj:** Es otro. **Ujñin:** Uno de ellos. **Ujlla:** Uno solo. **Ujujlla:** Uno que otro.

UJJINA. adj. Diferente, distinto.

UJK'UCHU. s. Ángulo.

UJLLACHAKUY. v. Unirse, aunarse entre dos o más personas.

UJLLACHASQA. adj. Unidos, aunados.

UJLLACHAY. v. Juntar en uno.

UJLLANAKUY. v. Abrazarse.

UJLLAY. s. Seno, parte del cuerpo entre el pecho y el traje. **Umiñayta ujilay-niypi waqaychani:** En mi seno guardo mi piedra preciosa.

UJLLAY. s. Abrazo.

UJLLAY. v. Abrazar. Incubar.

UJLLIRI. s. Empolladora, incubadora.

UJLLU. s. Abrazo.

UJÑIQË. adj. Primero.

UJSACHIJ. adj. Hábil, diestro, el que consigue con facilidad lo que se propone.

UJSAPU. adj. El que alcanza a realizar sus propósitos.

UJSARIY. v. Lograr, alcanzar, realizar.

UJSIY. v. Hozar. Sinón. **Tijmuy**.

UJU. s. Tos.

UJUJUY. interj. Con que se expresa desapego e ironía.

UJUY. v. Toser.

UJYACHIY. v. Dar de beber.

UJYANA. s. Bebida.

UJYASQA. adj. Bebido, borracho.

UJYAY. v. Beber.

UKUKU. s. Oso. Sinón. **Jukumari**.

UKHU. s. El cuerpo.

UKHU. s. Tierras intertropicales.

UKHU. adj. Interior, adentro. Profundo.

UKHU. prep. Entre. **Ñuqanchij ukhu**: Entre nosotros.

UKHUCHAY. v. Ahondar, profundizar.

UKHUKAY. s. Profundidad, hondura.

UKHULLI. s. Reconditez, secreto.

UKHUNCHA, UKHUNCHANA. s. Ropa interior.

UKHUPACHA. s. Mundo subterráneo por cuyos caminos se creía que peregrinaban los difuntos. Ukhupacha fue convertido en el infierno católico por el clero del Coloniaje.

UKHUSAPA. s. Personaje.

ULLALLA. s. (Raseocereus thephracanthus). Planta de la familia de las cactáceas. Su fruto, llamado **phasakana**, es comestible. Vulg. Ulala. (R.L.)

ULLANTA. s. Gobernador de Antisuyu en tiempos de Pachakútij Inka. Habiéndosele negado la mano de la princesa Kusi Qöyllur, se rebeló contra el Cuzco. Capturado mediante una alevosa estratagema por Rumiñawi, obtuvo el perdón de Túpaj Yupanki Inka, sucesor de Pachakútij Inka. Vulg. Ollanta.

ULLINCHU. s. (Chamaepelia passerina). Es la palomita más pequeña y su plumaje es plornizo.

ULLKUQÖLLA. s. Manantial que nace entre las rocas de la montaña. Sinón. **Ullqa**.

ULLPUYKUJ. adj. Humilde.

ULLPUYKUKUY. s. Humildad.

ULLPUYKUY. v. Humillarse, prosternarse.

ULLPUYUYU. s. (Atriplex Hortensis). Planta de la familia de las quenopodiáceas. Posee propiedades medicinales. (R.P.)

ULLPHU. adj. Angustiado, abatido.

ULLPHUKUY. v. Abatirse, angustiarse.

ULLQA. s. Manantial que brota entre piedras. Sinón. Ullkuqölla.

ULLTI. s. Saquillo, bolsa pequeña.

ULLU. s. Pene, falo.

ULLUKU. s. (Ullukus. tuberosus). Planta de la familia de las baselláceas. El tubérculo es alimenticio. Vulg. Papalisa. (R.L.)

UMA. s. Cabeza.

UMA. s. Cumbre, cúspide, pico de montaña.

UMACHAKI. s. Cabeza abajo, patas arriba.

UMACHAKIY. v. Pararse de cabeza. Caerse cabeza abajo.

UMACHAY. v. Encabezar.

UMACH'UKU. s. Especie de casco o morrión con que se protegían la cabeza los guerreros del Inka.

UMALLA. s. Iniciación, comienzo. Sinón. **Qallari.**

UMALLAYAY. v. Amenazar con la cabeza, en actitud de acometer. Fig. Odiar mortalmente.

UMALLIKUY. v. Imaginar, concebir.

UMANA. adj. Desobediente. Sinón. **Timina, wanana.**

UMANNAY. v. Descabezar, decapitar.

UMANTU. s. Una variedad de pez del lago Titicaca.

UMAPATAY. v. Llevar sobre la cabeza.

UMARAYMI KILLA. Undécimo mes del año. Comprendía dos tercios de octubre y uno de noviembre.

UMARUTHUKU. s. Fiesta del primer corte de cabello de los niños.

UMASAPA. adj. Cabezón.

UMAYUJ. adj. Inteligente, memorioso.

UMIÑA. s. Piedra preciosa.

UMIÑACHASQA. adj. Joya engastada de piedras preciosas.

UMIÑANCHAY. v. Engastar piedras preciosas en una joya.

UMIY. v. Alimentar las aves a sus polluelos mediante el pico.

UMU. s. Sacerdote dentro de la religión inkaica.

UMULLIY. v. Predecir, vaticinar.

UMUTU. adj. Enano. Sinón. **T'inri.**

UMYA. s. Tropel.

UMYAY. v. Ir en tropel.

UNA. s. Duración.

UNACHAY v. Alargar.

UNACHIY. v. Retardar.

UNAJ. adj. Duradero. Tardo, tardío.

UNAKUY. v. Tardarse, ir o llegar tarde.

UNAMUY. s. Tardanza.

UNANCHA. s. Insignia, bandera, estandarte.

UNANCHASQA. adj. Señalado. Entendido, discernido.

UNANCHAY. v. Señalar. Entender, considerar, discernir.

UNAY. s. Transcurso del tiempo. Tiempo largo.

UNAY, UNAKUY. v. Demorar, tardar, perder mucho tiempo.

UNAYAY. v. Hacerse añejo, antiguo.

UNAYNIYUJ. adj. Añejo, que tiene mucho tiempo.

UNKA. s. Árbol de la familia de las mirtáceas. La madera, blanca y compacta, es muy apreciada por los tallistas. (J.A.L.)

UNKAKU. s. Zorra. Sinón. **Atuj.**

UNKU s. Camiseta que usaban antiguamente los indígenas.

UNKUCHA. s. Planta de la familia de las aráceas, que produce tubérculos alimenticios. (J.A.L.)

UNKULLIKUY. v. Vestirse, cubrirse el cuerpo con vestiduras.

UNKUÑA. s. Especie de servilleta en que las mujeres lían la ropa u otras cosas.

UNPHU. adj. Enfermizo, achacoso, laxado.

UNPHUY. v. Postrarse, sentirse sin aliento, descaecido.

UNQËNA. s. Planta del grupo de las pehophíceas. Es una alga comestible. (R.L.)

UNQÖJ. s. Enfermo.

UNQÖSQA. adj. Enfermo.

UNQÖY. s. Enfermedad.

UNQÖY. v. Enfermar.

UNU. s. Agua. Sinón. **Yaku.**

UNUKACHUMA. s. (Cucumis Meló). Planta de la familia de las curubitáceas. Vulg. Melón. Vulg. (R.P.)

UNUKILLA. s. Luna nueva.

UNUMUCHUY. s. Sequía.

UNUNAYAY. v. Desear agua, tener sed.

UNUPUKUJ. s. Proveedor de agua.

UNUPUMA. s. Lobo marino.

UNUYACHIY. v. Fundir la cera, los metales, etc.

UNUYAY. v. Derretirse, licuarse los sólidos.

UNUYKIRU. adj. Niño que no ha llegado aún al periodo de la dentición.

UNYA. s. Zumbido, abejeo. Hervidero.

UNYAY. v. Zumbar, abejear. Hervir la gente, gusanos, hormigas, etc.

UÑA. s. Cría, animal tierno mientras está mamando.

UPA. adj. Mudo. Idiota, bobo, necio.

UPALLA. adj. Callado.

UPALLACHIY. v. Acallar.

UPALLALLA. adv. Silenciosamente, quedamente.

UPALLAY, UPATUKUY. v. Enmudecer, quedarse callado.

UPARAJ. adj. Ingenuo, cándido.

UPARAYAY. v. Tontear.

UPAYAY. Enmudecer.

UPAYKUY. v. Reverenciar, rendir homenaje.

UPI. s. Chicha que aun no está preparada para la fermentación. Chicha no acabada de fermentar.

UPIY. v. Beber a sorbos.

UPSAY, UPSAKUY. v. Pacer el ganado.

UPHAKUY. v. Lavarse la cara.

UPHUYSURU. s. Planta de la familia de las umbelíferas que tiene aplicaciones medicinales. (J.A.L.)

UQA. s. (Oxalis tuberosa). Planta de la familia de las oxalidáceas. El tubérculo es alimenticio. Vulg. Oca. (R.L.)

UQĚ. adj. Ceniciento.

UQÖQÖ. s. Sapo de gran tamaño. Sinón. Tuqötuqö.

UQÖRQA. s. Carrillo.

UQÖRQA. adj. Mofletudo.

UQÖTI. s. Ano, sieso.

UQÖTISURUY. v. Almorrana.

UQÖY. v. Tragar, comer a boca llena.

UQHARIY. v. Alzar, levantar. Sinón. Juqáriy.

UQHÖ. adj. De mala suerte, desafortunado.

UQHÖCHAY. v. Contagiar la mala suerte.

UQHÖRURU. s. (hidrocotyle sp.). Planta de la familia de las crucíferas. (R.L.)

URA. adj. Bajo, lugar inferior.

URANCHAY. v. Colocar debajo.

URAQ'AY. v. Bajar, descender.

URAWA. s. Flor masculina del maíz.

URAY. adv. Abajo, hacia un lugar inferior.

URAYKUY. v. Bajarse, apearse.

URI. adj. Fruto temprano, precoz. Sinón. Máway.

URIN. adj. Bajo, sitio inferior. Sinón. Ura.

URINA. s. Venado selvático.

URIRUNA. adj. Individuo espigado, larguirucho.

URITU. s. Loro, papagayo.

URMA. s. Caída.

URMACHISQA. p. Derribado, tumbado.

URMACHIY. v. Derribar, tumbar.

URMANA. s. Trampa, armadijo.

URMASQA. adj. Caído.

URMAY. v. Caer.

URMAYKACHAY. v. Hallarse poco estable, caerse a ratos.

URPI. (Columbula picui). Paloma aborigen. Vulg. K'ita paloma.

URPI. s. Cernidor para líquidos.

URPU. s. Muñeca, juguete.

URP'U. s. Cántaro grande.

URQÖ. s. Cerro, monte, montaña.

URQÖ. s. y adj. Macho de los animales.

URQÖCHILLAY. s. Constelación de Lira.

URQÖJSIMIN.s. El eco.

URQÖY. v. Sacar, extraer.

URQHA. s. (Tillantia sp.). Planta de la familia de las bromeliáceas. El vástago es comestible. (R.L.)

URU. s. Pueblo primitivo que habitaba la zona del lago Titicaca. Todavía quedan familias de él en algunas islas de los lagos Titicaca y Poopó.

URU. s. Gusano. Sinón. **Khuru**.

URU. adj. Ruin, despreciable.

URUJLLIKAN. s. Telaraña.

URUNQÖY. s. Avispa, insecto no melífero. Sinón. Qharasausi.

URUQÖLLA. adj. Desaseado, poco amigo del agua y del trabajo.

URUYA. s. Sistema de pasaje de los ríos caudalosos. Constaba de un grueso cable de cabuya del cual pendía un cesto grande tirado por otros cables menores de una orilla a la otra.

URWA. s. Coito, cópula.

URWA. adj. Infructífero.

URWAY. v. Copular.

URYAY. v. Labrar la tierra.

USA. p. Piojo.

USAKAMA. adj. Piojoso.

USAKUY.v. Despiojarse.

USAPU. adj. Próspero, afortunado.

USARIY. v. Lograr.

USASAPA. adj. Usakama.

USAY. v. Despiojar a otra persona.

USAYAY. v. Amainar, escampar, cesar la lluvia.

USKA. s. y adj. Pobre, menesteroso. Neol. Mendigo.

USKAKAY. s. Pobreza. Neol. Mendicidad.

USKAKUY. v. neol. Mendigar.

USKA PAUQAR. s. Auto sacramental qhëshwa compuesto durante el Coloniaje. Protagonista de dicha obra.

USKHULLUKUY. v. Agacharse. Sinón. **K'umuykuy**.

USNU. s. Asiento del juez, que generalmente era de piedra labrada y plantada en el suelo. Mojón, hito.

USNUY. v. Labrar y plantar el asiento del juez. Delimitar, plantar los hitos.

USPUN. s. Panza, estómago de los animales. Sinón. **Wijsa**.

USPUTAY. s. Hemorragia.

USPUTAY. v. Echar sangre.

USPHUY. v. Deprimir.

USQAY. adj. Rápido, presto.

USQAY. v. Acelerar, apresurar.

USQAYLLA. adv. Prontamente, prestamente.

USQÖLLU. s. Gato cerval.

USTHUY. v. Acuclillarse, acurrucarse.

USU. s. Desperdicio, deshecho.

USUCHIY. v. Causar desperdicio, desperdiciar. Hacer sufrir necesidades.

USUM. s. (Prunus doméstica). Ciruela aborigen. (R.L.)

USUN. s. Ara, altar.

USURI. adj. Desdichado, mísero.

USUSI. s. Hija respecto del padre.

USUY. v. Sufrir necesidades. Desperdiciarse.

USHA. interj. neol. Con que se azuza a los perros.

USHPA. Ceniza.

USHPAYAY. v. Volverse ceniza.

USHPHU. adj. Deprimido, abatido.

USHPHUKAY. s. Abatimiento, desaliento.

USHUT'A, JUK'UTA. s. Ojota, sandalia indígena.

USHUT'ACHIY. v. Proveer de ojota o hacerla calzar.

USHUT'AKUY. v. Calzar ojota.

UTA. s. Cierto piojo minúsculo de las aves. Sinón. **Qhapa**.

UTALLAQË. s. Pájaro semejante a la alondra europea, pero de plumaje azul y amarillo. (J.A.L.)

UTAWALLU. s. Provincia vecina de Kitu, ganada por el príncipe Wayna Qhápaj. Vulg. Otavalo.

UTI. s. Fatiga, rendición al esfuerzo. Asombro, admiración. Adormecimiento, hormigueo muscular.

UTICHIJ. adj. Que cansa y fatiga. Que asombra y maravilla. Que causa hormigueo.

UTIQA. s. Pasmo, estupefacción.

UTIQAKUY. v. Volverse loco, estupefacto.

UTIQAY. s. Locura.

UTIQAY. v. Enloquecer.

UTIRAYAY. v. Quedarse rendido, inmovilizado por la fatiga. Quedar suspenso por el asombro o la estupefacción.

UTIY. v. Hallarse fatigado. Asombrarse, maravillarse.

UTKHU. s. (Gosipium arboreus). Planta de la familia de las malváceas. Vulg. Algodonero. (R.L.)

UTQHA, USQA. s. Rapidez, prontitud, presteza.

UTQHA MAYTA. s. Personaje del drama qhëshwa **Utqha Páuqar**. Tras una larga lucha con su hermano Utqha Páuqar por la mano de Ima Súmaj, logró casarse con ella.

UTQHA PAUQAR. s. Drama qhëshwa que trata de la lucha entre los hermanos Utqha Páuqar y Utqha Mayta por la mano de la doncella Ima Súmaj. Personaje principal del drama. Perdidoso en la competencia que impuso el padre de la joven, declaró guerra al hermano. No pudiendo obtener el triunfo por las armas retó a éste a un combate singular. En el momento de iniciar la lucha, Páuqar reconoció el derecho del hermano y abandonó el campo.

UTQHAY, USQHAY. adj. Rápido, presto, acelerado.

UTQHAY, USQHAY. v. Acelerar, apresurar, urgir.

UTQHAY, USQHAY. adv. Apresuradamente, rápidamente.

UTUKU. adj. Enjuto, cenceño.

UTUKULLU. s. Uvula, gaznate.

UTUTU. s. Víbora muy pequeña y venenosa.

UTHURUNKU. s. Tigre americano. Sinón. **Jáwar**.

UWINA. adj. Amarillo. Sinón. **Q'ëllu**.

UWINAY. v. Teñir de amarillo.

UYA. s. Cara, rostro.

UYAJ. adj. Obediente, sumiso.

UYAKA. s. Palos con que se hacía fuego por frotamiento o rotación.

UYAKAY. v. Hacer fuego con palos por frotamiento o rotación.

UYAN. s. Anverso, cara de una tela u otro objeto.

UYANCHAY. v. Encarar, echar en cara.

UYAPAY. v. Atender.

UYAPURA. s. Cara a cara, careo.

UYAPURAY. v. Carear.

UYARICHIY. v. Hacer oír, hacer saber.

UYARIKUJ. s. Escucha, espía.

UYARINA. s. Oído.

UYARIY. v. Oír. Escuchar.

UYAY. v. Asentir, obedecer.

UYAYCHAY. v. Publicar, difundir.

UYCHU. s. Sofocón, disgusto.

UYKUY. v. Circundar, cercar.

UYLLA. s. Súplica. Intercesión.

UYLLAKUY. v. Suplicar, encarecer.

UYNI. s. Acuerdo, convenio.

UYNINAKUY v. Concluir un acuerdo o convenio.

UYNU. s. Lana de llama de fibra larga que se usa para fabricar lazos.

UYÑIY. v. Condescender. Acallar con caricias a los niños.

UYPULA. s. Cantarillo esférico de cuello largo y angosto.

UYRU. adj. Tardo, lento en el andar.
UYSU. s. Extremo superior encorvado del arado de pie. El arado mismo.
UYTUY. v. Renquear.
UYUYNI. s. Sollozo.
UYUYNIY.v. Sollozar.
UYWA. adj. Doméstico, animal domesticado.
UYWAJ. adj. El que cría animales domésticos.
UYWAKAY. s. Domesticidad.
UYWAQË. s. Persona que mantiene, cría y educa a un hijo ajeno.
UYWARU. s. Tallo adicional del maíz que no da fruto.
UYWAY. v. Criar y educar a los propios hijos. Criar animales domésticos.
UYWIY. v. Sollozar con quejidos.

W

W. Vigésimonovena letra del alfabeto qhëshwa. Es continuativa sonora y equivale a la W inglesa.

WA. interj. Que expresa extrañeza, asombro, sorpresa.

WACHACHJ. adj. Persona que ayuda a parir. Partera.

WACHAKA. adj. Paridora, cadañera.

WACHANQA. s. (Euforbia huachankka). Planta de la familia de las euforfiáceas. Tiene aplicaciones medicinales. (M.C.)

WACHAPAKUY. v. Parir fuera de matrimonio.

WACHAPU. s. y adj. Mujer soltera.

WACHAY. s. Parto.

WACHAY. v. Parir.

WACHU. s. Camellón.

WACHUWACHU. s. Ringlera. Serie de camellones.

WACHUJ. adj. En el hombre, fornicario. En la mujer, adúltera.

WACHUY. v. Hacer caballones.

WACH'I. s. Arco y saeta. Dardo, Aguijón de los insectos que pican.

WACH'IRUPHAY. s. Rayo de sol.

WACH'ISQA. adj. Asaeteado. Picado por los insectos.

WACH'IY. v. Tirar la flecha o el dardo. Picar los insectos.

WACH'UJ. adj. Fornicario. Ramera.

WACH'UJKAY. s. Deshonestidad.

WACH'UJUCHAYUJ. adj. Deshonesto.

WAJ. adj. Otro.

WAJCHA. adj. Pobre, menesteroso. Huérfano. Neol. Mendigo.

WAJCHAAMIJ. adj. Odiador de los pobres.

WAJCHACHA. s. Sequedad de la piel.

WAJCHAKAY. s. Pobreza. Orfandad. Neol. Mendicidad.

WAJCHAKHUYAJ. adj. Amador de los pobres, misericordioso. Atributo que se otorgaba al Inka.

WAJCHAMASI. s. Prójimo pobre. Prójimo huérfano. Prójimo mendigo.

WAJCHAWAWA. s. Hijo natural.

WAJCHAYAY. v. Empobrecerse. Quedar huérfano. Hacerse mendigo.

WAJCHILLA. s. (Nycticorax obscurus). Garza cenicienta.

WAJLLAMAKI. s. Izquierda, siniestra. Sinón. **Lluq'ë.**

WAJLLI. s. Daño.

WAJLLI. adj. Desigual, desnivelado.

WAJLLIÑAWI. adj. Tuerto, que tiene un solo ojo.

WAJLLIPU. adj. Perverso.

WAJLLISQA. adj. Dañado, deteriorado, echado a perder.

WAJLLIY. v. Deteriorar, ajar, echar a perder.

WAJMANTA. adv. Nuevamente.

WAJPI, WAJÑIJPI. adv. En otro sitio.

WAJRA. s. Cuerno.

WAJRACH'UKU (Gorro con cuernos). Pueblo belicoso de Chinchaysuyu, conquistado por Túpaj Yupanki Inka.

WAJRAPUMA. s. Árbol de la familia de las aráceas. Es una palmera que crece hasta 20 metros. (J.A.L.)

WAJRARUNA. adj. Misántropo, huraño, solitario. Desamorado.

WAJRASAPA. adj. Que lleva cuernos muy grandes.

WAJRAY. v. Cornear.

WAJRAYAY. v. Volverse huraño. Hacerse desamorado.

WAJRAYUJ. adj. Cornudo.

WAJRU. s. Muela cordal.

WAJSA. s. Sacerdote en el antiguo Waruchiri.

WAJSA. s. Colmillo.

WAJSASAPA. adj. Colmilludo.

WAJSU. s. Alero.

WAJTA, WAJTAN. s. Costilla. **Qhasqówajtan:** Costillas delanteras. **Wajtantu-llu:** Costillas de la espalda.

WAJTA. s. Costado, flanco. **Pañawajta:** Flanco derecho. **Lluq'ëwajta:** Flanco izquierdo.

WAJTANQÖRI. s. Oropel, oro falso.

WAJTAY. v. Golpear con un arma contundente. Beber de golpe.

WAJWALLI. adj. Escasero, que se acaba rápido.

WAJWAY. v. Escasear, acabarse antes de nada.

WAJYA. s. Llamada.

WAJYACHIY. v. Mandar a llamar.

WAJYAY. v. Llamar.

WAKAN. s. Árbol de la familia de las lauráceas. (J.A.L.)

WAKAPINKA. s. Colibrí muy pequeño.

WAKATAYA. s. (Tagetes sp.). Planta de la familia de las compuestas. Se emplea como condimento culinario. Sinón. Suiku, chijchipa. (R.L.)

WAKAYWA. adj. Llama que se emplea en la carga.

WAKI. s. Asociación. Trabajo en común en beneficio mutuo.

WAKI. adj. Medianero.

WAKICHIKUY. v. Prepararse, alistarse.

WAKICHIKUYWASIYUJ. s. (Prepárate, dueño de casa). Pájaro tenágrido de plumaje entre negro, gris plomo y bermejo. En su canto parece reproducir su nombre.

WAKICHIY. v. Preparar, alistar.

WAKILLAN. adj. Algunos, unos pocos.

WAKIN. adj. Los restantes. Algunos.

WAKIÑIJPI. adj. Algunas veces. Sinón. **Wayninpi.**

WAKISQA. adj. Mediano.

WAKU. s. Ave gallinácea de carne muy sabrosa.

WAKULLA. s. Tinaja de arcilla.

WAKU UJLLU, MAMA. s. Qòya esposa de Manku Qhápaj Inka.

WAK'A. s. Dios. Divinidad. Deidad. Cosa sagrada. Ofrendas presentadas al Sol. Templos. Túmulo. Flores, plantas, etc. que se distinguen por su extraordinaria apariencia. Las grandes cordilleras, los nevados, los altos picos. Todo lo singular y sobrenatural.

WAK'AMUCH'ANA. s. Adoratorio.

WAK'AQARAY. s. Sacrificio ofrecido a cualquier divinidad que no fuera el Sol.

WAK'ARPAÑA. adj. Llama joven de blancura inmaculada que se escogía para las inmolaciones.

WAK'ARUNA. s. y adj. El que tiene labio leporino. Sinón. **Ch'ijtaruna.**

WAK'AWACHASQA. adj. Varón y mujer nacidos de un parto. **T'ira** o **illa** el varón; **jawa** o **wispalla** la mujer.

WAKHAY. v. Descuajar, desquiciar.

WALLA. s. Cordillera.

WALLA. s. Una de las tribus que ocupaban la región del Cuzco cuando advenía Manku Qhápaj Inka.

WALLALLU QARWINCHU. s. Dios preinkaico de Waruchiri. Adversario de Pariaqaqa, fue arrojado por éste hacia la selva del **Anti.**

WALLATA. s. Ave de la familia de los ansáridos, de plumaje blanco, excepto en el dorso, que es negro. Vive a orillas de las lagunas.

WALLAWISA. s. Jefe guerrero.

WALLAYCHU. adj. y s. Azotacalles, badulaque.

WALLINA. s. Canto y danza de carácter religioso que se ejecutaba en la gran solemnidad del soisticio de invierno (Intijraymin).

WALLKANKA. s. Escudo, adarga, rodela. Sinón. **Pullkanka.**

WALLPA. s. neol. Gallina. Nombre impuesto por los Conquistadores como una insidia a Atau Wállpaj Inka.

WALLPAJ, WALLPAPU. adj. Creador, hacedor, inventor.

WALLPARI. adj. Apuesto, arrogante.

WALLPARIKUY. v. Vestirse y armarse para la guerra.

WALLPARIMACHI. s. Célebre arquitecto inkaico que elaboró el proyecto e hizo el trazado de la monumental fortaleza de Sajsaywaman.

WALLPARIMACHI MAYTA, JUAN. s. Poeta y patriota indígena nacido en Macha en 1793 y muerto en la batalla de Las Carretas en 1814. Dejó un ramillete de poesías de extraordinario valor lírico.

WALLPARINA. s. Cortina.

WALLPAY. v. Crear, hacer, formar, inventar.

WALLPAYWANA. adj. Diligente, activo, laborioso.

WALLQA. s. Cuenta, sarta de cuentas. Collar. Cadena.

WALLQARACHA. adj. Harapiento. Sinón. **Waychinqara, sajsasajsa.**

WALLQARIKUY. v. Ponerse collar o cadena.

WALLTHA. s. Atado, envoltorio. Sinón. **Q'ëpi.**

WALLTHANA. s. Pañales. Sinón. **Jananta.**

WALLTHAY. v. Envolver en sus panales al niño. Sinón. **Q'ëllpuy, p'íntuy, k'íruy.**

WALLURISQA. adj. Desorejado.

WALLUSQA. adj. De orejas cortadas.

WALLUY. v. Cortar las orejas.

WALLWA. s. Planta psorolea que posee propiedades vermífugas. (J.A.L.)

WALLWAKU, WAYLLAK'U. s. Axila, sobaco.

WAMACH'UKU. s. Provincia de Chinchaysuyu incorporada al Imperio en tiempos de Pachakútij Inka.

WAMAJ. adj. Nuevo, reciente, moderno. Raro, singular, extraordinario.

WAMAJAMUJ. adj. Forastero, europeo recién llegado. Sinón. **Chayrajruna.**

WAMAJAMUT'AY. s. Invención, descubrimiento.

WAMAJCHAY. v. Modernizar.

WAMAJKAY. s. Novedad, modernidad.

WAMAJWACHAJ. adj. Primeriza, que pare por primera vez.

WAMAN. s. Halcón.

WAMANCHANPI. s. Partesana, arma antigua.

WAMANI. s. Esternón.

WAMANI. s. Halcón joven.

WAMANKA. s. Pueblo situado al N.O. del Cuzco, sometido por Wiraqöcha Inka. Vulg. Guamanga.

WAMANLLA. adj. Veloz. Sinón. **Wayralla.**

WAMANPALLPA. s. Gavilán.

WAMAN PUMA (Felipe). Célebre cronista indígena nacido hacia 1525, autor de "Nueva Crónica y buen gobierno", singular alegato dirigido al rey de España denunciando los excesos de los colonizadores y reclamando mejor trato para los indios.

WAMANRIPA. s. Planta medicinal de la familia de las compuestas. (J.A.L.)

WAMANTULLU. s. Parte delantera de la canilla de la pierna.

WAMANTULLU. adj. Incansable.

WAMINQ'A. s. Capitán, jefe legionario.

WAMINQ'A. adj. Valeroso, denodado, heroico.

WAMIRA. s. Niña de 10 a 14 años.

WAMRA. s. Criatura, párvulo.

WAMRAKAY. s. Niñez.

WAN. prep. Con. **Runawan**: Con la gente. **Wañuywan**: Con la muerte.

WANA. s. Escarmiento.

WANACHIJ. adj. El que corrige y obtiene escarmiento.

WANAKAURI. s. Cerro situado en las inmediaciones del Cuzco. Se lo consideraba sagrado y en su cumbre se realizaban diversas ceremonias religiosas.

WANAKAURI. s. Estatua de piedra en que según el mito fue convertido Ayar Uchu, hermano de Manku Qhápaj.

WANAKU. s. Auquénido, especie intermedia entre la llama y la **wik'uña**

WANAKU. adj. fig. Persona que corre con gran velocidad.

WANANA. adj. Incorregible.

WANANCHAY. v. Cobrar agravio, vengarse.

WANAY. v. Escarmentar.

WANI. s. Sombra. Sinón. **Llanth'u**.

WANKA. s. Obra teatral sobre temas de carácter histórico en el Inkario. Elegía, canción con que se honraba a los muertos.

WANKAPANPA. s. Distrito de Chinchaysuyu conquistado por Túpaj Yupanki Inka.

WANKAR. s. Tambor.

WANKARAY. v. fam. Engullir.

WANKARKAMAYUJ. s. Tamborilero.

WANKARKILLA. s. Plenilunio. Sinón. **Killapura**.

WANKARMANAY. v. Comer con gula, ahitarse.

WANKARTINYA. s. Especie de timbal.

WANKAUKI. s. General del ejército de Wáskar Inka en la guerra civil con Atawallpaj Inka. Fue derrotado por Khishkis, guerrero de Quito.

WANKAWI. s. Planta que se usa en el tratamiento de las enfermedades pulmonares. (J.A.L.)

WANKAY. v. Cantar canciones elegíacas.

WANKI. s. Estatua.

WANKI. adj. Muy largo y estrecho.

WANKIY: v. Modelar, esculpir.

WANKU. s. Venda.

WANKUY. v. Vendar.

WANK'A. s. Peñasco, roca.

WANK'I. adj. Enano.

WANKHA. s. Forado.

WANKHAY. v. Horadar.

WANLLA. adj. Escogido, selecto.

WANLLAPU. adj. Antojadizo.

WANLLASQA. p. Escogido, selecto. **Wanllasqa simi:** Lenguaje atildado y pulcro.

WANLLAY. v. Escoger, seleccionar.

WANPURU. s. Calabaza de gran tamaño. Sinón. **Anqara**.

WANP'AR. s. Trípode.

WANP'ARUNKU. s. Camiseta de dibujos triangulares.

WANP'U. s. Balsa, barco, nave. **Marqawanp'u:** Navío de cubierta muy alta. **Iskay marqáyuj wanp'u:** Navío de dos cubiertas.

WANP'UJÑAUPAQËN. s. Proa.

WANP'UJP'ACHAN. s. Vela.

WANP'UJQHËPAQËN. s. Popa.

WANP'UJPURICHIQËN. s. Marineros.

WANP'UQAYWINA. s. Remo.

WANP'UY. v. Navegar.

WANQA. s. Palanca.

WANQAY. v. Palanquear.

WANQ'Ö. adj. Desorejado.

WANQ'ÖY. v. Cortar las orejas.

WANQ'ÖYRU, WAYRUNQ'Ö. s. Abeja aborigen. Abejón.

WANQHAY. v. Despeñar.

WANTARYUYU. s. Especie de agave que se emplea en la fabricación de sogas. (G.H.)

WANTU. s. Litera. Sinón. **Ranpa**.

WANTUY. v. Conducir en litera. Sinón. **Ránpay**.

WANTHI. s. Infarto ganglionar. Tumor.

WANU. s. Estiércol, bosta.

WANUKU. s. Pueblo de Chinchaysuyu sometido por Túpaj Yupanki Inka. Vulg. Huánuco.

WANUNCHAY. v. Estercolar, abonar latierra de labor.

WANÜPATA. s. Estercolero.

WANURAY. v. Quitar el estiércol.

WANUSAPA. adj. La tierra convenientemente abonada.

WANUTAUQA. s. Muladar.

WANWAN. s. Zancudo, mosquito.

WANWAY. s. Ladrido del perro. Sinón. **Ayñay**. Zumbido del mosquito.

WANWAY. v. Ladrar. Sinón. **Ayñay**.

WAÑA. adj. Macilento, amarillento.

WAÑAYAY. v. Enamarillecerse. Sinón. **Qëllúyay.**
WAÑUCHIJ. adj. Matador, el que mata.
WAÑUCHIY. v. Matar.
WAÑUNA. s. fam. La sien.
WAÑUNAYAJ KILLA. s. Menguante.
WAÑUSQA, WAÑUJ. s. El muerto.
WAÑUY. s. Muerte. Eclipse.
WAÑUY. adj. Excesivo, superlativo. **Wañuynán:** Camino larguísimo.
WAÑUY. v. Morir.
WAÑUY. v. Desear en exceso. **Ripuymanta wanuni:** Me muero por irme.
WAÑUYKAUSAY. s. Desesperación.
WAÑUYPUÑUY. s. Sueno muy profundo.
WAÑUYQÖYLLU. adj. Extremadamente nítido, blanquísimo.
WAÑUYUKHU. s. Abismo.
WAPSI. s. Vapor que se desprende del agua hirviendo. Vaho. Sinón. **Jipya.**
WAPSIY. v. Vaporizarse, vahear. Sinón. **Jípyay.**
WAP'U. adj. Glotón, tragón.
WAP'UYKUY. v. Tragar de golpe.
WAQACHIY. v. Hacer llorar. Tañer un instrumento musical.
WAQAMULLU. s. Cierta hierba alimenticia. (G.H.)
WAQANKI. s. Especie de amuleto o talismán, por lo general un gusano raro,
un moscón azul, un colibrí, etc. que tenia la virtud de hacer que la mujer cedie-
ra fácilmente a los requerimientos del hombre. Sinón. **Warmimunachi.**
WAQAPUKUJ. adj. Plañidera.
WAQAPUKUY. v. Llorar a los muertos.
WAQAR. s. Garza blanca de cuello muy largo. (G.H.)
WAQARQACHAY. v. Aullar.
WAQATI. adj. Afeminado, homosexual.
WAQAY. s. Lágrima. Llanto. Timbre de un instrumento musical.
WAQAY. v. Llorar. Trinar, gorjear los pájaros.
WAQAYCHACHISQA. adj. Lo que se entrega en depósito o custodia.
WAQAYCHAJ. adj. Persona encargada de guardar o custodiar.
WAQAYCHAQË. s. Tutor.
WAQAYCHAY. v. Guardar, preservar. Sinón. **Jállch'ay.**
WAQAYCHAYKAMAYUJ. s. Depositario.
WAQAYCH'URU. adj. Llorón.
WAQAYLLI. s. Invocación que en tiempos del Inkario se dirigía a los dioses
implorando lluvia.
WAQAYLLIKUY. s. Procesión nocturna que se realizaba por las calles pidien-
do lluvia a los dioses en tiempo de sequía.
WAQAYÑAN. s. Camino difícil y peligroso.
WAQAYWAQAYLLA. adv. Lastimeramente, sensiblemente.

WAQÖ. s. Colmillo.

WAQÖÑA. s. Barboquejo. Sinón. **Chakuña.**

WAQÖRU. s. Muela cordal.

WAQ'A. s. y adj. Atolondrado. Loco.

WAQ'AKAY. s. Locura.

WARA. s. Pañete, taparrabo.

WARAKU, WARACHIKU. s. Serie de pruebas a que los jóvenes, de 16 años adelante, se sometían para acreditar sus aptitudes varoniles.

WARAK'A. s. Honda.

WARAK'AKAMAYUJ. s. Hondero diestro.

WARAK'AY. v. Tirar con honda.

WARALLIKUY. v. Ponerse el pañete.

WARANI. s. Constelación.

WARANKU. s. Arbusto de la familia de las tamariscíneas. (J.A.L.)

WARANNAJ. adj. El que no usa pañete.

WARANQA. adj. Mil.

WARANQAISU. s. Planta venenosa de la familia de las umbelíferas. (J.A.L.)

WARANWAY. s. (Prosopis juliflora). Árbol de la familia de las mimosáceas. Sinón. **Thaqö.** Vulg. Algarrobo. (R.L.)

WARAQA. s. Costal, bolsa grande.

WARAQAY. v. Llenar costales hasta los bordes.

WARAQËRI. Cosechero encargado de trasladar los costales llenos de maíz acabado de cosechar.

WARAQÖ. s. (Haageocereus sp.). Planta de la familia de las cactáceas. Sinón. **Pitajaya.**

WARARARAJ. adj. Vocinglero.

WARARARAY. v. Hacer bullicio. Sinón. **Ch'ajway, rújway.**

WARAWA. s. Adorno superfluo.

WARAYUJ. adj. El que usa taparrabo.

WARI. s. Auquénido híbrido de la llama y la allpaqa.

WARI. s. Canto que se entonaba en las competencias del **warachiku.**

WARIKUNKA. s. (Species variae). Liquen. Algunas variedades se emplean como pectorales. (M.C.)

WARIQÖLLA. s. Flor de la **t'utura.** Antorcha.

WARIRUNA. (Gente de la antigüedad). s. Población que constituyó la "Segunda Edad" de Waman Puma.

WARITA. s. Canción que se entonaba durante las pruebas del **warachiku.**

WARIWIRAQÖCHARUNA. (Gente con categoría divina) s. Población primitiva de la tierra andina, llamada "Primer generación de indios" por Waman Puma.

WARKHU. s. Peso. Neol. Peso, moneda.

WAKHUNA. s. Colgador, donde se cuelga algo.

WARKHUSQA. p. Colgado. Ahorcado

WARKHUY. v. Colgar. Ahorcar.

WARMA. adj. Adolescente, joven de 15 a 25 años de edad.

WARMAKU. adj. Mozallón.

WARMALLAY. v. Entrar en la adolescencia.

WARMASUNQÖ. adj. Aniñado.

WARMI. s. Mujer.

WARMIKAY. s. Femineidad.

WARMIMASI. adj. Mujer respecto de otra mujer. Concuñadas, esposas de dos hermanos.

WARMIMUNACHI. s. Cierta hierba u objeto que se emplea para obtener el amor de la mujer. Sinón. **Waqanki**.

WARMIPURA. adj. Entre mujeres solas.

WARMISUNQÖ. adj. Mujeriego.

WARMIWAWA. s. Hija, con relación a la madre.

WARMIYAKUY. v. Obtener esposa o manceba.

WARMIYUJ. adj. El que tiene esposa.

WARPI. s. Canto, arrullo doliente de algunas aves.

WARPIKUJ. adj. Parlanchín.

WARPIY. v. Arrullar, cantar flébilmente algunas aves. Conversar de las propias penas.

WARU. s. Cesto o jaula de la uruya en que pasa la gente los ríos.

WARUCHIRI. s. Valle situado en el distrito de Matucana, al sur de Lima y oriente del adoratorio de Pachakámaj.

WARUJ. s. Especie de paila, de cobre.

WARWA. Sal extraída de las minas.

WARWAR. s. (Datura arbórea). Planta de la familia de las solanáceas. Vulg. Floripondio. (R.L.)

WASA. s. Espalda.

WASA. prep. Tras. **Wasiwasapi t'ika tiyan**: Hay flores tras la casa.

WASACHALLWA. s. Lomo.

WASAMALLKU. s. Dios asexual de los páramos en la altiplanicie del Titicaca.

WASANCHAY. v. Traicionar al cónyuge. Cometer adulterio.

WASARIMAJ, WASARIMAKU. adj. El que habla mal de una persona ausente.

WASARIY. v. Escalar.

WASARURU. s. Riñón.

WASATULLU. s. Columna vertebral.

WASAYKUY. v. Tramontar, transmontar. Dar vuelta la esquina.

WASAYUKUY. v. Echarse un bulto o carga a las espaldas.

WASI. s. Casa.

WASICHAKUY. v. Construir casa propia. Rodearse de halo el sol o la luna.

WASICHAY. v. Edificar, construir casa.

WASIJQHATAN. s. Techo.

WASIKAMAYUJ. s. Portero.
WASIMASI. adj. Convecino.
WASIP'AKU. s. Chimenea.
WASIQÖWI. adj. Retraído, recoleto.
WASITAUNA. s. Pilar que sostiene el techo.
WASIYUJ. s. Casero, el que ocupa la casa.
WASKA. s. Soga, cuerda, cadena.
WASKAR (INTI KUSI WALLPA). s. Hijo de Wayna Qhápaj y de Mama Rawa Ujllu. Duodécimo soberano del Tawantinsuyu. Declaró guerra a su hermano Ataú wallpaj, monarca de Quito. Según Blas Valera, transcrito por Anello Oliva, murió en el Cuzco a consecuencia de heridas graves recibidas en la batalla de Qëpaypa o Yawarpanpa en la que había sufrido la derrota final.
WASKARPINKA. s. Variedad de colibrí. (G.H.)
WASKARQ'ÉNTI. s. El colibrí de menor tamaño.
WASKARSUPA. s. Plumaje rojo.
WASKAY, WASKARQÖY. v. Enlazar, echar soga a un animal.
WASKAYLLA. adj. Excesivamente largo.
WASKAUCHU. s. Cierta variedad de ají, delgado y largo, muy picante. Sinón. **K'uikauchu**.
WASKHA. s. y adj. Horizontal.
WASKHANPA. s. Horizontalidad.
WASQË. s. Capitulación, rendición.
WAQËY. v. Capitular, rendirse.
WASU. adj. Grosero, torpe, rudo. Vulg. Guaso.
WASUKAY. s. Grosería, torpeza, rudeza.
WASHWA. s. Ganso andino.
WASHWA. s. Hervidero de gusanos, hormigas, etc. Sinón. **Aywi**.
WASHWAY. v. Hervir multitud de gusanos, hormigas, etc.
WATA. s. Año.
WATAJMANTA. adv. Nuevamente, de nuevo.
WATANA. s. Cuerda, coyunda con que se amarra. Amarradero.
WATASQA. p. Amarrado. Preso.
WATAY. v. Amarrar.
WATAYWASI. s. Prisión, cárcel común. Sinón. **Pinas**.
WATINKAY. v. Apresar, encarcelar.
WATIQAJ, WATAQAJ. v. Acechar, espiar. Instigar.
WATMU. s. neol. Padrino.
WATMUJ. adj. Casamentero.
WATMUY. v. neol. Apadrinar.
WATU. s. Cordel.
WATUKUY. v. Echar de menos, preguntar por alguien o por algo.
WATUNKA. s. Injuria.

WATUNKAJ. adj. Injuriador

WATUNKAYAY. v. Injuriar.

WATUY. s. Adivinación, conjetura, desciframiento.

WATUY. v. Adivinar, presagiar, descifrar.

WATUYLLA. adv. Conjeturalmente.

WATWAJ. s. Hervidero.

WAT'A. s. Isla.

WAT'A. adj. fam. Enano.

WATAJ. interj. Con que se expresa sorpresa, susto.

WAT'ISANKA. s. Congoja, angustia, tormento.

WATISANKAY. v. Atormentar, causar angustia, padecimiento.

WATHIYA. s. Tubérculo cocido al rescoldo o en pequeños hornos construidos de terrones y caldeados.

WATHIYANA. s. Hornillo que se hace para cocer tubérculos.

WATIYAQÖRI. s. Dios hijo de Pariaqaqa. Curó de una enfermedad grave al cacique Tamtañamka y se casó con la hija de éste.

WATHIYAY. v. Asar tubérculos en hornillos hechos de terrones.

WAUQË. s. Hermano del hermano.

WAUQÉPURA. s. Entre hermanos varones.

WAUSA. s. Semen.

WAUSAJ. adj. Somético, masturbador.

WAUSAY. v. Masturbarse, incurrir en sodomía.

WAWA. s. Hijo, hija respecto de la madre.

WAWACHAKUY. v. Adoptar por hijo.

WAWACHAY. v. Mimar, arrullar a la criatura.

WAWAQÖTU. adj. Mujer muy fecunda.

WAWACHACHIJ. s. y adj. Partera. Sinón. **Wisallíchaj.**

WAWACHACHIY. v. Sensibilizar.

WAWAYAY. v. Sensibilizarse. Hacerse sensible. Ablandarse.

WAWAYUJ. adj. Mujer que tiene hijos.

WAY. interj. Que expresa susto o vergüenza, o el dolor producido por un golpe o caída.

WAYA. adj. Flojamente amarrado. Desajustado. Sinón. Llauqhë.

WAYACHAY. v. Desajustar, aflojar.

WAYAKAN. s. (Bulnesia sarmientia). Árbol de la familia de las zigifilláceas. Tiene la madera olorosa y compacta, apreciada por los tallistas. Vulg. Guayacán. (R.L.)

WAYAKAURI. s. Arco iris. Sinón. **K'uichi.**

WAYANAY. s. Golondrina. Sinón. **Khallwa.**

WAYAQA. s. Talega, saquillo.

WAYARKUMA. s. (Mutisia sp.). Chinchercoma de flores rojas. (R.L.)

WAYAU. s. (Salix Alba). Árbol de la familia de las amentáceas. (R.P.)

WAYA. v. Ahuyentar a los pájaros de las sementeras.

WAYCHINQARA. adj. Andrajoso. Sinón. **Sajsasajsa. wallqaracha**.

WAYCHU. s. Pájaro tiránido que vive en tierras bastante altas.

WAYCH'A. s. (Senecio clivicola). Planta de la familia de las compuestas. (R.L.)

WAYKA. s. Agresión colectiva a una sola persona.

WAYKANAKU. s. Arrebatiña.

WAYKAY. v. Atacar varios a uno solo. Neol. Robar, despojar entre varios.

WAYKI. s. Estatura.

WAYK'U. adj. Cocido. **Papawayk'u**: Papa cocida en agua.

WAYK'UJYANUJ. s. Cocinera.

WAYK'UKUY. s. Hora. **Uj wayk'ukuy**: una hora. **Chunka wayk'ukuy**: diez horas.

WAYK'UY. v. Cocinar, guisar. Sinón. **Yánuy**.

WAYK'UYWASI. s. Cocina.

WAYLLA. s. y adj. Llanura, pradera cubierta de verdor.

WAYLLAMA. s. Diosa amante de Anchikara, convertida en piedra junto con él en medio de una fuente de riego.

WAYLLANI. s. Llanura extensa cubierta de hierba.

WAYLLAPATA, WAYLLAPANPA. s. Prado verde y florido.

WAYLLAQÊPA. s. Trompeta de cierto caracol marino de gran tamaño.

WAYLLAWAMAN. s. Especie de gavilán.

WAYLLU. s. Idilio.

WAYLLUKUY. v. Acariciar, halagar, mimar.

WAYLLUNK'A. s. Columpio.

WAYLLUNK'ACHIY. v. Columpiar. **Wamrayta wayllunk'achini**: Hago columpiar a mi nene.

WAYLLUNK'AY. v. Columpiarse.

WAYLLUSQA. adj. Ser tiernamente amado.

WAYLLUY. v. Amar con ternura y devoción.

WAYMA. s. y adj. Pretérito.

WAYMAPACHA. adv. Tiempo antiguo.

WAYMAWATA. adv. Antaño. Sinón. **Qaynawata**.

WAYNA. s. Joven, mozo. Enamorado.

WAYNAKAY. s. Juventud.

WAYNAKUY. v. Entregarse a los esparcimientos propios de la juventud.

WAYNA QHAPAJ. s. Hijo de Túpaj Yupanki Inka y de la qôya Mama Ujllu. Undécimo soberano del Tawantinsuyu.

WAYNARIKUY. s. Ilusión, deseo de amor.

WAYNARIKUY. v. Amar ardientemente, suspirar por el ser amado.

WAYNAY. v. Enamorarse la mujer

WAYNAYAY. v. Hacerse joven.

WAYNIY. v. Temer, **asustarse**, avergonzarse.

WAYÑU. s. Danza muy movida que se ejecuta colectivamente por parejas asidas de las manos.

WAYÑUKUJMASI. adj. Pareja en la danza del **wayñu**.

WAYÑUY. v. Bailar el **wayñu**.

WAYÑUYKUY. v. Sacar a bailar el hombre a la mujer con las manos enlazadas.

WAYQ'Ö. s. Quebrada.

WAYQ'ÖCHAY. v. Erosionar, formar barranco o quebrada.

WAYRA. s. Viento.

WAYRACHAKI. adj. Ágil. Andorrero.

WAYRACHINA. s. Dispositivo, especie de horno en que se fundía el metal. Sitio en que se hacia la fundición. Los instrumentos que se empleaban en la operación.

WAYRACHIY. v. Ventilar. Aventar. Hacer orear. Fundir los metales.

WAYRAKACHAY. v. Correr.

WAYRALLA. adj. Ligero, veloz.

WAYRAMAKI. adj. Manirroto, derrochador. Sinón. **Q'aru**.

WAYRAPAMUSHQA. s. Advenedizo.

WAYRAT'AY. v. Castigar para escarmiento.

WAYRAY. v. Hacer viento.

WAYRU. s. Matrona, señora.

WAYRU. s. Juego con una especie de dados.

WAYRURAJLLA. s. Virgen escogida que se consagraba al culto del Sol, la Luna, el planeta Venus y el Rayo.

WAYRURKUMA. s. Planta de la familia de las labiadas. (J.A.L.)

WAYRURU. s. (Eritrina corallodendron). Planta de la familia de las papilionáceas. La semilla roja, con ojo negro, se emplea en joyería. (R.P.)

WAYTA. s. Flor silvestre. Silbido del viento. Airón, penacho.

WAYTAY. v. Silbar, ulular el viento.

WAYT'AJ. adj. El que nada.

WAYT'ANA. s. Sitio adecuado para nadar.

WAYT'AY. v. Nadar.

WAYU. s. Fruta.

WAYUJ. adj. Colgado, pendiente en el aire.

WAYUNKHA. s. (Ipomea batatas). Camote. Sinón. **Apichu, kumara**. (R.L.)

WAYURAYAJ. adj. Cosa colgada, pendiente.

WAYUY. v. Colgar, quedar pendiente, suspendido en el aire.

WAYWA. s. Merma.

WAYWARA. s. Especie de urticaria, pasajera.

WAYWAY. v. Mermar.

WICHARIY. s. Subir.

WICHAY. s. Subida. Sitio o camino ascendente.

WICHAYU. s. Planta coparidácea antiespasmódica. (J.A.L.)
WICHAYURAY. s. Sitio o camino que va subiendo y bajando.
WICHICHICHINA. s. Silbato. Sinón. **Kuywina**.
WICHICHICHIY. v. Silbar. Trinar. Sinón. **Kúywiy**.
WICH'I. s. Cántaro grande de boca ancha.
WICH'UN. s. Húmero. Fémur.
WIJCH'UNA. adj. Cosa despreciable, digna de ser arrojada.
WIJCH'URAYAY. v. Hallarse echado, tendido de espaldas.
WIJCH'USQA. p. Arrojado, desechado, botado.
WIJKHAY. v. Tirar hacia si con violencia.
WIJRU. adj. Torcido, tuerto, combado. **Wijruchaki**: Patizambo.
WIJRUCHAY. v. Torcer, encorvar.
WIJRUYAY. v. Torcerse, combarse, encorvarse.
WIJSA. s. Vientre, estómago.
WIJSAALLICHAJ. s. y adj. Partera. Sinón. **Wawawachachij**.
WIJSAYUJ. adj. Hembra embarazada. Sinón. **Chichu**.
WIJSAYUJKAY. s. Embarazo, preñez. Sinón. **Chichukay**.
WIJSU. adj. Oblicuo, sesgado, chueco.
WIJSUKAY. s. Oblicuidad.
WIJSUY. v. Sesgar, oblicuar.
WIJSUYAY. Sesgarse, torcerse.
WIKAPAY, WIKUPAY. v. Derribar.
WIKAR. s. Cintura, talle.
WIKASQA. p. Destupido.
WIKAY. v. Destupir, descompactar un tejido.
WIK'I. s. Vedija, mechón de lana.
WIK'UÑA. s. Auquénido montaraz de lana muy fina. Vulg. Vicuña.
WIK'URU. s. Ave canora semejante a la calandria. (J.A.L.)
WILLACHIY. v. Hacer avisar o denunciar o anoticiar.
WILLAJUMU. s. Sumo sacerdote dentro de la religión inkaica.
WILLALLI. s. Leche. Sinón. **Ñuñu**.
WILLAPI. adj. Anaranjado.
WILLAY. v. Avisar, anoticiar, comunicar, denunciar.
WILLINA. adj. Adolescente que crece rápido y alcanza alta estatura.
WILLINA. s. Antelación, anticipación.
WILLIWAY. v. Antelar, anticipar.
WILLKA. s. Dios menor en la teogonía inkaica.
WILLKA. s. Nieto.
WILLKA. s. (Piptademia macrocarpa). Árbol de la familia de las mimosáceas.
(R.L.)
WILLKA. adj. Sagrado.
WILLKACHINA. s. Especie de jeringa.

WILLKAMAYU. s. Río sagrado. Río caudaloso que corre por el valle de la Convención en el Cuzco.

WILLKANINA. s. Fuego sagrado de los sacrificios inkaicos.

WILLKANUTA. s. Pico nevado distante 130 kms. del Cuzco.

WILLAKANUTA. s. Dios regional de Qöllasuyu. Fue reconocido y venerado por los Inkas.

WILLKAPANPA. s. Región montañosa y selvática en el antiguo Antisuyu a donde se retiró Manku II no consiguiendo derrotar a los Conquistadores españoles.

WILLKAPARU. s. (Zea maíz). Maíz de grano muy oscuro.

WILLKAYAKU. s. Pato, especie de ánsar grande.

WILLK'UYUYU. s. (Hidrocotyle sp.). Planta de la familia de las crucíferas. Vulg. Berro. (R.L.)

WILLPU. s. Postración, desaliento.

WILLPUKUY. v. Postrarse, desalentarse.

WILLQ'Ö. s. (Convolvulus o ipomea sp.). Enredadera de la familia de las convolvuláceas. Vulg. Campanilla. (R.L.)

WILLU. s. Planta trepadora de la familia de las umbelíferas. (J.A.L.)

WILLU. adj. Ruin.

WILLUK'U. s. (Ortalis canicollis). Ave de la familia de los crácidos, de carne alimenticia. Vulg. Pava de monte.

WILLULLU. adj. Huérfano.

WILLUWA. s. Maizal que empieza a nacer y no cubre aun el suelo.

WILLUY. v. Preparar la tierra para sembrar.

WIÑAY. v. Ensacar.

WINCHA. s. Cinta con que las mujeres se rodeaban la cabeza.

WINCHALLIKUY. v. Adornarse con cinta la cabeza.

WINCHUKA. s. Insecto alado transmisor del mal de Chagas.

WINIRUMI. s. Piedra silícea que se utilizaba para labrar la piedra.

WINKUY. v. Echarse, tenderse.

WINPILLA. s. Lugar fuera del Cuzco donde se ahorcaba a los delincuentes.

WIÑACHIY. v. Acrecentar, hacer crecer.

WIÑAPU. s. Bebida fermentada de maíz que empieza a germinar. Sinón. **Sura.**

WIÑARA. s. Brote que aparece en los tubérculos largo tiempo guardados o en los cereales humedecidos. Sinón. **Ch'auchu.**

WIÑARAY. v. Aparecer brotes en los tubérculos o en los cereales.

WIÑAY. s. Espacio de tiempo que abarca cien años.

WIÑAY. v. Crecer.

WIÑAY. adv. Siempre, en todo tiempo.

WIÑAYKAJ. adj. Eterno.

WIÑAYKAY. s. Eternidad.

WIÑAYPAJ. adv. Para siempre.

WIÑAYPAJWIÑAYNIN. s. Tiempo infinito. Los siglos de los siglos.

WIÑAYWAYNA. (Perpetuamente joven) s. Planta cuyas hojas, alargadas como las del lirio, se mantienen verdes aun cuando se hallan ya secas (Garcilaso).

WIPACHI. s. Plomada. Sinón. **Juypa, juypaychi.**

WIPACHIY. v. Emplear la plomada. Sinón. **Júypay, juypáychiy.**

WIPHI.s. Azote, látigo.

WIPHIYAY. v. Flagelar, azotar.

WIQË. s. Lágrima. Sinón. **Wáqay.**

WIQÉCHI.s. Lagrimal.

WIQÉY. v. Derramar lágrimas.

WIQ'A. s. Contenido de la panza y de los intestinos de los animales.

WIQ'AU. s. Bazo.

WIQ'AY. v. Limpiar de contenido la panza y los intestinos de los animales sacrificados. Extraer, expulsar humores o grosuras.

WIQ'ÖNTA. s. (Puya sp.). Planta de la familia de las bromeliáceas.

WIQ'ÖY. v. Beber a grandes sorbos.

WIRA. s. Sebo, grasa, enjundia, manteca.

WIRA. adj. Gordo.

WIRANNAJ. adj. Flaco, sin gordura.

WIRAPIRIKUJ. (El que ve en la grasa). s. Sacerdote arúspice que agoraba quemando sebo de llama y coca.

WIRAQÖCHA. s. Segundo nombre de Kuniraya, dios supremo del Waruchiri preinkaico.

WIRAQÖCHA. s. Dios, hacedor supremo de los Inkas.

WIRAQÖCHA. s. Hijo de Yáwar Wáqai Inka y de la qöya Mama Chuki Chijya Yúpaj, Octavo soberano del Tawantinsuyu.

WIRAQ'ÖA. s. Grasa y ciertas hierbas que se queman para conjurar ciertos males.

WIRAWIRA. s. (Gnaphalium margaritaceum). Planta de la familia de las compuestas. Es expectorante. (R.L.)

WIRAYAY. v. Engoradar.

WIRKHI. s. Canjilón de gran tamaño y de boca muy ancha.

WIRP'A. s. Labio superior.

WIRP'ASAPA. adj. Bezudo.

WIRU. s. Caña verde del maíz, de jugo dulce.

WIRUY. v. Chupar la caña de maíz.

WISINA. s. Recipiente con que se extrae agua u otro líquido.

WISIQAY. v. Extraer parte de un líquido.

WISIY. v. Extraer agua u otro líquido de su depósito.

WISK'ACHA. s. Mamífero roedor que vive en las montañas. Vulg. Vizcacha.

WISK'ACHASUNK'A. adj. Lampiño. Sinón. **Q'arasunk'a.**
WISLLA. s. Cuchara.
WISLLAY. v. Usar la cuchara.
WISÑIY. v. Dejar desparramados por el suelo granos u otras cosas.
WISPALLA. s. Mujer melliza.
WISPË. adj. Malcasado, separado del cónyuge.
WISQ'ANA. s. Instrumento para asegurar la cerradura de la puerta.
WISQ'ARAYAY. v. Guardar reclusión.
WISQ'AY. v. Cerrar, Encerrar.
WIST'U. adj. Estevado, torcido.
WISWI. s. Mugre, suciedad grasienta.
WISWIRAY. v. Quitar, eliminar la grasa.
WISWISAPA. adj. Grasiento, sórdido.
WISWIY, WISWIRAYAY. v. Andar sucio y grasiento.
WISHÑINA. s. Silbato de arcilla.
WISHÑIY. v. Silbar.
WITA. s. Mújol, pez marino de carne muy apreciada. (G.H.)
WITKHU. s. Canal, acueducto.
WITUJ. s. Planta tintórea de la familia de las rubiáceas. Da un color negro fijo.
(J.A.L.)
WITUNKUY. s. (Attalea princeps). Árbol de la familia de las palmáceas. Vulg.
Palmito. (R.L.)
WIT'U. s. Amputación.
WIT'UJ. s. y adj. Amputador, cirujano.
WIT'UY. v. Amputar.

Y

Y. Trigésima letra del alfabeto qhëshwa. Tiene el mismo valor fonético que la Y castellana.

Y. adv. De afirmación. Es así. Verdad. Ciertamente. **Y rinaykichij kanqa**: Es así que tenéis que ir. **Qöwanki papata y**: Es así que me darás papa.

YACHACHIJ. s. Preceptor, que enseña.

YACHACHIY. v. Enseñar. Hacer saber.

YACHAKUY. v. Acostumbrarse, habituarse. Aprender.

YACHAPAYAJQAQA. s. El eco. Sinón. **Urqöjsimin**.

YACHAPAYAY. v. Imitar, remedar.

YACHAPU. adj. Habilidoso, el que entiende de muchas cosas y las sabe hacer.

YACHAPHUKU. adj. Remedador. Imitador.

YACHASPA. adv. Deliberadamente.

YACHASQA. p. Habituado, acostumbrado.

YACHAY. v. Saber, conocer, anoticiarse. Aprender.

YACHAYNIYUJ. adj. El que posee conocimientos. Experto.

YACHAYWASI. s. Casa del conocimiento. Escuela.

YAJCH'IKUY. v. Lavarse las manos.

YAJTUJ. adj. Chocarrero, burlón.

YAJTUY. s. Chocarrería, bufonada.

YAJTUY. v. Chocarrear, burlarse, hacer bufonadas.

YAKAY. v. Abonar las plantas echando puñados de estiércol a cada una.

YAKAYAKA. s. Pájaro pídico que vuela a ras del suelo. Vive en lugares altos.

YAKARQA. s. y adj. Agorero que adivinaba soplando en un brasero encendido con un tubo mitad de plata y mitad de oro.

YAKILL. s. Emisario, enviado.

YAKISPALLA. s. (Puya Raymondi). Planta de la familia de las bromeliáceas. (R.L.)

YAKU. s. Agua. Sinón. **Unu**.

YAKU. adj. Chirle, insípido.

YAKUYACHIY. v. Pasar por agua huevos u otros alimentos.

YAKUYAY. v. Licuarse. Volverse chirle, insípido.

YALLIN, YALLIYUJ. s. Demasía, excedente.

YALLINAKUY. v. Disputarse la victoria en una competencia o contienda.

YALLINRAJ. conj. Pero, sin embargo.

YALLITAMUY. v. Sobrepujar, aventajar.

YALLIY. v. Pasar. Exceder. Dejar atrás a otro en el trabajo, en el viaje, etc.

YALLIYUJ. adj. Demasiado.

YAMKI SALLKAMAYWA, JUAN DE SANTA CRUZ PACHAKUTI. s. Cronista indígena del siglo XVII, autor de "Relación de antigüedades de este Reyno del Perú".

YANA. s. Pareja. **Yanantin, yanapura**: Apareados, entre parejas. Novio o novia.

YANA. s. Servidor, dedicado a servicios domésticos durante el Inkario.

YANA. s. Indígena esclavizado dentro del Coloniaje.

YANA. adj. Negro.

YANACHAY. v. Ennegrecer, pintar de negro.

YANAKAY. s. Negrura. Noviazgo.

YANAKUNA. s. pl. Esclavos dentro del Coloniaje.

YANAKHALLWA. s. Golondrina. Sinón. **Wayánay**.

YANAMANKA. s. Tizne de la olla, hollín. Sinón. **Qhëchimichi**.

YANANCHAKUY. v. Unirse en matrimonio.

YANANCHAY. v. Aparear, separar por parejas.

YANAPAJ. adj. El que presta ayuda.

YANAPANAKU. s. Ayuda mutua.

YANAPANAKUY. v. Ayudarse mutuamente.

YANAPAQË. adj. y s. El que ayuda. Protector.

YANAPAY. v. Ayudar, socorrer. Sinón. **Jáumay**.

YANASA. s. y adj. Amiga de la mujer. **Yanasapura**: Entre amigas.

YANASAKUY. v. Hacerse amigas entre mujeres.

YANAWARA. s. Pueblo situado al O. del Cuzco, incorporado al Imperio por Qhápaj Yupanki.

YANAWIKU. s. Pato silvestre de plumaje negro.

YANAY. v. Servir en menesteres domésticos. Intentar, probar.

YANAYANA. s. (Zixifus Peruviana). Arbusto de la familia de las Ramnáceas. Posee propiedades medicinales. (R.P.)

YANAYUJ. adj. El que poseía servidores dentro del Inkario.

YANKI. s. Trueque.

YANKIY. v. Canjear, trocar.

YANQALLI. s. Mal de Parkinson.

YANQALLIY. v. Temblar las manos sin motivo.

YANQHA. adj. Baladí, vano, ilusorio. Sin razón.

YANQHA. adv. En vano, inútilmente.

YANQHACHAY. v. Desechar por baladí, vano o ilusorio.

YANQHAKAY. s. Inutilidad.

YANUSQA. s. Guiso, comida preparada.

YANUY. v. Guisar, cocinar. Sinón. **Wáyk'uy.**

YANUYKAMAYUJ. s. Cocinero.

YAPA. s. Aumento, añadidura.

YAPASQA. adj. Corrido, favorable en peso o medida.

YAPAY. v. Aumentar, añadir.

YAPUNA. s. Terreno de labor.

YAPUY. v. Arar la tierra. Sinón. **Llánk'ay.**

YAQAPAY. v. Perseguir. Sinón. **Qhatípay.**

YAQAY. v. Seguir, ir detrás. Sinón. **Qhátiy.**

YAQÓLLA. s. Manto con que los hombres se cubrían los hombros y la espalda.

YAQÓLLAKUY. v. Cubrirse con el manto.

YAQHA. adv. Casi **Yaqha urmani:** Casi me he caído.

YAQHACHAY. v. Estar a punto de terminar una obra. Sinón. **Chayñáchay.**

YAQHAMANA. adv. Apenas, dificilmente.

YARAWI. s. Canción. Sinón. **Arawi, jarawi.**

YARAWIJ, YARAWIKUJ, YARAWIKU, ARAWIKU. s. Poeta.

YARI. adv. Principalmente, mayormente.

YARINA. s. Marfil vegetal. (J.A.L.)

YARITA. s. (Azorella yareta). Planta puneña de la familia de las umbelíferas. Es un excelente combustible. Vulg. Yareta. (R.L.)

YARQACHIKUY. v. Expresar que siente hambre.

YARQAY, YARQËY. s. Hambre.

YARQAYTAKI. adj. Hambriento, pedigüeño.

YARQHA. s. Acequia, acueducto. Sinón. **Llarq'a.**

YARUWILLKA. adj. Eminentísimo, grandiosísimo.

YASAPA. s. Platero.

YAU. interj. ¡Hola! ¡Qué tal!

YAUCHAY. v. Sembrar en surcos que enmarcan el terreno.

YAUNAY. s. Charla, conversación.

YAUNAY. v. Conversar, departir,

YAUNAYKACHAY. v. Vocear.

YAURI. s. Agujón, aguja grande y gruesa.

YAURINA. s. Anzuelo. Sinón. **Jach'una.**

YAURINKHA. s. Diosa del terremoto, de los hundimientos y derrumbes en la región del Titicaca.

YAUYAY. s. Mengua, merma, disminución.

YAUYAY. v. Menguar, disminuir, mermar.

YAUYAYKILLA. s. Luna menguante.

YAWAR. s. Sangre. **Yawarníyuj**: Noble. Sinón. **Lláwar**.
YAWARCHAY. v. Ensangrentar.
YAWARIKUY. s. Periodo menstrual de la mujer.
YAWARMASI. adj. Pariente consanguíneo.
YAWARQ'ËCHA. s. Disentería.
YAWAR WAQAJ. s. Hijo de Ruka Inka y de la qöya Marna Mikay. Séptimo soberano del Tawantinsuyu.
YAWARYAWAR. adj. Sangriento.
YAWAYRA. s. Canto religioso en que se pedía buen año a los dioses.
YAWIRA. s. Cerro que se halla cerca del Cuzco.
YAWIRA. s. Divinidad representada por dos halcones esculpidos en piedra y colocados en un ara en la cumbre del cerro Yawira.
YAWIRKA. s. Maroma, soga.
YAYA. s. Padre. Sinón. **Tata, tayta**.
YAYAKARWI. s. Arco Iris.
YAYAKAY. s. Paternidad.
YAYAN. Suma.
YAYANCHAY. v. Sumar.
YAYAN ILLAPA. s. Rayo padre. El mayor entre los tres dioses que formaban la trinidad del Rayo.
YAYAUKI. s. Tío, hermano del padre.
YAYKUCHIY. v. Introducir, hacer entrar.
YAYKUNA. s. Entrada.
YAYKUY. v. Entrar, ingresar. Caber, adaptarse.
YU. interj. ¡Oye! ¡Escucha!
YUJ. prep. Que se usa para denotar posesión o pertenencia. **Kamayuj**: Que tiene mando o especialidad en algún arte u oficio. **Yarqëyníyuj**: Que tiene hambre.
YUJRA. s. Camarón.
YUJRAY. v. Coger camarones.
YUKA. s. (Manihot utilissima). Planta de la familia de las euforbiáceas. La raíz es alimenticia. Sinón. **Rumu**. (R.L.)
YUKAY. s. Valle fértil y florido en la quebrada de Khurupanpa (Urubamba) donde los Inkas poseían un palacio de reposo.
YUKAY. v. Engañar, engatusar.
YUKU. s. Especie de cisne. (G.H.)
YUKUMA. s. Redecilla para cazar cobayos. Sinón. **Lluk'u**.
YUKUY. v. Cubrir el varón a la mujer. Copular.
YUMAQË. adj. El que engendra, procrea: el padre.
YUMAY. s. Semen. Sinón. **Wausa**.
YUMAY. v. Engendrar.

YUNKA. s. Pueblo primitivo que ocupó el litoral peruano y los valles adyacentes, expandiéndose con el tiempo por las quebradas semicálidas de los Andes.

YUNKA. s. Tierra semicálida de las quebradas andinas. Vulg. Yunga.

YUNPAQA. adj. Desmirriado, agotado, inservible.

YUPA. adj. Abundante.

YUPANA. s. Guarismo, número.

YUPASQA. p. Contado.

YUPAY. s. Cuenta.

YUPAY. v. Contar.

YUPAYCHAY. v. Honrar, rendir homenaje.

YUPI. s. Huella, rastro.

YUPIY. v. Hollar, dejar rastro.

YUPTU. Padrón, censo.

YUPTURAY. v. Empadronar, censar.

YUQÖ. s. Jeme.

YUQÖY. s. Cópula, unión sexual.

YUQÖY. v. Copular, unirse sexualmente.

YURA. s. Mata, planta de tallo bajo.

YURAJ. adj. Blanco. Sinón. **Qöyllu.**

YURAJANQAS. adj. Celeste, azul claro. Sinón. **Kupha.**

YURAJKAY. s. Blancura.

YURAJSIMI. s. neol. Idioma castellano.

YURAJTITI. s. Estaño.

YURAJYACHIY. v. Blanquear.

YURAJYAY. v. Emblanquecerse. Clarear, alborear.

YURIY. v. Nacer. Sinón. **Paqáriy.**

YURU. s. Cantarillo de arcilla.

YURUMA. s. (Cedrella odorata). Árbol de la familia de las meliáceas. Sinón. **Siwis.** Vulg. Cedro. (R.L.)

YUTHU. s. (Nothura maculosa). Ave de la familia de los tinámidos. Vulg. Perdiz.

YUYAJ. adj. Anciano.

YUYANA. s. Mente. Imaginación.

YUYAPUY. s. Cuidado.

YUYAPUY. v. Cuidar.

YUYARIY. v. Acordarse.

YUYAY. s. Memoria, conocimiento. **Sajmaspa yuyayninta chinkarparichini:** A puñadas le he hecho perder el conocimiento.

YUYAY. s. Recuerdo.

YUYAY. v. Recordar.

YUYAYMANAY. v. Confundir el recuerdo, trascordarse.

YUYAYNIYUJ. adj. Racional, juicioso.
YUYAYP'ITI. s. Desmayo.
YUYAYRUNA. adj. Entendido. Experto.
YUYAYSAPA. adj. Memorioso.
YUYU. s. Hierba que puede servir en la alimentación humana.
YUYUNI. s. Pájaro de plumaje policromo: rojo, anaranjado, azul, celeste y negro.
YUYUY, YUYUYKUY. v. Recolectar hortalizas.

CASTELLANO - QHËSHWA

A

A. prep. Man.
ABAJO. adv. Uray.
ABANDONADO. adj. Jaqësqa, saqësqa.
ABANDONAR. v. Sáqëy, saqërpáriy.
ABANDONO. s. Sáqëy.
ABARCAR. v. Márq'ay.
ABATIR v. Máray.
ABCESO. s. Ch'upu.
ABEJA NATIVA. s. T'ujtu, wanq'öyru, wayrunq'ö.
ABEJEAR. v. Unyay.
ABEJEO. s. Unya.
ABERTURA. s. Kicha.
ABIGARRADO. adj. Sajsa.
ABISMO. s. Wañuyukhu, millayukhu.
ABLANDAR. v. tr. Mupúchay. r. Llullúyay.
ABLANDARSE. v. T'ijmúyay. Llanp'úyay. Wawáyay.
ABOCHORNAR. v. tr. P'inqácriiy. r. P'inqákuy.
ABOFETEAR. v. Ch'ájllay, t'ájllay, k'ajllánchay, qallánchay.
ABOLLADO. p. Q'apñusqa.
ABOLLAR. v. Q'ápñuy.
ABOMBADO. adj. P'ullchu. P'ulli.
ABOMINABLE. adj. Millaymana, millana.
ABONAR. v. Kúllchay, rúq'ay.
ABONO. s. Kullcha, ruq'a.
ABORRECER. v. Chíjniy.
ABORRECIBLE. adj. Chijnina.
ABORRECIMIENTO. s. Chíjniy.
ABORTADO. adj. Sullu.
ABORTAR. v. Súlluy
ABORTO. s. Súlluy.
ABOTAGADO. adj. P'unru.

ABOTAGARSE. v. P'unrúyay.
ABOVEDAR. v. K'újtiy.
ABRA. s. Q'asa.
ABRAZAR. v. Ujllay, mak'álliy.
ABRAZARSE. v. Ujllanákuy, mak'allinákuy.
ABRAZO. s. Mak'alli, új||lay, ujllu.
ABRIL. s. Pachapúqöy killa.
ABRIR. v. tr. Ichílliy, kíchay, kicháriy. r. Phánchiy.
ABRUMAR. v. Machítay.
ABSOLVER. v. Páskay.
ABSTENCIÓN. s. Sasi.
ABSTENERSE. Sasíkuy.
ABSTRACCIÓN. s. T'uku.
ABUCHEAR. v. Japapíyay.
ABUELO. s. Apucha.
ABURRIDOR. adj. Májij.
ABURRIMIENTO. s. Maji.
ABURRIRSE. v. Májiy.
ACABAMIENTO. s. P'uchúkay.
ACABAR. v. Túkuy.
ACABARSE. v. Jiwíqay, tukúkuy, p'uchukakuy.
ACALLAR. v. Upalláchiy, ch'inyáchiy.
ACARDENALARSE. v. Q'öyúyay.
ACARICIAR. v. Chínuy, wáylluy.
ACARO. s. Khiki, sisu, isu.
ACARREAR. v. Astay.
ACAUDALADO. adj. Illáyuj, usapu, allinníyuj.
ACCEDER. v. Júñiy, siminñiy.
ACCIDENTADO. adj. Sh'apush'apu.
ACECHAR. v. Qaymíway, chapatíyay, watíqay.
ACEPTAR. v. Ariñiy.
ACEQUIA. s. Yarqha, llarqh'a, rarq'a.
ACERCAMIENTO. s. Asuy. Sinón. **Aproximación.**
ACERCAR. v. tr. Sispáchiy, qaylláchiy. r. Qáyllay: síspay, chinpay.
ACEZAR. v. Ansáqëy. Sinón. **Jadear.**
ACIAGO. adj. Kusínnay, llinnínnaj.
ACICALADO. adj. Ch'antasqa.
ACICALAR. v. Ajnupúlliy.
ACICALARSE. v. Ch'antákuy.
ACLARAR. v. Sutíchay.
ACNE. s. Suchi.
ACOBARDARSE. v. Llájllay, q'ëwákuy, jallk'ákuy.

ACOLLAR. v. Jállmay, járay, jáptuy.

ACONGOJAR. v. Wat'isankay.

ACOPIADOR. adj. Palliri.

ACORDARSE. v. Yuyáriy. Sinón. Recordar.

ACORTAR. v. Pisíchay, tajsáchay, juch'uyyáchiy.

ACOSTARSE. v. Puñúykuy.

ACOSTUMBRARSE. v. Yachákuy.

ACRECENTAMIENTO. s. Ashkáchay.

ACRECENTAR. v. Ashkayáchiy, wiñáchiy.

ACREEDOR. adj. Mánuj.

ACTIVO. adj. K'uchi, wallpaymana.

ACUARIO (CONSTELACIÓN). s. Mikikíray.

ACUCLILLARSE. v. Runkúkuy, ústhuy, chúkuy.

ACUCHILLAR. v. Kháriy.

ACUEDUCTO. s. Pincha, witkhu.

ACUERDO. s. Uyni.

ACUNAR. v. Sh'úkuy.

ACHACOSO. adj. Qarwaruna, unphu.

ACHATAR. v. T'áñuy, kápñuy.

ACHIOTE. s. Achiwiti. Sinón. **Bija.**

ACHIRA. s. Achira.

ADARGA. s. Markaqërar.

ADELANTARSE. v. Ñáupay, ñaupátay.

ADELGAZAR. v. Llañúyay, ñañúyay, ish'úyay, ankúyay.

ADEREZAR. v. Allíchay. Sinón. **Aliñar.**

ADHERIR. v. Rát'ay.

ADHESIVO. adj. Mach'a.

ADICTO. adj. Sayaqë.

ADIÓS. s. Aywa.

ADIVINACIÓN. s. Wátuy.

ADIVINANZA. s. Wátuy.

ADIVINAR. v. Wátuy, achínay.

ADMIRABLE. adj. T'ukúchij.

ADMIRACIÓN. s. Añay.

ADMIRAR. v. Añay, utiráyay.

ADMISIBLE. adj. Chaskina.

ADMITIR. v. Ariñiy, cháskiy.

ADOBAR. v. Jillp'uy.

ADOBE. s. Tika.

ADOBERA. s. Tikana.

ADOLESCENTE. adj. Majt'a, warma.

ADOLORIDO. adj. Nanasqa.

ADOPTAR. v. Churichákuy.
ADOQUÍN. s. Khallki.
ADOQUINAR. v. Khállkiy.
ADORABLE. adj. Much'ana.
ADORACIÓN. s. Múch'ay.
ADORATORIO. s. Qhapana, wak'amuch'ana.
ADORMECER. v. Tunuyáchiy.
ADORMECERSE. v. Tunúyay, k'áywiy.
ADORMECIDO. adj. Tunu.
ADORMECIMIENTO. s. Uti.
ADORMILARSE. v. K'áywiy.
ADORNO. s. Warawa.
ADULADOR. adj. Llunk'u, misk'ijsimi.
ADULAR. v. Ll'unk'uy.
ADULTERA. adj. Wáchuj.
ADULTERAR. v. Jawánchay.
ADULTERO. adj. Añasu.
ADULTO. adj. Púrij.
ADUNARSE. v. Ujllachákuy.
ADVENEDIZO. adj. Mítmaj, wayrapamushqa.
ADVERSARIO. adj. Jayu, auqa.
ADVERSIDAD. s. Aqöyraki, ati. Sinón. **Desventura.**
ADVERTIR. v. Músyay, rikuy.
AFANARSE. v. Allpáriy.
AFEAR. v. Milláychay.
AFEITARSE. v. Pariákuy.
AFEMINADO. adj. Waqati, majlla.
AFILAR. v. K'áuchiy, t'úpay, t'uphray, sáqay.
AFIRMAR. v. Chiqanñiy.
AFIRMARSE. v. Tájsay, tájyay.
AFORTUNADO. adj. Illáyuj, usapu.
AFRECHO. s. Sh'apa.
AFRENTA. s. P'ínqay.
AFUERA. adv. Jawa. Iqëlla.
AGACHADO. adj. K'umu.
AGACHARSE. v. Kúmuy, uskhúllúkuy.
ÁGAPE (funeral). s. Qörpacha.
AGARRAR. v. Jáp'iy. Sinón. **Asir.**
AGASAJAR. v. Ch'uqechay.
AGAVILLAR. v. Payáqay, rukúpay, chullikuy.
ÁGIL. adj. Wayrachaki.
AGITAR. v. Máywiy, qáywiy.

AGLOMERAR. v. Qölluy.
AGOBIADO. adj. P'ajchi.
AGOBIAR. v. P'ájchiy.
AGOBIARSE. v. Qhanparmánay.
AGORAR. v. Kullúnkay, achíkuy.
AGORERO. adj. y s. Yakarqa, raki.
AGOSTARSE. v. Qárway, qarwáray.
AGOSTO. s. Chawawarki killa, chajraqönákuy killa.
AGOTADO. adj. Yunpaqa.
AGRACIADO. adj. K'achata.
AGRADECER. v. Allíchay.
AGRADECIMIENTO. s. Pachi.
AGRAZ (EN). m. Q'allchi.
AGRIARSE. v. Satkhúyay, p'úshqöy.
AGRIO. adj. K'allku, satkhu, p'usnqö.
AGRUPACIÓN. s. Waki, juñu.
AGUA. s. Yaku, unu.
AGUADOR. s. Unupúkuj.
AGUAPIÉ. s. Q'ayma, siqë.
AGUDO. adj. Ñauch'i, q'auchi, t'urpu.
AGÜERO. s. Raki, taphya.
AGUIJÓN. s. Wach'i.
AGUIJONEAR. v. Tújsiy.
ÁGUILA. s. Paka, anka.
AGUILUCHO. s. Ankamallku, mallkupaka.
AGUJA. s. Yarwi. Ajwa (neol.)
AGUJEREAR. v. Júsk'uy.
AGUSANARSE. v. Khurúykuy.
AGUZAR. v. K'áuchiy.
AHÍ. adv. Chaypi.
AHITARSE. v. Wankarmánay.
AHITO. adj. Sajsasqa.
AHONDAR. v. Ukhúchay.
AHORA. adv. Kunan.
AHORCAR. v. Siq'öy, sípiy. r. Siq'ökuy, sipíkuy
AHORQUILLADO. adj. Pallqa.
AHUMAR. v. Q'öshñíchiy.
AHUMENTAR. v. Wáyay.
AIRADO. adj. Phiñña, ch'usku.
AIRE. s. Wayra.
AIRON. s. Wayta.
AIROSO. adj. Q'apchi.

AISLARSE. v. Sapanchákuy.
AJADO. p. Ch'anqasqa.
AJAR. v. Náqëy, wájlliy.
AJÍ. s. Uchú.
AJORCA. s. Chipana. Sinón. **Pulsera.**
AJUSTAR. v. T'itúchay. T'iúchay.
ALA. s. Pharpa, rijra.
ALABAR. v. Añayñiy.
ALACENA. s. Churana.
ALACRÁN. s. Sirasira.
ALARDEAR. v. Añaykáchay.
ALARGADO. adj. Sayt'u.
ALARGAR. v. Suniyáchiy, unáchiy.
ALARGARSE. v. Suníyay.
ALBA. s. Páqar.
ALBAÑAL. s. Pincha.
ALBAÑIL. s. Pírqaj, pirqaykamayuj.
ALBOR. s. Sh'apush'apu.
ALBORADA. s. Qajñinpacha, páqar.
ALBOREAR. v. Paqáriy, yurájyay.
ALBOROTADOR. adj. T'uki, ch'ajwilli.
ALBOROTAR. v. Rújyay.
ALBOROZARSE. v. Chárnay, chamákuy.
ALBOROZO. s. Chama. Sinón. **Júbilo.**
ALCAHUETE. adj. Kachapuri.
ALCANZAR. v. K'áskay, tarípay, jáyway.
ALCOBA. s. P'itita.
ALEGRAR. v. tr. Qapáchay, kusíchiy, qhöchúchiy. r. Kusíkuy, qapákuy.
ALEGREMENTE. adv. Kusikusilla.
ALEGRÍA. s. Kusi, qapa.
ALEJAR. v. tr. Karuyáchiy. r. Karúnchay.
ALENTAR. v. Sámay, sunqöchay.
ALERO: s. Wajsu.
ALETEAR. v. P'átpay, pharáqëy.
ALFARERO. s. Sañuykamáyuj.
ALFILER. s. T'ipki,
ALFOMBRA. s. Mant'a, mast'a.
ALGARABÍA. s. Rujya.
ALGARROBO. s. Thaqö.
ALGO. pron. As.
ALGO. adv. Tunpa.
ALGODÓN. s. Anpi, utkhu.

ALGUIEN. pron. Pichari.
ALGUNOS. pron. Wakin, wakillan.
ALHAJA. s. Piñi. Sinón. **Joya, presea.**
ALIENTO. s. Sámay.
ALIMENTAR. v. tr. Mikhúchiy, intr. Pánqöy.
ALIÑAR. v. Allíchay. Sinón. **Aderezar.**
ALISTAR. v. Wakíchiy.
ALIVIANARSE. v. Llamsáyay.
ALMA. s. Nuna.
ALMÁDENA. s. Kunpa.
ALMIREZ. s. Muchuqa, mutk'a.
ALMOHADA. s. Sauna.
ALMORRANA. s. Uqötisúruy.
ALMUERZO. s. Paqarinllájway.
ALOCADO. adj. T'uki.
ALPACA. s. Allpaqa, ch'usllu, paqö.
ALQUILAR. v. Arínsay (neol.)
ALQUILER. s. Arinsa (neol.)
ALTANERO. adj. Khaskikhaski, sayasaya.
ALTERCAR. v. Sh'uqönákuy.
ALTO (Piso). Marqa.
ALUMBRAR. v. K'ánchay.
ÁLVEO. s. Mayujpurinan.
ALZAR. v. Juqáriy, uqháriy.
ALLÁ. adv. Cháqay, chaqaypi, jáqay, jaqaypi.
ALLANAMIENTO. s. Taphka.
ALLANAR. v. Panpáchay, rújriy.
AMAINAR. v. Tháñiy, usíyay.
AMANECER. v. Achíjyay, paqáriy, sut'íyay.
AMANECIDA. s. Paqarin, páqar.
AMANSADOR. adj. Kallkúchij.
AMANSAR. v. Kallkúchiy, llanp'uyáchiy.
AMANSARSE. v. Llanp'úyay.
AMAR. v. Khúyay, wáylluy, munákuy.
AMARGAR. v. Jayaqëy.
AMARGO. adj. Cháqaj.
AMARILLEAR. V. Q'ëllúyay.
AMARILLO. adj. Uwina, q'ëllu.
AMARRADERO. s. Watana.
AMARRAR. v. Wátay.
ÁMBITO. s. K'iti.
AMEDRENTAR. v. Llásay, manchácniy.

AMEDRENTARSE. v. Manchachíkuy.
AMENAZA. s. Mapas.
AMIGA (de la mujer). s. Yanasa.
AMIGARSE. v. Atillchákuy.
AMÍGDALA. s. Amujlli, chaka.
AMIGO s. Atillcha, sujna, q'ëmikiru, qhöchumasi.
AMISTARSE. v. Atillchákuy.
AMNIOS. s. Llapllawa.
AMOJONAR. v. Wáyway.
AMOLAR. v. Túpay, t'úphray.
AMONESTAR. v. Atijilay, k'ámiy, khúnay.
AMONTONAR. v. Qölluy, ráukay, táuqay.
AMOR. s. Khúyay, wáylluy, munákuy.
AMORATAR. v. tr. Kulliyáchiy, saniyáchiy. r. Kullíyay, saníyay.
AMORTAJAR. v. Ayap'íntuy.
AMORTECERSE. v. Ayayúpay.
AMORTECIDO. adj. Ayayupa.
AMPLIO. adj. Miqa.
AMPOLLA. s. Phusullu.
AMPUTACIÓN. s. Wit'u.
AMPUTAR. v. Wit'uy.
ANALIZAR. v. Khúskiy.
ANANAS. s. Awaranku, achupalla. Sinón. **Piña.**
ANARANJADO. adj. Willapi.
ANCIANIDAD. Rukhukay.
ANCIANO. s. Rukhu, yúyaj.
ANCHO. adj. Sakha, miqa.
ANCHURA. s. Kínray, kírnray.
ANDAR. v. Tháskiy, púriy.
ANDEN. s. Mallma, pata.
ANDORRERO. adj. Wayrachaki.
ANDRAJO. s. Llachapa, saphsa.
ANDRAJOSO. adj. Q'arqa, q'arqasapa, saphsa, waychinqara.
ANEGAR. v. tr. Sinqáchiy, llújmay. r. Sinqákuy.
ANEMIA. s. Qasawi.
ÁNFORA. s. Puytu.
ANGARILLAS. s. Kallapi, pitka.
ANGOSTO. adj. K'ullku, k'iski, k'ijllu.
ANGOSTURA. s. K'ullku.
ANGUSTIA. s. Wat'isanka.
ANGUSTIADO. adj. Ullphu.
ANGUSTIARSE. v. Ullphúkuy.

ANIDAR. v. Q'ësachakuy, thapachákuy.
ANILLO. s. Siwi.
ANIMAR. v. Ajyay, sunqöchay. Sinón. **Estimular**
ANIMOSO. adj. Qharisunqö.
ANO. s. Uqöti.
ANOCHE. s. Ch'isi.
ANOCHECER. v. Ch'isiyay, tutáyay. Rankhi.
ANTAÑO. adv. Waymawata, qaynawata.
ANTEAYER. adv. Qayninpa.
ANTELACIÓN. s. Williwa.
ANTELAR. v. Williway.
ANTEPASADO. s. Apuski.
ANTES. adv. Ñáupaj.
ANTICIPARSE. v. Ñáupay, ñaupátay.
ANTIGÜEDAD. s. Ñaupakay.
ANTIGUO. adj. Mauk'a, ñaupa.
ANTOJADIZO. adj. Ajllpau, wanllapu.
ANTROPÓFAGO. s. Runamíkhuj.
ANUBLADO. p. Phuyusqa.
ANUBLARSE. v. Phúyuy.
ANUDAR. v. Khípuy.
ANULAR (Dedo). s. Siwiruk'ana.
ANVERSO. s. Uyan.
ANZUELO. s. Jach'una, yaurina, sinp'i, pinta, challwana.
AÑADIDURA. s. Yapa.
AÑADIR. v. Yápay.
AÑO. s. Wata. Año solar: Intiwata.
AÑUSGARSE. v. Qölluchíkuy.
AOJADOR. adj. Kauchu.
AOJAR. v. Káuchuy.
APABULLAR. v. Thúllkiy.
APACENTAR. v. Michiy.
APACIGUADOR. adj. Jamach'aqe. Sinón. **Reconciliador.**
APACHURRAR. v. Ñút'uy.
APADRINAR. v. Wátmuy.
APAGAR. v. Thásnuy.
APALEAR. v. Q'ásuy.
APAREAR. v. K'íntiy, t'ínkiy, yanánchay, pitúchay.
APARECER. v. Rikhúriy.
APARECIDO. adj. Rikhúrij, rikhuríkuj.
APARIENCIA. s. Ríjch'ay.
APARTARSE. v. Ansh'uy.

APÁTICO. adj. Q'aymasunqö.
APEDREAR. v. Ch'áqëy. Sinón. **Lapidar.**
APEGARSE. v. Mak'allíkuy.
APELOTONARSE. v. T'aráyay.
APENARSE. v. Llakíkuy.
APENAS. adv. Ñák'ay, yaqamana, yaqhamanta.
APERGAMINADO. adj. K'arpi.
APESTOSO. adj. Phutun.
APILAR. v. Qötuy.
APIÑAR. v. Ñit'iy. Sinón. **Comprimir.**
APIÑARSE. v. Ñit'inákuy.
APISONAR. v. P'árpay, t'ájtay.
APLANAR. v. P'árpay.
APLASTADO. adj. Ñat'usqa.
APLASTAR. v. Ñát'uy.
APOCADO. adj. Sanp'a, kaphyaruna, k'uytu.
APOCAMIENTO. s. Kaphya.
APOCARSE. v. K'uytúkuy, sanp'ákuy.
APOLILLARSE. v. Thútay.
APORREAR. v. P'ánay.
APOSTAR. v. Misay.
APOSTEMA. s. Ch'upu.
APOSTURA. s. Qhánuy.
APOYAR. v. Q'ëmiy.
APRECIAR. v. Chánínchay.
APRECIO. s. Chani, chanin.
APREMIAR. v. Junp'íchiy.
APRESAR. v. Piñáschay, watinkay.
APRESURAR. v. Usqay.
APRETADO. adj. K'iski, mat'i.
APRETAR. v. tr. Mát'iy. r. Pipúyay.
APRETUJAR. v. K'isskiy.
APRISCO. s. Jip'i, jip'ina.
APRISIONAR. v. Paqömay.
APROXIMACIÓN. s. Asuy. Sinón. **Acercamiento.**
APUESTO. adj. Wallpari, k'achata.
APUNTALAR. v. Chákay, q'ëmiy.
APUÑALAR. v. T'újsiy.
APURAR (un liquido). v. Súqöy.
AQUEL. pron. Jáqay, sh'áqay.
AQUÍ. adv. Kaypi.
ARA. s. Usun.

ARADO. s. Chakitajlla, tajlla.
ARAÑA. s. Kusikusi.
ARAÑAR. v. Ráchiy, jásp'iy, sílluy.
ARAÑAZO. s. Rachi, jasp'i.
ARAR. v. Yápuy, llánk'ay.
ARBITRO. s. Samínchij, panpasami.
ÁRBOL. s. Sach'a. Frutal: Mallki.
ARBOLEDA. s. Sach'asach'a.
ARCILLA. s. Llanka, llink'i.
ARCO. s. Iphalla, sirichi.
ARCO (arma). s. Wach'i, p'ijta.
ARCO IRIS. s. K'uychi, wayakauri, t'urumanya.
ARCON. s. Churana.
ARDER. v. Ráuray. K'áray.
ARDIENTE. adj. K'áraj.
ARENA. s. Aqö, t'íu.
ARENAL. s. Aqöaqö, t'iut'iu.
ARETE. s. Rinriqöri.
ARGAMASA. s. Isku.
ARGOLLA. s. Siwi.
ARISCO. adj. T'illa.
ARMADIJO. s. Tujlla, chipa, pupa, qëqö, urmana.
ARMADILLO. s. Khirkinchu.
ARO. s. Tinkullpa.
AROMA. s. Kuntu.
AROMATIZAR. v. Kúntuy.
ARRACIMARSE. v. Kintúkuy.
ARRAIGAR. v. Sapíchay.
ARRANCAR. v. Sáq'ay, t'íray, sík'iy.
ARRASAR. v. Chaqöy, panpáchay, q'áray.
ARRASTRAR. v. Qharástay, qhatátay.
ARRASTRARSE. v. Súchuy.
ARREAR. v. Qhátiy.
ARREBATIÑA. s. Waykanaku, kurukuru.
ARREBOL, s. Akapana, antawara. Sinón. **Celaje.**
ARREBUJAR. v. tr. Suk'unpay. r. Suk'unpákuy.
ARREMANGAR. v. Q'állpay, q'ënpiy, q'öllúriy.
ARRENDAMIENTO. s. Arinsa (neol.)
ARRENDAR. v. Arínsay (neol.)
ARRIERO s. Apiri.
ARRIMAR v. tr. Q'ëmiy. r. Q'ëmikuy.
ARRINCONAR. v. K'uchúnchay.

ARRODILLARSE. v. Qönqöriy.
ARROGANCIA. s. Anchaykújkay.
ARROGANTE. adj. Ancháykuj. Sinón. **Soberbioso.**
ARROJADIZO adj. Chuqana.
ARROJAR. v. Ch'ánqay, wíjch'uy. Sinón. **Tirar.**
ARROLLAR. v. Q'ánpay, q'ënpiy.
ARRUGA. s. Sip'u.
ARRUGADO. adj. Q'ësti, k'usu, sip'usqa.
ARRUGAR. v. K'usúchay, síp'uy.
ARRULLAR. v. Wárpiy.
ARRULLO. s. Warpi.
ASA. s. Charina.
ASADO. s. Kanka.
ASADOR. s. Kankana.
ASADURAS, s. Kurqa.
ASALTAR. v. Kapújay.
ASAR. v. Kánkay.
ASCENDENTE. adj. Siqa.
ASCENDER. v. Wicháriy.
ASCO. s. Millay.
ASEAR. v. Píchay, sumájchay.
ASEGURAR. v. Jállch'ay, waqáychay. Sinón. **Guardar, preservar.**
ASEMEJAR. v. Kikínchay.
ASENTARSE. v. Tiyáykuy.
ASENTIMIENTO. s. Júñiy.
ASENTIR. v. Achniy, úyay, júñiy.
ASESINAR. v. Ch'állpay.
ASÍ. adv. Ajna, aijna, jina.
ASIENTO. s. Tiana, tiyana, usnu.
ASIMISMO. adv. Jinátaj.
ASIR. v. Jat'álliy, jáp'iy.
ASISTENTE. p. y s. Sayapáyaj.
ASMA. s. Qharqa.
ASOCIACIÓN. s. Waki.
ASOLAR. v. Purunyáchiy.
ASOLEAR. v. tr. Tuntíchiy. r. Qáwiy, Túntiy.
ASOMAR. v. Síqay.
ASPEREZA. Qhasqa.
ASPERJAR. v. Ch'állay, ch'ájchuy. Sinón. **Rociar.**
ÁSPERO. adj. Qhashqa.
ASPÉRRIMO. adj. Khirki.
ASPIRAR. v. Rukupákuy.

ASQUEAR. v. Millachíkuy.
ASQUEROSO. adj. Millana.
ASTILLA. s. K'ullpi, sh'illpa.
ASTILLAR. v. K'úllpiy, shíllpay.
ASTUTO. adj. Challi.
ASUSTADIZO. adj. Mánchaj, manchachíkuj, manchaskiri.
ASUSTAR. v. Mancháchiy.
ASUSTARSE. v. Mancháriy.
ATADO. s. Walltha, q'ëpi.
ATADO. p. Watasqa.
ATAJADERO. s. Jark'ana.
ATAJAR. v. Járk'ay.
ATARDECER. v. Sukháyay.
ATASCAR. v. tr. Qhájnay. r. Sh'akaráyay.
ATENDER. v. Uyápay.
ATERIRSE. v. Ch'uñurpáriy.
ATERRAR. v. Llájsay.
ATERRONAR. v. K'urpáyay.
ATINADO. adj. Ruka.
ATIZAR. v. Inqhay.
ATOLONDRADO. adj. Thanpi, waq'a, qhöqapi.
ATOLONDRAMIENTO. s. Thanqö.
ATOLONDRARSE. v. Thanqökuy.
ATONTARSE. v. Llunllúyay, kajyákuy.
ATORAR. v. tr. K'ajmay, chakáchiy. r. jiq'ëqay, phawaykuchíkuy.
ATOSIGAR. v. Junp'íchiy.
ATRAGANTARSE. v. Chakachíkuy.
ATRÁS. adv. Qhëpa.
ATRIBUIR. v. K'askáchiy, túnpay.
ATRIBULADO. adj. Llakisapa.
ATRIBULAR. v. Llakíchiy
ATRONAR. v. Q'ájñiy, kunuñunuy.
ATROPELLAR. v. Thármiy.
ATURDIDO. adj. Kajka.
ATURDIMIENTO. s. Pawi, payu
ATURDIRSE. v. Mantaráyay, pantákay, kajyákuy.
AUGURAR. v. Rakínkay.
AUGURIO. s. Raki.
AUGUSTO. adj. Qöllana.
AULLAR. v. Waqarqáchay.
AUMENTAR. v. Yápay.
AUMENTO. s. Yapa.

AUNAR. v. Ujlláchay.
AUNQUE. conj. Pánam.
AURORA. s. Qëyantupa, páqar.
AUSENTARSE. v. Jap'iriy.
AUSPICIOSO. adj. Allinniyuj.
AUTOR. s. Ruraqë.
AUTORIDAD. s. Kamáchij.
AVARO. adj. Majlla, sajraruna, chuwillawa.
AVASALLAR. v. Runáchay.
AVECINDARSE. v. Mitmákuy.
AVEJIGADO adj. P'ulli.
AVENIDA. s. Llujlla. Sinón. **Riada.**
AVENTAJAR. v. Yallitámuy.
AVERGONZADIZO. adj. P'inqaskiri.
AVERGONZADO. adj. P'inqasqa.
AVERGONZAR. v. tr. P'inqáchiy. r. Pinqákuy.
ÁVIDO. adj. Jillu.
AVINAGRADO. adj. K'arku.
AVINAGRARSE. v. K'árkuy.
AVÍO. s. Kharmu, qöqawi.
AVISAR. v.Atíjllay, wíllay.
AVISO. s. Atijlla.
AVISPA. s. Urúnqoy, qharasausi.
AXILA. s. Lluk'i, wayllak'u, wallwaku.
¡AY! interj. ¡Akau! ¡Akakau!
AYER. s. Qayna.
AYUDA. s. Jáumay, yanápay. Sinón. **Socorro.**
AYUDAR. v. Jáumay, yanápay.
AYUNAR. v. Sasíkuy.
AYUNAS (EN). m. adv. Mállaj.
AYUNO. s. Qasi, sasi.
AZOTAR. v. Q'ájchay, síjway, súq'ay.
AZUFRE. s. Sallina.
AZUL. adj. Anqas.
AZULEAR. v. Anqásyay.

B

BABA. s. Llausa, thauti.
BABEAR. v. Lláusay, tháutiy.
BABOSO. adj. Llausasuru.
BÁCULO s. Tauna.
BADULAQUE. adj. Wallaychu.
BAGAZO. s. Jach'u.
BAILAR. v. Túsuy.
BAILE. s. Túsuy.
BAJADA. s. Uray.
BAJAR. v. Uráykuy.
BAJO. adj. Ura, urin.
BALADI. adj. Chaninnaj, yanqha.
BALANZA. s. Aysana.
BALBUCEAR. v. Jánlluy.
BALBUCIENTE. p. Ajllu.
BALBUCIR. v. Ajlluy.
BALNEARIO. s. Armakani.
BAMBOLEAR. v. Llawiykáchay.
BANDADA. s. Tanta.
BANDERA. s. Llaphara, unancha.
BAÑAR. v. tr. Armay. r. Armákuy.
BARBA. s. Sunk'a.
BARBACOA. s. Kawitu.
BARBECHAR. v. Chájmay. kúskiy.
BARBECHO. Chajrna, kuski.
BARBUDO. adj. Ch'apu, sunk'asapa.
BARBUQUEJO. s. Chakuña, waqöña.
BARCO. s. Wanp'u.
BARRANCO. s. Qhanqa.
BARREÑO. s. Puruña, ch'illami.
BARRER v. Káychuy, picnay.

BARRIGUDO. adj. T'ini.
BARRO. s. T'uru. DE LA CARA. Muchi.
BÁRTULOS. s. Kacharpa.
BASTANTE. adj. Chay, yupa.
BASTO. adj. Satkhu.
BASTÓN. s. Tujnu, tauna.
BASURA. s. Q'öpa.
BATATA. s. Apichu, wayunkha. Sinón. **Camote.**
BAZO. s. Ch'úsaj, wiq'au.
BAZUCAR. v. Qhöllúmiy.
BEBER. v. Ujyay.
BEBIDA. s. Ujyana.
BEGONIA. s. Achanqara.
BEJUCO. s. Mura.
BELLACO. adj. Akuylla. Sinón. **Perverso.**
BELLO. adj. Súmaj.
BENJAMÍN. s. fig. Juqë.
BERRO. s. Uqhöruru.
BESAR. v. Múch'ay.
BESO. s. Much'a.
BEZUDO. adj. Wirp'asapa, sirp'isapa.
BÍCEPS. s. Challwan, mach'in.
BICOLOR. adj. Misa, tijlla.
BIEN. s. Allin.
BIGOTE. s. Sunk'a, takachu.
BIJA. s. Achiwiti. Sinón. **Achiote**
BILIS. Jayaqë.
BILLÓN. adj. Junuyjunu.
BISABUELA. s. Aukilla, payajmaman.
BISABUELO. s. Machuyaya.
BISOJO adj. Q'ëusañawi.
BIZCAR. v. Llirq'öy.
BIZCO. adj. Churchu, llirq'ö.
BIZNIETA. s. Anpullu.
BIZNIETO. s. Tari.
BLANCO. adj. Yúraj, qöyllu.
BLANCURA. s. Yurajkay, yúraj.
BLANDIR. v. Lláwiy.
BLANDO. adj. Llanp'u, t'ijmu.
BLANDURA. s. Llanp'ukay, t'ijmukay.
BLANQUEAR. v. Yurajyáchiy.
BLANQUECINO adj. Paraqa.

BLANQUINEGRO. adj. Allka.
BOBALICÓN. adj. Puqë.
BOBO. adj. T'ara.
BOCA. s. Simi.
BOCIO. s. Q'ötu.
BOCHORNO. s. K'anana.
BOFETADA. s. Ch'ajlla, k'ajllancha, t'ajlla.
BOHÍO. s. Ch'ujlla.
BOLA. s. Murq'ö, qhürurunpa, sinku.
BOLEADORAS. s. Riwi.
BOLSA. s. Tiqö.
BOLSO. s. Qamaña.
BOLLO. s. Sanku.
BONDAD. s. K'acha, allikay.
BONDADOSO. adj. Allikaj, allisunqö.
BONETE. Ch'uku.
BOQUETE. s. Ch'uyku.
BOQUIABIERTO. adj. Janllaráyaj.
BOQUIANCHO. adj. Phanka.
BORBOLLONEAR. v. Phúllpuy.
BORBOTAR. v. Phúllpuy.
BORDADO. s. Tukapu.
BORDAR. v. P'acnaqëllqay.
BORDÓN. s. Tauna.
BORLA. s. Paycha, puyllu.
BORNEADO. adj. Llint'a.
BORRACHO. adj. Machasqa, ujyasqa.
BORRASCA. s. Llujllaypara, tamya.
BORROSO. adj. Ayphu, aypha.
BOSQUE. s. Sach'asach'a.
BOSTEZAR. v. Janlláriy, janyálliy.
BOSTEZO. s. Janlláriy.
BOTÓN. s. Mujmu. Sinón. **Capullo, pimpollo.**
BOZAL, s. Sinq'arpu.
BRAGADURA. s. K'illka.
BRASA. s. K'illimsanina, sansa.
BRASERO. s. Thía, thiya.
BRAVÍO. adj. Saliqa.
BRAVUCÓN. adj. Nak'achu.
BRAZADA. s. Ch'utakaski.
BRAZADO. s. Marq'a.
BRAZALETE. s. Ch'ipana.

BRAZO. s. Rijra.
BREGAR. v. Allpáriy.
BREVA. s. Máway, uri.
BREVEMENTE. adv. Jayri.
BRIBÓN. adj. P'ajpaku.
BRILLAR. v. Lliphípiy.
BRINCAR. v. Phínkiy (neol.)
BRINDAR. v. Anqösay.
BRINDIS. s. Anqösa.
BRIZNA. s. Sipti.
BROCHE. s. T'ipana.
BROMEAR. v. Pujllákuy, phujllákuy, sáukay.
BROMISTA. adj. Saukarímaj.
BRONCE. s. Chajruanta, llajsa.
BROTAR. v. Ijiy, jútuy, p'útuy, sínkiy.
BRUCES (De). adv. Sinqanpa.
BRUJO. s. Llayqa.
BRUÑIR. v. Llúnk'iy.
BUCHADA. s. Millp'u.
BUCHE. s. Ch'iti
BUENO. adj. Allí.
BUFÓN. s. Qamchu.
BÚHO. s. Juku, tuku.
BUITRE. s. Suwiq'ara, suwintu, suyuntu.
BULLA. s. Ch'ajwa.
BULLICIOSO. adj. Ch'ajwilli.
BURBUJA. s. Phujpu.
BURBUJEAR. v. Phújpuy.
BURDO. adj. Ranphu, runkhi.
BURLA. s. Sauka.
BURLADOR. adj. Pallqöykuj.
BURLAR. v. tr. Pállqöy. Sinón. **Engañar, deshonrar.** r. Sáukay, yájtuy.
BUSCAR. v. Másk'ay.

C

CABAL. adj. K'ápaj.
CABALGAR. v. Khapáykuy.
CABALLETE (DEL TECHO). s. Pinku.
CABALLÓN. s. Wachu.
CABECEAR. v. Llawiykáchay.
CABELLO. s. Chujcha.
CABELLO (DE MAÍZ). s. Achallqö, phuñi,
CABELLUDO. adj. Chujchasapa.
CABER. v. Yáykuy.
CABEZA. s. Uma.
CABEZÓN. adj. Umasapa.
CABUYA. s. Ch'áwar.
CACAREAR. v. neol. Tajtaqayay.
CACERÍA. s. Chaku.
CADA. adj. Sapa. Sapa uj: Cada uno.
CADAÑERA. adj. Wachaka.
CADÁVER. s. Aya.
CADEJO. s. T'ara.
CADERA. s. Chaka.
CADUCAR. v. Jiwíqay.
CAER. v. Urmay.
CAÍDA. s. Urma.
CAÍDO. p. Urmasqa.
CAIMÁN. s. Kayman.
CAIREL. s. Ch'apu, qëqö.
CAL. s. Isku.
CALAMBRE. s. Juk'uchasipi, susúnk'ay.
CALAMIDAD. s. Atisamq'a.
CALAVERA. s. Ayauma, t'ujruru.
CALCAÑAR. s. T'ayqö.
CALCULADO. adj. Maychuschay.

CALCULO (BILIAR O RENAL). s. Ayaynin.
CALDEADO. p. Pari.
CALDEAR. v. Paríchiy.
CALDO. s. Jilli.
CALENTAR. v. Q'öñíchiy.
CALENTURA. s. Ruphayúnqöy, k'ájay.
CALIENTE. adj. Q'öñi.
CALMA. s. Ñañi. Sinón. **Sosiego, tranquilidad.**
CALMAR. v. Ñañichiy.
CALOFRÍO. s. Chújchuy.
CALOR. s. K'aja, rúphay.
CALUMNIA. s. Llutitúnpay.
CALVO. adj. P'ajlla, p'ajra.
CALZADO. s. Llanq'ë.
CALZARSE. v. Llanq'ëkuy.
CALLADO. adj. Amuamu, upalla.
CALLAR. v. Múkiy, ch'inkay.
CALLO. s. Ch'ullpi, at'ajra, t'ujya.
CAMA. s. Puñuna. Sinón. Lecho.
CAMARADA. s. Sujna, atillcha.
CAMARÓN. s. Yujra.
CAMELLÓN. s. K'illa, wachu.
CAMINAR. v. Púriy, tháskiy.
CAMINO. s. Ñan, yan.
CAMISA (DE MUJER). s. Kusma.
CAMISETA. s. Unku.
CAMOTE. s. Apichu. Sinón. **Batata.**
CAMPECHANO. adj. Asillu.
CANA. s. Suqö.
CANAL. s. Witkhu.
CANASTILLO. s. T'ipa.
CANCEL. s. Kinchau.
CÁNCER. s. Isqöunqöy.
CÁNCER (CONSTELACIÓN DE). Machájway.
CANCIÓN. s. Arawi, yarawi, jarawi, taki. Sagrada, heroica o agrícola: jaylli.
CANDOROSO. adj. Upáraj.
CANGREJO. s. Apanqöra.
CANIJO adj. Ayusqa.
CANILLA; s. Chakisinqa.
CANJE. s. Yanki.
CANJEAR. v. Yánkiy.
CANJILON. s. Wirkhi.

CANSADO. adj. Sayk'usqa.
CANSANCIO s. Sáyk'uy.
CANSAR. v. tr. Saykúchiy. r. Sáyk'uy.
CANTAR. v. Tákiy.
CANTARÍN. adj. Qöchulli.
CÁNTARO. s. P'uyñu. Pequeño: Yuru.
CANTERA. s. Rumichajra.
CANTO. s. Taki.
CANTOR. s. Tákij, qöchulli.
CAÑA BRAVA. s. Píntuj.
CAÑO. s. P'atki.
CAPITÁN. s. Waminqa.
CAPITULACIÓN. s. Wasqë.
CAPITULAR. v. Wásqëy.
CAPORAL. s. Kamani. Sinón. **Gamonal, mayordomo.**
CAPRICORNIO (CONSTELACIÓN). Tupaturka.
CAPRICHO. s. Chuchupa.
CAPTURAR. v. Paqömay.
CAPULLO. s. Mujmu.
CAQUEXIA. s. Amaychura.
CARA. s. Uya.
CARACOL. s. Ch'uru.
CARÁMBANO. s. Sh'ullunka.
CARBÓN. s. K'illimsa.
CARCAJADA. s. Jatunásiy.
CÁRCEL. s. Pinas, wataywasi. Subterránea: Samq'aywasi.
CARCOMA. s. Mullpha, sujsi.
CARCOMER. v. Múllphay, sújsiy, qöqápay.
CARDA. s. Pillcha.
CARDENAL. s. Q'öyu.
CARDENILLO. s. Anqasllinpi, siwayru.
CAREAR. v. Uyapúray.
CAREO. s. Uyapura.
CARESTÍA. s. Ch'acha.
CARGA. s. Chajnana.
CARGAR. v. Chájnay, q'ëpiy.
CARICIA. s. Chinu, wayllu.
CARNE. s. Aycha.
CARNICERÍA. s. Aychawasi.
CARNUDO. adj. Aychasapa.
CARPINTERO. s. Llajllaykamáyuj.
CARRASPERA. s. Amujllu, thuqaypanta.

CARRILLO. s. Uqörqa.
CARTÍLAGO. s. K'apa, khuskutullu, khuskulli.
CASA. s. Wasi.
CASADERA (Moza). adj. Tajyajsipas.
CASAMENTERO. adj. Wátmuj.
CASAMIENTO. s. Sawa.
CASAR. v. tr. Sáway. r. Sawákuy.
CASCABEL. s. Chamrarara, sakapa.
CASCABELEAR. v. Sakaqákay.
CASCADA. s. Pauchi, phajcha.
CASCAJILLO. s. Silla.
CASCAJO. s. Chajwa.
CÁSCARA. s. Qara.
CASERO s. Wasíyuj.
CASI. adv. Yaqa, yaqha.
CASPA. s. Kukhi, qarap'ati.
CASTAÑO. adj. Ch'unpi, k'ispa.
CASTELLANO. s. neol. Yurajsimi.
CASTIDAD. s. Titu.
CASTIGAR. v. Miráyay, jayrátay.
CASTIGO. s. Jayrata, mirara.
CASTRADO. adj. Q'örasqa.
CASTRAR. v. Q'öray, ch'ítay.
CATACLISMO. s. Pachakuti, pachatijra.
CATARATA. (en los ojos). s. Qöyru.
CATARRO. s. Ch'ulli.
CATÁSTROFE. s. Pachakuti, pachatijra.
CATORCE. adj. Chunkatawáyuj.
CAUDALOSO. adj. Atiati.
CAUSA. s. T'ijsi.
CAUSANTE. adj. Ráykuy.
CÁUSTICO. adj. K'utu. Sinón. **Corrosivo, mordiente.**
CAUTIVO. adj. Piñas.
CAVADOR. adj. Allaj.
CAVAR. v. Allay.
CAVERNA. s. Ranramách'ay.
CAVILAR. v. Thúnkiy.
CAYADO s. K'umutauna. Tauna.
CEBO. s. Llullana.
CECINA. s. Ch'arki. Sinón. **Tasajo.**
CEDER. v. P'ijríkuy.
CEDRO. s. Siwis, yuruma.

CEGADO adj. Tuti.
CEGAR. v. Tútiy.
CEGATO. adj. Japhra, sh'arpu.
CEGUERA. s. Ñausakay.
CELAJE. s. Akapana, antawara.
CELAR. v. Sánchay.
CELESTE. adj. Yurajanqas, qhösi, qöpa.
CELESTINO. adj. Kachapuri.
CELOS. s. Muq'ë, sánchay.
CELOSÍA. s. Arapa.
CELOSO. adj. Tunpákuj.
CEMENTERIO. s. Ayapanpa.
CENA. s. Ch'isillájway, tutamíkhuy.
CENCEÑO. adj. Llaqaymana, sijllaymana, llaqaruna, utuku, k'arpi.
CENICIENTO. adj. Uqë.
CENIT. s. Tijnu, intijsayaynin.
CENIZA. s. Ushpa.
CENSO. s. Yuptu.
CENTINELA. s. Chapatíyaj, qháwaj, qaumiwa.
CENTRO. s. Chaupi. Sinón. Medio.
CEÑO. s. Kallcha.
CEÑUDO. adj. Ch'usku, phiña.
CEPILLO. s. Qhasuna.
CERA. Mapha.
CERCA. adv. Qaylla, sispa.
CERCANO. adj. Qaylla.
CERCAR. v. Kánchay, túmay.
CERCENADO. adj. y p. Mut'u.
CERCENAR. v. Mút'uy, qhöruy.
CERDA. s. Suphu.
CERDO MONTES. s. Sinturi.
CEREBRO. s. Ñutqö, ñusqön, ñujtun.
CERNÍCALO. s. K'illimcha, q'ëlliqëlli.
CERNIDOR. s. Suysuna.
CERNIR. v. Súysuy.
CERRAR. v. Wisq'ay.
CERRIL. adj. T'illa.
CERRO. s. Urqö.
CERTIDUMBRE. s. Chiqansullullkay.
CERVIZ. Much'u.
CESAR. v. Tháñiy, tháñiy.
CESTA. s. Sijra.

CETRO. s. Thupayauri.
CICATEAR. v. Majllákuy.
CICATERO. adj. Mich'a. Sinón. **Mezquino, miserable.**
CICATRIZ. s. Q'ëlla, t'iri, sich'u.
CICATRIZAR. v. Q'ëlláchay, t'irínchay.
CIEGO. adj. Ñausa.
CIELO. s. Janajpacha.
CIEMPIÉS. s. Pachajchaki.
CIEN adj. Páchaj.
CIERTAMENTE. adv. Chiqallanmi.
CIGARRA. s. Sit'ikira, tiantian.
CIMA. s. Mukuku, uma, umacha. Sinón. **Cumbre, cúspide.**
CIMARRÓN. adj. K'ita.
CIMIENTO. s. T'ijsi.
CINCO. adj. Phishqa.
CINCUENTA. adj. Phishqachunka.
CINTURA. s. Wikar.
CINTURÓN. s. Sillwi.
CIRCULAR. adj. Muyu, súntur, ruyru.
CIRCULO. s. Muyu.
CIRCUNDAR. v. Uykuy.
CIRCUNFERENCIA. s. Muyusiqë.
CIRUJANO. s. Sirk'ajk'ichikawan, wít'uj.
CITAR. v. Atijlláyay.
CIUDAD. s. Jatunllajta.
CLAREAR. v. Sut'íyay.
CLARIDAD. s. Sut'íkay.
CLARINETE. s. Taraka, tarka.
CLARO. adj. Chirau, sut'i, ch'ajllaña. Ch'inkill, ch'uwa.
CLAVAR. v. Takárpuy.
CLUECA. s. T'ujtu. (neol.)
COAGULO. s. P'anku, Qöllu.
COBARDE. adj. Jallk'a, llajlla, q'ëwa, kanpa.
COBARDÍA. s. Manchapa, q'ëwáyay.
COBERTIZO. s. Apaki, mach'a.
COBERTOR. s. Phullu.
COBRAR. v. Cháskiy.
COBRE. s. Anta.
COCIDO. adj. Wayk'u.
COCINA. s. Wayk'uywasi.
COCINAR. v. Wáyk'uy, yánuy.
COCINERO. s. Yanuykamáyuj.

COCHINO. s. Khuchi (neol).
CODICIAR. v. Munapákuy.
CODICIOSO. adj. Sumaychakusájnij.
CODO. s. Kúchuch, makimuqö.
COFRE. s. P'uti.
COITO. s. Urwa, yúqöy. Sinón. **Cópula.**
COJEAR. v. Jánqay.
COJERA. s. Janqakay.
COJO. adj. Janqa.
COLA. s. Chupa. Sinón. **Rabo.**
COLADOR. s. Isanka.
CÓLERA. s. Sunqöjatáriy, phíñay.
COLÉRICO. adj. Phiña, ch'usku.
COLGADERO. s. Warkhurina.
COLGADOR. s. Warkhuna.
COLGADURA. s. Warkhu.
COLGAR. v. tr. Warkhuy. r. Wáyuy, warkhúkuy.
COLIBRÍ. s. Q'ënti, qoriq'ënti, síwar.
COLMADO. adj. Junt'a.
COLMILLO. s. Wajsa, waqö.
COLMILLUDO. adj. Wajsasapa, waqösapa.
COLMO. s. Llíjmay.
COLOCAR. v. Churátay, chúray. Sinón. **Poner.**
COLOR. s. Llinp'i.
COLOSAL. adj. Maysh'ikan.
COLUMNA VERTEBRAL. s. Wasatullu.
COLUMPIAR. v. Wáywiy, wayllunk'ay.
COLUMPIO. s. Wayilunk'a.
COLLAR. s. Piñi, wallqa, sipi.
COMBUSTIBLE. s. Inqhana.
COMEDIA. s. Aránway.
COMEJÉN. s. Kuki.
COMENZAR. v. Qalláriy.
COMER. v. Míkhuy.
COMESTIBLE. s. Mikhuna.
COMETA. s. Aqöchínchay, taphiaqöyllur.
COMEZÓN. s. K'áray.
COMIDA. s. Míkhuy.
COMILÓN. adj. Sajsapu, rajrapu.
COMO. adj. Ymayna. **¿imayna kankl?:** ¿Cómo estás?
COMO. conj. Jina. **Runa jina:** Como gente.
COMPACTAR. v. Pipúchay. Pipúyay.

COMPACTO. adj. K'inku, pipu.
COMPADECER. v. Khúyay, llakipáyay.
COMPAÑERO. s. Marka, atillcha, sujna.
COMPARAR. v. Tinkúchiy.
COMPASIVO. adj. Khuyayníyuj.
COMPETENCIA. s. Atipanaku.
COMPLETAMENTE. adv. Lluylla.
COMPLETO. adj. Páqar.
COMPLICARSE. v. T'incháqöy.
COMPLICIDAD. s. T'inichaqöy.
COMPONEDOR. adj. Allíchaj.
COMPRIMIDO. adj. Mat'i.
COMPRIMIR. v. Mát'iy, ñit'iy.
COMÚN. adj. Sapsi.
CON. prep. Wan. **Paywan rísaj:** Iré con él.
CONCAVIDAD. s. P'ujtukay.
CONCAVO. adj. P'ujtu.
CONCEBIR. v. Umallíkuy.
CONCEDER. v. Júñiy.
CONCENTRACIÓN. Juñu.
CONCENTRAR. v. Júñuy.
CONCERTAR. v. Allíchay. Juñinákuy.
CONCILIADOR. adj. Allichaj. Sinón. **Componedor.**
CONCILIAR. v. Allíchay.
CONCUBINA. s. Anasu.
CONCUÑADO. s. Qataymasi.
CONDENSADO. adj. Khutu, khaka, p'aqa.
CONDENSAR. v. Khakáchay, khutúchay.
CONDESCENDER. v. Uyñiy.
CONDICIÓN. s. P'ata.
CONDUCIR. v. Púsay, pusámuy.
CONDUCTOR. s. Kamáchij.
CONFESAR. v. Rimáriy, mastáray, ish'úriy.
CONFIADAMENTE. adv. Munaymúnay.
CONFIAR. v. Súyay.
CONFUNDIR. v. Saqápay, pántay.
CONFUSIÓN. s. Pantákay, saqápay.
CONGELADO. adj. Khutu.
CONGESTIÓN. s. P'unpu.
CONGESTIONARSE. v. P'unpúyay.
CONGOJA. s. Wat'isanka, phuti.
CONJETURALMENTE. adv. Watuylla.

CONJUNTO. s. Juñu.
CONMISERACIÓN. s. Iyau. Sinón. **Lástima.**
CONOCER. v. Rijsiy.
CONOCIDO. adj. Rijsisqa.
CONOCIMIENTO. s. Yáchay.
CONSEJERO. s. Kunawa.
CONSENTIDO. adj. Chajlli.
CONSENTIR. v. Juñiy.
CONSIDERACIÓN. s. Jamurpáyay.
CONSIDERAR. v. Jamút'ay, unánchay. Sinón. **Reflexionar, dictaminar.**
CONSIGUIENTE. adj. Qhatiqën.
CONSISTENCIA. s. Sallukay, anajkay.
CONSISTENTE. adj. Chuki, muruch'u, sallu, anku.
CONSPICUO. adj. Allikaj.
CONSTANCIA. s. Tajya.
CONSTANTE. adj. Tajyasunqö.
CONSTELACIÓN. s. Warani.
CONSUMICIÓN. s. Sujsu.
CONSUMIR. v. Sújsuy.
CONSUMIRSE. v. Jiwíqay. Sinón. **Acabarse, gastarse.**
CONTAGIAR. v. Chinpáchiy.
CONTAMINAR. v. Qhëncháchay.
CONTAR. v. Yúpay.
CONTENDER. v. Llallinákuy.
CONTENTO. s. Kusi, sami.
CONTESTAR. v. Jayñiy.
CONTIENDA. s. Llallinákuy, jayunákuy.
CONTONEARSE. v. Q'ëwipákuy, ikhákuy.
CONTORNO. s. K'iti. Sinón. **Región, lugar, alrededores.**
CONTRABAJO. adj. Rakhukunka.
CONTRADECIR. v. Churanákuy.
CONTRAHECHO. adj. Ch'ujta, rat'a.
CONVECINO. s. Sispapura, qayllapura, wasimasi.
CONVENCER. v. Juñíchiy.
CONVENIO. s. Uyni.
CONVENIR. v. Uyniy.
CONVENTO. s. Ajllawasi. Sinón. **Monasterio.**
CONVERSAR. v. Yáunay.
CONVERTIRSE. v. Túkuy. Sinón. **Trocarse.**
CONVEXO. adj. P'ulichu.
CONVICCIÓN. s. Mach'ilma.
CONVIDAR. v. Aypúriy.

329

COPA. s. Ujyana.
COPERO adj. Jich'apúkuj.
COPIOSO. adj. Jallp'at'íu.
COPULA. s. Urwa, yúqöy. Sinón. **Coito.**
COPULAR. v. Jukúnay, úrway, yúqöy, sápsay, árqhay. Los cuadrúpedos:
Sarunákuy. Las aves: Chúway.
COQUETEAR. v. Qanchipáyay.
CORAZÓN. s. Sunqö. De los animales: Puywan.
CORCOVEAR. v. Sh'ajríkuy.
CORCUSIR. v. Ch'úkuy.
CORDEL. s. Watu.
CORDILLERA. s. Walla.
CORDÓN UMBILICAL. s. Puputi.
CORNEAR. v. Wájray.
CORNUDO. adj. Wajráyuj.
CORONA. s. Pillu. De plumas: **Purapura.**
CORONACIÓN. s. Pilluríchiy.
CORONILLA. s. Muchuka.
CORREDOR. s. Karp'awasi.
CORRER. v. Wayrakáchay.
CORRIDO (en peso o medida). adj. Yapasqa.
CORRILLO. s. Chusku.
CORROER. v. K'útuy
CORROSIVO. adj. K'utu.
CORTADO. adj. Mut'u, qhörusqa. Khallasqa.
CORTADURA. s. Kuchu.
CORTAR. v. Kúchuy, k'utu.
CORTE. s. K'utupa.
CORTEZA DE ÁRBOL. Juruch.
CORTINA. s. Wallparina.
CORVA. s. Qhëshki, tarka.
CORVEJÓN. s. Chuska.
COSECHA. s. Aymúray, típiy, állay.
COSECHAR. v. Aymúray, típiy, állay.
COSECHERO. s. Típij.
COSER. v. Síray.
COSMÉTICO. s. Jawin.
COSQUILLAS (HACER). s. Sijsíchiy.
COSQUILLEAR. v. Kulláchiy, khiskillíchiy.
COSQUILLEO. s. Kulla, khiskilli.
COSQUILLOSO. adj. Sijsijtullu.
COSTADO. s. Manya, wajta.

COSTAL. s. Kutama, waraqa.
COSTILLA. s. Wajta, wajtantullu.
COSTURA. s. Sirawa.
COTORRA. s. Chiki, kalla.
COXIS. Chupan, sikichupa, tijni.
COYUNTURA. s. Muqö. Sinón. **Nudo.**
COZ. s. Jayt'a.
CREADOR. adj. Wállpaj.
CREAR. v. Wállpay.
CRECER. v. Jatúnpay, wíñay.
CRECIENTE (de luna). adj. Phajsáriy mit'a.
CREENCIA. s. Iñi. Sinón. **Fe.**
CREER. v. Iñiy.
CREPÚSCULAR. adj. Rankhi.
CREPÚSCULO. s. Matutino: **yurájyay, sut'íyay, paqáriy.** Vespertino:
ch'isíyay, tutáyay, rankhi.
CRESPO. adj. K'ashpa, k'upa, sh'urku.
CRESTA. s. K'akara. Suqama.
CRÍA. s. Uña.
CRIADA. s. China. (neol.)
CRIADOR. adj. y s. Kamaqë.
CRIAR. v. Uyway.
CRIATURA. (Mujer). s. Q'ësña. (Varón). Wamra.
CRIBAR. v. Súysuy.
CRIMEN. s. Atijucha, q'öma.
CRIMINAL. adj. Atijucháyuj, q'ömallij.
CRIMINOSO. adj. Q'ömalli.
CRISTALINO. adj. Ch'uwa, chuya.
CRITIQUIZAR. v. Qhawapáyay.
CRUCIFICAR. v. Chakátay. (neol.)
CRUDO. adj. Janku, chawa.
CRUEL. adj. Jauch'a.
CRUELDAD. s. Jauch'akay.
CRUJIR. v. Rásñiy.
CRUZ DEL SUR. Katachíllay.
CUADRAR. v. Tawak'uchúchay.
CUADRILÁTERO. adj. y s. Tawak'uchu.
CUADRUMANO. s. Tawamaki.
CUADRÚPEDO. s. y adj. Tawachaki.
CUADRUPLICAR. v. Tawáchay.
CUAJADO. adj. Khutu, chuchullu.
CUAJAR. s. P'anchu. (neol.)

CUAJARON. s. Khuturu.
CUAJARSE. v. Chiráyay, tikáyay, qörpáyay.
CUAL. pron. Mayqën.
CUANDO. adv. Jáyk'aj, máyk'aj.
CUANTIOSO. adj. Mánchay.
CUANTO. adj. Jayk'a. mashka.
CUARENTA. adj. Tawachunka.
CUARTA. s. Q'apa.
CUARTEADO. adj. Rajra.
CUARTO. adj. Tawañiqën.
CUARTO. adj. Tawach'ijtan.
CUATRILLÓN. adj. Tawailuna.
CUATRO. adj. Tawa.
CUBO. s. Mach'ina.
CUBRIR. v. Qhátay.
CUBRIR (el varón a la mujer). v. Yúkuy.
CUCARACHA. s. Apatara.
CUCHARA. s. Wislla.
CUCHILLADA. s. Khari.
CUCHILLO. s. Tumi, kuchuna.
CUCHUFLETA. s. Qëllma.
CUCHUFLETERO. adj. Qëllmani.
CUELLILARGO. adj. Sunikunka, kunkasapa.
CUELLO. s. Kunka.
CUENTA. s. Yúpay.
CUENTA (DE COLLAR). s. Wallqa.
CUERDO. adj. Puqösqasunqö.
CUERNO. s. Wajra.
CUERO. s. Qara.
CUERPO. s. Ukhu.
CUESTA ABAJO. Uray.
CUESTA ARRIBA. Wíchay.
CUEVA. s. Mách'ay.
CUIDADO. s. Yuyápuy.
¡CUIDADO! interj. ¡Pajta!
CUIDAR. v. Yuyápuy.
CULEBRA. s. Machajwa.
CULPA. s. Jucha.
CULPABLE. adj. Jucháyuj.
CUMBRE. s. Uma, umacha, mukuku. Sinón. **Cima, cúspide, pináculo.**
CUMPLIDAMENTE. adv. Chiqamanta, sullullmanta.
CUMPLIR. v. Júnt'ay.

CÚMULO. s. Qötu, suntu.
CUNA. s. K'irau.
CUNDIR. v. Mísmiy, míshmiy, q'öqëkuy.
CUÑA. s. Karqënpa, q"ëllapa.
CUÑADA (del varón). s. Aqë.
CUÑADO. s. Masa. qátay.
CUÑAR. v. Q'ëllpay.
CURANDERO. s. Qhamata, janpiri.
CURAR. v. Jánpiy.
CURIOSEAR. v. Khurkúkuy.
CURRUTACO. adj. Ch'utillo, sh'ata.
CURVA. s. Llink'u.
CÚSPIDE. s. Mukuku. Sinón. **Cumbre, cima, pináculo, coronilla.**
CUTÍCULA. s. Qarapa.
CUYO. pron. Pijmi, pijpata.

CH

CHABOLA. s. Ch'ujlla. Sinón. **Choza.**
CHACARERO. adj. Arariwa.
CHACO. s. Chaqö.
CHACOTA. s. Ch'ajwa.
CHACRA. s. Chajra.
CHACHARA. s. Qasisimi.
CHAFAR. v. T'áyqöy, t'ústiy.
CHALONA. s. Ch'arki.
CHAMBÓN. adj. Charpa.
CHAMBONEAR. v. Charpaykáchay.
CHAMORRO. adj. Qhöru.
CHAMUSCAR. v. Q'áspay.
CHANCEAR. Sáukay.
CHANZA. Sauka.
CHAPALEAR. v. Sh'ápllay.
CHAPETÓN. adj. Chayrajruna.
CHAPODAR. v. Ráumay.
CHAPUZAR. v. P'úlltiy.
CHARLA. s. Yáunay.
CHARLAR. v. Yáunay.
CHARLATÁN. adj. Chanrara, k'anaqëllqa, llajlla, rimayqarwa.
CHARLATANERÍA. s. Llajllakay.
CHASCAR. V. K'atatátay.
CHASQUEAR. v. Llaq'öchiy.
CHATO. adj. Kapñu, miqa, t'añu, ñasq'aru.
CHICHA. s. Aqha.
CHICHERÍA. s. neol. Aqhawasi.
CHILE. s. Chilli.
CHILENO. adj. Chilliruna.
CHILLAR. v. Khananánay.
CHIMENEA. s. Wasip'aku.

CHIQUERO. s. neol. Khuchiwasi.
CHIRLE. adj. Sijwi.
CHISMOSO. adj. Simiápaj, isqayllu. Sinón. **Murmurador, falsario.**
CHISPA. s. Ninach'iqën.
CHOCAR. v. Ñiqay.
CHOCARREAR. v. Yájtuy.
CHOCARRERÍA. s. Yájtuy.
CHOCLO. s. Chujllu.
CHORREAR. v. Phájchay, súruy.
CHOZA. s. Ch'ujlla. Sinón. **Bohío, chabola.**
CHUBASCO. Chirmaupara.
CHUECO. adj. Wijru, wist'u.
CHUPAR. v. Ch'únqay.

D

DADIVOSO. adj. Qökuj, manamich'a.
DAGA. s. Lluki.
DAMA. s. Palla.
DAÑADO. adj. Ch'anqasqa. Sinón. **Ajado, menoscabado.**
DAÑAR. v. Ch'ánqay, chírmay, wájlliy. Sinón. **Ajar, menoscabar.**
DAÑO. s. Chirma, wajlli.
DAR. v. Qöy.
DE. prep. Manta.
DEBATIR. v. Siminákuy.
DÉBIL. adj. Ch'uchalli, llapaka, llauch'i.
DEBILITAR. v. Pijtuy, phúchuy, qhásñuy. r. Jarchíyay, qhasñúyay.
DEBILUCHO. adj. Phuchu, qhasñu.
DECAPITAR. v. Umannay.
DECIDOR. adj. Ñij.
DÉCIMO. adj. Chunkañiqĕn. Un décimo. Chunkach'ijtan.
DECIR. v. Niy, ñiy.
DECLARAR. v. Mastáray, rimáriy.
DECLINAR. v. T'ijsuy.
DECREPITO. adj. Rukhu.
DECREPITUD. s. Rukhukay.
DEDO. s. Ruk'ana.
DEFECAR. v. Akay.
DEFENDER. v. Járk'ay.
DEFORME. adj. P'arqa, ch'ujta.
DEGOLLAR. v. Nák'ay.
DEGÜELLO. s. Nak'a.
DEJAR. v. Jáqĕy, sáqĕy. Sinón. Abandonar.
DELANTE. adv. Ñaupaqĕ.
DELEGAR. v. Rantínchay.
DELEZNABLE. adj. Phasa.
DELGADO. adj. Ñañu, llañu.

DELIBERADAMENTE. adv. Yachaspa.
DELICADEZA. s. Ñujñukay.
DELICADO adj. Manti, ñujñu, añayñujñu.
DELICTUOSO. adj. Q'ömalli.
DELIMITAR. v. Usnuy.
DELINCUENTE. adj. Atijucháyuj, q'ömalli. Sinón. **Criminal.**
DELINQUIR. v. Juchallíkuy.
DELITO. s. Jucha, q'öma, atijucha.
DELUDIR. v. Ch'aukáyay.
DEMACRADO adj. Ayajra, sujya.
DEMACRARSE. v. Ayájray.
DEMASÍA. s. Yallin, kúraj.
DEMASIADO. adj. Lliuj, yallíyuj, yalliqëyuj.
DEMONIO. s. neol. Súpay.
DEMORAR. v. tr. Unáchiy. intr. Unay, unákuy.
DEMUDACIÓN. s. Jujya.
DEMUDADO. adj. Jujya, sujya.
DEMUDARSE. v. Jújyay, sújyay.
DENODADO. adj. Sinchi.
DENSO. adj. Thaska, sanku, khaka.
DENTADO. adj. K'ari.
DENTERA. s. Khipi.
DENUNCIANTE. p. Ch'átaj.
DENUNCIAR. v. Ch'átay.
DEPILAR. v. Llúphiy.
DEPOSITAR. v. Chaskíchiy.
DEPOSITARIO. s. Waqaychaykamáyuj.
DEPRIMIDO. adj. Ushphu.
DEPRIMIR. v. Ushphuy.
DERECHA. adj. Paña.
DERECHO adj. Chiqan.
DERRAMAR. v. Jíchay, t'ákay.
DERRENGARSE. v. Janqáyay.
DERRETIRSE. v. Unúyay.
DERRIBAR. v. Urmáchiy, wikápay, wikúpay, máray.
DERROCHADOR. adj. Q'aru.
DERRUMBE. s. Aysa.
DESABRIDO. adj. Amlla, q'ayma, raq'a, qama.
DESABRIRSE. v. Mak'áyay.
DESACIERTO. s. Mat'u.
DESAFORTUNADO. adj. Uqhö.
DESAIRAR. v. Ját'ay, qësay.

DESAIRE. s. Qësa.
DESAJUSTAR. v. Wayáchay.
DESALENTADO. adj. Kaphyaruna. sanp'a.
DESALENTARSE. v. Willpúkuy, kallpaymánay.
DESALIENTO. s. Kahya, ushphúkay, willpu.
DESALIÑADO. adj. Qhërna.
DESANIMO. s. Kaphya, ushpúkay.
DESARROLLARSE. v. Runáyay.
DESASEADO. adj. Qhëlli, qhërna.
DESASOSEGADO. adj. Takuri, thanpi.
DESASOSEGAR. v. Takúriy, thánpiy. Sinón. Perturbar.
DESATAR. v. Páskay, pháskay, watáray.
DESBANDARSE. v. Ch'iqëkuy.
DESBARAJUSTE. s. Rawi.
DESBARATADO. adj. T'ajmasqa.
DESBARATAR. v. T'ájmay, ch'íqëy.
DESBASTAR. v. Llájllay.
DESBORDARSE. v. Llíjmay, phújchiy, phújyay.
DESCABELLADO. adj. Aykhu.
DESCABEZAR. v. Umánay.
DESCAECER. v. Chúllchuy, únphuy, kallpaymánay.
DESCAECIMIENTO. Kallpaymánay.
DESCALABRAR. v. Ch'újriy.
DESCALABRO. s. Atisamq'a.
DESCALZO. adj. Q'arachaki.
DESCAMPAR. Cháqöy.
DESCANSAR. v. Jáukay, sámay.
DESCANSO. s. Jauka, sama.
DESCASCARAR. v. Jípq'ay, t'íjway.
DESCENDENCIA. s. Mit'aysana.
DESCENDER. v. Uráykuy, uráq'ay.
DESCOLAR. v. Rat'annay.
DESCOLOCADO. adj. Iqëlla.
DESCOLORIDO. adj. Kutisqa, sujya, t'ujra.
DESCOMPACTAR (un tejido). v. Wíkay.
DESCOMUNAL. adj. Sh'ikankáray.
DESCONOCIDO. adj. Llutan, manarijsisqa.
DESCONTENTADIZO. adj. Q'ëlliskiri.
DESCONTENTARSE. v. Q'ëllíkuy.
DESCORAZONAR. v. Q'ënaqáchiy. r. Q'ënaqákuy.
DESCORTÉS. adj. Japlla.
DESCORTEZAR. v. Síjllay, lláymay.

DESCUAJAR. v. Wakhay, sík'iy.
DESCUBRIMIENTO. s. Wamajamút'ay
DESCUIDADO. adj. Qönqajtullu, lluqhë.
DESDE. prep. Pacha. **Q'ayaman pacha:** Desde mañana.
DESDÉN. s. Qësa.
DESDENTADO. adj. Llajmu, janllu, thara, qhanqa, phallpa.
DESDENTARSE. v. Phallpáyay.
DESDEÑADO. adj. Qësachasqa.
DESDEÑAR. v. Qësáchay.
DESDICHADO. adj. Allinnaj.
DESEAR. v. P'itíkuy.
DESECARSE. v. T'ástay.
DESECHAR. v. Yanqháchay.
DESENCANTARSE. v. Q'ënaqákuy.
DESENFRENARSE. v. Túkiy.
DESENFRENO. s. Tuki.
DESENGAÑAR. v. tr. Qënáqay. r. Q'ënaqákuy.
DESENGAÑO. s. Q'ënáqay.
DESENMADERAR. v. K'ullúnnay.
DESENTERRAR. v. P'anpáray.
DESENVOLTURA. s. K'achakay.
DESESPERACIÓN. s. Wañuykáusay.
DESFALLECER. v. Ayayúpay, T'ájsuy.
DESFALLECIDO. adj. Ayayupa.
DESFLOCARSE. v. Phullújtay.
DESGAIRE (AL). m. adv. Llutanpa.
DESGAJAR. v. K'ájllay, q'ájway.
DESGANADO. adj. Ñamña, q'ösu.
DESGARRAR. v. Qhásuy.
DESGRANADOR. s. Mush'ana.
DESGRANAR. v. Múshay.
DESGRASAR. v. T'ájmay, ch'íqëy.
DESGREÑARSE. v. T'anpáyay.
DESHARRAPADO. adj. Sh'amullu.
DESHECHO. adj. T'ajmasqa.
DESHEBRAR. v. Qhöray.
DESHILACHADO. adj. Sh'ancha, sh'allcha.
DESHINCHADO. adj. Ch'usu. Sinón. **Desinflado.**
DESHINCHARSE. v. Punkíray.
DESHOJAR. v. Lláqhëy, ráphiy.
DESHOLLEJAR. v. Sínkhay, t'íjway.
DESHONESTIDAD. s. Wach'ujkay.

340

DESHONESTO. adj. Wach'ujucháyuj.
DESHONRAR. v. Allqöchay, map'áchay, pállqöy.
DESIDIOSO. adj. Lluqhë.
DESIERTO. s. Purun.
DESIGUAL. adj. Chaqö, wajlli.
DESINFLARSE. v. Ch'úsuy, ch'usúyay.
DESINTEGRARSE. v. Sallíkuy.
DESJARRETAR. v. Q'ájchay.
DESLENGUADO. adj. Qallunnaj.
DESLINDAR. v. Sájway, síqëy.
DESLUMBRAMIENTO. s. Surunp'i.
DESLUMBRAR. v. Surúnp'iy.
DESMAYO. s. Sunqöchínkay, sunqöp'itiy, yuyayp'itiy.
DESMEDRADO. adj. Añujchi.
DESMENUZAR. v. K'atáchay, t'únay.
DESMIRRIADO. adj. Yunpaqa.
DESMOCHADO adj. Qhörusqa, mut'u.
DESMOCHAR. v. Mút'uy, qhöruy.
DESMORONAR. v. Llúqhëy.
DESNARIGADO. adj. Qhörusinqa.
DESNIVELADO. adj. Wajlli.
DESNUDAR. v. Ch'útiy, llat'ánay, q'áray, qhástiy.
DESNUDARSE. v. Qhastíkuy. Q'arákuy.
DESNUDEZ. s. Q'arakay.
DESNUDO. adj. Achiku, ch'uti, llat'a, q'ara, phasti.
DESOBEDIENTE. adj. Umana, timina, wanana. Sinón. **Rebelde, recalcitrante.**
DESOLDAR. v. Chapínnay.
DESOLLADURA (DE LA PIEL). s. Iqha.
DESOLLAR. v. Ch'úskiy. Sinón. **Despellejar.**
DESORDENADO. adj. Qhöqapi.
DESORDENAR. v. Ráwiy.
DESOREJADO. adj. Wallurisqa, wanq'ö.
DESORIENTACIÓN. s. Payu, pawi.
DESORIENTARSE. v. Múspay, pawíkuy, payúkuy.
DESPACIO. adj. Alliymanta.
DESPACIO. adv. Alliy.
DESPACHURRADO. p. Llapisqa.
DESPANCAR. v. P'anqáray.
DESPAREJO. adj. Chaku, ch'ullach'ulla.
DESPARRAMAR. v. Ch'íqëy.
DESPEADO. adj. Qallqasqa.

DESPEARSE. v. Qállqay, qallqákuy.
DESPEDAZAR. v. T'únay, phíriy.
DESPEDIDA. s. Kacharpari, kacharpaya.
DESPEDIR. v. Kacharpáriy, kacharpáyay.
DESPEJADO. adj. Ch'ajllaña.
DESPEJARSE. v. Ch'ájyay.
DESPELLEJAR. v. Ch'úskiy, llúch'uy, qaránnay.
DESPENSA. s. Churanawasi.
DESPEÑADERO. s. Qaqapana.
DESPEÑAR. v. Qaqápay, wánkhay.
DESPERDICIAR. v. tr. Usúchiy. r. Usuy.
DESPERDICIO. s. Usu.
DESPEREZARSE. v. Ch'utákuy, ch'utaríkuy, jayt'áray, jayt'aríkuy.
DESPERTAR. v. Rijch'áriy, rich'áriy.
DESPIOJAR. v. Usay.
DESPLUMAR. v. Phurúnnay.
DESPORTILLADURA. s. Khallpa, k'allpi, khanki. Sinón. **Melladura.**
DESPORTILLAR. v. K'állpiy, khánkiy, sh'ápay.
DESPOTA. s. Jaucha.
DESPRECIABLE. adj. Qöpayúpaj.
DESPRECIAR. v. Yanqháchay, qësáchay.
DESPRECIO. s. Qësa.
DESPROPORCIONADO. adj. P'arqa.
DESPROPÓSITO. s. Mat'u.
DESPUÉS. adv. Chanta. DESPUÉS DE ESO. Chaymanta.
DESQUICIADO. adj. T'ajmasqa.
DESQUICIAR. v. T'ájmay.
DESTAPAR. v. Kirpáray, kíchay, kicháriy.
DESTEJER. v. Awannay.
DESTELLAR. v. Kachacháchay, lliphípiy.
DESTELLO. s. Kachachacha.
DESTENDER. v. Mast'aray.
DESTERRONAR. v. Qhásuy.
DESTETAR. v. Janúk'ay.
DESTETE. s. Januk'a.
DESTINO. s. Qhëncha.
DESTORCER. v. Q'ëwiray.
DESTROZAR. v. T'únay, chánpiy.
DESTUPIR. v. Wíkay.
DESVARIAR. v. Múspay.
DESVENTURA. s. Aqöyraki. Sinón. **Adversidad.**
DESVENTURADO. adj. Pasu, sh'ikisapa.

DETENCIÓN. s. Thapka.

DETENER. v. Taphkay.

DETERIORAR. v. tr. Náqëy, wájlliy. r. Naq'ëkuy, wajllíkuy.

DETERMINAR. v. Jamút'ay.

DETRÁS. adv. Qhëpa, qhëpan.

DEUDA. s. Manu.

DEUDOR. adj. Manu.

DEVANAR. v. Khúkiy.

DEVOLVER. v. Qöpuy, kutíchiy.

DÍA. s. P'unchay, p'unchau.

DIÁFANO. adj. Ch'inckill, ch'uwa. Sinón. Claro.

DIAMANTE. s. Qhëspiumiña.

DIARREA. s. Q'ëcha.

DICIEMBRE. s. Ayamárq'ay killa.

DICTAMINAR. v. Jamút'ay.

DICHA. s. Qëllpu, kusiqëllpu.

DICHARACHERO. adj. Qhöchurímaj.

DICHO. s. Ñiy, nisqa.

DIECINUEVE. adj. Chunkajisq'önníyuj.

DIECIOCHO. adj. Chunkapusajníyuj.

DIECISÉIS. adj. Chunkasujtáyuj.

DIECISIETE. adj. Chunkaqanchisniyuj.

DIENTE. s. Kiru. Incisivo: punkukiru.

DIESTRO. adj. Ujsáchij.

DIEZ. adj. Chunka.

DIFAMAR. v. Map'áchay.

DIFERENTE. adj. Ujjina.

DIFÍCIL, adj. Sasa.

DIFUNDIR. v. Uyáychay.

DILIGENTE. adj. K'uchi, wallpaywana.

DIMIDIAR. v. Chaupíchay, p'atmáchay.

DIMINUTO. adj. T'isti, sh'aqallu, ch'illi.

DIOS. s. Wak'a. DIOS MENOR: Willka.

DIPSOMAIACO. adj. Ch'achu. (neol.)

DIRECTO. adj. Chiqan.

DISCERNIR. v. Unánchay.

DISCREPAR. v. Ñíqay.

DISCURRIR. v. Rúpiy.

DISCUTIR. v. Siminákuy, ch'uqönákuy.

DISENTERÍA. s. Yamwarq'ëcha.

DISGUSTO. s. Uychu.

DISIMULADO. adj. Mujmi.

DISIMULAR. v. Mújmiy.
DISMINUCIÓN. Yáuyay, jiwíqay, pisíyay.
DISMINUIR. v. Yaúyay, jiwíqay, pisíyay.
DISPARAR (EL ARCO). s. Wách'iy.
DISPARATAR. v. Tháutiy.
DISPARATE. s. Mat'u.
DISPENSAR. v. Qöy.
DISPERSAR. v. Ch'iqëy. Sinón. Desparramar.
DISPERSO. adj. Ch'iqë.
DISPLICENTE. adj. Q'aymasunqö.
DISPUTAR. v. Qhëchunákuy.
DISTANCIA. s. Karukay.
DISTINCIÓN. Allikay.
DISTINTO. adj. Ujjina.
DISTRIBUIR. v. Achúray. Sinón. **Repartir.**
DISTRITO. s. Suyu.
DIURÉTICO. adj. Jisp'achi.
DIVERSIDAD. s. Ñáuray.
DIVERSIDAD. v. Ñáuray.
DIVERSIFICARSE. v. Ñauráyay.
DIVERSIÓN. s. Jauka.
DIVERTIR. v. tr. Qapáchay, jáukay. r. Q'öchúkuy.
DIVIDIR. v. Ríwiy.
DIVIESO. s. Tanapa, sanapa.
DIVISIÓN. s. Rak'i.
DIVORCIARSE. v. Jaytarákuy.
DIVORCIO. s. Jaytara.
DOBLAR. v. Iskáychay, tapáray.
DOBLE. adj. Phatu. Sinón. **Grueso, voluminoso.**
DOBLEGADO. adj. Llap'a.
DOBLEZ. Patara, tapara.
DOCE. adj. Chunkaiskayníyuj.
DOLER. v. Nánay.
DOLOR. s. Nánay.
DOLOROSO. adj. Nánaj.
DOMESTICADOR. adj. Kallkúchij.
DOMESTICAR. v. Kallkúchiy.
DOMESTICIDAD. s. Uywákay.
DOMÉSTICO. adj. Uywa, kallkusqa.
DOMINAR. v. Kiwíqay.
DOMINGO. s. neol. Intichau.
DONAIRE. s. K'acha.

DONAIROSO. adj. K'achata.
DONCELLA. s. Taski.
DONDE. adv. Maypi.
DORADO. p. Qörichasqa.
DORAR. v. Qöríchay.
DORMILÓN. adj. Puñuysapa.
DORMIR. v. Púñuy.
DORMITAR. v. Múskay.
DOS. adj. Iskay.
DRAGÓN. s. neol. Atimullp'u.
DUDA. s. Thuki.
DUDAR. v. Túnkiy, thúkiy.
DUDOSO. adj. Thukina.
DULCE. adj. Misk'i.
DÚO. s. Pituwanka.
DUPLICAR. v. Iskáychay.
DURACIÓN. s. Una.
DURADERO. adj. Unaj.
DURAR. Unay.
DUREZA. s. Anajkay.
DURO. adj. Anaj, sallu, k'utki. Sinón. **Inflexible, tieso.**

E

¡EA! interj. ¡Juya! ¡Ajaylli!

EBRIEDAD. s. Máchay.

ECLIPSE. s. Wáñuy.

ECO. s. Anqaylli, urqöjsimin, yachapáyaj qaqa.

ECUÁNIME. adj. Pajta.

ECHAR. v. Jích'ay. Sinón. **Verter, derramar.**

ECHAR DE MENOS. v. Watúkuy.

ECHARSE. v. Thállay, winkuy, síriy.

EDAD. s. Mita.

EDIFICAR CASA. Wasíchay.

EL, ELLA. pron. Pay.

ELÁSTICO. adj. Anku.

ELEGANCIA. s. Qhapchikay, k'achakay.

ELEGANTE. adj. Qhapchi.

ELEVADO adj. Jana, janaj, Sinón. **Alto, superior.**

ELEVAR. v. Janájchay.

ELOCUENTE. adj. Rímaj.

EMBADURNAR. v. Píjtuy.

EMBALSAMAR. v. Ayachukúchiy.

EMBARAZADA. adj. Wijsáyuj, chichu.

EMBARAZAR. v. Chichuyáchiy. Sinón. **Empreñar.**

EMBARAZARSE. v. Chichúyay.

EMBARAZO. s. Wijsáyujkay, chichukay. Sinón. **Preñez.**

EMBARNIZAR. v. Llúch'iy, llúnch'iy.

EMBAUCADOR. adj. Llullmi.

EMBAUCAR. v. Llut'ay, llúllmiy, qëqöy, jant'aq'ötayay.

EMBELLECER. v. tr. Sumájchay. r. Sumajchákuy, ch'askáyay.

EMBLANQUECERSE. v. Yurájyay.

EMBOTADO. adj. Jallmu, muthu.

AMBOTARSE. v. Jallmúyay, muthúyay.

EMBOZARSE. v. Aqöjtákuy.

347

EMBRIAGARSE. s. Máchay.
EMBROLLAR. v. Qëqöy.
EMBRUJAR. v. Lláyqay.
EMBUDO. s. Jillp'una.
EMBUSTE. s. Ch'aukakay, llajllakay.
EMBUSTERO. adj. Ch'auka, qhana, simiwállpaj.
EMBUTIDO. adj. T'iqë. p. T'iqësqa.
EMBUTIR. v. T'iqëy.
EMINENCIA. s. Qölla.
EMINENTE. adj. Qöllana.
EMINENTÍSIMO. adj. Yaruwillaka. Sinón. Excelentísimo.
EMISARIO. s. Kacha, yákill.
EMPADRONAR. v. Yuptúray.
EMPALAGAR. v. Amiy.
EMPALAGO. s. Ami.
EMPALAGOSO. adj. Ami.
EMPAPADO. adj. Ch'aran, jallch'u.
EMPAPAR. v. Ch'aránchay, sh'ápuy.
EMPAPARSE. v. Jallch'úkuy.
EMPARENTARSE. v. Ayllunákuy.
EMPEDERNIDO. adj. Khuyayninnaj, rumisunqö.
EMPEDRADO. s. Kallkisqa.
EMPEDRAR. v. Rumíchạy.
EMPEINE s. Milla.
EMPEQUEÑECER. v. Juch'úychay.
EMPEREJILAR. v. tr. Ajnupúlliy. r. Ajnupullikuy, ash'allákuy.
EMPERIFOLLARSE. v. Kaskíkuy.
EMPERO. conj. Kana.
EMPEZAR. v. Qallány. Sinón. **Comenzar, principiar.**
EMPLUMAR. v. Phurúnchay.
EMPOBRECERSE. v. Wajcháyay.
EMPOLLADORA. s. Ujlliri.
EMPORCAR. v. Khíchay, ch'ichíchay, milláychay. r. Khuchichákuy. rajch'ayay.
EMPREÑAR. v. tr. Chichuyáchiy. r. Chichúyay.
EMPUJAR. v. Tánqay.
EMPUJE. s. Tanqa.
EMULACIÓN. s. Jap'inákuy. Sinón. **Rivalidad.**
EMULAR. v. Churanákuy.
ENALTECER. v. Janájchay.
ENAMARILLECERSE. v. Wañúyay, q'ëllúyay.
ENAMORADA. adj. Salla.
ENAMORADO. adj. Munaqë.

ENAMORAR. v. Máyway.
ENAMORARSE (EL HOMBRE). v. Sallachákuy. (LA MUJER). Wáynay.
ENANO. adj. Ch'iñiqötu, t'inri, umutu, wal'a.
ENARCAR. v. K'újtiy.
ENARENAR. v. T'iúchay.
ENCABEZAR. v. Umáchay.
ENCABRITARSE. v. Q'ëtitíyay.
ENCAJAR. v. K'ísñiy, sátiy, khákay.
ENCALVECER. v. p'ajráyay.
ENCANECER. v. Pajpáyay, suqöyay.
ENCANIJAMIENTO. s. Ayuy.
ENCANIJARSE. v. Ayuy.
ENCAPRICHARSE. v. Kirkichákuy.
ENCARAMARSE. v. Siqákuy.
ENCARAR. v. Uyánchay.
ENCARCELAR. v. Piñáschay.
ENCARECER. v. Ancháyay.
ENCARGAR. v. Kúnay.
ENCARGO. s. Kuna.
ENCARRUJAR. v. Q'ánpay.
ENCEGUECER. v. Ñausáyay.
ENCALAR. v. Iskuy.
ENCERAR. v. Mapáchay.
ENCERRAR. v. Wisq'ay.
ENCÍA. s. Kiruaycha, lluch'a.
ENCLENQUE. adj. Sijllaymana, llaqaymana, llaqaruna, t'apa, iqö.
ENCOGERSE. v. Q'ëntiy, k'uytúkuy.
ENCOGIDO adj. Q'ësti.
ENCOLERIZARSE. v. Phiñákuy.
ENCOMENDAR. v. Kúnay, kunáchiv.
ENCOMIENDA. s. Apachiku.
ENCONTRAR. v. Tinkuy. Táriy.
ENCORAR. v. Qaránchay.
ENCELAR. v. Q'öñíriy.
ENCOSTALAR. v. Waráqay.
ENCUBIERTO. adj. Pakasqa.
ENCUBRIR. v. Llullápay, pákay.
ENCUENTRO. s. Tinku.
ENCHUFAR. v. Sát'iy, k'ísñiy.
ENDEBLE. adj. Llapaka.
ENDEMONIADO. adj. neol. Supayñíyuj.
ENDEREZAR. v. Chiqánchay.

ENDULZAR. v. Misk'ínchay.
ENDURECER. v. tr. Rumiyáchiy. r. Rumíyay.
ENEÁGONO. s. Jisq'önk'uchu.
ENEMIGO. s. Auqa, jayu.
ENEMISTAD. s. Jayunákuy.
ENEMISTARSE. v. Jayunákuy.
ENERO. s. Qhápaj Intijraymin killa.
ENFALDO. s. Illphay, mijlla, t'inpi.
ENFERMAR. v. Unqöy.
ENFERMEDAD. s. Unqöy.
ENFERMIZO. adj. Qarwaruna, iqö.
ENFERMO. adj. Unqösqa.
ENFILAR. v. Sínruy.
ENFLAQUECER. v. Ankúyay, tullúyay, sh'arkúyay, ishúyay, llaqáyay.
ENFRENTE. adv. Chinpa.
ENFRIAR. v. tr. Chiriyáchiy. r. Chiríyay.
ENGALANAR. v. K'achálliy.
ENGAÑADOR. adj. Llullmi, pallqö.
ENGAÑAR. v. Llúllmiy, yúkay, ñújñay, pállqöy, ch'aukáyay.
ENGAÑO. s. Ñujña, qëqö.
ENGENDRAR. v. Churíyay, yúmay.
ENGORDAR. v. Wiráyay.
ENGRASAR. v. Jáwiy, Ilúsiy.
ENGREÍR. v. Chajllíchiy.
ENGREÍR. v. Chajllíchiy.
ENGRIFARSE. v. Q'ëtitíyay.
ENGROSAR. v. Rakhúchay, rakhúyay.
ENGULLIR. v. Lláptay, wankáray.
ENHARINAR. v. Jak'úchay.
ENJUAGAR. v. Aytiy, ch'uwánchay, mách'iy.
ENJUTO. adj. Ayajra, jarchi, llajchi, k'arpi.
ENLAZAR. v. Tújllay, wáskay.
ENLODAR. v. T'urúnchay.
ENLOQUECER. v. Utiqákuy.
ENLUCIR. v. Liúnch'iy, Ilúch'iy, phísnuy.
ENMADEJAR. v. Kháway.
ENMADERAR. v. K'ullúnchay.
ENMARAÑADO. adj. Thansa, ch'arwi.
ENMARAÑAR. v. Ch'árwiy.
ENMARAÑARSE. v. T'aráyay.
ENMASCARADO. p. Saynatasqa.
ENMASCARAR. v. tr. Saynátay. r. Saynatákuy.

ENMENDAR. v. Chántay.
ENMOHECERSE. v. Muqákuy, mujsákuy, qöllwaráyay.
ENMUDECER. v. Amúyay, upáyay, upatúkuy.
ENNEGRECER. v. tr. Yanayáchiy. yanáchay. r. Yanáyay.
ENOJADO. adj. Phiña, ch'usku.
ENOJAR. v. tr. Phiñáchiy. r. Phiñákuy, ch'uskúkuy.
ENOJO. s. Phiñakay, ch'uskukay.
ENOJADO. adj. Phiña, ch'usku.
ENORME. adj. Maysh'ikan.
ENOVILLAR. v. Kurúruy.
ENRAMADA. s. Mach'a.
ENREDADO. adj. Jarap'asqa, sh'amri.
ENREDAR. v. Jarap'ay, thánsay. r. jarap'ákuy.
ENREDO. s. Mich'upa.
ENROJECER. v. tr. Pukayáchiy, majñúchay. r. Pukáyay.
ENROLLAR. v. Ch'úwiy.
ENRONQUECER. v. Ch'akáyay.
ENROSTRAR. v. Ch'ántay.
ENSACAR. v. Wínay.
ENSANCHAR. v. Kimráychay.
ENSANGRENTAR. v. tr. Yawárchay. r. Yawarchákuy.
ENSARTAR. v. Sínriy, sijriy, t'ísnuy.
ENSEÑAR. v. Yacháchiy.
ENSOMBRECERSE. v. Janráyay.
ENSORDECER. v. Rujt'uyay, juq'aráyay.
ENSUCIAR. v. tr. Ch'ichíchay, map'áchay, qhëllíchay, milláychay. r. Khuchi-chákuy, ch'ichichákuy. Sinón. **Mancillarse, emporcarse.**
ENSUEÑO. s. Músqöy.
ENTECO. adj. K'arpi, jarchi.
ENTENDER. v. Unánchay.
ENTENDIDO. adj. Yuyayruna.
ENTENDIMIENTO. s. Jamút'ay.
ENTEREZA. s. Sinchikay.
ENTERNECER. Wawayáchiy.
ENTERNECERSE. v. Wawayákuy.
ENTERO. adj. Pachan, páqar.
ENTERRAR. v. P'ánpay.
ENTIERRO. s. P'anpaku.
ENTONCES. adv. Chaypacha.
ENTORPECERSE. v. K'áywiy.
ENTRABAR. v. tr. Arwiy. r. Arwíkuy.
ENTRADA. s. Yaykuna.

ENTRAR. v. Yáykuy.
ENTRE. prep. Ukhu.
ENTREGAR. v. Jáyway.
ENTREMEZCLAR. v. Ch'álliy.
ENTREPIERNA. s. K'illka, khapa.
ENTREVERAR. v. Mích'uy, píjtuy.
ENTREVERO. s. Mich'u.
ENTRISTECERSE. v. Phútiy, phutíkuy, llakíkuy.
ENTROJAR. v. Pirwáykuy.
ENTROMETERSE. v. Ñiusíkuy, sukhupákuy.
ENTURBIAR. v. tr. Qönchúchay, q'atáchay. r. Qönchúyay, q'atáyay.
ENTUSIASMO. s. Añay.
ENVANECER. v. tr. Chajllíchiy. r. Chajllíkuy.
ENVARAMIENTO. s. Makhurka.
ENVARARSE. v. K'áywiy, makhurkákuy.
ENVEJECER EL HOMBRE. v. Machúyay. LA·MUJER. Payáyay.
ENVEJECERSE (la ropa). Mauk'ayay.
ENVENENAR. v. Míyuy.
ENVERDECER. v. Q'ömíryay.
ENVIADO. s. Kacha.
ENVIAR. v. Apáchiy.
ENVIDIA. s. Muq'ë.
ENVIDIAR. v. Múq'ëy, qhawanákuy.
ENVIDIOSO adj. Sh'kiruna.
ENVIGAR. v. Chakápay.
ENVIUDAR. v. Ijmakay, ijmayákuy, pasúyay.
ENVOLTORIO. s. Mintu.
ENVOLVER. v. Máyt'uy, p'íntuy, míntuy.
ENZARZAR. v. tr. Jarap'ay. r. Jarap'ákuy.
EPIDEMIA. s. Jatunúnqöy, phawajúnqöy.
EQUILIBRIO. s. Túray.
EQUIVALENCIA. s. Ninákuy.
EQUIVOCARSE. v. Pántay.
ERIAL. s. Q'arapanpa, t'ajra.
ERIAZO. adj. T'ajra.
ERIZADO. adj. Qhëchi.
ERIZO. s. Askánkuy.
ERRAR. v. Mátuy, matúchay, pántay. Thámay.
ERROR. s. Pántay.
ERUCTAR. v. Jápay, k'ájnay, qajya.
ERUCTO. s. Jap'a, k'ajna, qajya.
ESCABEL. s. Saruna.

ESCABULLIRSE. v. Ch'úllmiy, ch'ullmíkuy, llúsp'iy.
ESCALAR. v. Wasáriy.
ESCALDAR. v. Llúphiy.
ESCALERA. s. Chakana. Siqana.
ESCALONADO. p. Siqa.
ESCAMOSIDAD. s. Sh'aspa.
ESCAMPAR. v. Tháñiy, thániy.
ESCAPAR. v. Mitíkay, áyqëy.
ESCARABAJEAR. v. Qëllqachákuy.
ESCARABAJO. s. Akatanqa.
ESCARBAR. v. Jásp'iy, jállp'iy, tháwiy, sújsiy.
ESCARCHA. s. Sh'llunka.
ESCARCHAR. s. Sh'ullúnkay.
ESCARDAR. v. Ráuk'ay.
ESCARDILLO. s. Rauk'ana.
ESCARIARSE. v. T'uqöyay.
ESCARMENAR. v. T'isay.
ESCARMENTAR. v. tr. Wanáchiy. intr. Wánay.
ESCARMIENTO. s. Wana.
ESCARNECER. v. Allqöchay.
ESCASEAR. v. Pisípay, pisíyay, wájway.
ESCASERO. adj. Wajwalli.
ESCASO. adj. Pisi, wajwa.
ESCATIMAR. v. Mich'ákuy.
ESCENARIO. s. Mallki.
ESCLARECER. v. Sut'inchay.
ESCLAVO (DENTRO DEL COLONIAJE). s. Yanakuna.
ESCOBA. s. Qaychu, pichana.
ESCOCER. v. Síjsiy.
ESCOGER. v. Ajllay, chíjllay. Sinón. **Seleccionar.**
ESCOGIDO. adj. Ajllasqa. Sinón. **Selecto.**
ESCOMBRO. s. Thuni.
ESCONCE. s K'allka.
ESCONDER. v. Pákay
ESCONDITE. s. Pakakuna
ESCORIA. s. Aka.
ESCOZOR. s. Sijsi.
ESCRIBANO. s. y adj. Qëllqaykamáyuj.
ESCRIBIR. v. Qëllqay.
ESCRUPULOSO. adj T'itupáyaj.
ESCUÁLIDO. adj. Qhanparmánaj, tujti, iqö.
ESCUCHA. s. Uyaríkuy.

ESCUCHAR. v. Uyáriy.
ESCUDILLA. s. Chuwa. chúa, p'uku.
ESCUDO. s. Wallkanka, pullkanka.
ESCUDRIÑAR. v. Khuskipáyay, k'úskiy.
ESCUELA. s. Yachaywasi.
ESCUPIDERA. s. Thuqana.
ESCUPIR. v. Thúqay.
ESCURRIDIZO. adj. Llusp'i.
ESCURRIRSE. v. Súruy.
ÉSE, ÉSA, ESO. adj. Chay.
ESFERA. s. Qhörurunpa, sinku.
ESFORZARSE. v. Kállpay.
ESFUERZO. Kállpay.
ESFUERZO. Kallpa.
ESGUINCE. s. Kachaña.
ESMALTAR. v. Kúskuy.
ESMIRRIADO. adj. Llajchi.
ESÓFAGO. s. Millp'una, millp'uti.
ESPACIO. s. Kiti.
ESPALDA. s. Wasa.
ESPANTADIZO. adj. T'ijti.
ESPANTAJO. s. Arakiwa, p'isqömanchachi.
ESPANTAPÁJAROS. s. Manchachina, p'isqömanchachi.
ESPARCIR. v. Sh'illáriy.
ESPARCIRSE. v. Q'öchúkuy. Sinón. **Divertirse, regocijarse.**
ESPECIA. s. Q'apachaqa.
ESPECIE. s. Jamu.
ESPEJISMO. s. Rírpuy.
ESPEJO. s. Rirpu.
ESTAFADOR. adj. Apájaj.
EXCORIAR. v. Llúst'iy.
EXCREMENTO. s. Isma.
EXHALAR. v. Q'ápay.
EXISTENCIA. s. Kasqakay.
ÉXITO. s. Sami.
EXPLICAR. v. Mastáray.
EXPERTO. adj. Yachayníyuj.
EXPELER (DE LA BOCA). v. Ajtuy.
EXPRESIÓN. s. Niy.
EXPLOSIÓN. s. Sallap'a.
EXPRIMIR. v. Ch'áway, ch'árway, ch'irway.
EXPULSAR. v. Qhárqöy.

EXQUISITO. adj. Añayñujñu, súmai.
EXTENDER. v. Mánt'ay. Mást'ay.
EXTRAER. v. Lláuq'ey, úrqöy, wiq'ay. LÍQUIDOS: wisiy.
EXTRAVAGANTE. adj. Aykhu.
EXTRAVIAR. v. Chinkáchiy.
EXTREMO. s. Ñaupi.
EXUBERANTE. adj. Atıati.
EXUDACIÓN. s. Ch'illchi.
EXUDAR. v. Ch'illchiy.

F

FACTIBLE. adj. Atíkuj.
FACULTADO. p. Kamasqa.
FAJA. s. Chunpi. sunli.
FAJAR. v. K'íruy. r. Chunpillíkuy.
FALACIA. s. Ñujña.
FALO. s. Ullu. Sinón. **Pene.**
FALSARIO. adj. Iskayllu, iskallu.
FALLA. s. Allqa.
FALLAR. v. Janqöchay.
FANTASMA. s. Atimullp'u.
FARELLÓN. s. Sh'anka.
FASCINAR. v. Itumíray. Sinón. **Sugestionar.**
FATALIDAD. s. Atisamq'a.
FATIGA. s. Machitáyay, uti.
FATIGAR. v. tr. Junp'íchiy. r. utiy.
FATUO. adj. Chuqëntullu.
FAVORECER. v. Jáumay, yanápay.
FE. s. Iñi. Sinón. **Creencia.**
FEBRERO. s. Kámay killa.
FECUNDO. adj. Mira.
FELICIDAD. s. Qëllpu.
FEMENTIDO. adj. Pallqö, llullasunqö.
FEMINEIDAD. s. Warmikay.
FÉMUR. s. Wich'un.
FEO. adj. Ch'ujta, p'arqa.
FERMENTAR. v. P'ushqöy.
FERVOROSAMENTE. adv. Raurayrauraylla.
FIAR. v. Mánuy. r. Manúkuy.
FIASCO. s. Llaq'ö, qöllma.
FIDEDIGNO. adj. Ikiypa.
FIERO. adj. Pumayna.

FIERRO. s. Q'ëllay.
FIESTA. s. Raymi.
FILA. s. Sinru.
FILO. s. y adj. Q'auchi.
FILÓSOFO. s. Amauta, jamaut'a. Sinón. **Sabio.**
FILTRACIÓN. s. Ch'illchi. Sinón. **Exudación.**
FILTRAR. v. Ch'illchiy. Sinón. **Exudar.**
FIN. s. P'uchúkay, tukúkuy.
FINGIR. v. Túkuy.
FINO. adj. Nina.
FIRME. adj. Sayajsunqö, tajwasunqö.
FIRMEZA. s. Tajya.
FISGAR. v. Qhawapáyay.
FISONOMÍA. s. Rijch'ay.
FISURA. s. K'iña.
FLACIDO. adj. Llauch'i, llap'a.
FLACO. adj. Q'auti. Tullu, wirannaj.
FLAGELAR. v. Wiphíyay.
FLAMEAR. v. Llaphápay.
FLANCO. s. Wajta, manya, chiru.
FLANQUEAR. v. Kinráyay.
FLAUTA. s. Qëna, pinkullu, pirutu.
FLECADURA. s. Chichilla.
FLECO. s. Q'aytuncha, q'ëqö.
FLECHA. s. Wach'i.
FLEMA. s. Llausa.
FLEMÁTICO. adj. T'anra.
FLEXIÓN. s. Q'ëchu.
FLOJEAR. v. Qhëllákuy.
FLOJO. adj. Llauqhë. Sinón. **Holgado. Qhëlla.** Sinón. **Ocioso, perezoso.**
FLOR. s. Tika, sisa. SILVESTRE. Wayta.
FLORACIÓN. s. Ayna.
FLORECER. v. Aynay, t'íkay, sísay, wáytay.
FLORICULTOR. s. Inkillthupa.
FLORIDO. adj. Aynasapa, aynáyuj.
FLORIPONDIO. s. Wárwar.
FLOTAR. v. Túytuy.
FLOTE. s. Tuytu.
FLUXIÓN. s. Sijra.
FOFO. adj. Phusa.
FOGARADA. s. Rapha.
FOGÓN. s. Q'öncha, sh'aqë.

FONTANELA. s. Ñup'u, pujyu.
FORADO. s. Wankha.
FORASTERO. adj. Karuruna, wamajjámuj, jawaruna.
FORCEJEAR. v. Kállpay.
FORNICACIÓN. s. Sajwanaku, sh'anaku.
FORNICADOR. adj. Sájwaj.
FORNICAR. v. Sájway.
FORNICARIO. adj. Wáchuj.
FORNIDO. adj. Qharuna.
FORRAJE. s. Q'achu.
FORTALECER. v. Kallpáchay, sinchiyáchiy. Sinón. **Tonificar, vigorizar.**
FORTALEZA. s. Pukara. Sinchikay.
FORZUDO. adj. Kallpasapa. Sinón. **Vigoroso.**
FRACTURADO. p. P'akisqa.
FRACTURAR. v. P'ákiy.
FRAGANCIA. s. Kuntu.
FRÁGIL. adj. Khapu, qhaphra. sh'alluna.
FRENTE. s. Mat'i.
FRICCIONADO. p. Qhaqösqa.
FRICCIONAR. v. Qháqöy, khítuy.
FRIJOL. s. Chuwi.
FRIO. s. Chiri.
FRONDOSO. adj. Atiati.
FROTADO. p. Qhaqösqa, khitusqa.
FROTAR. v. Qháqöy, khítuy.
FRUCTIFICAR. v. Rúruy.
FRUNCE. s. Sip'u.
FRUNCIDO. p. Sip'usqa.
FRUNCIR. v. Síp'uy.
FRUSTRARSE. v. Qölluy, qöllúkuy.
FRUTA. s. Ruru, wayu.
FRUTO. s. Ruru, púqöy.
FUEGO. s. Nina.
FUENTE. s. Juturi, junqöllpi, ullqöqölla. TERMAL. T'inpupujyu.
FUERTE. adj. Nánaj, sinchi.
FUERZA. s. Kallpa.
FUGAR. v. Mitíkay, áyqëy.
FUGITIVO. adj. Mitíkaj, áyqëj.
FULGURAR. v. Illáriy, Illiphípiy.
FULLERO. adj. Ch'achu.
FUMAR. v. Múkay, pitay.
FUNDAR. v. T'ijsiy.

FUNDIDOR. s. Llajsaykamáyuj, jich'aykamáyuj.
FUNESTO. adj. Llinninnaj.

G

GALANTEAR. v. Chapulláyay.
GALILLO. s. Sánkar.
GALLINA. s. neol. Wallpa.
GALLO. s. neol. K'anka.
GAMONAL. s. Kamani. Sinón. **Caporal, mayordomo.**
GANGOSO. adj. Runk'u, sanq'a.
GANGUEAR. v. Rúnk'uy.
GANSO (andino). s. Washwa.
GAÑAN. adj. P'anra.
GARABATEAR. v. Siq'ëchay.
GARABATO. s. Siq'ë.
GARAÑÓN. s. Qachillu.
GARGAJEAR. v. Llújuy.
GARGAJO. s. Lluju, qhötu.
GARGANTA. s. Túnqor, tunqöri.
GARRA. s. Sillu.
GARRAPATA. s. Ajta, jamak'u.
GARROTAZO. s. P'ana, q'asu.
GARÚA. s. Iphupara, sipsi.
GARUAR. v. Iphuy, sipsiy.
GARZA. s. Wáqar.
GASTADO. adj. Thanta.
GASTAR. v. Chijchay, thantáchay.
GENERAL. s. Apu.
GATO. s. neol. Misi.
GATO CERVAL. s. Usqöllu.
GAVILÁN. s. Palluywaman, wamanpallpa.
GAVILLA. s. Payaqa, rukupa.
GAVIOTA. s. Takana.
GEMELA. s. Wispalla.
GEMELO. s. Illa, t'ira.

GÉMINIS (CONSTELACIÓN DE). Mirku.
GEMIR. v. Ansh'iy.
GENEROSO. adj. Sunqöyuj, qökuj.
GENTE. s. Runa.
GESTICULACIÓN. Inqhë.
GESTICULAR. v. Inqhëy.
GIRAR. v. Múyuy.
GLOTÓN. adj. Anshi, jilluqëllqa, wap'u. rajrapu.
GLUTINOSO. adj. Mach'a.
GOBERNANTE. s. Kamaqë.
GOBERNAR. v. Kámay.
GOLONDRINA. s. Khallwa, máraj, wayánay.
GOLOSINA. s. Añaka.
GOLOSO. adj. Jillu.
GOLPEAR. v. tr. Máqay, rástay, wájtay, tákay. r. Wajtákuy, takákuy.
GOLPETEAR. v. Takápay.
GOLPETEO. s. Takapa.
GORDO. adj. Llunp'u, wira.
GORDURA. s. Wirakay.
GORJEAR. v. Wárp'iy.
GORRIÓN. s. Paria, phichitanka.
GORRO. s. Ch'ullu.
GOTA. s. Sut'u.
GOTEAR. v. Sút'uy.
GRACIA. s. Qhánuy.
GRAMA. s. Ch'iki.
GRANADILLA. s. Tintín.
GRANDE. adj. Jatun.
GRANDIOSO. adj. Yaruwillaka.
GRANILLO. s. Murmi.
GRANIZADA. s. Chijchipara.
GRANIZAR. v. Chíjchiy.
GRANIZO. s. Chijchi, runtu.
GRAÑUJIENTO. adj. Khirki.
GRASA. s. Wira.
GRATITUD. s. Pachi.
GRECA. s. Q'ëqö.
GREÑA. s. T'anpa.
GRILLETE. s. Chipana.
GRILLO. s. Sirp'ita, tiantian.
GRIS. adj. Ch'ijchi.
GRITA. s. Ch'ajwa. Sinón. **Vocería.**

GRITAR. v. Qhapáriy.
GROSERÍA. s. Wasukay.
GROSERO. adj. Wasu. runkhi.
GRUESO. adj. Phatu, rakhu.
GUANACO. s. Maku.
GUARDAR. v. Jállch'ay. waqáychay. Sınón. Asegurar, preservar.
GUARDIÁN. s. Arariwa.
GUARISMO. s. Yupana.
GUERRA. s. Auqanákuy.
GUERREAR. v. Auqay.
GUIÑADA. s. Ch'imsiy, qëmllay, q'ënsiy.
GUIÑAR. v. Ch'imsíkuy, qëmllákuy, q'ënsiy.
GUIRNALDA. s. Pillu. inkillpillu.
GUISAR. v. Wáyk'uy, yánuy.
GUISO. s. Yanusqa.
GURRUMINO adj. Chajlli.
GUSANO. s. Uru, khuru.

H

HABER. v. Kápuy, tiyápuy. Sinón. Tener.
HÁBIL. adj. Ujsáchij.
HABILIDOSO. adj. Yachaparuna.
HABITUARSE. v. Yachákuy.
HABLAR. s. Rímay.
HACER. v. Jínay, rúway, rúray.
HACHA. s. Ayri.
HALCÓN. s. Waman.
HALLAR. v. Táriy.
HALLAZGO. s. Tari.
HAMACA. s. Kawitu.
HAMBRE. s. Yárqey.
HAMBRIENTO. adj. yarqëytaki.
HAMBRUNA. s. Jatunmúchuy.
HARAPIENTO. adj. Llachapasapa, wallqaracha, sajsasajsa, waychinqara.
HARAPO. s. Llachapa, thanta, rachapa, ratapa.
HARINA. s. Jak'u.
HARINAR. v. Ják'uy.
HARINOSO. adj. Phillmi, jak'u.
HARTARSE. v. Sájsay.
HARTAZGO. s. Sajsa.
HASTA. prep. Kama.
HASTIARSE v. Májiy.
HASTÍO. s. Májiy.
HAZMERREÍR. adj. Asichikuj.
HEBRA. s. Khichu.
HEDER . v. Asnay, phutunyay.
HEDIONDO. adj. Asna, phutun.
HEDOR. s. Asnay.
HELADA. s. Qasa.
HELADO. adj. Khata.

HELAR. v. Qásay.
HELECHO ARBORESCENTE. s. Lluri.
HEMBRA. s. China.
HEMORRAGIA. s. Uspútay.
HENDER. v. Ch'ijtay, khállay.
HENDIDO. p. Q'ajñisqa, khallasqa.
HEPTÁGONO. s. Qanchisk'uchu.
HERIDA. s. K'iri.
HERIDO adj. K'irisqa.
HERIR. v. K'íriy, k'iríchay, ch'újriy.
HERMANA (DE LA MUJER). s. ñaña. (DEL VARÓN). Pana.
HERMANDAD (Entre mujeres). s. Ñañakay. (ENTRE HOMBRES). Wauqëkay.
HERMANO (DEL HERMANO). s. Wauqë. (DE LA HERMANA). Tura.
HERMANO MENOR. s. Juqë.
HERMOSO. adj. Sijlla, súmaj.
HERMOSURA. s. Sijllakay, sumajkay.
HERPES. s. Phasku.
HERVIDERO. s. Aywi, washwa, unya, wátwaj.
HERVIR. v. T'inpuy.
HESITAR. v. Chankállpay.
HEXÁGONO. s. Sujtak'uchu.
HEZ. s. Qönchu.
HÍBRIDO adj. Q'ömi.
HÍGADO. s. Kukupin, k'iuchan, k'iswan.
HIJA (DEL VARÓN). s. Warmichuri. (DE LA MUJER). Warmiwawa. (HIJA
JOVEN DEL PADRE). Ususi. (DE LA MADRE). Sipaswawa.
HIJASTRO. s. Jáway, llullachuri.
HIJO (DEL VARÓN). s. Churi. (DE LA MUJER). Qhariwawa.
HILAR. v. Phúshkay, qánqöy.
HILO. s. Q'aytu.
HILVANAR. v. Ch'úkuy.
HINCHARSE. v. Púnkiy.
HIPAR. v. Jík'uy, jik'iy, q'áuyay.
HIPO. s. Jik'u, jik'i, q'auya.
HIRIENTE. adj. K'áraj.
HIRSUTO. adj. Tujchi.
HITO. s. Saywa.
HOJA. s. Llaqhë, raphi.
¡Hola! interj. ¡Ayau! ¡Yau!
HOLGADO. adj. Llauqhë, waya, p'ullqö.
HOLGANZA. s. Jauka.
HOLGAR. v. Qásiy.

HOLLAR. v. T'ústiy, yúpiy.
HOLLEJO. s. Phusra.
HOLLÍN. s. Ch'illu, qhëchimichi, qhëcincha, yanamanka, mankayana.
HOMBRE. s. Runa.
HOMOSEXUAL. adj. Waqati, majila.
HONDA. s. Warak'a.
HONDEAR. v. Warák'ay.
HONGO. s. K'allanpa.
HONORABLE. adj. Sumajchaqë.
HONRA. s. Súmay.
HONRADO. adj. Sumayníyuj.
HONRAR. v. Apúchay, yupáychay, sumáychay. Sinón. **Venerar.**
HORA. s. Wayk'úkuy. Una hora: Uj wayk'ukuy.
HORADAR. v. Qhëñuy, t'úqöy, wánkay, sújsiy, kháskay.
HORCA. s. Arawa, runawarkhuna.
HORIZONTAL. s. y adj. Waskha.
HORIZONTALIDAD. s. Waskhanpa.
HORMIGA. s. Sik'imira, sisi.
HORMIGUERO. s. Sisijusk'u, sik'imiraqöllu.
HORNACINA. s. Máchay, t'uqö, churarina.
HORNO. s. neol. Ninawasi.
HOSPEDAR. v. Qörpáchay.
HOSPEDERÍA. s. Qörpawasi.
HOYO. s. Jarata, p'ujru.
HOZAR. v. Ujsiy, tíjmuy.
HUELLA. s. Chakisarusqa, yupi.
HUÉRFANO. adj. Wajcha, willullu.
HUERO. adj. Llujllu, miq'a.
HUERTO. s. Muya.
HUESO. s. Tullu.
HUÉSPED. s. Qörpa, qörpaytúkuj.
HUEVO. s. Runtu.
HUIDERO. s. Ayqëna.
HUIR. v. Ayqëy, mitíkay.
HUMANIDAD. s. Runakay.
HUMEAR. v. Q'ösñiy.
HUMEDECERSE. v. Ch'aránchay, juq'öyay.
HÚMEDO. adj. Mik'i, juq'ö.
HUMERO. s. Wich'un.
HUMILDAD. s. Ullpuykúkuy.
HUMILDE. adj. Ullpúykuj.
HUMILLARSE. v. Ullpúykuy.

HUMO. s. Q'ösñi.
HURAÑO. adj. Wajraruna.
HURGAR. v. T'újpiy.
HURGÓN. s. T'ujpina.
HURGUILLAS. adj. T'ujpi.
HURÓN. s. Siqë.
HURTAR. v. Chullmiy, súay.
HURTO. s. Ch'aspa. Sinón. **Robo.**

I

ICTERICIA. s. Sujsuúnqöy.
ICHO. s. Ish'u. Sinón. Paja brava.
IDENTIFICAR. v. Kikínchay.
IDILIO. s. Wayllu.
IDIOTA. adj. Upa.
IGNORANTE. adj. T'ara.
IGUAL. adj. Khuska.
IGUALAR. V. Khuskáchay, kikínchay.
IJADA, IJAR. s. Ch'illa.
ILIACO. s. Chakantullu.
ILUMINAR. v. K'ánchay.
ILUSIÓN. s. Llachi.
ILUSIONARSE. v. Llachíkuy.
ILUSTRE. adj. Atauchi.
IMAGINACIÓN. s. Yuyana.
IMAGINAR. v. Umallíkuy,
IMITADOR. adj. Qaywa, yachapáyaj.
IMITAR. v. Qáyway, yachapáyay.
IMPASIBLE. adj. Chinsunqö.
IMPEDIMENTO. s. Jark'aquë.
IMPERECEDERO. adj. Manawáñuy.
IMPERTINENCIA. s. Mat'u.
IMPLUME. adj. Jallaka.
IMPORTANTE. adj. Anchayupa.
IMPORTUNAR. v. Junt'aráyay.
IMPORTUNO. adj. K'anaqëllqa, khurku.
IMPOTENTE. adj. Qömi.
IMPÚDICO. adj. fig. Map'a.
INCANDESCENCIA. s. Nínaj.
INCANDESCENTE. adj. K'ana, nínaj.
INCANDESCERSE. v. K'anáyay.

INCAPACIDAD. s. Thullitukay.
INCAPAZ. adj. Thulltu.
INCAUTACIÓN. s. Chapa.
INCAUTO. adj. Jamra.
INCERTIDUMBRE. s. Thuki.
INCESTUOSO. adj. Qhacha.
INCINERAR. v. Rupháchiy.
INCISIVO. adj. K'áraj.
INCITADOR. adj. Ráykuj.
INCITAR. v. Ráykuy.
INCLINADO. adj. Chinru, p'ajchi, t'ijsu.
INCLINAR v. v. tr. P'ajchiy, t'ijsúchchiy. r. Chínruy, p'ajchíkuy.
INCÓLUME. adj. Phurunt'asqa. Sinón. **Inmaculado.**
INCONSISTENTE. adj. Khapu.
INCONTABLE. adj. Aqöy, manayupana.
INCONTAMINADO. adj. Llúnp'aj, manachmpasqa.
INCORDIO. s. T'iuka.
INCORREGIBLE. adj. Wanana, manawánaj.
INCRUSTAR. v. Khákay.
INCUBADORA. s. Ujlliri.
INCUBAR. v. Ujllay.
INCULPAR. v. Jucháchay.
INCUMPLIMIENTO. s. Jankúchay.
INDECISIÓN. s. Chánkall.
INDECISO. adj. Iskaysunqö, iskaychákuj.
ÍNDICE (DEDO). s. T'ujsijruk'ana.
INDIFERENTE. adj. Chinsunqö.
INDIGESTIÓN. s. Tunaka.
INDIVISIBLE. adj. Rak'innaj.
INDÓMITO. adj. Sallqa.
INFANCIA. s. Juch'uyllakay.
INFANTA. s. Ñust'a.
INFANTE. s. Auki.
INFARTO (GANGLIONAR). s. Amalluqa, wanthi.
INFECTAR. s. Sarújay.
INFINITO. adj. Jallp'at'iu.
INFLEXIBILIDAD. s. K'irkukay.
INFLEXIBLE. adj. K'irku, k'urki.
INFRUCTÍFERO. Urwa.
INFUNDIR. v. Samáykuy.
INGENIOSO. adj. Muriku.
INGENUO. adj. Jamra, upáraj.

INGLE. s. Phaka.
INGRATITUD. s. Manayupáychay.
INGRESAR. v. Yáykuy.
INHUMANO. adj. Jaucha.
INICIACIÓN. s. Umalla, qalláriy.
INICIAR. v. Qalláriy.
ININTELIGIBLE. adj. T'itu.
INJURIADOR. adj. Watunkáyay.
INJURIAR. v. Allqöchay, watunkáyay.
INMACULADO. adj. Llúnpaj, phuruntasqa.
INMEDIATAMENTE. adv. Tuylla.
INMENSURABLE. adj. Manatupúyuj, tupunnaj.
INMISCUIRSE. v. Ñiusíkuy.
INMOLACIÓN. s. Aspákay.
INMUNDICIA. s. Rajch'a.
INNUMERABLE. adj. Aqöy, maysh'ika.
INOCENTE. adj. Juchannaj, jamra.
INQUIETADOR. adj. Qöllipáyaj, takuri.
INQUIETAR. v. Qollipáyay, takúriy.
INSALIVAR. v. Llájt'uy.
INSENSIBLE. Tunu.
INSERVIBLE. adj. Yunpaqa.
INSIGNIA. s. Unancha.
INSINUAR. v. Simínchay.
INSÍPIDO. adj. Amlla, mak'a.
INSOLACIÓN. s. Q'öcha.
INSOLARSE. v. Q'öchákuy.
INSOMNIO. s. Ch'ijmíkuy.
INSPECTOR. adj. Tukuyrikuj.
INSTANTE. s. Thuypachalla.
INSTIGADOR. adj. Ráykuj, watiqa.
INSTIGAR. v. Watíqay, ráykuy.
INSULSO. adj. Q'ayma.
INSURGENTE. adj. Ankalli. Sinón. **Rebelde.**
INSUSTANCIAL. adj. Chuma.
INTACTO. adj. Phurunt'asqa. Sinón. **Inmaculado.**
INTANGIBLE. adj. Manash'ankana.
INTELIGENCIA. s. P'iqëña.
INTELIGENTE. adj. Umáyuj, p'iqëñáyuj.
INTENTAR. v. P'ítwiy.
INTERCEDER. v. Rimápuy, úyllay.
INTERCESIÓN. s. Uylla.

INTERIOR. s. Ruri, ukhu.
INTERRUMPIR. v. Allqáchiy, p'itiy, tatíchiy.
INTERRUMPIRSE. v. Allqëy.
INTERRUPCIÓN. s. Allqa, p'itiy, tati.
INTESTINO. s. Ch'únchull, ch'unchulli, aqalli.
INTRODUCIR. v. Yaykúchiy.
INTROVERSIÓN. s. T'iku.
INTRUSO. adj. Mankaku, sat'inchupa, sutkulli.
INUNDACIÓN. s. Llujlla, llúnp'iy.
INUNDAR. v. Llújmay, qöllúchiy.
INÚTIL. adj. Añaku, thulltu, yunpaqa.
INUTILIDAD. s. Thulltukay, yanqhakay.
INÚTILMENTE. adv. Yanqha, ñanqha.
INVADIR. v. Llúnp'iy.
INVARIABLE. adj. K'irku.
INVASIÓN. s. Llunp'i.
INVENCIÓN. s. Wamajamút'ay.
INVENTAR. v. Júrqöy.
INVIERNO. s. Chirimit'a.
INVOCACIÓN. s. Itu, ituwa.
INVOCAR. v. Itúway.
IR. v. intr. Riy. Rípuy.
IRA. s. Phíñay.
IRACUNDO. adj. Japlla.
ISLA. s. Wata. Tara.
IZQUIERDA. s. Lluq'ë, wayllamaki.
IZQUIERDO. adj. Lluq'ë.

J

JACTANCIA. s. K'askikay.
JACTANCIOSO. adj. K'aski.
JACTARSE. v. Sumaychákuy, añaykáchay.
JADEAR. v. Ansáqëy.
JAGUAR. s. Jáwar.
JALAR. v. Aysay.
JAMÁS. adv. Manajáyk'aj.
JARDÍN. s. Inkill, muya.
JARDINERO. s. Inkillthupa.
JEFE. s. Tuqë, kamáchij.
JEME. s. Yuqö.
JERINGA. s. Willkachina.
JILGUERO. s. Ch'ayna.
JOCOSIDAD. s. Qëllma.
JOFAINA. s. Kulluna.
JOROBA. s. Muqö.
JOROBADO. adj. Kurku, muqöwasa.
JOVEN. adj. (Varón). Wayna. (Mujer). Sipas, imilla.
JOYA. s. Piñi.
JOYERO. s. Takataka.
JÚBILO. s. Chama, q'öchu. Sinón. **Alborozo.**
JUEGO. s. Misa, pújllay, phújllay.
JUEVES. s. Neol. Illapachau.
JUGAR. v. Mísay, pújllay, phújllay.
JUGO. s. Jilli.
JUGOSO. adj. Jillíyuj.
JUGUETE. s. Pujllana, phujllana.
JUICIOSO. adj. Mishqajsunqö, yuyayníyuj.
JULIO. s. Jaukaykuski killa.
JUNIO. s. Jatunkuski Aymúray killa.
JUNTAMENTE. adv. Khuska.

JÚPITER (PLANETA). s. Pirwa.
JUSTICIA. s. Míchuj, pajtáchay.
JUSTO. adj. Pajta.
JUVENTUD. s. Waynakay.

L

LABERINTO. s. Chinkana.
LABIO INFERIOR. s. Sirp'i. SUPERIOR. Wirp'a.
LABORIOSO. adj. Ajya, wallpaywana.
LABRAR (LA TIERRA). v. Uryay.
LACTAR. v. Ñúñuy.
LADILLA. s. Jamak'u.
LADINO. adj. Kashkaruna, qalluykamayuj.
LADO s. Chiru, chijru, wajta, manya.
LADRAR. v. Ayñay, wánway.
LADRIDO. s. Ayñay, wánway.
LADRILLO. s. (neol.) Sañutika.
LADRÓN. s. Chullmi, suwa, súa.
LAGARTIJA. s. Ararankha, jaq'arwa, qaraywa.
LAGARTO. s. Iwana.
LAGO. s. Qhöcha.
LÁGRIMA. s. Wáqay, wiqë.
LAGRIMAL. s. Wiqëchi.   *
LAGUNA. s. Qhöcha.
LAMER. v. Llánphay, Ilájway.
LAMINA. s. Llast'a.
LAMPIÑO. adj. Q'arasunk'a.
LAMPO. s. Lliphlli.
LANA. s. Millma, millwa.
LANCETA. s. Sirk'ana.
LANGOSTA. s. Kharwa, jaq'arwitu, q'ëshqësh, t'inti.
LANGUIDECER. v. Ch'añaráyay.
LANUDO. adj. Ch'apu, millmasaqa.
LANZA. s. Chuki.
LANZADERA. s. Kallwa, kumana.
LANZAR. v. (a pelea o competencia). Kacháykuy.
LARGARSE. v. Jap'íriy, kacharíkuy.
LARGO. adj. Suni.

375

LARGUIRUCHO. adj. Uriruna.
LASCIVIA. s. Ñuki. Sinón. **Lujuria, Salacidad.**
LASCIVO. adj. Ñukikuy.
LASTIMA. s. Sunqonánay.
LASTIMAR. v. Ch'újriy.
LASTIMERAMENTE. adv. Waqaywaqaylla.
LATIDO. s. Sirk'at'íjtiy.
LÁTIGO. s. Sijwa, sijwana, suq'a, wiphi.
LATIR. v. T'ijyay.
LATROCINIO. s. Suakay.
LAVAR. v. tr. Máyllay, máylliy, t'ájsay. r. Mayllákuy, mayllíkuy, yajchíkuy.
LAXARSE. v. Sanpáyay.
LAXITUD. s. Sanpáyay.
LAXO. adj. Llauch'i, sanpa.
LECHE. s. Ñuñu, willalli.
LECHO. s. Puñuna.
LECHUGUINO. adj. Ch'utillo. Sinón. **Pisaverde.**
LECHUZA. s. Ch'úsij, ch'usiqa, p'ajpaku.
LEGADO. s. Achirana.
LEGAÑA. s. Ch'ujñi.
LEGAÑOSO. adj. Ch'ujñi.
LEJOS. adv. Karu.
LENGUA. s. Qallu.
LENGUAJE. s. Simi.
LENGUARAZ. adj. Ñauch'iqallu.
LENTAMENTE. adv. Alliy.
LENTO. adj. Jayra. Sinón. **Lerdo, pesado.**
LEO (CONSTELACIÓN). Chukichínchay.
LEÑA. s. Llant'a, yamt'a.
LERDO. adj. Jayra.
LETRINA. s. Akawasi.
LEVANTAR. v. Juqáriy, uqháriy. r. Jatáriy.
LEVIGACIÓN. s. Minu.
LEVIGAR. v. Mínuy.
LEY. s. Kamachisqa.
LEZNA. s. Sh'ichika.
LIAR. v. Q'ëpíchay.
LIBÉLULA. s. Qharatisi, chujchak'utu.
LIBERAR. v. Qhëspíchiy. Sinón. **Libertar, redimir, salvar.**
LIBERTAD. s. Qhëspikay.
LIBERTAR. v. tr. Qhëspíchiy. r. Qhëspíkuy.
LIBRA (CONSTELACIÓN). s. Chakana.

LICUARSE. v. Yakúyay.
LIENDRE. s. Ch'ia.
LIGERO. adj. Wayralla.
LIMITE. s. Tinkuypura, siqë.
LIMPIAR. v. Píchay, panpáchay.
LIMPIO. adj. Llunp'a.
LINAJE. s. Ayllu, sanan. (Real). Panaka.
LINDE. s. Siqë, tinkuypura. Sinón. Límite.
LIRA (CONSTELACIÓN). s. Urqöchíllay.
LISONJERO. adj. Misk'ijsimi.
LISTÓN. s. Killi.
LITERA. s. Ranpa, wantu.
LIVIANO. adj. Ish'ulla, llamsa, sh'allalla, juqarinalla.
LOAR. v. Añayñiy.
LOBO MARINO. s. Asuka, qhöchapuma, unupuma.
LÓBREGO. adj. K'illmi raqha, tutaytuta.
LOCACIÓN. s. neol. Arinsa.
LOCO. s. y adj. Waq'a, sútij.
LOCOTO. s. Ruqöt, ruqötu.
LOCURA. s. Utíqay, waq'akay.
LODAZAL. s. T'urut'uru.
LODO. s. T'uru. Sinón. **Barro.**
LOGRAR. v. Ujsáriy.
LOMBRIZ. s. K'uyka, sillwikhuru.
LOMO. s. Wasachallwa.
LORO. s. Uritu.
LOZANEAR. v. Llánllay, qhallállay.
LOZANO. adj. Llanlla, qhallállaj.
LUCERO (DEL ALBA). Paqarijch'aska.
LUCIÉRNAGA. s. Ninanina, phinchinkhuru.
LUCHA (DEPORTIVA). s. Sirichinákuy.
LUCHADOR. adj. Sirichinákuj.
LUGAR. s. Kiti.
LUGARTENIENTE. s. Ranti.
LUJURIA. s. Ñuki.
LUJURIOSO. adj. Ñukíkuy.
LUMINOSO. adj. K'anchaj.
LUNA. s. Killa.
LUNAR. s. Ana.
LUNAREJO. adj. Anasapa.
LUNES. s. neol. Killaka.
LUZ. s. K'ánchay.

LL

LLAMA. s. Ninaráuraj, ráuraj.
LLAMADA. s. Wajya.
LLAMAR. v. Wájyay.
LLAMARSE. v. Sutíkuy.
LLANO. adj. T'aslla.
LLANTÉN. s. Chirajru.
LLANTO s. Wáqay.
LLANURA. s. Panpa.
LLEGADA. s. Chaya.
LLEGAR. v. Cháyay, chayámuy.
LLENAR. v. Llínp'ay, junt'áchiy, junt'ay, llijmay.
LLENO. adj. Llinp'a, junt'a, junt'asqa.
LLEVAR. v. Apay.
LLORAR. v. Wáqay, wíqĕy.
LLORÓN. adj. Waqaych'uru.
LLOVER. Páray.
LLOVIZNA. s. Iphupara, chirapa.
LLOVIZNAR. v. Chirápay.
LLUVIA. s. Para.
LLUVIOSO adj. Paraysapa.

M

MACILENTO. adj. Qhanparmánaj, waña.
MACIZO. adj. Runkhi.
MACHACAR. v. Q'ájchiy, sájtay, sh'ámchiy.
MACHO. s. y adj. Urqö.
MADEJA. s. Khawa, juñi.
MADERA. s. K'ullu.
MADRE. s. Mama.
MADRUGADA. s. Páqar, tutatuta.
MADRUGAR. v. Tutápay.
MADURACIÓN. s. Púqöy.
MADURAR. v. Qárway. qarwáyay, púqöy.
MADURO. adj. Ch'allu, ch'usmi, puqösqa, jak'a.
MAGIN. s. P'iqëña.
MAGNESIA. s. Qönta, qöntay.
MAGRO. adj. Llaqa.
MAÍZ. s. Sara.
MAIZAL. s. Sarasara.
MAJADERO. adj. Ñarñaku.
MALARIA. s. Chujchu.
MALBARATAR. v. Sh'állay.
MALCASADO. adj. Wisqë.
MALDECIDOR. adj. Ñákaj.
MALDECIR. v. Ñákay.
MAL DE PARKINSON. Píjway, yanqalli.
MALDITO. adj. Ñakasqa.
MALGASTAR. v. Q'áruy.
MALHABLADO. adj. Map'asimi.
MALHECHOR. s. Jatunjucháyuj.
MALHERIDO. adj. K'irisapa.
MALIGNO. adj. Auch'a.
MALOLIENTE. adj. Phutun.

MALTRATAR. v. Máqay.
MALVADO. adj. Auch'a. Sinón. **Maligno.**
MAMAR. v. Chúchuy, ñúñuy.
MANANTIAL. s. Junqöllpi, juturi, pujyu.
MANCILLARSE. v. Rajch'áyay.
MANCO. adj. Ch'ullamaki, ñuk'u, sunku.
MANCHA. s. Map'a.
MANCHAR. v. tr. Ch'ichíchay, map'áchay. r. Ch'ichichákuy, map'achákuy.
MANDADO. s. Kuna.
MANDANTE. p. Kámaj.
MANDAR. v. Apáchiy. Sinón. **Enviar, remitir.**
MANDAR. v. Kámay. Sinón. **Ordenar, regir.**
MANDATO. s. Apusimi. Sinón. **Precepto.**
MANERA. s. Jamu. Sinón. **Modo.**
MANI. s. Inchij.
MANIRROTO. adj. Q'aru, ranqha, wayramaki.
MANO. s. Maki.
MANOJO. s. Q'api.
MANOPLA. s. Sajmana.
MANOSEAR. v. Jaywapáyay.
MANOTADA. s. Sh'aku.
MANSEDUMBRE. s. Llanp'ukay.
MANSO. adj. Kallkusqa.
MANTELETA. s. Nañaka.
MANTILLA. s. Iñaka, p'anta.
MANTO. s. Yaqölla.
MANUSCRITO. s. Qëllqa.
MAÑANA. s. Q'aya.
MAÑANA (Primera mitad del día). s. Paqarin.
MAÑUDO. adj. Qalluykamáyuj.
MAR. s. Mamaqhöcha.
MARAÑA. s. Ch'arwi, rank'u.
MARCA. s. K'illpa, sananpa, suña.
MARCAR. v. Sanánpay, súñay, k'íllpiy.
MARCHITAR. v. Jáuch'ay. r. Jaucháyay, k'áunuy, qhöqáyay, naqëkuy.
MARCHITO. adj. Jauch'a, k'aunu, qhöchasqa.
MAREO. s. Umamúyuy.
MARGEN. s. Pata.
MARIDO. s. Qösa.
MARIMACHO. s. Mamaku.
MARINERO. s. Wanp'ujpurichiqën.
MARIPOSA. s. Pillpintu.

MAROMA. s. Mullaypa, yawirka.
MARTE (PLANETA). s. Auqákuj.
MARTES. s. (neol.) Atichau.
MARZO. s. Jatunpúqöy killa.
MAS. adv. As, aswan, astawan.
MASCARA. s. Saynata.
MASTICABLE. adj. Khamuna.
MASTICAR. v. Khámuy, k'áruy.
MÁSTIL. s. T'uyurka.
MASTURBADOR. adj. Wáusaj.
MASTURBARSE. v. Sajwákuy, wáusay.
MATA. s. Yura.
MATAR. v. Wañúchiy.
MATERNIDAD. s. Mamakay.
MATIZ. s. Kusku.
MATIZAR. v. Kúskuy.
MATORRAL. s. Cháapsa.
MATRIMONIO. s. Sawa.
MATRONA. s. Qhapajmama, t'alla, wayru. Sinón. **Dama**.
MAYO. s. Ariwaki killa.
MAYOR. adj. Kúraj.
MAYORDOMO. s. Kamani. Pachaka. Sinón. **Gamonal, caporal**.
MAZAMORRA. s. Api.
MAZO. s. Maruna, takana, kunpa.
MAZORCA (DE MAÍZ). s. Sarachujllu.
MECER. v. Ikhay. r. Ikhákuy.
MECONIO. s. Misu.
MECHERO. s. K'anchayllu.
MECHÓN. s. Phichu.
MEDIANERO. adj. Waki.
MEDIANÍA. s. Tajsakay.
MEDIANO. adj. Murmu, tajsa, wakisqa, maychuschay.
MEDIANOCHE. s. Chaupituta.
MEDICAMENTO. s. Janpi.
MEDICO. s. Janpikamáyuj.
MEDIDA. s. Chinpu, puyllu, tupu.
MEDIDO. p. Chinpusqa, tupusqa.
MEDIO. s. Chaupi. Sinón. **Centro**.
MEDIODIA. s. Chaupip'unchau.
MEDIR. v. Chínpuy, túpuy.
MEDITACION. s. Rúpiy, t'uku, jamút'ay.
MEDITAR. v. Rúpiy, t'ukuy, jamút'ay.

MEDROSO. adj. Mánchaj, manchachíkuj.
MEDULA. s. Chillina. (Espinal) Ñijwin.
MEJILLA. s. K'ajlla, qalla.
MEJOR. adj. Alinnin.
MEJORAR. v. Páuqay. wiñáchiy.
MELANCOLÍA. s. Kusiymana, phutiráyay.
MELINDROSO. adj. Kullajtullu.
MELLA. s. Q'asa.
MELLADURA. s. Khallpa.
MELLAR. v. Khállpay q'ásay.
MELLIZA. s. y adj. Awa, wispalla.
MELLIZO. s. Jawalla, t'ira.
MELLIZOS. s. Iskaywachasqa.
MEMORIA. s. Sunqöjáp'iy, yúyay, p'iqëña.
MEMORIOSO. adj. Umáyuj, yuyaysapa.
MENDIGAR. v. neol. Uskákuy.
MENDIGO. neol. Uska.
MENESTEROSO. adj. Wajcha.
MENGUA. s. Yáuyay.
MENGUANTE (LUNA). Wañunáyaj killa.
MENGUAR. v. Yáuyay, pisíyay.
MENINGE. s. Ñutqöjllikan.
MENOR. adj. Sullk'a.
MENOS. adv. Pisiqë.
MENOSCABADO. adj. Ch'anqasqa, pisiyasqa.
MENOSCABAR. v. tr. Pisiyáchiy, ch'ánqay. r. Jiwíqay.
MENOSPRECIAR. v. Qësáchay.
MENOSPRECIO. s. Qësa.
MENSAJERO. s. Ch'aski, kacha.
MENSTRUAL (PERIODO). Yawaríkuy.
MENSTRUAR. v. Map'ákuy, k'íkuy.
MENSTRUO. s. K'iku.
MENTE. s. Yuyana.
MENTECATO. adj. Ramkama.
MENTIR. v. Llullákuy.
MENTIRA. s. Llullakay.
MENTIROSO. adj. Llulla, pallqö.
MENTÓN. s. Qhajlli, k'aki.
MENUDO. adj. Ch'inqö, t'una, ch'iñi.
MEÑIQUE. s. Sullk'aruk'ana.
MERCADO. s. Qhatu.
MERCURIO (PLANETA). s. neol. Qhatuilla.

MERIENDA. s. Qöqawi.
MERMA. s. Jiwi, waywa, yáuyay.
MERMAR. v. Jiwiqay, wáyway. yáuyay.
MERODEAR. v. Muyuykáchay.
MES. s. Killa.
MESA. s. Janp'ara.
MESAR. v. Mischuy, qháchuy, t'iray.
MESTIZO. adj. neol. Misti.
MEZCLA. s. Mich'u, chajru, t'ajwi.
MEZCLAR. v. Mích'uy, chájruy, t'ajwiy.
MEZQUINARSE. v. Mich'ay, mich'ákuy.
MEZQUINDAD. s. Mich'akay.
MEZQUINO. adj. Killaku, micha, sajra, satka.
MIEDO. s. Manchapa.
MIEL. s. Misk'i.
MIÉRCOLES. s. neol. Qöyllurchau.
MIERDA. s. Aka.
MIL. adj. Waranqa.
MILANO. s. Q'ëuya.
MILLÓN. adj. Junu.
MIMAR. v. Wawachay, llúlluy.
MIMOSO. adj. Apuskachay.
MINA. s. Qhöya.
MIOPE. adj. Jajra, taphra.
MIRADOR. s. Qhawana.
MIRAR. v. Qháway.
MISÁNTROPO. adj. Qhöqö, wajraruna.
MISERABLE. adj. Mich'a.
MÍSERO. adj. Usuri.
MISMO. adj. Kikin, pacha.
MITAD. s. Khuskan, p'atma.
MIXTURAR. v. Tinkúchiy.
MOCASÍN. s. Llanq'ë.
MOCEDAD (DE LA MUJER). s. Sipaskay. (DEL VARÓN). Waynakay.
MOCO. s. Qhöña.
MOCOSO. adj. Qhöñasapa, qhöñasinqa.
MOCHO. adj. Qhöru, muru.
MODELAR. v. Wánkiy.
MODERNIZAR. v. Wamájchay.
MODO. s. Jamu.
MOFA. s. Sauka.
MOFLETUDO. adj. Uqörqö.

MOHO. s. Qörwar, mujsa.
MOHOSO. adj. Qörwasapa, qörwayasqa.
MOJADO. adj. Juq'ö.
MOJINETE. s. Qawiña.
MOJÓN. s. Saywa. Sinón. **Linde, hito.**
MOLEJÓN. s. Saqana.
MOLER. v. Kútay.
MOLESTAR. v. Ñárñay.
MOLLAR. adj. Jasa.
MOLLEJA. s. Mashka.
MOMENTO. s. Thuypachalla.
MOMIA. s. Munau, chullpa.
MONASTERIO. s. Ajllawasi. Sinón. **Convento.**
MONDAR. v. T'ipkay.
MONERÍA. s. K'usillúkuy.
MONO. s. K'usillu.
MONSTRUO. s. Kauri.
MONTARAZ. adj. Sallqa, k'ita.
MONTES. adj. Sintiru.
MONTÓN. s. Qöllu, raukha, tauqa, qötu.
MOÑO. s. Suk'uta.
MORADO. adj. Kulli, sani.
MORDAZ. adj. Jayajsimi, k'arajsimi.
MORDAZA s. Qallukhanichina.
MORDER. v. KHániy, kháchuy, qhámsay.
MORDIENTE. adj. K'utu.
MORDISCAR. v. Khachúpay.
MORDISCO. s. Khachu, khaní, qhamsa.
MORIBUNDO. adj. Wañunáyaj, p'itináyaj.
MORIR. v. Wañuy.
MORRO. s. Muqö, qöllu.
MORTAJA. s. Ayap'intuna, p'intuna.
MORTERO. s. Muchuqa, mutk'a.
MOSCA. s. Ch'uspi.
MOSCONEAR. v. Khurkúkuy.
MOSQUITO. s. Ch'uspi.
MOSTRAR. v. Rikúchiy.
MOVER. v. Kuyúchiy.
MOVERSE. v. Kúyuy.
MOZA. adj. Sipas.
MOZALLÓN. adj. Warmaku.
MOZO. adj. Wayna.

MUCILAGO. s. Mach'a, rat'a.
MUCOSA (MEMBRANA). s. Thallta.
MUCHO. adj. Ancha, ashka.
MUDANZA. s. Q'ënqömuyu.
MUDEZ. s. Amukay.
MUDO. adj. Amu.
MUELA. s. T'upana, t'urphanarumi.
MUELA. s. K'ama. CORDAL. Wajru, waqöru.
MUELLE. adj. Tijmu, llanp'u, ñupu.
MUERTE. s. Wáñuy.
MUERTO. s. y adj. Wáñuj, wañusqa.
MUGRE. s. Qhanra.
MUGRIENTO. adj. Qhëlli.
MUJER. s. Warmi. ESTÉRIL. Ikumi.
MUJERIEGO. adj. Warmisunqö.
MULADAR. s. Wanutauqa.
MULTIPLICACIÓN. s. Míray.
MULTIPLICARSE. v. Míray.
MULTIPLICIDAD. s. Ñáuray.
MULTITUD (DE COSAS). Imaymana.
MUNDO. s. Pacha.
MUÑECA. s. Urpu.
MURCIÉLAGO. s. Chiñi, masu.
MURMURADOR. adj. Sipsikaj.
MURMURAR. v. Sipsikay.
MÚSICA. s. Ñauraytaki.
MUSITAR. v. Sh'íchiy.
MUSLO. Chanka.
MUTILADO. adj. Qhöru.
MUTILAR. v. Qhöruy, mút'uy.
MUY. adv. Sujsa, nánaj.

N

NACER. v. Paqáriy, yúriy.
NADA. s. Chúsaj, manakaj.
NADAR. v. Píllwiy, wáyt'ay.
NADIE. pron. Nipi, manapipas.
NALGAS. s. Siki.
NARIGÓN. adj. Sinqasapa.
NARIZ. s. Sinqa.
NARRAR. v. Jáway. Sinón. **Relatar**.
NAUSEA. s. K'uchíkuy, ñát'iy.
NAVEGAR. v. Wánp'uy.
NEBLINA. s. Kamanchaka.
NECIO. adj. Upa, ramkama, k'anaqëllqa.
NEFANDO. adj. Auch'a.
NEGAR. v. Mananñiy.
NEGREAR. v. Yanáyay.
NEGRO. adj. Yana.
NEGRURA. s. Yanakay.
NERVIO. s. Anku.
NERVIOSIDAD. s. Kharka.
NERVUDO. adj. Khaka.
NEVADA. s. Llaslla.
NEVADO. s. Rasu.
NEVAR. v. Rit'iy, llásllay.
NEVASCA. s. Chañajllu.
NEVISCA. s. Aqarapi.
NEXO. s. T'inkina.
NICHO. s. Churarina.
NIDO. s. Q'ësa, thapa.
NIETO. s. Willka.
NIEVE. s. Rit'i.
NIGUA. s. Iñu, such'upiki.

NIMBO (EN EL SOL). Intijchinpun. (EN LA LUNA). Killajchinpun.
NIÑEZ. s. Wamrakay.
NIÑO (DE TETA). s. Ayu, wamra.
NO. adv. Ama. Mana.
NOBLE. adj. Yawarníyuj. Allíkaj.
NOBLEZA. s. Qhapajkay. Allikay.
NOCIÓN. s. Yáchay.
NOCHE. s. Tuta, ch'isi.
NODRIZA. s. neol. Amani.
NOMBRAR. v. Juqáriy.
NOMBRE. s. Suti.
NORTE. s. Chincha.
NOSOTROS. pron. (Inclusivo). Ñuqánchij. (Exclusivo). Ñuqayku.
NOTICIA. s. Yáchay.
NOVEDAD. s. Wamajkay.
NOVENO. adj. Jisq'önñiqën.
NOVIAZGO. s. Yanakay.
NOVIEMBRE. s. Umaraymi killa.
NOVILUNIO. s. Killawañu, unukilla.
NUBARRÓN. s. P'ukútay.
NUBE. s. Phuyu.
NUDO. s. Khipu. CORREDIZO. Nuq'a, nuq'ana.
NUERA. s. Qhachuni, ñujch'a. Del varón: Llunchu.
NUEVAMENTE. adv. Musujmanta, wajmanta.
NUEVE. adj. Jisq'ön.
NUEVO. adj. Músuj, wámaj.
NUMERO. s. Yupana.
NUMEROSOS. adj. Nánaj, yupa.
NUNCA. adv. Manajáyk'aj.

Ñ

ÑATO. adj. Ñasq'aru.
ÑOÑO. adj. Upa.

O

OBEDECER. v. Uyay, júñiy.
OBEDIENCIA. s. Juñíkuy.
OBEDIENTE. adj. Uyaj.
OBLICUAR. v. Wijsuy.
OBLICUIDAD. s. Wijsukay.
OBLICUO. adj. Wijsu.
OBSERVAR. v. Qháway.
OBSTACULIZAR. v. Sasáchay.
OBSTÁCULO. s. Sasáchay.
OBSTINADO. adj. Murq'a.
OBSTINARSE. v. K'irkipákuy, murq'akuy.
OBSTRUIR. v. Qhájnay.
OCASO. s. Intijmuchuynin.
OCCIDENTE. s. Intijyaykunan, kunti.
OCIOSO. adj. Kiriku, qhëlla.
OCTAVO. adj. Pusajñiqën.
OCTÓGONO. adj. Pusajk'uchu.
OCTUBRE. s. Qöyajraymin killa.
OCTUPLICAR. v. Pusájchay.
OCULTACIÓN. s. Paka.
OCULTO. adj. Pakasqa.
OCHENTA. adj. Púsajchunka.
OCHO. adj. Púsaj.
ODIADO. adj. Chijnisqa.
ODIADOR. adj. Chíjnij, chijniskiri.
ODIAR. v. Chíjniy.
ODIO. s. Chíjniy.
ODIOSO. adj. Chijnina.
OFRECER. v. Saqömay.
OFRECIMIENTO. s. Saqöma.
¡OH! interj. ¡Aa! ¡Juy!

393

OÍDO. s. Rinri, ninri, uyarina.
OÍR. v. Uyáriy.
OJAL. s. Ñawi.
¡OJALÁ! interj. Iki.
OJO. s. Ñawi.
OJOSO. adj. Ñawichu.
OJOTA. s. Ushut'a, juk'uta.
OLA. s. Machapu.
OLER. v. Múskiy.
OLFATEAR. v. Muskiykáchay
OLISCAMIENTO. s. Junya.
OLISCAR. v. Júnyay.
OLOR. s. Q'ápay.
OLORIZAR. v. Q'ápay.
OLOROSO. adj. Q'ápaj.
OLVIDADIZO. adj. Qönqaskiri, qönqaysapa.
OLVIDAR. v. Qönqay.
OLVIDO. s. Qönqay.
OLLA. s. Manka.
OLLERO. s. Rajch'i.
OMBLIGO. s. Pupu.
OMISIÓN. s. Jankúchay.
OMITIR. v. Jankúchay.
OMÓPLATO. s. Kharmin, qarmin.
ONCE. adj. Chunkaujníyuj.
ONDULAR. v. Q'ënqöy.
OPACO. adj. Ayphu, aypha.
OPONERSE. v. Ñíqay.
OPULENCIA. s. Qhapajkay.
ORA. conj. Ñáraj.
ORDENANZA. s. Kamachisqa.
ORDENAR. v. Ch'ántay, chiqáchay, patáchay. Sinón. **Componer**.
ORDEÑAR. v. neol. Ch'áway.
ORDINARIO. adj. Qasi.
OREARSE. v. Pháskiy.
OREJA. s. Rinri, ninri, lluthu, llut'u.
OREJERA. s. Paku.
OREJUDO. adj. Rinrisapa.
ORFANDAD. s. Wajchakay.
ORGÍA. s. neol. Ch'acha.
ORIENTE. s. Anti, intijsiqamunan.
ORIGEN. s. Chauchu, qállar, t'ijsi.

ORIGINAR. v. Paqaríchiy.
ORINA. s. Jísp'ay.
ORINAR. v. Jisp'ay.
ORO. s. Qöri.
OROPEL. s. Wajtanqöri.
ORTIGA. s. Itana, itapallu.
ORUGA. s. Sikasika.
OSADIA. s. Q'ájchay.
OSCURECERSE. v. Llaqháyay, raqháyay.
OSCURO. adj. Llaqha, raqha, k'illmi.
OSO. s. Jukumari, ukuku.
OSTENTACIÓN. s. Khaskikay.
OSTENTOSO. adj. Khaskikhaski.
OTOÑO. s. Puqöypacha, puqöymit'a.
OTORGAR. v. Qöy. Sinón. **Dar.**
OTRO. adj. Waj.
OVALADO. adj. Ch'uytu. Sinón. **Elíptico, ovoide.**
OVILLO. Kúrur, ch'utki.
¡OYE! interj. ¡Yu!

P

PACER. v. Upsay, upsákuy.
PADECER. v. Ñak'áriy, múchuy.
PADRASTRO. s. Qhëpayaya.
PADRASTRO. (Cutícula). Ch'illpi, sh'ullpi.
PADRE. s. Tata, tayta, yaya.
PADRINO. s. neol. Warmu, sutiaqë.
PADRÓN. s. Yuptu.
PAÍS. s. Llajta.
PAJA BRAVA. s. Iru, ish'u.
PÁJARO. s. P'isqö, phichiu.
PALA. s. Llanpa.
PALACIO. s. Qhapajwasi.
PALADAR. s. Sánqar.
PALANCA. s. Wanqa.
PALANQUEAR. v. Wánqay.
PALEAR. v. Llánpay.
PALMA (DE LA MANO). s. Makit'ajlla, t'ajlla.
PALMADA. s. T'ajlla.
PALMEAR. v. T'ájllay.
PALMITO. s. Witúnkuy.
PALMO. s. K'apa.
PALO. s. K'aspi.
PALOMA. s. Urpi.
PALPABLE. adj. Llamina.
PALPACIÓN. s. Llami.
PALPAR. v. Sh'ánkay, llánkhay, llámiy, llújchiy, kúllay.
PALPITAR. v. T'ijt'ijñiy, t'ípuy.
PAN. s. neol. T'anta.
PÁNCREAS. s. Qhöchu.
PANTANOSO. adj. Ch'úraj. Sinón. **Cenagoso**.
PANTORRILLA. s. Ch'upa, p'usta, T'usu.

PANZA. s. Jiqë, uspun, wijsa.
PANZUDO. adj. P'anra.
PAÑAL. s. Akawara, jananta, wallthana, p'intuna.
PAÑETE. s. Wara.
PAPADA. s. Q'ötu.
PAPAGAYO. s. Uritu.
PAR. s. K'inti.
PARADERO. s. Sayana.
PARÁLISIS. s. Ñuk'u.
PÁRAMO. s. Purun.
PARAPETO. s. Pullqa.
PARARSE. v. Sáyay, sayákuy.
PARCELA. s. Suyu.
PARECER. v. Rích'ay.
PARECERSE. v. Rijchákuy.
PARED. s. Pirqa.
PAREJA. s. Pitu, yana.
PAREJO. adj. Khuska, siuj.
PARIDORA. adj. Wachaka.
PARIENTE. adj. Ayllu, yawarmasi.
PARIHUELA. s. K'allapi, k'allapa.
PARIR. v. Phállay. wáchay.
PARLANCHÍN. adj. Warp'ikuj.
PARLOTEAR. v. Rimapáyay.
PARPADEAR. v. Ch'ipíjyay, ch'írmiy, kimllay, llipíjyay.
PARPADEO. s. Ch'ípij, ch'irmi, k'imlla, llípij.
PARPADO. s. LLipi.
PARTE. s. Phatma.
PARTERA. s. Wawawacháchij, wissallíchaj.
PARTESANA. s. Chanpi, wamanchanpi.
PARTICIÓN. s. Rak'i.
PARTIDA. s. Aywa.
PARTIDARIO. adj. Yayaqë.
PARTIR. v. Puríriy. Rák'iy.
PARTO. s. Wáchay.
PÁRVULO. s. Irqë, wamra.
PARRANDEAR. v. Ch'áchay.
PASA. s. K'isa.
PASADO MAÑANA. s. Minsh'a.
PASAR. v. Yálliy.
PASEAR. v. Puriykáchay.
PASIONARIA. s. Apinqöra.

PASITO. s. dim. Ichi.
PASMO. s. Utiqa.
PASO. s. Thaski.
PASTIZAL. s. Qëwapanpa.
PASTO. s. Kiwa.
PASTOR. s. Michij.
PATA. s. Chuscha.
PATADA. s. Jayt'a.
PATEAR. v. Jáyt'ay.
PATERNIDAD. s. Yayakay.
PATITUERTO. adj. Yanqöchaki, q'ëshwa.
PATIZAMBO. adj. Ch'ujtachaki, q'ëllwi, janqöchaki, t'ajpi.
PATO. s. Nuñuma.
PATOJO. adj. P'illqö.
PATUDO. adj. Chakisapa.
PATULLAR. v. T'ústiy.
PAVONEARSE. v. Sh'ánkiy.
PAVONEO. s. Ch'anki.
PAZ. s. Qasiqhëspi.
PEANA. s. Saruna.
PECADOR. s. y adj. Juchasapa.
PECHO. s. Qhasqö.
PECHUGA. s. Qawa, qöqan.
PEDAZO. s. Asnin.
PEDERNAL. s. Khiskajrumi, q'auchirumi.
PEDIGÜEÑO. adj. Mañaku, mañapu.
PEDIMENTO. s. Mañaqa.
PEDIR. v. Máñay.
PEDO. s. Supi.
PEDREA. s. Ch'aqë. Sinón. **Lapidación**.
PEDREGAL. s. Rumirumi.
PEDREGOSO. adj. Ranra.
PEDÚNCULO. s. Taynu.
PEER. v. Súpiy.
PEGAR. v. K'askáchiy. Sinón. **Adherir**.
PEGAR. v. Máqay. Sinón. **Castigar, maltratar**.
PEINADO. s. Ñasch'asqa, saq'apa.
PEINAR. v. Ñájch'ay. r. Ñajchákuy.
PEINE. s. Ñajch'a, sajraña.
PELADO. adj. Q'ara.
PELAR. v. Q'áray.
PELDAÑO. s. Pata, siqana, mallma.

PELEA. s. Maqanaku.
PELEAR. v. Maqanákuy.
PELIGRO. s. Majllu, sh'iki.
PELO. s. Phullu.
PELOTA s. Papauki.
PELUQUERO. s. Ruthuykamáyuj.
PELLEJO. s. Qara.
PELLIZCAR. v. T'illuy, t'ípsiy.
PELLIZCO. s. Sipti, t'illu, t'ipi, t'ipsi.
PENA. s. Llákiy.
PENDEJO. s. Khapasunk'a.
PENDENCIERO. adj. Kak'achu, japlla.
PENE. s. Ullu.
PENSAR. v. Llúp'iy, yúyay.
PENTÁGONO. s. Phisqak'uchu.
PENUMBRA. s. Arpha, janra.
PEÑA. s. Qaqa.
PEÑASCO. s. Wank'a.
PEONZA. s. Pisqöyñu. Sinón. **Trompo.**
PEPINO. s. Kachun.
PEPITA. s. Kukururu.
PEQUEÑO. adj. Júch'uy.
PERCIBIR. v. Músyay.
PERCHA. s. P'achawarkhuna.
PERDERSE. v. Chínkay.
PERDIZ. s. Yuthu.
PERECEDERO. adj. P'uchukákuj.
PEREZA. s. Qhëllakay.
PEREZOSO. adj. Illtha, qhëlla, qasiruna, kiriku.
PERFECTAMENTE. adv. Chiqamanta, sullullmanta.
PERFECTO. adj. Alliñiqën.
PERFORAR. v. Júsk'uy.
PERFUMAR. v. Kúntuy, qöntuy.
PERFUME. s. Kuntu, qöntu.
PERGAMINO. s. Qaraki.
PERINOLA. s. P'isqöyllu.
PERIPUESTO. adj. Sh'ata.
PERITONEO. s. Akarqana, Ilikawira.
PERJUDICAR. v. Chíway.
PERO. conj. Ichaqa, yallínraj.
PERPLEJIDAD. s. Thuki.
PERRO. s. Allqö.

PERSEGUIR. v. Qhatipáyay, yaqápay.
PERSEVERANTE. adj. Sayajsunqö, tajyasunqö.
PERSEVERAR. v. Tájyay.
PERSONAJE. s. Ukhusapa.
PERSPECTIVA. s. Rikuna, qhawana.
PERSPICACIA. s. Ch'itikay, khashkakay.
PERSPICAZ. adj. Ch'iti, khashkaruna.
PERSUADIR. v. Juñíchiy.
PERTINAZ. adj. Manakútij.
PERTURBAR. v. Takuríchiy.
PERVERSO. adj. Akuylla, sajra, wajllipu.
PESADILLA. s. Atimúsqöy, llápiy, sh'ikimúsqöy.
PESADO. adj. Llasa, jayra.
PESAR. v. Aysay. Llásay. Túpuy. Lláray.
PESCADERÍA. s. Challwaqhatu.
PESCADOR. s. Challwakámayuj.
PESCAR. v. Chállway.
PESCUEZO. s. Kunka.
PESO. s. Llasakaynin. warkhu. Lláray.
PESQUISAR. v. Mútkiy.
PESTAÑA. s. Pullurki, tijlla.
PEZ. s. Challwa.
PEZÓN. s. Llutu.
PEZUÑA. s. Phapa.
PIADOSO. adj. Khuyaysapa, khuyayníyuj.
PICANTE. adj. Jaya, qhatqë.
PICAPEDRERO. s. Ch'iqöykamáyuj, rumich'íqöj.
PICAR (LOS INSECTOS). v. Qhátqëy, wách'iy.
PICO. s. T'aphsa.
PICOTAZO. s. Ch'ika, sh'útuy.
PICOTEAR. v. Sh'úruy, sh'útuy, t'aphsay.
PICHÓN. s. Irpa.
PIE. s. Chaki.
PIEDRA. s. Rumi.
PIEDRA PRECIOSA. Umiña.
PILA. s. Qötu. Sinón. **Cúmulo, montón**.
PILAR. s. Saywa, tunu, wasitauna.
PIMPOLLO. s. Mujmu, muk'u.
PINÁCULO. s. Mukuku.
PINTAR. v. Khúskuy, llinp'iy.
PINTARRAJEAR. v. Phískuy.
PINTOR. s. Khúskij, llínp'ij.

PINTORESCO. adj. Qhawaykama.
PINTURA. s. Llinp'ina.
PINZA. s. Sik'ina, t'irana.
PIÑA. s. Achupalla. Sinón. **Ananás**.
PIOJO. s. Usa.
PIOJOSO. Usasapa.
PISADA. s. Saru.
PISAR. v. Sáruy.
PISAVERDE. adj. Sh'ata.
PISCINA. s. Armakuna.
PISÓN. s. T'ajtana.
PISOTEAR. v. Saruykáchay, tuspíchay, t'áyqöy, t'ústiy, thármiy.
PITANZA. s. Achura.
PIZARRA. s. Ch'alla.
PLACENTA. s. Thamin.
PLANO. adj. P'allta.
PLANTA. s. Mallki. DEL PIE. Chakipanpa, t'ajta.
PLANTAR. v. Mállkiy.
PLATERO. s. Qöllqëtákaj, yasapa.
PLATINO. s. Qöllqëywa.
PLATO. s. Chúa.
PLAYA. s. Mayupata, qhöchapata, majya.
PLAZA. s. Kancha. DE JUEGO: pujllaykancha.
PLEAMAR. s. P'újchiy.
PLEGAR. v. Patáray, tapáray, sip'uy.
PLENILUNIO. s. Killapura, wankarkilla, paqarkilla.
PLÉYADES (CONSTELACIÓN DE LAS). Qöllqa.
PLIEGUE. s. Sip'u.
PLOMADA. s. Juypa, juypaychi, wipachi.
PLOMO. s. Titi.
PLUMA. s. P'atpa, phuru.
PLUMAJE. s. P'atpa.
POBLAR. v. Llajtáchay.
POBRE. adj. Uska.
POBREZA. s. Uskakay, wajchakay.
POCILGA. s. neol. Khuchiwasi.
POCO. adj. Pisi.
PODAR. v. Sh'ájray.
PODER. Atiy.
PODEROSO. adj. Qhápaj.
PODREDUMBRE. s. Ismuy
PODRIRSE. v. Ismuy.

POETA. s. Aráwij, arawiku, arawikuj, jarawíkuj, yarawíkuj.
POLEN. s. Sisa.
POLICROMARSE. v. Ñauráyay.
POLICROMO. adj. Páuqar.
POLILLA. s. Thuta. DE LA MADERA. T'imta.
PÓLIPO. s. Jukuya.
POLVAREDA. s. Antayqönchuy, jallp'aq'öshñi.
POLVILLO. s. Miqö.
POLVO. s. Ñut'ujallp'a.
POLLUELO. s. Jirku. Chiuchi, Irpa.
POMADA. s. Jawi.
PÓMULO. s. K'ajlla.
PONER. v. Chúray, churátay.
PONIENTE. s. Intijmuchuynin, kunti.
PONTÍFICE. s. Willajumu.
PONZOÑA. s. Miyu. Sinón. **Veneno**.
POPA. s. Wanp'ujqhëpaqën.
POR. prep. Rayku. Moriré por ti: Qanrayku wañúsaj.
PORCIÓN. s. Sh'ika.
PORFIADO. adj. Atipákuj.
PORFIAR. v. Ñárñay.
PORRA. s. Maqana.
PORRAZO. s. P'ana, q'asu.
PORTERO. s. Punkukamáyuj, wasikamáyuj.
POSADA. Tanpu.
POSEER. v. Jat'álliy.
POSIBLE. adj. Atíkuj.
POSPONER. v. Qhëpánchay.
POSTE. s. Tuni.
POSTERGAR. v. Ithíchiy, qhëpáchiy.
POSTILLA. s. Llijti.
POSTRACIÓN. s. Willpu.
POSTRARSE. v. Unphuy, willpúkuy.
POTESTAD. s. Kama.
POYO. s. Mallma, siqana.
POZO. s. Pujyu.
PRADERA. s. Waylla.
PRADO. s. Pauqarpata, wayllapanpa.
PRECEPTO. s. Apusimi, kamachisqa.
PRECEPTOR. Yacháchij.
PRECIOSO. adj. Súntur.
PREDECIR. v. Umúlliy.

PREGUNTA. s. Tapu.
PREGUNTAR. v. Tápuy.
PREMIAR. v. Chanínchay.
PREMIO. s. Chanincha.
PRENDEDOR. s. T'ipana.
PRENDER. v. T'ípay, t'ipkiy.
PREÑEZ. s. Chichukay, wijsayujkay.
PREPARAR. v. Wakíchiy.
PRESAGIAR. v. Táphyay.
PRESEA. s. Piñi. Sinón. **Joya.**
PRESENTAR. v. Saqömay.
PRESENTE. s. Suña, ñauki. Sinón. **Regalo.**
PRESENTIMIENTO. s. Tinka.
PRESERVAR. v. Músiy, jállch'ay, waqáychay. Sinón. **Guardar, asegurar.**
PRESO. s. y adj. Pinas, watasqa,
PRESTAMENTE. adv. Jayri, usqayila.
PRESTAR. v. Máñay.
PRESTIGIO. s. Ninqalla.
PRESUMIDO. adj. Chuqëntullu.
PRESUMIR. v. Añaykáchay.
PRESUNTUOSO. adj. K'aski.
PRETÉRITO. s. y adj. Wayma.
PREVER. v. T'ítuy.
PREVISIÓN. s. T'itukay.
PREVISOR. adj. T'ituj, jamút'aj.
PRIMAVERA. s. Chiraupacha, pauqarwara.
PRIMERIZA. adj. Wamajwáchaj.
PRIMERO. adj. Ñáupaj, ujñiqë.
PRIMO HERMANO. Qayri, sispawauqë.
PRIMOROSO. adj. Pauqarqöri, súntur.
PRINCESA. s. Ñust'a.
PRINCIPAL. adj. Qhápaj.
PRINCIPALMENTE. adv. Yari.
PRÍNCIPE. s. Auki.
PRINCIPIAR. v. Qalláriy.
PRINCIPIO. s. Qállar, sapi, t'ijsi.
PRINGOSO. adj. Qhërqë.
PRISIÓN. s. Wataywasi.
PRISIONERO. s. y adj. Piñas.
PROA. s. Wanp'ujñaupaqën.
PROBADURA. s. Llami.
PROBAR. v. Llámiy, málliy.

PROCESIÓN. s. Ayma.
PROCREAR. v. Yúmay.
PROCURAR. v. P'ítwiy.
PRODIGO. adj. Qökuj.
PROFANAR. v. Qhapannay.
PRÓFUGO adj. Ayqëj.
PROFUNDIDAD. s. Ukhukay.
PROFUNDO. adj. Ukhu.
PROHIBICIÓN. s. Amátay, amañisqakay.
PROHIBIR. v. Amátay, amáñiy
PRÓJIMO. s. Masi, runamasi.
PROLÍFICO. adj. Churiqötu.
PROMESA. s. Simiñisqa.
PROMETER. v. Simiñiy, simiwanñiy.
PROMONTORIO. s. Muqö.
PRONOSTICO. s. Raki.
PRONTAMENTE. adv. Utqalla.
PRONTO. adj. Usqay, útqay.
PROSPERO. adj. Usapu.
PROSTERNARSE. v. Ullpúkuy.
PROSTITUTA. s. Panpawarmi.
PROTUBERANCIA. s. Qhöpu.
PROVEEDOR. adj. T'ítuj, t'ituykamáyuj.
PROVEER. v. T'ituy.
PROVIDENCIAL. adj. Titu.
PROVIDENTE. adj. T'ituj.
PROXENETA. adj. Kachapuri.
PRUDENTE. adj. Mujmi, ruka, jamút'aj.
PUBLICAR. v. Uyáychay.
PUEBLO. s. Llajta.
PUENTE. s. Chaka.
PUERTA. s. Punku.
PUES. conj. Ma. Ven pues: Jámuy ma.
PUJO. s. Qömay.
PULCRITUD. s. Q'apchikay.
PULCRO. adj. Q'apchi.
PULGA. s. Piki.
PULGAR. s. Mamaruk'ana.
PULMÓN. s. Phusan, surq'an.
PULSERA. s. Chipana. Sinón. **Ajorca**.
PULSO. s. Sirk'at'ijtiy.
PULULAR. v. Aywiy.

PUNDONOROSO. adj. P'inqayníyuj.
PUNTA. s. Ñaupi.
PUNTAL. s. Tuki.
PUNTAPIÉ. s. Jayt'a.
PUNZANTE. adj. T'urpu.
PUNZAR. v. T'újsiy, t'úrpuy.
PUNZÓN. s. T'újsina, t'úrpuna.
PUÑADO. s. Japt'a, q'api, jaut'a, maki.
PUÑETE. s. Sajma.
PUÑO. s. Ch'ujmi.
PUPILA. s. Ñawinlla.
PÚRPURA (COLOR). s. Mántur.
PUS. s. Q'ëa.
PUSILÁNIME. adj. Juch'uysunqö, pisisunqö, llanjlla.
PUSILANIMIDAD. s. Q'ëwakay, manchapa.
PUTA. adj. y s. Panpawarmi.
PUYA RAIMONDI. s. Chukiqayara, yakispalla.

Q

QUE. pron. Ima.
QUEBRADA. s. Wayq'ö.
QUEBRADO. p. P'akisqa.
QUEBRAR. v. Pákiy. Sinón **Romper**.
QUEDAR. v. intr. Qhëpay. r. Qhëpákuy.
QUEHACER. s. Ruana.
QUEJUMBROSO. adj. Ch'atákuj.
QUEMADO. p. Ruphasqa.
QUEMANTE. adj. Rupha.
QUEMAR. v. tr. Kánay, rupháchiy, rúphay. r. Rupchachíkuy.
QUERENCIA. s. Jallka.
QUERENDÓN. adj. Munaskiri.
QUERER. v. Múnay.
QUIEN. pron. Pi, pim.
QUIJADA. s. K'aki.
QUILLOTRAR. v. Chijchipáyay.
QUILLOTRO. s. Na, nan, maní, nata.
QUINCE. adj. Chunkaphishqáyuj.
QUINTO. adj. Phishqañiqën.
QUINTUPLICAR. v. Phishqánchay.
QUITASOL. s. Achiwa, llanthuna.
QUITAR. v. Qhëchuy.
QUIZÁS. adv. Icha, ichas, ichapas.

R

RABO. s. Chupa. Sinón. **Cola**.
RACIMO. s. Kintu, sh'ullchu.
RACIONAL. adj. Yuyayníyuj.
RADICALMENTE. adv. T'ijsimanta.
RAER. v. K'ísuy, thántay.
RAÍDO. adj. Thanta.
RAÍZ. s. Sapi, pichi, t'ijsi.
RAJADO. p. Rajra, kahllasqa.
RAJAR. v. Ch'ijtay, rájray.
RAMA. s. K'allma, raphra.
RAMERA. s. Aricha, panparuna, panpawarmi.
RAMILLA. s. Qallma.
RAMILLETE. s. T'ikachantasqa.
RANA. s. K'ayra, k'ayrankulli.
RANCAJO. s. Sh'iki, sh'illpa.
RAPIDEZ. s. Utqha, usqa.
RÁPIDO. adj. Utqhay, úsqay.
RAQUÍTICO. adj. Añuchi, sit'i.
RASCAR. v. Khíkuy, jásp'iy, jállp'iy.
RASGAR. v. Khásay, llík'iy.
RASGUÑAR. v. Qhásmiy, jásp'iy, síllkuy.
RASGUÑO. s. Sillku.
RASO. adj. T'ajta.
RASPADOR. s. Thupana.
RASPADURA. s. Thupa.
RASPAR. v. Thúpay.
RASTREAR. v. Qhatípay.
RASTREO. s. Qhatipa.
RASTRILLAR. v. P'ájpay.
RASTRILLO. s. P'ajpana.
RASTRO. s. Yupi.

RASTROJO. s. Khusmu.
RATA. s. Tuju.
RATERO. adj. Makíyuj.
RATÓN. s. Juk'ucha.
RAYA. s. Siqë.
RAYAR. v. Síqëy.
RAYO. s. Illapa. DE SOL. Intijwach'in, wach'irúphay.
REALEZA. s. Túpaj.
REALMENTE. adv. Riki, chiqallanmi.
REBALSAR. v. Phújchiy.
REBANADA. s. Q'allu.
REBANAR. v. Q'álluy.
REBAÑAR. v. Ikiy, Ilúnk'uy.
REBAÑO. s. Tama.
REBELARSE. v. Q'ëwíkuy, aunqanchánay.
REBELDE. adj. Ankalli, timina.
REBOSAR. v. Phúllchiy, phúrmuy.
REBUSCAR. v. Pallápay.
RECALENTAR. v. Chúnyay.
RECATADO. adj. Mujmi.
RECATO. s. Mujmikay.
RECEPCIÓN. s. Chaski.
RECIBIR. v. Cháskiy.
RECIENTE. adj. Wámaj.
RECINTO. s. Kancha.
RECIO. adj. Anaj, sinchi, nánaj.
RECIPIENTE (DE METAL). s. Tachu.
RECLUIR. v. Q'aykúray.
RECODO. s. Muyurina.
RECOGEDOR. adj. Palliri.
RECOGER. v. Pállay.
RECOLETO. adj. Wasiqöwi.
RECONCILIADOR. adj. Jamach'aqë. Sinón. **Apaciguador**.
RECONCILIARSE. v. Allínyay.
RECONDITEZ. s. Utkhulli.
RECONOCER. v. Rijsípay.
RECORDAR. v. Yúyay, yuyáriy.
RECORTAR. v. Rúthuy, k'útuy.
RECORTE. s. K'utupa.
RECOSER. v. Sirápay, t'íriy.
RECOSTARSE. v. Kíray, síriy, túskuy.
RECTO. adj. Siuj, chiqan.

RECUERDO. s. Yúyay, yuyaríkuy.
RECHAZAR. v. Ját'ay. Sinón. **Despedir, desairar.**
RECHINAR. v. K'atatatay, k'irniy.
RECHONCHO. adj. P'anra, t'iqë, llunp'u.
RED. s. Llika, ch'ipa, siru, kullancha, yukuma.
REDIMIR. v. Qhëspíchiy.
REDONDEAR. v. Muyúchay.
REDONDO. adj. Ruyru.
REDUCTO. s. Pullqa.
REFINADO. adj. Ch'utillu.
REFLEXIÓN. s. Jamút'ay.
REFLEXIONAR. v. Jamút'ay.
REFLEXIVO. adj. Jamút'aj.
REFRESCO. s. Ch'akipa. Sinón. **Refrigerio.**
REFRIGERIO. s. Ch'akipa.
REFUGIO. s. Qhëspina.
REFUNFUÑAR. v. Thútuy.
REGALAR. v. Allíchay, súchiy, súñay.
REGALO. s. Suchi, suña, achirana.
REGALÓN. adj. Anchíkuj.
REGAR. v. Párqöy, qárpay.
REGATEAR. v. Ránay.
REGATEO. s. Ránay.
REGATÓN. s. Kutirpa.
REGATONA. adj. neol. Ranqha.
REGAZO. s. Arphi, mijlla.
REGIO. adj. Tupa.
REGIÓN. s. K'iti.
REGOCIJARSE. v. Q'öchúkuy.
REGOCIJO. s. Qapa, kusi.
REGODEO. s. Sinqach'ájway.
REGORDETE. adj. T'iqë.
REGRESAR. v. Kútiy, kutíriy. Kutímuy.
REHUIR. v. Pullkákuy.
REIDOR. adj. Thinti.
REINA. s. Qöya.
REÍR. v. Asiy.
RELAJARSE. v. Lluqhëkuy.
RELÁMPAGO. s. Chukulla, illa, pinchi.
RELAMPAGUEAR. v. Pínchiy, íllay.
RELATAR. v. Jáway, jawákuy.
RELATO. s. Jawa.

RELUMBRAR. v. Illay, Illáriy. Sinón. **Fulgurar, resplandecer, brillar.**
RELLENO. adj. Junt'asqa.
REMANSARSE. v. P'uyunqöyay.
REMANSO. s. P'uyunqö.
REMAR. v. Túyuy.
REMATAR. v. Tukúychay.
REMECER. v. Tijpáriy.
REMEDADOR. adj. Yachaphuku, yachapáyaj.
REMEDAR. v. Yachapáyay, yachaphúkuy.
REMENDAR. v. Rachápay.
REMIENDO. s. Rachapa, ratapa.
REMITIR. v. Apáchiy.
REMO. s. T'uyu, wanp'uqaywina.
REMOJAR. v. Juq'öchiy, chulluchiy. r. Chúlluy.
REMOLINO. s. Antayqönchuy, pillúnkuy, pillillúnkuy. DE AGUA. Phuyunku.
REMORDIMIENTO. s. Ñakákuy.
RENACUAJO. Jullki, jullqë, juqöyllu.
RENDICIÓN. s. Wasqë.
RENDIRSE. v. Wásqëy.
RENEGAR. v. Sáuchuy.
RENEGÓN. adj. Sauchu.
RENOVAR. v. Musújchay. r. Musújyay.
RENQUEAR. v. Üytuy.
RENUEVO. s. Ch'ichi.
REPANTIGARSE. v. Jant'árqay, qëqáyay, t'ánkay.
REPARAR. v. Músyay, ríkuy.
REPARTIR. v. Achuray, rák'iy. Sinón. **Distribuir.**
REPLANTAR. v. Mallkípay.
REPLETO. adj. Junt'a.
REPRENDER. v. Achuy, ányay.
REPRENSIÓN. s. Achu, anya.
REPRESA. s. Apaqa.
REPRESAR. v. Apáqay.
REPUDIAR. v. Q'ëlliy.
REPUDIO. s. Q'ëlli.
REPUGNANTE. adj. Millana.
REPULSA. s. Ayñíkuy.
REPUTADO. adj. Jayñinqa.
REQUEBRAR. (EL HOMBRE A LA MUJER). v. Sallállay.
RESABIDO. adj. Qallúyuj.
RESBALADIZO. adj. Llusk'a, llust'a.
RESBALAR. v. Llúsk'ay, Ilúst'ay, súskhay.

RESCOLDO. s. Qölli.
RESECARSE. v. Pharáyay.
RESECO. adj. Phara.
RESEMBRAR. v. Pánkiy, tarpújay, t'akápay.
RESENTIDO. adj. Phiñasqa.
RESERVADO. adj. Amuamu, upalla.
RESIDIR. v. Tiyákuy.
RESIDUO. s. Puchu. Sinón. **Sobra**.
RESIEMBRA. s. T'akapa, tarpuja.
RESINA. s. Sach'ajwiqën.
RESISTIRSE. v. Ch'urkirákuy.
RESOLLAR. v. Sámay.
RESPETABLE. adj. Jayñisqa.
RESPETAR. v. Jáyñiy.
RESPIRAR. v. Sínsiy, sámay.
RESPLANDECER. v. Lliphípiy, sít'uy, sh'ipíjñiy.
RESPLANDOR. s. Lliphiy, sit'uy, sh'ipiy.
RESPONDER. v. Jáyñiy. Sinón. **Contestar**.
RESQUEBRAJARSE. v. Pharáyay.
RESQUICIO. s. K'atki.
RESTABLECERSE. v. Allíyay.
RESTREGAR. v. Khítuy.
RESUELLO. s. Sámay.
RETARDAR. v. Unáchiy.
RETENER. v. Qhëpáchiy, járk'ay.
RETINTO. adj. Sh'illu.
RETIRAR. v. tr. Ithíchiy. r. Ithiy, ithíriy.
RETORCERSE. v. Q'ëwiykachákuy.
RETOZADURA. s. Chajcha.
RETOZAR. v. Chájchay, sínk'uy.
RETRAÍDO. adj. Wasiqöwi.
RETRIBUCIÓN. s. Paylla.
RETRIBUIR. v. Ayniqöpuy, páyllay.
REUNIÓN. s. Tanta.
REUNIR. v. Tántay. r. Tantákuy.
REVELAR. v. Mastáray.
REVENTAR. v. P'itiy, t'ipiy. Phátay.
REVERBERAR. v. Sánsay.
REVERENCIAR. v. K'umúykuy, upáykuy.
REVÉS. s. Kuti. Jínch'ay.
REVIVIR. v. Kausáriy.
REVOCAR. v. Llút'ay.

REVOLCAR. v. Qhöshpay. r. Qhöshpákuy.
REVOLOTEAR. v. Phawaykáchay.
REVOLTIJO. s. Mich'upa, qhöruruchi.
REVOLVER. v. Thánsay.
REY. s. Inka. Sapan inka
REZONGAR. v. Ayñiy, khamupáyay.
REZUMAR. v. Churámuy, mismiy, sínkiy, p'áyway.
RIADA. s. Llujlla.
RIBETE. s. Killi.
RIBETEAR. v. Killiy.
RICO. adj. Neol. Qhápaj.
RIESGO. s. Majllu, sh'iki.
RÍGIDO. adj. K'irku.
RIGOR. s. Chachi. Sinón. **Severidad.**
RINCÓN. s. Juk'i, k'uchu
RINGLERA. s. Wachuwachu.
RIÑÓN. s. Rurun, wasarutu.
RÍO. s. Mayu.
RISA. s. Asi.
RISCO. s. Ranra, sh'anka.
RISILLA. s. Thinti.
RIVALIDAD. s. Muqë.
RIVALIZAR. v. Churanákuy.
ROBAR. s. Chúllmiy, súay, súway.
ROBUSTO. adj. Qhalli, runkhi.
ROCA. s. Qaqa.
ROCIADURA. s. Ch'ajchu.
ROCIAR. v. Ch'ájchuy.
ROCIÓ. s. Sulla, sh'ulla.
RODADERO. s. Suchuna.
RODAR. v. Qhörurúnpay, qörmay.
RODEAR. v. Intuy, Intúykuy, túmay.
RODELA. s. Markaqërar, pullkanka.
RODEO. s. Tuma.
RODILLA. s. Qönqör, chakimuqö.
ROER. v. Kháskay, kútkuy, súsiy.
ROGAR. v. Juyániy.
ROJO. adj. Puka, pillku.
ROLLIZO. adj. Runp'u.
ROMPER. v. P'ákiy Llik'iy.
RONCAR. v. Qhörqöy.
RONCO. adj. Ch'aka, qhörqö.

RONCHA. s. Mullqö, murkhu.
RONCHAR. v. Mullqöchay.
RONDAR. v. Muyupáyay.
RONQUERA. s. Ch'akakay.
ROSADO. adj. Llankha.
ROTO. adj. P'akisqa, llik'isqa.
ROTONDA. s. Puytu, sunturwasi.
ROTOSO. adj. Thanta.
ROTULA. s. Phushkatullu, qönqörphiruru.
RUBÍ. s. Pukaumiña.
RUBICUNDO. adj. P'aqö.
RUBORIZARSE. v. P'inqákuy.
RUDO. adj. Manqaku, sajraymanasqa, wasu.
RUEDA. s. Tinkullpa.
RUEDO. s. Qaylla.
RUGOSO. adj. K'usu.
RUIDOSO. adj. Qhörpi.
RUIN. adj. Uru, willu.
RUISEÑOR (ABORIGEN). s. Ch'iqöllu.
RUMIANTE. adj. Kutipákuy, khamupákuy.
RUMIAR. v. Amúllay, khamupákuj, kutipákuj.
RUSTICO. adj. P'anra.

S

SÁBADO. s. neol. K'uychichau.
SABER. v. Yáchay.
SABIDO. adj. Yachapu.
SABIHONDO. adj. Qallúyuj.
SABIO. s. Amauta, jamaut'a.
SACAR. v. Júrqöy, úrqöy.
SACERDOTE. s. Umu.
SACRIFICADOR. s. Tarpúntay.
SACRIFICAR. v. Arpay.
SACRIFICIO. s. Wak'aqáray.
SACUDIR. v. Sh'áchay, tháray.
SAGAZ. adj. K'askaruna, ruka.
SAGRADO. adj. Qhápaj, wak'a.
SAHUMADOR. s. Miqa.
SAHUMADURA. s. Q'öymi.
SAHUMAR. v. Q'óymiy, siyáyay, miqay, qöntuy, qöway.
SAHUMERIO. s. Q'öa, siyaya.
SAL. s. Kachi.
SALACIDAD. s. Ñuki. Sinón. **Lascivia, lujuria.**
SALADAR. s. Kachichajra.
SALAR. v. Kachínchay.
SALERO. s. Kachichurana.
SAL GEMA. Warwa.
SALIDA. s. Llujsina.
SALIR. v. Llújsiy.
SALITRE. Qöllpa, suk'a.
SALIVA. s. Thúqay.
SALOBRE. adj. Qhatqë, millu.
SALPICADURA. s. Ch'ajchu.
SALPICAR. v. Ch'ájchuy, ch'allpáchiy.
SALPULLIDO. s. Muru.

SALTAMONTES. s. T'inti, t'isku.
SALTAR. v. P'itay, thúnkuy.
SALTEADOR. s. y adj. Ch'áspaj, pumaranra.
SALTO. s. P'ita.
SALUD. s. Allillakay.
SALUDAR. v. Napáykuy.
SALUDO. s. Nápay.
SALVADOR. adj. Qhëspíchij.
SALVAJE. s. Sach'aruna, tilla, uchujallku.
SALVAR. v. tr. Qhëspichiy. r. Qhëspíkuy, qhëspiy.
SANCIÓN. s. Jayrátay, miráray.
SANDALIA. s. Llanq'ë.
SANDIO. adj. Llunllu.
SANGRAR. v. Sirk'ay.
SANGRE. s. Yáwar, Iláwar.
SANGRIENTO. adj. Yáwaryáwar.
SANO. adj. Thani, alli.
SAPO. s. Janp'atu.
SAQUEAR. v. Llásay.
SAQUEO. s. Llasa.
SAQUILLO. s. Ullti.
SARCÓFAGO. s. Chullpa.
SARTA. s. Sijri.
SASTRE. s. Siraykamáyuj.
SATURNO (PLANETA). Jaucha.
SAYA. s. Ajsu.
SEBO. s. Wira.
SEBOSO. adj. Qhöshqö.
SECANO. s. Kuskijallp'a.
SECAR. v. Ch'ákiy, ch'akíchiy.
SECO. adj. Ch'aki.
SECRETO. s. Ukhulli.
SED. s. Ch'akiy.
SEDIENTO. adj. Ch'akisqa.
SEDIMENTARSE. v. Tiyáykuy.
SEGAR. v. Ish'uy, rúthuy.
SEGREGACIÓN. s. T'aqa.
SEGREGAR. v. T'áqay.
SEGUIDOR. adj. Qaywa.
SEGUIR. v. Qhátiy, yáqay.
SEGUNDO. adj. Iskayñiqën.
SEGURIDAD. s. Tajya.

SEIS. adj. Sujta.
SELECCIÓN. s. Ajlla, chijllu.
SELECCIONAR. v. Ajllay, wanllay, patáchay, chíjllay.
SELECTO. adj. Ajllasqa, chijllasqa, wanlla.
SEMANA. s. Junqajúnaj.
SEMBRAR. v. Tárpuy, arimsay.
SEMEJAR. v. Rích'ay.
SEMEN. s. Wausa, yúmay.
SEMENTAL. s. Aputunku, jayñuchu, jayñachu.
SEMENTERA. s. Chajra.
SEMICOCIDO. adj. Qhauchi, khatu.
SEMIDURO. adj. K'atu.
SEMILLA. s. Muju.
SEMIVACÍO. adj. Rujru.
SENCILLO. adj. Sillp'a.
SENO. s. K'inchu, mullkhu, újllay.
SENSACIÓN. s. Kúllay.
SENSIBILIZAR. v. tr. Wawayáchiy. r. Wawáyay.
SENSUAL. adj. Ñukíkuy.
SENSUALIDAD. s. Ñuki.
SENTARSE. v. Tíay, tíyay.
SENTENCIA. s. Ñañi.
SENTENCIAR. v. Ñáñiy.
SENTIR. v. Káullay.
SEÑAL. s. Sananpa, tuyru, suña.
SEÑALAR. v. Túyruy, sanánpay, unánchay.
SEÑOR. s. Apu.
SEÑORA. s. Wayru.
SEÑORÍO. s. Apukay.
SEÑUELO. s. Llullana.
SEPARACIÓN. s. T'aqa.
SEPARAR. v. Tantáray, t'aqay.
SEPTIEMBRE. s. Chajrayápuy killa.
SÉPTIMO. adj. Qanchisñiqën.
SEPTUPLICAR. v. Qanchíschay.
SEQUÍA. s. Unumúchuy.
SER. s. Kaj.
SER. v. Kay.
SERPIENTE. s. Amaru.
SERVIDOR. s. Yana.
SERVILLETA. s. Unkuña.
SERVIR. v. Yánay. LA COMIDA. Qáray.

SESENTA. Sujtachunka.
SESGARSE. v. Wijsúyay.
SETENTA. adj. Qanchischunka.
SEVERIDAD. s. Chachi. Sinón. **Rigor.**
SEXTO. adj. Sujtañiqën.
SEXTUPLICAR. v. Sujtáchay.
SÍ. adv. Ari.
SIEMPRE. adv. Wiñay. PARA SIEMPRE. Wiñáypaj.
SIEN. s. Ch'ipuqö, wañuna.
SIERRA (TIERRA ALTA). s. Sallka, puna.
SIETE. adv. Qanchis.
SIGLO. s. Wiñay.
SILBAR. v. Khúyuy, siwiy, qóywiy, wichichíchiy, wisñiy, súkay.
SILBATO. s. Kuywina, khuyuna, wichichichina, wishñina, siwina.
SILBIDO. Qöywi.
SILENCIO. s. Ch'in.
SILENCIOSAMENTE. adv. Upallalla.
SILENCIOSO. adj. Ch'in.
SILO. s. Kulluna.
SILVESTRE. adj. K'ita, sallqa.
SILLAR. s. Kallankarumi.
SIMPÁTICO. adj. K'achata.
SIMPLE. adj. Llunllu.
SIMULAR. v. Túkuy.
SINCOPE. s. T'uku, sunqöchínkay.
SINUOSIDAD. s. Q'ënqö.
SINUOSO. adj. Q'ënqö.
SIRIO (ESTRELLA). s. Ch'uqëchínchay.
SOBADO. adj. Qhaqösqa.
SOBAR. v. Qháqöy.
SOBERBIA. s. Anchakay.
SOBERBIOSO. adj. Ancháykuj. Sinón. **Arrogante.**
SOBRA. s. Puchu.
SOBRAR. v. Púchuy.
SOBRE. prep. Jawa.
SOBREALIMENTACIÓN. s. Sajsapa.
SOBREARAR. v. Thámiy.
SOBRENATURAL. adj. Wak'a.
SOBREPUJAR. v. Yallitámuy.
SOBRINO. s. Kuncha, mulla.
SOCALIÑERO. adj. K'uski.
SOCAVAR. v. Tájmay.

SOCORREDOR. adj. Runayanápaj.
SOCORRO. s. Jáumay. Sinón. **Ayuda**.
SOGA. s. Waska.
SOJUZGAR. v. Jiwíqay.
SOL. s. Inti.
SOLAPADO. adj. Amutúkuj.
SOLDADO. s. Auqapúrij.
SOLDADO. p. Chapisqa, titisqa, titinchasqa.
SOLDADURA. s. Chapi.
SOLDAR. v. Chápiy, títiy, titínchay.
SOLEDAD. s. Sapakay.
SOLEDOSO. adj. Ch'in.
SOLICITAR. v. Juyáñiy, p'itwiy.
SOLIDEZ. s. Sallukay.
SÓLIDO. adj. Sallu.
SOLITARIO. adj. Sapa.
SOLO. s. y adj. Sapan. Sinón. Único.
SOLTAR. v. Kacháriy, páskay. r. Kacharíkuy.
SOLTERA. s. y adj. Wachapu.
SOLLOZAR. v. Uyúyniy.
SOLLOZO. s. Uyuyni.
SOMBRA. s. Llanthu, wani, supa.
SOMBRAJO. s. Llanthucha.
SOMBREAR. v. Llánthuy, llanthúchay.
SOMBRÍO. adj. K'illmi, raqha.
SOMETER. v. Jiwíqay.
SONREÍR. v. Qánchiy.
SONRISA. s. Qanchi.
SONSACADOR. adj. Jáñaj.
SONSACAMIENTO. s. Jaña.
SONSACAR. v. Jáñay.
SOÑADOR. adj. Músqöj.
SOÑAR. v. Músqöy, musqökuy.
SOPAR. v. Ch'aránchay, sh'ápuy. Sinón. **Empapar**.
SOPLADOR. s. Phukuna.
SOPLAR. v. Phúkuy.
SORBER. v. Qhötuy, úpiy.
SÓRDIDO. adj. Q'arqa, q'arqasapa.
SORDO. adj. Juq'ara, rujt'u.
SORPRENDENTE. adj. T'ukúchij.
SORPRENDER. v. Tápqay.
SORTIJA. s. Siwi.

SOSIEGO. s. Ñañi.
SOSO. adj. Jamya, qama, Sinón. **Insípido**.
SUAVE. adj. Ñapu, llanp'u.
SUAVIZAR. v. tr. Ñapúchay. r. Ñapúyay, llanpúyay, fijmúyay.
SUBIDA. s. Wichay.
SUBIR. v. Llúq'ay, wicháriy.
SUBTERFUGIO. s. Tullpa.
SUCIEDAD. s. Map'a, ch'ichi, kharka.
SUCIO. adj. Ch'ichi, map'a, qhëlli, kharka.
SUDAR. v. Júnp'iy, t'úqëy.
SUDOR. s. Junp'i, t'uqë.
SUEGRA. s. (Respecto de la nuera). s. Kiwachi. (Respecto del yerno). Kisma, aqë.
SUEGRO. s. (Respecto de la nuera). Kiwach. (Respecto del yerno). Kaka.
SUELO. s. Allp'a, jallp'a, panpa.
SUEÑO. s. Púñuy.
SUFRIMIENTO. s. Múchuy.
SUFRIR. v. Múchuy, úsuy.
SUGERIR. v. Simínchay.
SUGESTIONAR. v. Itumíray.
SUMA. s. Yayan.
SUMAR. v. Yayánchay.
SUPERFICIAL. adj. Jawajawa.
SUPERFICIE. s. Jawa.
SUPLENTE. s. Ranti. Sinón. **Lugarteniente, sustituto**.
SUPLICA. s. Uylla.
SUPLICAR. v. Uyllákuy, juyáñiy, jupániy.
SUPURAR. v. Q'ëáchay.
SUR. s. Qölla.
SURCAR. v. neol. Surk'ay.
SURCO. s. veol. Surk'a.
SURTIDOR. s. Junqöllpi, juturi. Sinón. **Fuente, manantial**.
SUSPIRAR. v. Ansh'iy, ilakipakuy, línchuy.
SUSPIRO. s. Jínchuy.
SUSTENTAR. v. Kausáchiy.
SUSTITUTO. s. Ranti.
SUSTO. s. Manchay.
SUSTRAER. v. Júrqöy.

T

TABACO. s. Sayri.
TÁBANO. s. T'anqayllu.
TABIQUE. s. P'itita.
TABLA. s. Llapsak'ullu, maru.
TABLEAR. v. Máruy.
TABUCO. s. Putuku.
TACAÑEAR. v. Majllákuy.
TACAÑO. adj. Killaku, majlla, sajra, sajraruna.
TACTO. s. Kullana, llamkhana.
TAIMADO. adj. K'umuk'umu.
TAJADA. s. Q'allu.
TAJAR. v. Q'álluy.
TALAR. Cháqöy.
TALEGA. s. Wayaqa.
TALÓN. s. Takillpa, taykuña.
TALLE. s. Wíkar.
TAMAÑO. s. Sh'ikan.
TAMBOR. s. Wánkar.
TAMPOCO. adv. Manátaj, manallátaj.
TANTEAR. v. Ránphiy.
TAPA. s. Kirpana, k'unpuna.
TAPAR. v. Kírpay, k'únpuy.
TAPONAR. v. Llút'ay.
TARASCAR. v. Jáuchay.
TARDANZA. s. Unámuy.
TARDAR. v. intr. Unay. r. Unákuy.
TARDE. s. Sukha.
TARDÍO. adj. Unaj.
TARDO. adj. Uyru, t'anra.
TARTAMUDO. adj. Ajllu.
TATARANIETA. s. Anpullu.

TATARANIETO: s. Ch'upullu.
TEA. s. K'anchayllu.
TEATRO. s. Aranwa.
TECHAR. v. Qhátay.
TECHO. s. Wasijqhatan.
TEJEDOR. s. Awaj.
TEJER. v. Away.
TEJIDO. s. Awasqa.
TELAR. s. Allwina, awana.
TEMBLAR. v. Khatátay, kharkátiy.
TEMER. v. Mánchay, wáyniy, khárkay.
TEMIBLE. adj. Manchana.
TEMOR. s. Kharka.
TEMPERATURA. s. Llaphi.
TEMPESTAD. s. Túyur, tamya.
TEMPLO. s. Qhapana, wak'a.
TENDER. v. Mant'ay, mást'ay.
TENDERSE. v. Wínkuy, síriy, BOCA ABAJO. T'állay.
TENDIDO. s. Mast'a, mant'a.
TENDÓN. s. Anku.
TENER. v. Kápuy, tiyápuy. Sinón. **Haber.**
TEÑIR. v. Túllpuy, sh'árqöy.
TEPE. s. Ch'anpa.
TERCERO. adj. Kimsañiqën.
TERCIO. adj. Kimsach'ijtan.
TERMINAR. v. tr. Pállway, p'uchúkay, túkuy. r. P'uchukákuy.
TERMINO. s. P'uchúkay.
TERNILLA. s. K'utkulli, qharmin.
TERNURA. s. Ñup'ukay.
TERRAPLÉN. s. Mallma.
TERREMOTO. s. Pachakúyuy.
TERRITORIO. s. Suyu.
TERRÓN. s. K'urpa.
TERSO. adj. Waña.
TESTARUDEZ. s. Chuchupa, murq'akay.
TESTARUDO. adj. Murq'a.
TESTÍCULO. s. Q'öruta.
TETA. s. Chuchu, ñuñu.
TÍA (HERMANA DEL PADRE). s. Ipa.
TIBIA. s. Pichu.
TIEMPO. s. Pacha.
TIERRA. s. Allp'a, jallp'a.

TIERRA. s. Pacha. Sinón. **Mundo.**
TIERRA (CALIDA). s. Junp'illajta.
TIERRA (LABRANTÍA). s. Yapuna.
TIESO. adj. K'urki.
TIESTO. s. K'ajra, k'allana, k'analla.
TIGRE. s. Uthurunku, jáwar.
TIMBAL. s. Putuka, tinya.
TIMORATO. adj. Rasnijtullu, mánchaj, surq'annaj.
TINAJA. s. Wakulla.
TINTE. s. Kusku.
TINTURA. s. Tullpuna.
TÍO (Hermano de la madre). s. Kaka. (Hermano del Padre). Yayauki.
TIPLE. s. Ñañukunka.
TIRAR. v. Chúqay. Sinón. **Arrojar.**
TIRITAR. v. Kharkátiy.
TITUBEAR. v. Iskaychákuy. Sinón. **Vacilar, fluctuar.**
TOBILLO. s. Pichuski.
TOCAMIENTO. s. Llankha, llami.
TOCAR. v. Llánkhay, llújchiy. Sinón **Palpar.**
TOCAR (UN INSTRUMENTO MUSICAL). Waqáchiy.
TOCÓN. s. Jurutmi.
TODAVÍA. adv. Amáraj, manáraj.
TODO. TODOS. adj. Llapa, llipi, túkuy, jinantin.
TODOPODEROSO. adj. Llapaatipaj.
TOLDO. s. K'arpa.
TOLONDRÓN. s. Ch'ujmi.
TOMAR. v. Hápt'ay, jáp'iy.
TOMATE. s. Ch'illtu.
TONIFICAR. v. Kálipáchay.
TONTEAR. v. Uparáyay.
TONTO. adj. Kajka.
TORBELLINO. s. Muyujwayra.
TORCEDOR. s. K'úyuj.
TORCER. v. K'úyuy, q'ëshway, q'ëwiy, wijrúchay.
TORCIDO. adj. Wijru, wist'u.
TORDO. s. Chuchi.
TORMENTA. s. Tamya.
TORPE. adj. Manqaku, wasu.
TORPEZA. s. Wasukay.
TORRENTE. s. T'ijwa.
TÓRTOLA. s. Jurk'uta, túway, qöqöway.
TORTURAR. v. Ñak'aríchiy.

TOS. s. Ch'uju, uju.
TOSCO. adj. Rajtha, runkhi.
TOSER. v. Ch'ujuy, újuy.
TOSTADO. s. Jank'a, kancha.
TOSTADO. adj. Paru.
TOSTADOR. s. T'uqöychinpu, jank'ak'analla.
TOSTAR. v. Jánk'ay.
TOSTAR. v. tr. Paruyáchiy. r. Parúyay.
TOTALMENTE. adv. Llinphu.
TRABAJAR. v. Llánk'ay.
TRABAJO. s. Rurana, llank'ana.
TRABAJOSO. adj. Ch'ana.
TRAER. v. Apámuy.
TRAGALDABAS. adj. Jilluqëllqa, rajrapu, sujsuri.
TRAGAR. v. Millp'uy, úqöy.
TRAGO. s. Millp'u.
TRAICIÓN. Sirpa.
TRAICIONAR. v. Sírpay, wasánchay.
TRAIDOR. s. y adj. Sírpaj.
TRAMA. s. Allwi.
TRAMAR. v. Allwy.
TRAMONTAR. v. Wasaykuy.
TRAMPA. s. Chipa, urmana. Sinón. **Armadijo**.
TRANQUILIDAD. s. Ñañi.
TRANQUILIZAR. v. Ñañíchiy.
TRANQUILO. adj. Ñáñij.
TRANSMONTAR. v. Wasáykuy.
TRANSPARENTE. v. Ch'ajllaña.
TRAQUIDO. s. Sailp'a.
TRASCORDARSE. v. Yuyaymánay.
TRASEGAR. v. Júmiy. jumíway.
TRASQUILAR. v. Millmánnay.
TRAVÉS. s. Kínray.
TRAVESEAR. v. Ch'irmaykáchay, t'ukiykáchay.
TRAVESURA. s. Ch'irma.
TRAVIESO. adj. T'uki.
TRÉBOL. s. Ispinku.
TRECE. adj. Chunkakinsáyuj.
TREINTA. adj. Kimsachunka.
TREMOLAR. v. Máywiy.
TRÉMULO. adj. Kharkati.
TRENZA. s. Sapana, sinp'a.

TRENZAR. v. Sínp'ay.
TREPAR. v. Llúq'ay.
TRES. adj. Kimsa.
TRETA. s. Qëqö.
TRIANGULAR. adj. Kimsak'uchúchay.
TRIANGULO. adj. Kimsak'uchu.
TRIBULACIÓN. s. Phuti, wat'isanka.
TRILLÓN. adj. Lluna, kimsalluna.
TRINAR. v. Kúymiy, wárp'iy.
TRINO. s. Chiuchiu.
TRIPLICAR. adj. Kimsáchay, kimsánchay.
TRÍPODE. s. Wánpar.
TRISCAR. v. neol. Phinkiykáchay.
TRISTEZA. s. Phuti, llákiy.
TRITURAR. v. P'áruy, qhönay, t'únay.
TRIUNFAR. v. Atiy, llálliy.
TRIUNFO. s. Llalli.
TRIZAR. v. Sh'álluy.
TROCAR. v. tr. Rántiy, yánkiy. r. Túkuy. Sinón. **Convertirse**.
TROJE. s. Pirwa.
TROMPETA. s. Pututu, qëpa, wayllaqëpa.
TROMPETERO. adj. Qëpaj.
TROMPICAR. v. Mísk'ay.
TROMPO. s. Pisqöyñu.
TRONAR. v. Kunuñúnuy, qhönñiy, q'ájñiy.
TRONCO. s. Jurutmi, k'ullu.
TROPA. s. Jara.
TROPEL. s. Umya.
TROPEZADERO. s. Misk'ana.
TROPEZAR. v. Mitk'ay, misk'ay, ránkuy.
TROTAMUNDOS. adj. Puriskiri, wayrachaki.
TROTAR. v. Chánchay.
TROZAR. v. Mánkuy.
TRUENO. s. Kunuñunu, q'ájñiy, sallap'a.
TRUEQUE. s. Ranti, yanki.
TRUNCAR. v. Allqáchiy.
TU. pron. Qan.
TUERTO. adj. Ch'ullañawi, wajlliñawi.
TUÉTANO. s. Chillina, tujtun. Sinón **Médula**.
TULLIDO. adj. Nátaj, suchu.
TUMBA. s. Ayawasi, Kullpi.
TUMBAGA. s. Chanpi.

TUMBAR. v. Máray.
TÚMULO. s. Pukullu, wak'a.
TÚNICA. s. Anqallu.
TUPIR. v. Rúk'iy.
TURBACIÓN. s. Pantakay.
TURBADO. adj. Pantákaj.
TURBIO. adj. Q'ata, qönchu.
TURBIÓN. s. Parayqönchuy.
TURNO. s. Rajsa, mit'a.
TURQUESA. s. Qöpa, siwar.
TUTOR. s. Waqaychaqë.g

U

ULCERA. s. Llilli.
ULTIMO. adj. Qhëpañiqën.
UMBILICAL (CORDÓN). s. Kururu.
UN. UNO. adj. y pron. Uj. juj.
UNGIR. v. Jáwiy, llúsiy.
UNGÜENTO. s. Llusinajanpi.
ÚNICO. adj. K'ata. sapan. Sinón. **Solo.**
UNIDO. adj. T'inki.
UNIGÉNITO. adj. Phiwi.
UNIR. v. T'ínkiy.
UNTAR. v. Jáwiy.
UÑA. s. Sillu.
URDIMBRE. s. Awa, mini.
URDIR. v. Allwiy, míniy, mininchay.
URINARIO. s. Jisp'ana.
URTICARIA. s. Mara.
USADO. adj. Mauk'a.
USAR. v. Jat'álliy.
UVULA. s. Utukullu.

V

VACIAR. v. Ch'usájchay, thálliy. Sinón. **Desocupar**.

VACIAR METALES. Karqënpay.

VACILACIÓN. s. Chánkall.

VACILANTE. adj. Chankallpa, iskaysunqö.

VACILAR. v. Chankállpay.

VACÍO. adj. Ch'úsaj.

VADEAR. v. Chínpay.

VAGABUNDEAR. v. Thamaykáchay, muyuykáchay.

VAGABUNDO. adj. Muyuskiri.

VAGAR. v. Thámay.

VAGINA. s. Rakha.

VAHO. s. Jipya, wapsi.

VAINA. s. Rip'a.

VALENTÍA. s. Sinchikay.

VALER. v. Chániy.

VALIENTE. adj. Q'ajchaj, sinchi.

VALIOSO. adj. Chaníyuj.

VALOR. s. Chani.

VALLADO. s. Kurawa.

VANAGLORIA. s. Khaskikay, anchaykújkay.

VAPOR. s. Jipya.

VAPORIZARSE. v. Jípyay, wápsiy.

VARA. s. K'aspi.

VARILLA. s. Tisi.

VARÓN. s. Qhari.

VASALLO (COMÚN). s. Jatunruna.

VASIJA. s. Chaway.

VASO. s. Sañu, iriri.

VATICINAR. v. Umúlliy.

VEDIJA. s. Phichu.

VEEDOR. adj. Tukuyríkuj.

VEINTE. adj. Iskaychunka.

VEJEZ. s. Machukay, payakay.

VEJIGA. s. Jisp'ayp'uru, phukuchu, p'uru.

VELA. s. Wanp'ujp'achan.

VELOZ. adj. Wayralla.

VELLO. s. Phullu, saphra.

VELLUDO. adj. Sh'achu.

VENA. s. Sirk'a, riri. PORTA. Ch'illan.

VENCEDOR. adj. Atipaj.

VENCER. v. Atipay, lIálliy.

VENCIDO. adj. Llallisqa.

VENDA. s. Manku, wanku.

VENDAR. v. Wánkuy.

VENDAVAL. s. Jallp'aqönchuy, thumawi.

VENENO. s. Miyu.

VENERABLE. adj. Qöllana, much'ana.

VENERAR. v. Apúchay. Sinón. **Honrar.**

VENIR. v. Jámuy.

VENTANA. s. T'uqö.

VENTILAR. v. Wayráchiy.

VENTOSIDAD (SUAVE). s. Sh'asa, thasa.

VENTURA. s. Kusiqëllpu, sami.

VENTUROSO. adj. Samíyuj.

VENUS (PLANETA). s. Ch'aska.

VER. v. Ríkuy.

VERANO. s. Ch'akipacha, ch'akimit'a. Sinón. **Estío.**

VERBENA. Sayasaya.

VERBORREA. s. Thauti.

VERDAD. s. Chiqa, kama, súllull.

VERDADERAMENTE. adv. Sullullmanta, chiqamanta.

VERDE. adj. Qömir.

VERDECER. v. Q'ömiráyay.

VERDUGO. s. Pirta, síq'oj.

VERGEL. s. Muya, ínkill.

VERGÜENZA. s. Athaj, p'inqay.

VERRUGA. s. Tijti, sirk'i.

VERSIFICAR. v. Aráwiy, yaráwiy, jaráwiy.

VERTER. v. Jich'ay.

VÉRTIGO. s. Umamúyuy.

VESÍCULA BILIAR. Jayaqën.

VESTIDURA. v. P'acha.

VESTIR. v. tr. P'achallíchiy. r. P'achallíkuy, unkullíkuy.

VETA. s. Sirk'a.
VEZ. s. Kuti.
VÍBORA. s. Katari. CASCABEL. s. P'allakaraywa.
VICTIMA. s. Arpa.
VICTORIA. s. Llalli.
VIDA. s. Káusay.
VIDRIO. s. neol. Qhëspi.
VIEJA. s. y adj. Paya.
VIEJO. s. y adj. Machu. Thanta.
VIENTO. s. Wayra.
VIENTRE. s. Wijsa.
VIERNES. s. neol. Ch'askachau.
VIGA. s. Chakapa, kurku.
VIGILANTE. adj. T'ujri.
VIGILAR. v. Chapatíyay, t'újriy.
VIGILIA. s. Paqaríkuy.
VIGORIZAR. v. Kallpáchay.
VIGOROSO. adj. Kallpasapa.
VIL. adj. Qöpayúpaj.
VILEZA. s. Qöpayúpay.
VILO (EN). m. adv. Achuna.
VINAGRE. s. Mamaaqha.
VINCULO. s. T'inkina, watana.
VINCHUCA. s. Winchuka.
VIOLADO. adj. P'akisqa, sh'ankasqa.
VIOLAR. v. P'akiy, sh'ánkay.
VIRGEN. adj. Llúnp'aj, phurunt'asqa, taski.
VIRGINAL. adj. Llínp'aj.
VIRGO (CONSTELACIÓN DE). Mamana.
VIRIL. adj. Qhari.
VIRILIDAD. s. Qharikay.
VIRTUD. s. Allikay.
VÍSCERAS. s. Ñat'i.
VISIÓN. s. Rankha, samkha.
VISTA. s. Ñawi. Qhawana. Rikuna.
VIUDA. s. y adj. Ijma.
VIUDO. s. y adj. Ijma, pásu.
VÍVERES. s. Mikhuna.
VIVIR. s. Káusay.
VIVO. adj. Káusaj.
VOCEAR. v. Yaunaykáchay.
VOCERÍA. s. Ch'ajwa. Sinón. **Grita.**

VOCINGLERO. adj. Wararáraj.
VOLADO. adj. Pháwaj.
VOLAR. v. Pháway.
VOLCADO. adj. Tijsu, tijrasqa.
VOLCAR. v. P'ajchay, tíjray, tíjsuy.
VOLUMINOSO. adj. Phatu.
VOLUNTAD. s. Munana, múnay.
VOLUNTARIOSO. adj. Munaysapa.
VOMITAR. v. Qëpnay, jáyruy.
VOMITO. s. Qëpna, jayru.
VOSOTROS. pron. Qankuna.
VOZ. s. Kunka.
VUELCO. s. P'ájchay, tíjsuy, tíjray.
VUESTRO. pron. Qankunajpa, qankunajpata.
VULVA. s. Chupilla.

Y

Y. conj. Ri. Qanri: ¿Y tú?
YA. adv. Ña.
YACENTE. adj. Sírij.
YACER. v. Síriy.
YACIJA. s. Puñuna.
YANACONA. s. neol. Yana, yanakuna.
YANTAR. v. Míkuy.
YEMA. s. Mujmu.
YERBA. s. Qhöra. (Alimenticia). Yuyu.
YERMO. s. Purun.
YERNO (RESPECTO DE LA SUEGRA). s. Kátay. (RESPECTO DEL SUE-
GRO). Tullqa.
YERRO. s. Pántay.
YERTO. adj. Khata.
YESO. s. neol. Pachas.
YO. Pron. Ñuqa. nuqa.

Z

ZAFAR. v. Chútay.
ZAFIO. adj. Purunsunqö.
ZAGA. s. Qhëpa.
ZAGUÁN. s. Punkurawi.
ZAHERIR. v. Anyay.
ZALAMERO. adj. Llunk'u, misk'ijsimi.
ZAMARREAR. v. Sh'áchay, sh'ájriy.
ZAMBULLIR. v. Ch'ulláykuy, p'úlltiy.
ZAMPOÑA. s. Antara.
ZANCADILLA. s. Ránkuy.
ZANCAJEAR. v. Khapaykáchay.
ZANCUDO (MOSQUITO). s. Wanwan.
ZANGOLOTEAR. v. Q'álltiy.
ZANJA. s. Witkhu, rarq'a.
ZAPATERO. s. Sh'ichaykamáyuj.
ZAPATO. s. Llanq'ë, shicha.
ZARAGATEAR. v. Ch'irmaykáchay.
ZARANDEAR. v. Thítay.
ZARANDEO. s. Thita.
ZARCILLO. s. Rinriqöri.
ZARIGÜEYA. s. Achuqalla, q'arachupa.
ZARZAMORA. s. Kharikhari, t'ánkar.
ZONZO. adj. Ramkama.
ZOPENCO. adj. Upa.
ZORRA. s. Atuj, llari, unkaku.
ZORRINO. s. Añas, añathuya.
ZOZOBRA. s. Phutiymánay.
ZOZOBRAR. v. Sinqarkutámuy.
ZUMBA. s. Thinti.
ZUMBAR. v. Júnyay, únyay.

ZUMBIDO. s. Junya, unya, unyaykáchay.
ZUMO. s. Jilli.
ZURCIR. v. Awakipay.
ZURDO. adj. Lluq'ë.
ZURO. s. Q'örunta. Sinón. **Tusa, marlo.**
ZURRARSE. v. Supiykúkuy.
ZURRÓN. s. Qarawayaqa.

El libro
"DICCIONARIO QHESHWA – CASTELLANO
CASTELLANO – QHESHWA"
de JESÚS LARA en su QUINTA EDICIÓN
se terminó de imprimir en el mes de OCTUBRE de 2004
en los talleres gráficos de LATINAS EDITORES
Calle Sucre N° 1164 entre Petot y Linares
Teléfono 5252458 – Fax 5250715 – Casilla 878
E-mail: latinas-edit@coteor.net.bo
Oruro – Bolivia